これだけは
知っておきたい

第3版

# 公用文の書き方・用字用語例集

渡辺秀喜【著】

日本加除出版

## 第3版 は し が き

　平成23年10月に初版を発行してから10年余が経過しました。この間、多くの方々に本書を御利用いただき、著者として望外の喜びを感じております。また、このことは、「行政事務は文書に始まり文書に終わる」と言われるように、公務員等にとって、公用文の書き方が重要で大切であることの証左であろうと思われます。

　ところで、令和4年1月7日に「公用文作成の考え方」（文化審議会建議。以下「文化審議会建議」という。）が公表されました。文化審議会建議では、多様化する読み手に対応するため、法令や告示、通知等については公用文表記の原則に従って書き表すとしつつも、広く一般向けの解説・広報等（法令や政策等の解説、広報、案内、Q＆A、質問等への回答）については読み手とのコミュニケーションとして捉え、特別な知識を持たない人にとっての分かりやすさや親しみやすさを優先し、書き表し方を工夫するとともに、施策への関心を育むよう工夫することとされました。

　また、これまでは、横書き文書の読点は「，」（コンマ）が原則となっていましたが、文化審議会建議では、読点には「、」（テン）を用いることが原則（横書きでは「，」を用いてもよい。）とされました。

　そこで、文化審議会建議を踏まえ、各府省庁等が作成する様々な文書それぞれの目的や種類に対応できるよう、前版を大きく書き改めました。公務員を始めとして私たちが文章を書くに当たって、大いに参考になると思われます。

　本書が前版と同様、多くの方々に有用の書として御利用いただければ幸いです。

　なお、日本加除出版株式会社の盛田大祐氏、柳井雅氏、井出美緒氏には、本書の改訂に当たり多大なる御協力をいただきました。ここに厚く御礼を申し上げます。


　　令和4年9月

　　　　　　　　　　　　　　　　　　　　　　　　　渡 辺 秀 喜

# 第 2 版 は し が き

　平成 23 年 10 月に初版を発刊してから早くも 4 年が経過しました。その間、多くの方々に本書を御利用いただき、増刷をいたしましたが、重ねて増刷するに当たり、平成 26 年 2 月 21 日に文化庁から「異字同訓の漢字の使い分け例」(文化審議会国語分科会報告) が発表されたことや、読者の方から御要望等をいただいたことから、この度、これらの内容を盛り込んで、第 2 版を発行することにしました。

　ところで、平成 26 年に発表された「異字同訓の漢字の使い分け例」については、その前書きにおいて、異字同訓の漢字については、明確に使い分けをすることが難しいことや、使い分けに関する年代差、個人差に加え、各分野における表記習慣の違い等もあることから、ここに示す使い分け例は、一つの参考として提示する旨記されていますが、現在の表記実態に合わせて使いやすく取りまとめられており、それを本書の用字用語例集に一体化しましたので、普段、私たちが文章を書くに当たって、大いに参考になると思われます。

　本書が前版と同様に、多くの方々に有用の書として御利用いただければ幸いです。

　なお、日本加除出版株式会社の盛田大祐氏には、本書の改訂に当たり多大な御協力をいただきました。ここに厚くお礼を申し上げます。


　平成 28 年 2 月

渡　辺　秀　喜

# は　じ　め　に

　公務を円滑に遂行するためには、職員の起案能力、説明能力、調整能力の向上が欠かせません。とりわけ、昨今、行政の説明責任が強調される中にあって、正確な文章を書く能力は、公務員としての基本的な素養ともいえます。

　「行政文書の管理方策に関するガイドラインについて」（平成12年2月25日各省庁事務連絡会議申合せ）では、「行政機関としての意思決定及び事務・事業の実績については、文書を作成することを原則とする。…（中略）…文書を作成するに当たっては、分かりやすい用字用語で、的確かつ簡潔に記載するものとする。」とされています。しかし、最近の各種の往復文書、挨拶文、通達、訓令等やそれらの起案文書をみると、意味のはっきりしない言い回しやまわりくどい表現をしているもの、送り仮名の振り方や接続詞、助詞などの使い方を誤っているもの、文章表現や文体が不統一であるものなどが極めて多く見受けられます。

　文書は一旦発出されると、文書施行者（発信者）の意思いかんにかかわらず、文章表現を媒介として全く独立した存在となります。分かりにくい不正確な文書は、相手側（受信者）に内容が正確に伝わらないといったことはもちろんのこと、無用な誤解を与え、トラブルに発展することにもなりかねません。このため、公用文は、平易で、簡潔かつ正確に表現する必要があります。

　ところで、公用文の書き方には一定のルールがありますが、職場で専門的な研修がされることはまれであり、また、手頃な手引もないことから、初めて公用文を作成する職員は、前任者の起案文書に倣って起案をするか、あるいはワードプロセッサで変換した漢字や送り仮名どおりに表現しているのが実情だろうと思われます。

　本稿は、法令の改正や通達等の起案などを担当してきた経験（起案文書に手を入れられてきた苦い経験）を踏まえて、平成16年に初任者のための手引として取りまとめたものですが、平成22年11月に常用漢字表が改定されたことから、改めて内容等を見直したものです。併せて、本書には、「用字用語例集」と「外来語・外国語の取扱い用例集」（国立国語研究所の言い換え提案）を登載しました。「用字用語例集」には、使用する用字用語について、その表記が漢字か仮名か、送り仮名の振り方などのほか、より適切な表現を探る手掛かりとして類似語を、また、「外来語・外国語の取扱い用例集」には、外来語等の一般への定着度と日本語への言い換え提案を載せております。

本書が、初めて公用文の書き方を学ぼうとする方や、より的確で簡潔な文書の作成を心掛けている方の執務の参考になれば幸いです。

　なお、本書の刊行に当たっては、日本加除出版編集部の盛田大祐氏に多大なる配慮をいただきました。ここに厚く御礼を申し上げます。

　　平成 23 年 10 月

著者　渡　辺　秀　喜

# 参　考　文　献

　本稿を書くに当たっては、次の文献を参考とした。

法制執務研究会／編『新訂　ワークブック法制執務　第2版』ぎょうせい（2018年）

早坂　剛／著『条例立案者のための法制執務』ぎょうせい（2001年）

株式会社ぎょうせい　法制執務研究会／編著『新版　図説文書事務入門』ぎょうせい（2012年）

廣瀬菊雄／著『〔改訂版〕公用文　用字用語の要点』新日本法規（2011年）

林　修三／著『法令用語の常識（第3版）』日本評論社（1975年）

小島和夫／著『新・やさしい法令用語の解説』公務職員研修協会（1998年）

岩淵悦太郎／編著『悪文（第3版）』日本評論社（1979年）

最高裁判所事務総局秘書課／監修『司法行政文書の書き方（新訂）』司法協会（1995年）

内閣総理大臣官房総務課／監修『新公用文用字用語例集（第31版）』ぎょうせい（2008年）

文化庁／編『ことばシリーズ1／敬語』大蔵省印刷局（1974年）

文化庁／編『ことばシリーズ20／文章の書き方』大蔵省印刷局（1984年）

『改訂新版　最新国語便覧』浜島書店（2017年）

松村　明／編『大辞林（第4版）』三省堂（2019年）

伊藤章雄／著『公務員の教科書（国語編）』ぎょうせい（2007年）

小泉十三・日本語倶楽部／著『頭がいい人の文章の書き方』河出書房新社（2008年）

『新訂第二版　公用文の書き表し方の基準（資料集）』第一法規（2022年）

共同通信社／編著『記者ハンドブック：新聞用字用語集（第13版）』共同通信社（2016年）

小林健司／著、辛淑玉／企画『最新　差別語・不快語』にんげん出版（2016年）

第1　文章表現の心得 ……………………………………………………………… 1
　1　平易性 ───── 1
　2　簡潔性（明瞭性）───── 1
　3　正確性 ───── 3
　4　コミュニケーションとしての公用文作成 ───── 4

第2　文章表記の仕方 ……………………………………………………………… 6
　1　文章の構成 ───── 6
　(1)　往復文書等の定型的な文書 ───── 6
　(2)　調査報告書や企画書等の非定型的な文書 ───── 7
　2　文　体 ───── 8
　(1)　口語体と文語体 ───── 8
　(2)　常体と敬体 ───── 9
　3　文法上の留意点 ───── 10
　(1)　文章・構文の整理 ───── 10
　　ア　主語と述語を正しく呼応させること ───── 10
　　イ　主語を省略しないこと ───── 10
　　ウ　助詞「は」「が」「も」を正しく使い分けること ───── 11
　　エ　助詞「て」「に」「を」「は」を落としたり、誤ったりしないこと ───── 11
　　オ　格助詞「の」「と」は、文意をよく考えながら使用すること ───── 12
　　カ　接続助詞の「…が、…が、」を多用しないこと ───── 13
　　キ　助詞「たり」を正しく用いること ───── 13
　　ク　助動詞の「…られる」（受け身）と「…をして、…させる」（使役）を正しく用いること
　　　　───── 13
　　ケ　修飾語と被修飾語はできる限り近づけること ───── 13
　　コ　同じ語句・同意の語句の重複を避けること ───── 14
　　サ　時制を正しくすること ───── 14
　　シ　行為の主体の位置づけがどこかによって能動態と受動態を使い分けること ───── 14
　　ス　文意が曖昧になる連用中止法を使わないこと ───── 14
　　セ　文章はなるべく短く区切って、指示詞・接続詞などを用いて一文を短くすること
　　　　───── 14
　(2)　語句の使い方 ───── 15
　　ア　予告の副詞の呼応を誤らないこと ───── 15

  イ 用語の使い方を誤らないこと ———— 15

 (3) 表記 ———— 16

**4 公用文の表記の基準** ———— 16

 (1) 表記の基準 ———— 16

 (2) 用字について ———— 17

 (3) 送り仮名 ———— 23

 (4) 仮名遣い ———— 26

 (5) 外来語の表記 ———— 26

 (6) 地名・人名等の固有名詞、動植物の名称 ———— 28

 (7) 数　字 ———— 28

 (8) 句読点等の符号 ———— 30

 (9) 用語について ———— 37

 (10) 言葉遣いについて ———— 41

**5 注意を要する用字用語等** ———— 45

 (1) 「及び」・「並びに」 ———— 45

 (2) 「又は」・「若しくは」 ———— 46

 (3) 「から」・「より」 ———— 47

 (4) 「に」・「へ」 ———— 47

 (5) 「言う」・「いう」 ———— 47

 (6) 「ので」・「から」 ———— 47

 (7) 「…であろう」・「…よう」 ———— 48

 (8) 「…と…」 ———— 48

 (9) 「ならば」 ———— 48

 (10) 「…にて」 ———— 48

 (11) 「場合」・「とき」・「時」 ———— 48

 (12) 「その他」・「その他の」 ———— 48

 (13) 「直ちに」・「速やかに」・「遅滞なく」 ———— 49

 (14) 「…である」・「…とする」 ———— 49

 (15) 「…しなければならない」・「…ものとする」 ———— 49

 (16) 「併せて」・「あわせて」・「合わせて」 ———— 49

 (17) 「更に」・「さらに、…」 ———— 49

 (18) 「追って」・「おって、…」 ———— 50

 (19) 「従って」・「したがって、…」 ———— 50

 (20) 「と共に」・「…とともに」 ———— 50

 (21) 「虞」・「恐」・「おそれ」 ———— 50

 (22) 「付ける」・「づける」 ———— 50

 (23) 「係る」・「関する」 ———— 50

 (24) 「執る」・「採る」・「とる」 ———— 51

⑵⑸　「なお」・「おって」 —————— 51

⑵⑹　「超える」・「越える」 —————— 51

⑵⑺　「規定」・「規程」 —————— 51

⑵⑻　「配布」・「配付」 —————— 51

⑵⑼　「附」・「付」 —————— 52

⑶⓪　「充分」・「十分」 —————— 52

⑶⑴　「以上」・「以下」／「以前」・「以後」 —————— 52

⑶⑵　「超える」・「未満・満たない」／「前」・「後」 —————— 52

⑶⑶　「別紙（別表）」・「別添」 —————— 52

⑶⑷　起算点による期間の使い分け —————— 52

　6　解説・広報等における表記 —————— 53

　⑴　用字について —————— 53

　⑵　送り仮名等について —————— 53

　⑶　言葉遣いについて —————— 55

第3　用紙の規格と左横書き ················· 56

　1　用紙の規格 —————— 56

　2　用紙の用い方 —————— 56

　3　左横書き —————— 56

第4　文書の書式例 ······················· 57

　発信文書の書式例 ————— 57

　⑴　訓令の制定 —————— 57

　⑵　訓令の一部改正 —————— 58

　⑶　通　達 —————— 58

　⑷　通　知 —————— 59

　⑸　照　会 —————— 59

　⑹　回　答 —————— 60

　⑺　書式例の留意事項 —————— 60

用字用語例集（類似語を含む。） ················· 61

外来語・外国語の取扱い用例集 ················· 237

お役所言葉一覧 ··························· 243

注意すべき言葉一覧 ························ 249

# 第1　文章表現の心得

> 文章は、平易・簡潔・正確に表現し、読み手とのコミュニケーションとして捉える。

## 1　平易性

　文章は、分かりやすく、平易に表現する。平易性には、二つの意味合いがある。まずは、制度・施策等の内容（仕組み）が平易である必要があり、手続等が複雑とならないように立案の段階から考えておかなければならない。次いで、文書の読み手である特定の対象者を思い浮かべながら、分かりやすく、平易に表現する。対象者が限定されていない場合には、一般的には「義務教育で学ぶ範囲の知識を有する者」を想定すればよい。

　具体的には、特殊な言葉遣い（権威主義的で命令的な言葉）や堅苦しい言葉遣い（文語調・漢語調の言葉）はやめて、日常一般に使われている親しみやすく、やさしい言葉遣い（口語調で現代的な言葉遣い）を用いる。また、なるべく抽象的な言葉（概念）を主語とせず、人間を主語にする。

> 子どもの人権擁護の観点から　⇨　子どもの人権を守る立場から
> かかる情勢　⇨　このような情勢
> 思いをいたし　⇨　思いをめぐらせ　・　よく考え
> 表する次第であります　⇨　表します

## 2　簡潔性（明瞭性）

　文章は、簡潔かつ明瞭に表現する。意味がはっきりしない言い回しや、人によって違った意味に受け取られるような表現をしないように注意する。

　具体的には、曖昧な言葉や回りくどい表現はやめて、論理的で明確な表現にし、一文に多くの内容を詰め込みすぎない。誰が読んでも同じ意味に解釈できる文章を書くように心掛ける。

　また、伝えることを絞り、分かりやすさと正確さとのバランスをとる。一文（センテンス）に多くの内容を詰め込みすぎない。一文当たり一般文書の場合は 40〜60 字程度、訓令等の場合は 60〜80 字程度、一段落（パラグラフ）当たり、平均 15 文節程度とする。

　さらに、文章表現上も、同じ語句・同意の語句の重複に注意し、無駄な修飾語や大げさな表現を用いない。専門用語や外来語を用いる際には、必要に応じて別の言葉に言い換えたり、説明を付けたりするなど、読み手に分かりやすく伝わるように工夫する。また、文書の目的や種類に応じて、図表等によって視覚的な効果を活用する。

〔回りくどい表現〕

次のような場合には、遺言をしておく<u>必要性がとりわけ高いと認められるといえましょう。</u>

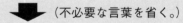（不必要な言葉を省く。）

次のような場合には、遺言をしておく<u>必要性が高いでしょう。</u>

---

今後、ますます遺言の必要性が<u>高まるであろうと思われます。</u>

（推定の言葉の重複を避ける。）

今後、ますます遺言の必要性が<u>高まるものと思われます。</u>

---

公正証書遺言は、通常、次のような<u>手順で作成されることが少なくありません。</u>

（否定形の表現を肯定形の表現にする。）

公正証書遺言<u>の作成は、</u>通常、次のような<u>手順で行われます。</u>

〔一文が長い例〕

「子どもの人権専門委員」は、法務大臣から委嘱された人権擁護委員の中から選任されており、様々なアンケートや「子どもの人権110番」の開設により、常に子どもの人権に関する情報の収集に努めるとともに、PTA、子ども会、民生児童委員等との連携を深め、子どもが発信する信号をいち早くキャッチし、その問題の解決に努めています。

（一文を短くする。）

「子どもの人権専門委員」は、法務大臣から委嘱された人権擁護委員の中から選任されています。様々なアンケートや「子どもの人権110番」を開設するなど、常に子どもの人権に関する情報の収集に努めています。また、PTA、子ども会、民生児童委員等との連携を深めて、子どもが発信する信号をいち早くキャッチし、問題の解決に努めています。

# 3　正確性

　文書は、ひとたび外部に発出すると、文書施行者の意思いかんにかかわらず、文書上の表現を媒介として全く独立した存在となる。文書施行者の意思を間違いなく伝えるためには、文章は、正確でなければならない。

　内容的には、根拠となる事実（データ）が正確であること、主題・論旨が文章全体を通してぶれていないことである。

　また、表現的には、自明のこととして文章を簡単にまとめすぎたり、必要な要素（５Ｗ１Ｈ＝いつ・誰が・どこで・何を・何のために・どのように）を落としたりしない。特に、文章の表記について、主語と述語の呼応関係、句読点や接続詞の使い方、修飾語の係りと受けの関係、中止法の多用に注意する。そのほか、同音異義・同訓異字の用語（例えば、係属（訴訟係属）・継続（継続審査）など）や送り仮名、仮名遣いの用法なども誤らないように注意する。

　一方で、専門的な知識を持たない人に向けた文書では、厳密さを求めすぎず、伝えるべき情報を取捨選択することも重要である。

　なお、文書を起案した直後は気持ちが高ぶり、客観的かつ冷静に起案したようでも、主観的な文章表現になっていたり、行政文書としては表現が適切でなかったりすることが多い。このため、文書を起案したときは、必ず冷却期間を置いて、冷静な目（第三者の目）で、その趣旨・内容に間違いがないか、その表現ぶりで読み手に正しく理解してもらえるか、不愉快な思いをさせないか等、推敲を重ねることが極めて重要である。

〔文章表現が不正確な例〕

> 　遺言公正証書の案が確定した場合には、公証人は、遺言者が公証役場にお越しいただき、又は公証人が出張して、遺言公正証書を作成する日時について、当事者との間で打合せを行った上、確定します。

> 　遺言公正証書の案が確定した場合には、公証人は、遺言者に公証役場にお越しいただき、あるいは公証人が遺言者のご自宅や病院等に出張して、当事者との間で打合せを行った上で、遺言公正証書を作成する日時を確定します。

・特殊な言葉や堅苦しい言葉はやめて、日常一般に使われているやさしい言葉を用いる。
・差別的な言葉、相手方を不快にさせる言葉を用いない。
・意味がはっきりしない言い回しや、回りくどい表現を避ける。
・誰が読んでも同じ意味に解釈できる文章を書くように心掛ける。
・標題を設け、文書の主題と性格を簡潔に表す。
・分量の多い文書では、見出しや小見出しを活用し、論点を端的に示す。
・一文に多くの内容を詰め込みすぎない。一文一論点を原則とする。
・文章はなるべく区切って短くし、指示詞や接続詞を用いて一文平均40〜60字程度（一般文書）、一段落平均15文節程度とする。
・図表等によって視覚的な効果を活用する。

# 4　コミュニケーションとしての公用文作成

　　令和4年1月7日に「公用文作成の考え方」（文化審議会建議）が公表された。文化審議会建議では、法令や告示、通知等については公用文表記の原則に従って書き表すとしつつも、広く一般向けの解説・広報等（法令や政策等の解説、広報、案内、Q＆A、質問等への回答）については読み手とのコミュニケーションとして捉え、特別な知識を持たない人にとっての分かりやすさや親しみやすさを優先し、書き表し方を工夫するとともに、施策への関心を育むよう工夫することとされた。

【公用文作成の在り方】

(1)　読み手とのコミュニケーションとして捉える

　ア　読み手に理解され、信頼され、行動の指針とされる文書を作成する。

　イ　多様化する読み手に対応する。広く一般に向けた文書では、義務教育で学ぶ範囲の知識で理解できるように書くよう努める。

　ウ　地方公共団体や民間の組織によって活用されることを意識する。

　エ　解説・広報等では、常用漢字であっても使用を控えたり、振り仮名等を付けたりするなど、より親しみやすい表記を用いてもよい。

　オ　有効な手段・媒体を選択し、読み手にとっての利便性に配慮する。

(2)　文書の目的や種類に応じて考える（表「公用文の分類例」参照）

　ア　原則として、公用文の表記は法令と一致させる。ただし、表「公用文の分類例」がおおよそ示すとおり、文書の目的や種類、想定される読み手に応じた工夫の余地がある。

　イ　法令に準ずるような告示・通知等においては、公用文表記の原則に従って書き表す。

　ウ　議事録・報道発表資料・白書などの記録・公開資料等では、公用文表記の原則に基づくことを基本としつつ、必要に応じて読み手に合わせた書き表し方を工夫する。

　エ　広く一般に向けた解説・広報等では、特別な知識を持たない読み手であっても理解できる言葉を使って、より分かりやすくかつ親しみやすく伝えるように心掛け、施策への関心

を育むよう工夫する。

（表）公用文の分類例

| 大　別 | 具体例 | 想定される読み手 | 手段・媒体の例 |
|---|---|---|---|
| 法　令 | 法律、政令、省令、規則 | 専門的な知識がある人 | 官報 |
| 告示・通知等 | 告示・訓令<br>通達・通知<br>公告・公示 | 専門的な知識がある人 | 官報<br>府省庁が発する文書 |
| 記録・公開資料等 | 議事録・会見録<br>統計資料<br>報道発表資料<br>白書 | ある程度専門的な<br>知識がある人 | 専門的な刊行物<br>府省庁による冊子<br>府省庁ウェブサイト |
| 解説・広報等 | 法令・政策等の解説<br>広報<br>案内<br>Q＆A<br>質問等への回答 | 専門的な知識を特に<br>持たない人 | 広報誌<br>パンフレット<br>府省庁ウェブサイト<br>同 SNS アカウント |

※「想定される読み手」は、各文書を実際に読み活用する機会が多いと考えられる人を指す。

# 第2 文章表記の仕方

## 1 文章の構成

### (1) 往復文書等の定型的な文書

　往復文書とは、通知・通達や照会・回答など、特定の者から特定の者に対する意思伝達の文書をいう。往復文書は、伝達事項の表現を簡潔かつ明瞭にするほか、他の文書と比べても、その構成が分かりやすいものでなければならない。

　書式例がある場合にはおおむね分かりやすい構成となっているので、それを参考にすればよいが、書式例がない場合には、最も基本的な形である三段型を用い、序論、本論、結論に分けて構成するのがよい。また、序論・本論・結論は、それぞれ段落分け（パラグラフ形式）をした方が主旨をまとめやすく、また、読みやすい。

```
（標題）
　△△に関する取扱いの変更について（通知）
（序論部分）
　この度、第170回国会において○○法の一部
が改正され、従来…とされていた△△に関する
取扱いが変更となりました。
（本論部分）
　ついては、法施行後は下記のとおり取り扱う
こととされたので、この旨職員に周知願います。
（結論部分）
　　　　　　　　　記
1　申請手続
2　処理手続
```

### ポイント

「1文書・1案件の原則」　文書は、原則として1案件ごとに作成する。1文書に多数の案件を盛り込むと、読み手に情報が正確に伝わらなかったり、事後に文書の整理がつかなくなったりする。

「標題」　文書には、一見して文書の趣旨・内容が分かる件名を付ける。

「序論」　文章全体の趣旨や、本論を導き出すための事実関係などを簡潔に書く。

「本論」　中心となるべき伝達事項や、事実関係を踏まえて分析・検討した結果（意見）などを書く。この場合には、「事実」と「意見」をしっかりと区別して書く。事実とは、「実際に起こった事柄。現実に存在する事柄。」（小学館デジタル大辞泉）のことであり、意見とは、「ある問題に対する主張・考え。心に思うところ。」（小学館デジタル大辞泉）である。事実はできる限り客観的に表現する必要があり、むやみに修飾語を付けると書き手側の価値判断（意見）が含まれることになるので、注意を要する。

　なお、事実関係等が複雑となる場合には、本論部分では大要を述べるにとどめ、細かな事実経過等は「別紙のとおり」とし、別紙に箇条書にするとよい。

「結論」　事務処理上の指示事項や、本論で検討した結果の締めくくりを書く。

　なお、序論、本論、結論の各段落をつなぐ接続詞には、次のような語句がよく用いられる。

① 序論：この度、御案内のとおり、標記の件について
② 本論：ところで、さて、ついては
③ 結論：ついては、今後は、記

## (2)　調査報告書や企画書等の非定型的な文書

　文章の展開方式には、結論（主題）をどこに置くかによって、①頭括式、②尾括式、③双括式の三つの方式がある。いずれの場合でも、主旨をまとめやすく、また、読みやすくするため、段落分け（パラグラフ形式）をしたり、段落中の各事項に細別符号(1)(2)(3)や見出しを付けたりする。

　また、その際の情報提示の仕方は、読み手が全体像を把握しやすくするため、大きな事柄（大前提となる情報）から小さな事柄（細かな情報）へと優先順位を付けて提示する。

### ①　頭括式

　最初に結論（主題）を示し、その後に、細かな説明や事実関係、分析・検討結果などを列挙する方式である。

　頭括式のメリットは、ⅰ) 結論を知った上で読むので、読んでいて安心感があり、かつ、全体像を把握しやすいこと、ⅱ) 読み手にとって必要な情報であるかどうか、結論部分の段階で選択できることである。

　広報文書や報告書、企画書などに適している。

　なお、新聞記事では、まず結論（見出し）が示され、その後に、事案の概要、詳細な説明という三段構成（いわゆるニュースは「三度語る」方式）になっている。この方式のメリットは、上記ⅰ)、ⅱ) のほか、読み手が忙しい時には、全部読まなくても、必要に応じて「結論」や「事案概要」を読むことで、おおむねニュースの内容が分かる。

### ②　尾括式

　最初に状況説明や事実関係、分析・検討結果などを列挙し、最後に締めくくりとしての結論（主題）を置く方式である。

　尾括式のメリットは、ⅰ) 巧みな導入を置くことで読み手を引き込みやすいこと、ⅱ) その後の細かな説

〔頭括式〕

（結論部分）
　あなたの街の地図を作ります。
（事案概要）
　法務局では、令和2年度～3年度、○○町二丁目の地域において新たに地図を作ります。皆様の御理解と御協力をお願いします。
（詳細説明）
(1)　地図作成の理由
(2)　地図作成の効果
(3)　皆様へのお願い
(4)　その他の事項
　　・測量の費用等
　　・説明会の開催日時
　　・地図作成作業のスケジュール

〔尾括式〕

（標題）
　△△の開始に伴う…の予算措置について（上申）
（説明部分）
　平素は、当局の予算措置について、格別の…御礼申し上げます。
　さて、当局では、○○支局において、令和5年4月から△△が開始される予定となっています。
　ところで、現在、○○支局の事務室は、…という状態であり、△△の開始に伴い、…を設置するとともに、レイアウトの一部を変更する必要があります。
（結論部分）
　つきましては、財政事情が大変厳しい状況であることは十分承知しておりますが、上記事情を御賢察の上、下記経費の予算措置につき、特段の御配慮を賜りますよう上申いたします。
記
1　所要額（内訳）
2　添付資料

明等で、読み手（相手）に書き手（こちら）側の実情等に対する理解を深めてもらってから結論に至るので、納得が得られやすいこと、iii）結論が最後に来るので、印象をはっきりと伝えられることである。

依頼（断り）文書や上申書、陳情書などに適している。

③ 双括式

最初に結論（主題）を示し、次に細かな説明や事実関係、分析・検討結果などを列挙し、最後に再び締めくくりとしての結論（主題）を置く方式である。

双括式のメリットは、長文の報告書等であっても、i）結論を知った上で読むので、読んでいて安心感があり、かつ、全体像を把握しやすいこと、ii）その後の細かな説明等で、読み手（相手）に主題に対する理解を深めてもらってから結論に至るので、納得が得られやすいこと、iii）結論が最後に来るので、印象をはっきりと伝えられることである。

調査報告書や学術論文などに適している。

〔双括式〕

```
（標題）
                筆界特定書
（結論部分）
  甲地と乙地の間の筆界は、別紙特定図面のとおり、K1点とK2点を直線で結んだ線であると特定する。
（事実関係・分析検討部分）
1  事案の概要
2  申請人及び関係人の主張及び根拠
3  本件筆界の検討
  (1)  占有状況及び境界標等の検討
  (2)  公図・測量図等の検討
  (3)  検討結果
（締めくくり部分）
4  結語
  以上の検討及び○○委員の意見を総合すれば、本件筆界は結論のとおり特定するのが相当である。
```

# 2 文　体

## (1) 口語体と文語体

口語体とは、日常使われている話し言葉で書かれたものをいう。文体には常体（だ・である）と敬体（です・ます）がある。文語体とは、漢文体、和漢混交体など伝統的な書き言葉で書かれたものをいう。

公用文では、口語体を用いることとされている。文語体は原則として用いない。

〔口語化の例〕

| 文　語　体 | | 口　語　体 |
|---|---|---|
| これが処理 | → | その処理 |
| ～せられんことを | → | ～されるよう |
| ～ごとく・ごとき | → | ～のような・のように |
| 進まんとする | → | 進もうとする |
| ～されたい | → | ～してください |
| 大いなる進歩 | → | 大きな進歩 |

ただし、次に掲げる文語表現については、使用することができる。

① 「たる」→「たり」の連体形「たる」だけを用いる。「たり」（連用形・終止形）、「たれ」（已然形・命令形）は用いない。

> （例） 嫡出子たる身分　　日本国民の配偶者たる外国人

② 「べき」→「べし」の連体形「べき」だけを用いる。「べく」（未然形・連用形）、「べし」（終止形）は用いない。「べき」がサ行変格活用の動詞「する」に続くときには、「～するべき」としないで「～すべき」とする。また、「～すべき。」で文末を終えずに、「～すべきだ。」「～すべきである。」「～すべきもの」などとする。

> （例） 注目すべき現象（×注目するべき現象）　　考えるべき問題

③ 「あり・なし・同じ」などは、簡単な注記や表中に用いることができる。

> （例） 「配偶者—あり」　　「現住所—本籍地に同じ」

## (2) 常体と敬体

口語体の文体には、常体（だ・である）と敬体（です・ます）の二つがある。

常体は、論理的で説得力を増すが、その反面文章が堅く高圧的な印象を与える。敬体は、丁寧で親しみやすくなるが、その反面文章が長くなり冗長的な印象を与える。

一般的に法令や訓令、指針など規範的で、国民一般や組織を対象とする文書の場合には「である」が用いられる。通知・照会・回答など特定人を対象とする文書の場合には「です・ます」が用いられる。なお、解説・広報等における文末は「です・ます」を基調とする。

いずれの場合でも文体は統一し、「である」と「です・ます」が混在する表現は避けるようにする。ただし、次の例のように、本文が「です・ます」の文章であっても、箇条書については「である」でもよい（例1）。また、一文（センテンス）の途中においては、丁寧さの低いものを用いても差し支えない（例2）。

> （例1）　○○研修員の選定に当たっては、次の事項に留意願います。
> 　　　(1)　研修参加費は、研修員が所属する市町村の負担となること。
> 　　　(2)　○○事務研究会等において今後とも中心となって活動することが期待される主幹課長を人選すること。
> （例2）　上半期の予算の執行率が50％を超えているので、今後の光熱水料等の節約に御留意いただくようお願いします。

# 3 文法上の留意点

　公用文は、情報を読み手に正確に伝えるものでなければならない。具体的には、主題・論旨が文章全体を通して一貫していることはもちろんのこと、文章表現が文法の原則にのっとっている必要がある。

　文章表現の不備には、大きく分けて、(1)文章の整理が不十分なもの、(2)語句の使い方が不適切なもの、(3)表記に誤りがあるものの三つがある。それぞれの留意点を掲げると、次のようになる。

## (1) 文章・構文の整理

### ア　主語と述語を正しく呼応させること

　主語と述語の呼応関係が乱れている文章をよく見かける。これらは、一つの文章に二つ以上の内容を盛り込んで、主語又は述語のいずれか一方を書き忘れてしまうことから生じることが多い。例えば、次の文章には三つの内容が含まれているので、それぞれの内容ごとに主語と述語を呼応させて、一文を構成するとよい。

> ×　「子どもの人権 SOS ミニレター」事業は、全国の小中学生に子どもの人権
> SOS ミニレター（便箋兼封筒）を配布し、教師や保護者にも相談できない子
> どもの悩みごとを SOS ミニレターに書いて法務局に直接郵送してもらうこと
> で的確に把握し、学校や関係機関と連携を図りながら解決に当たる取組です。

　主語と述語の関係では、次のように呼応させる。

① 　「子どもの人権 SOS ミニレター」事業では、全国の小中学生に子どもの人権 SOS ミニレターを配布している。

② 　（子どもたちが）教師や保護者にも相談できない悩みごとを SOS ミニレターに書いて法務局に直接郵送する。

③ 　（法務局では）SOS ミニレターから子どもの悩みごとを的確に把握し、学校や関係機関と連携を図りながら解決に当たっている。

> ○　「子どもの人権 SOS ミニレター」事業では、子どもの人権 SOS ミニレターを
> 全国の小中学生に配布しています。子どもたちからは、教師や保護者にも相談
> できない悩みごとが書かれた SOS ミニレターが法務局に直接郵送されます。
> 法務局では、これらの子どもの悩みを的確に把握し、学校や関係機関と連携を
> 図りながら解決に当たっています。

### イ　主語を省略しないこと

　日本語は、英語などと比べて主語が省略されるとか、もともと主語の概念がないとか言われているが、公用文では、行為の主体等（５Ｗ１Ｈ）を明らかにしないと情報が正確に伝わらずに混乱が生じる。特に限定句や条件句の主語を落としやすいので、注意する必要がある。

　次の文章では、登記簿を「汚損又は毀損」した行為の主体は「登記官」ではない。「閲覧者が」と行為の主体を明確しないと混乱が生じることになる。

> × 登記官は、登記簿を汚損又は毀損したときは、登記簿の閲覧を禁ずることができる。
>
> ○ 登記官は、<u>閲覧者が</u>登記簿を汚損又は毀損したときは、登記簿の閲覧を禁ずることができる。

## ウ　助詞「は」「が」「も」を正しく使い分けること

　「は」は、既知の話題（主題）や新たに提示する主題について、これから何について述べるのかを明らかにするもので、「は」の後に話題の中心（ポイント）がある。「が」は、未知の話題（動作や作用の主体）を表すもので、「が」の前に話題の中心がある。また、「も」は、先の話題と同じような話題を付け加える場合に用いる。

> （例）「むかしむかし、あるところに、<u>おじいさんとおばあさんが</u>いました。おじいさん<u>は</u>山に柴刈りに、おばあさん<u>は</u>川に洗濯に……」

　次の文章では、地震の大きさや震災想定地域に話題の中心があるので、「は」を用いる。

> × 「東海・東南海・南海」地震が連動して発生した場合、<u>地震の規模が</u>マグニチュード8.7と想定され、<u>人口や建物が</u>密集している当地方において<u>甚大な被害が</u>予想される。
>
> ○ 「東海・東南海・南海」地震が連動して発生した場合には、地震の規模<u>は</u>マグニチュード8.7と想定されているところ、当地方<u>は</u>、これらの海域に<u>面し</u>、かつ、<u>人口が</u>多く家屋<u>も</u>密集していることから、<u>甚大な被害が</u>予想される。

　また、次の文章では、「貴会との密接な連携及び協力」と「不可欠であります」のどちらに話題の中心（強調部分）があるかというと、前者にあるので、「が」を用いるのが相当である。

> × <u>貴会との緊密な連携及び協力は</u>不可欠でありますので、今後とも、…
>
> ○ <u>貴会との緊密な連携及び協力が</u>不可欠でありますので、今後とも、…

## エ　助詞「て」「に」「を」「は」を落としたり、誤ったりしないこと

　助詞とは、「品詞の一。付属語のうち、活用のないもの。常に、自立語または自立語に付属語の付いたものに付属し、その語句と他の語句との関係を示したり、陳述に一定の意味を加えたりする」（小学館デジタル大辞泉）ものである。助詞の使い分けには曖昧さがあるが、その使い分けによっては、文章に微妙なニュアンスを与える。公務員として一人前になるためには、その使い分けをしっかりと習得しておく必要があろう。例えば、あなたが部下に夕食をごちそうする際に、部下から「ステーキ<u>が</u>いい」「ステーキ<u>で</u>いい」「ステーキ<u>でも</u>いい」と、このうちのどの助詞で言われるかによって、あなたの部下に対する心証は大いに異なると思われる。

> × ○○日まで庶務係に報告願います。
> ○ ○○日までに庶務係（宛て）に報告願います。
>
> × 窓口利用者から意見要望は5件あり、…
> ○ 窓口利用者からの意見要望は5件あり、…
>
> × 建物図面及び各階平面図とも全ての建物について備え付けられていません。
> ○ 建物図面及び各階平面図とも全ての建物については備え付けられていません。
> （別表現）建物図面及び各階平面図には、備付けのないものがあります。
>
> × 境界確定訴訟については、裁判所は、所有権確認訴訟のように当事者の主張に
> 拘束されない。
> ○ 境界確定訴訟については、裁判所は、所有権確認訴訟のようには当事者の主張
> に拘束されない。
> （別表現）裁判所は、所有権確認訴訟については当事者の主張に拘束されるが、境界
> 確定訴訟については当事者の主張に拘束されない。
>
> × 登記簿は、法務大臣の許可なく登記所外に持ち出しを禁じられている。
> ○ 登記簿は、法務大臣の許可なく登記所外への持ち出しを禁じられている。
> （別表現）登記簿は、法務大臣の許可なく登記所外に持ち出すことを禁じられている。

## オ　格助詞「の」「と」は、文意をよく考えながら使用すること

　格助詞「の」は、①所有・所在・所属の関係（私の本、東京の友人、法務省の職員）や、②性質・対象・材料の関係（紫の糸、車の運転、木の家）、③論理の関係（社会悪の問題）、④同格の関係（課長の伊藤）などを表す。

　例えば、「美術館で友人の絵を見かけた。」と書いた場合には、①「友人が所有している絵」、②「友人が描いた絵」、③「友人が描かれた絵」などと様々に解釈することができる。

　また、格助詞「と」は、①動作・作用の相手・共同者の関係（上司と話す、友人と本を書く）や、②動作・作用の結果・帰結（配偶者となる女性、師と仰ぐ人）、③動作・作用の内容（開催地は東京と決まった）などを表す。

　例えば、「AさんとBさんの子供が結婚した。」と書いた場合には、①「Aと、Bの子供（C）が結婚した。」、②「Aの子供（C）と、Bの子供（D）が結婚した。」、③「AとBの間の子供（C）が、他のDと結婚した。」、④「Aの子供（C）とBの子供（D）が、それぞれ他のEとFと結婚した。」などと解釈することができる。

　このように「の」・「と」を使用するに当たっては、読み手に誤読されたり複数の意味に解釈されたりすることにならないか、よく考えて使用する必要がある。

> × 東京都町田市と神奈川県の北部の境界は、地図上の……を結んだ所です。
> ○ 東京都町田市と神奈川県の北部との境界は、地図上の……を結んだ所です。
> （別表現）東京都町田市と神奈川県の北部が接する境界は、地図上の……を結んだ所
> です。

**カ　接続助詞の「…が、…が、」を多用しないこと**

　接続助詞の「が」は、通常は「けれども」・「にもかかわらず」といった逆接条件の場合に用いるが、そのほかにも「そして」という程度の、二つの字句をつなぐ単純接続の意味合いで用いる場合がある。単純接続の「が」は使用せず、そこで文節を区切った方が明確になる。
　次の文章では一文を短く区切り、「が」を用いない方がよい。

> ×　交通違反をしないよう職員に十分に注意喚起をしてきたが、それでも違反件数が減少していないが、このことは…
> ○　職員には、交通違反をしないよう十分に注意を喚起してきた。それでも違反件数が減少していない。このことは…

**キ　助詞「たり」を正しく用いること**

　「たり」は対句を示す助詞であるので、一つの事例だけに「たり」を用いるのは誤りである。

> ×　不用不急な物品の購入を抑制したり、光熱水料等の節減をするなど予算の効率的な執行を図る。
> ○　不用不急な物品の購入を抑制したり、光熱水料等を節約したりするなど予算の効率的な執行を図る。

**ク　助動詞の「…られる」（受け身）と「…をして、…させる」（使役）を正しく用いること**

> ×　明日なら会議に出れると思います。
> ○　明日なら会議に出られると思います。
>
> ×　遺言者は、遺言執行者をして、遺言者の財産を全て金銭に換価した上で、Aに3分の1、Bに3分の2の割合で相続させる。
> ○　遺言者は、遺言執行者をして、遺言者の財産を全て金銭に換価させた上で、Aに3分の1、Bに3分の2の割合で相続させる。

**ケ　修飾語と被修飾語はできる限り近づけること**

　次の文章では、被修飾語「目」の直前に修飾語を置いて、「国民の皆様の目」とする。

> ×　国民の皆様からの公務員に向けられる目が、より透明性を求めるなど…
> ○　公務員に向けられる国民の皆様の目が、より透明性を求めるなど…

　なお、一文の中に長い修飾語と短い修飾語があるときは、短い修飾語の方を被修飾語の近くに置くのがよい。次の文章の「還付」の修飾語としては、「登記手数料等の過誤納分」よりも「申請人」の方が短いので、後者の方を近づけて「申請人への還付」とする。

> ×　申請人への登記手数料等の過誤納分の還付については、…
> ○　登記手数料等の過誤納分の申請人への還付については、…

13

## コ　同じ語句・同意の語句の重複を避けること

> ×　事務<u>処理</u>の適正かつ円滑な<u>処理</u>を…
> ○　事務の適正かつ円滑な<u>処理</u>を…
>
> ×　ユニット処理の実施について<u>検討するため</u>、総合計画推進委員会において「最適な事務処理体制の在り方と職員の育成について」の<u>検討を行った</u>。
> ○　ユニット処理の実施について、総合計画検討委員会において「最適な事務処理体制の在り方と職員の育成」に関する課題の中で検討を行った。

## サ　時制を正しくすること

　　次の文章の「昨年来」には「昨年から今まで」という意味合いがあるが、「取り組んでいただいた」と過去完了になっている。さらに、その後、「浸透してきている」と現在進行形になっており、不統一である。

> ×　<u>昨年来</u>、種々の方策に<u>取り組んでいただいた</u>ところでありますが、職員間に確実に<u>浸透してきている</u>と思っております。
> ○　<u>昨年から</u>種々の方策に<u>取り組んでいただいており</u>ますが、これらの取組は、職員間に確実に<u>浸透してきております</u>。

## シ　行為の主体の位置づけがどこかによって能動態と受動態を使い分けること

　　次の文章の行為の主体としては、例①では「不動産登記法を改正」したのは「国会」である。例①②では「原本還付の取扱いに関する規則を改めた」のは「法務本省」である。
　　したがって、法務本省の立場で②のような文章を書くことは問題ないが、その下級機関である法務局の立場で①②のような能動態の文章を書くのは誤りである。

> ×　①不動産登記法を改正し、原本還付の取扱いに関する規則を改めました。
> △　②不動産登記法が改正され、原本還付の取扱いに関する規則を改めました。
> ○　③不動産登記法が改正され、原本還付の取扱いに関する規則が改められました。

## ス　文意が曖昧になる連用中止法を使わないこと

　　次の文章では、前段部分を「該当する場合には…丸で囲み、」と連用中止法にしているが、「該当する場合」も「その理由を記載してください。」と誤読される。文意を正確に伝えるためには「該当する場合には丸で囲んでください。」と言い切る必要がある。

> ×　該当する場合には該当箇所を<u>丸で囲み</u>、該当しない場合には「その他」を丸で囲み、備考欄にその理由を記載してください。
> ○　該当する場合には該当箇所を<u>丸で囲んでください</u>。該当しない場合には「その他」を丸で囲み、備考欄にその理由を記載してください。

## セ　文章はなるべく短く区切って、指示詞・接続詞などを用いて一文を短くすること

　　一般文書の場合は一文平均40～60字程度、訓令等の場合は60～80字程度であると言われ

ている。また、一段落平均 15 文節程度とする。

指示詞には、次のようなものがある。

> 【代名詞】これ　それ　あれ　どれ
> 【副詞】こう（なれば）　そう（かと言って）　ああ（言えば）　どう（したら）
> 【連体詞】この（ような）　その（ような）　あの（ような）　どの（ような）　こうした　いわゆる

接続詞には、次のようなものがある。

**① 条件接続**

> 【順接】だから　それで　したがって　それゆえ　ついては
> 【逆接】しかし　けれども　が　ところが　しかしながら

**② 対等接続**

> 【並立・添加】そして　また　及び　並びに　それに　なお　しかも　その上
> 　さらに　かつ　おって
> 【説明】なぜなら　ただし　すなわち
> 【対比・選択】あるいは　それとも　又は　若しくは
> 【転換】さて　ところで　では

## (2) 語句の使い方

### ア 予告の副詞の呼応を誤らないこと

「必ずしも」「決して」「到底」「恐らく」「きっと」などは初めから否定や推量などの表現が後にくることが予告される副詞であり、「必ずしも」の場合は「…ない。」と否定の表現が呼応しなければならない。

> ×　必ずしも計画を順調に進めることが困難であることから、…
> ○　必ずしも計画を順調に進めることができないことから、…

**予告の副詞の例**

> 【否定】必ずしも…ない。　決して…ない。　到底…ない。　あながち…ない。
> 　一概に…ない。　一切…ない。　いまだ…ない。　さほど…ない。
> 　単に…ない。　大して…ない。　何ら…ない。　めったに…ない。
> 【推量】恐らく…だろう。　きっと…だろう。　多分…だろう。
> 　まさか…ないだろう。　定めし…だろう。
> 【仮定】仮に…したら（ならば）　万一…したら（ならば）　たとい…ても（とも）
> 　もし…ならば

### イ 用語の使い方を誤らないこと

例えば、「明日、先生がこちらに参られます。」は、「明日、先生がこちらにいらっしゃい

15

ます。」とするのが正しい。「参る」は「行く」・「来る」の謙譲語であり、相手方の動作に用いるのは誤りである。

　また、「…という指摘は的を得ている。」は、「的を射ている」又は「当を得ている」の誤用である。

## (3) 表記

　同音異義語（音は同じでも意味の異なる語）・異字同訓（異なる漢字であるが同じ訓をもつもの）については、使い分けの間違いが多いことから注意を要する。なお、「異字同訓」の漢字の使い分け例が、平成26年2月21日に文化審議会国語分科会（https://www.bunka.go.jp/seisaku/bunkashingikai/kokugo/hokoku/pdf/ijidoukun_140221.pdf）から出されているので、参考にするとよい。

> **注意を要する同音異義語・同訓異字の例**
>
> 合わせて―併せて、充てる―当てる、異議―意義、一同―一堂、一環―一貫、異動―移動、犯す―侵す、贈る―送る、抑える―押さえる、改定―改訂、回答―解答、格差―較差、課程―過程、規定―規程、決裁―決済、越える―超える、作成―作製、紹介―照会、試案―私案、試行―施行、時期―時機、傷害―障害、衆知―周知、習得―修得、主旨―趣旨、初期―所期、所用―所要、勧める―薦める、清算―精算、対象―対照、調整―調製、追求―追及、努める―務める、的確―適格、適正―適性、伸びる―延びる、発行―発効、必至―必死、付託―負託、保障―保証―補償、要項―要綱

# 4　公用文の表記の基準

　公用文の書き方に関しては、国民の誰もが容易に理解できるような表記にするとともに、執務能率の増進を図るため、用字用語・文体・書き表し方の基準が定められている。

　「現代仮名遣い」（昭和61年内閣告示第1号）による漢字平仮名交じり文を基本とし、特別な場合を除いて左横書きとする。

## (1) 表記の基準

### ア　内閣告示

① 常用漢字表（平成22年11月30日内閣告示第2号）

② 送り仮名の付け方（昭和48年内閣告示第2号。最終改正平成22年11月30日内閣告示第3号）

③ 現代仮名遣い（昭和61年内閣告示第1号。最終改正平成22年11月30日内閣告示第4号）

④ 外来語の表記（平成3年6月28日内閣告示第2号）

### イ　公用文の作成等に関する通知等

① 公用文作成の要領（昭和27年4月4日付け内閣閣甲第16号内閣官房長官依命通知）

② 公用文における漢字使用等について（平成22年11月30日付け内閣訓令第1号）

③ 内閣に係る公用文における拗音及び促音に用いる「や・ゆ・よ・つ」の表記について

（昭和 63 年 9 月 1 日付け内閣閣第 145 号内閣官房内閣参事官室首席内閣参事官通知）

④　外来語・外国語の使用について（平成 15 年 6 月 6 日付け各府省文書課長等会議申合せ）

⑤　公用文作成の考え方（令和 4 年 1 月 7 日文化審議会建議）

ウ　法令用語に関する通知

①　法令における漢字使用等について（平成 22 年 11 月 30 日付け内閣法制局総総第 208 号内閣法制次長通知）

②　法令における拗音及び促音に用いる「や・ゆ・よ・つ」の表記について（昭和 63 年 7 月 20 日付け内閣法制局総発第 125 号内閣法制局長官総務室通知）

## (2)　用字について

ア　漢字は、「常用漢字表」（平成 22 年 11 月 30 日内閣告示第 2 号）に従って書き表す。

　常用漢字表は、一般の社会生活における現代の国語を書き表す場合の漢字使用の目安として定められているものであるが、公用文における漢字使用については、常用漢字表の本表及び付表（表の見方及び使い方を含む。）によるとされている（「公用文における漢字使用等について」（平成 22 年 11 月 30 日付け内閣訓令第 1 号））。

　したがって、公用文には、原則として常用漢字表にない漢字（表外字）及び音訓（表外音訓）を用いることができない。常用漢字表で書き表せないものは、次の標準によって書き換えをするか、言い換えをする。

　ただし、広く一般に向けた解説・広報等においては、読み手に配慮し、漢字を用いることになっている語についても、仮名で書いたり振り仮名を使ったりすることができる（文化審議会建議）。

㋐　平仮名で書く（※　×印は表にない漢字、△印は表にない音訓）

①　訓による語は平仮名で書く。

> （例）敢えて→あえて　予め→あらかじめ　或いは→あるいは　未だ→いまだ
> 謳う→うたう　嬉しい→うれしい　概ね→おおむね　自ずから→おのずから
> 叶う→かなう　叩く→たたく　止める・留める→とどめる　経つ→たつ
> 為す→なす　則る→のっとる　捗る→はかどる　以て→もって
> 依る・拠る→よる　宜しく→よろしく　坩堝→るつぼ

　注　「さかのぼる→遡る」、「あて→宛・宛て」は、平成 22 年改正常用漢字表で漢字使用に改められた。

②　音による語でも、漢字を用いないで意味の通るものは、そのまま平仮名で書く。

> （例）斡旋→あっせん　億劫→おっくう　痙攣→けいれん　御馳走→ごちそう
> 颯爽→さっそう　杜撰→ずさん　石鹼→せっけん　覿面→てきめん
> 咄嗟→とっさ　煉瓦→れんが

③　他に良い言い換えがない、又は、言い換えをしては不都合なものは、常用漢字表にない
　　漢字だけを平仮名®1で書く。あるいはその漢字をそのまま用いてこれに振り仮名®2を付
　　ける。

> （例）改竄→改ざん・改竄　　絆→きずな・絆　　帰趨→帰すう・帰趨
> 　　　啓蒙→啓もう・啓蒙　　牽引→けん引・牽引　　口腔→口こう・口腔
> 　　　招聘→招へい・招聘　　綴る→つづる・綴る　　綴じる→とじる・綴じる
> 　　　酉の市→とりの市・酉の市

　　注1　化学用語など、片仮名を用いる場合もある。
　　　　（例）燐酸→リン酸　　沃素→ヨウ素　　弗素→フッ素
　　注2　振り仮名は、原則として表にない漢字・音訓のみに付ける。
　　注3　「進ちょく→進捗」、「隠ぺい→隠蔽」は、平成22年改正常用漢字表で漢字使用に
　　　　改められた。

㈲　音訓が同じで、意味の通じる常用漢字を用いて書く
　①　常用漢字表中の同じ訓を持つ漢字を用いて書く。

> （例）活かす→生かす　　威す・嚇す→脅す　　伐る・剪る→切る　　歎く→嘆く
> 　　　脱ける→抜ける　　拓く→開く　　解る・判る→分かる　　仇→敵
> 　　　手許→手元　　想い→思い　　哀しい→悲しい　　真に→誠に

　②　常用漢字表中の、同じ音を持ち、意味の通じる漢字を用いて書く。

> （例）吉方→恵方　　恰好→格好　　確乎→確固　　義捐金→義援金
> 　　　醵出金→拠出金　　車輌→車両　　穿鑿→詮索　　洗滌→洗浄　　煽動→扇動
> 　　　碇泊→停泊　　顛覆→転覆　　杜絶→途絶　　日蝕→日食　　脳裡→脳裏
> 　　　編輯→編集　　抛棄→放棄　　聯合→連合　　煉乳→練乳

㈱　常用漢字を用いた別の言葉で言い換える
　①　常用漢字表にある漢字を用いた言葉で言い換える。

> （例）隘路→支障・困難・障害　　軋轢→摩擦　　溢水→出水
> 　　　改悛→改心　　干魃→干害　　瀆職→汚職　　竣工→落成・完工　　剪除→切除
> 　　　捺印→押印　　誹謗→中傷・悪口　　逼迫→切迫　　罹災→被災
> 　　　論駁→反論・抗論

　②　同じ意味の分かりやすい言い方で言い換える。

> （例）安堵する→安心する　　陥穽→落とし穴　　狭隘な→狭い
> 　　　豪奢な→豪華な・ぜいたくな　　誤謬→誤り　　塵埃→ほこり
> 　　　脆弱な→弱い・もろい　　庇護する→かばう・守る　　畢竟→つまるところ
> 　　　酩酊する→酔う　　凌駕する→しのぐ・上回る　　漏洩する→漏らす

　　㊟　①、②の両方の処理ができるものもある。
　　（例）帰趨→動向・成り行き　　斟酌→遠慮・手加減

イ　専門用語等の例外

　漢字は、上記アに従って書き表すのが原則であるが、例外として、専門用語又は特殊用語で、他に言い換える言葉がなく、しかも仮名で表記すると理解することが困難であると認められるようなものについては、常用漢字表にない漢字をそのまま用いてこれに振り仮名をつける（「法令における漢字使用等について」1の(5)ア）。

　（例）暗渠　按分　蛾　瑕疵　管渠　涵養　砒素　埠頭　欠欽　強姦

　　㊟　「勾留」は、平成22年改正常用漢字表で振り仮名不要となった。

ウ　品詞別の漢字と平仮名の書き分け例

　文章は、漢字が多いと堅い印象を与え、また、平仮名が多いと冗長な印象を与える。文章の読みやすさには、「漢字3割、平仮名7割」の法則があると言われている。文化審議会建議では、読み手とのコミュニケーションとして捉えるとされ、公用文であっても、広く一般に向けた解説・広報等では、常用漢字であっても使用を控えたり、あえて振り仮名等を付けたりするなどの工夫ができるとされた。

　よく使われる用字について、漢字と平仮名の書き分けを常用漢字表に従って品詞別に整理すると、次のようになる。

① 代名詞

【平仮名で書くもの】あちら（×彼方）　あなた（×貴方）　いずれ（×何れ）
いつ（×何時）　これ（×之・是・此）　それ（×其れ）　どれ（×何れ）
ここ（×此処）　そこ（×其処）　どこ（×何処）
【漢字で書くもの】俺　彼　誰　何　僕　私　我々

　　㊟　「だれ→誰」は、平成22年改正常用漢字表で漢字使用に改められた。

② 副詞

【平仮名で書くもの】いかに（×如何に）　いずれ（×何れ）　いまだ（×未だ）
いろいろ（×色々）　おおむね（×概ね）　おのずと（×自ずと）
おのずから（×自ずから）　かなり（×可なり）　ここに（×此処に）
しばらく（×暫く）　すぐに（×直ぐに）　たくさん（×沢山）　ちょうど（×丁度）
ついに（×遂に）　とても（×迚も）　なお（×尚・猶）　ふと（×不図）
ほとんど（×殆ど）　まず（×先ず）　まだ（×未だ）　もちろん（×勿論）
もはや（×最早）　やがて（×軈て）　やはり（×矢張）　わざと（×態と）
わざわざ（×態々）　ようやく（×漸く）　よく（×良く）　よほど（×余ほど・余程）
よろしく（×宜しく）
【漢字で書くもの】飽くまで　余り　幾ら　至って　大いに　恐らく　概して　必ず
必ずしも　辛うじて　極めて　殊に　更に　実に　少なくとも　少し　既に　全て

切に　大して　絶えず　互いに　直ちに　例えば　次いで　努めて　常に　特に
突然　何分　初めて　果たして　甚だ　再び　正に　全く　無論　最も　専ら
僅か　割に

> 注　ただし、解説・広報等において、分かりやすさや親しみやすい表現を優先する場合
> には、「あくまで　あまり　いくら　ただちに　なにぶん　まさに」などと平仮名
> で書くことがある。

### ③　連体詞

【平仮名で書くもの】あらゆる　ある（〜日）　いかなる　いわゆる　この　その　どの
【漢字で書くもの】明くる（年）　大きな　来る（きたる）　去る　小さな　我が（国）　等

### ④　接頭辞

【平仮名で書くもの】お願い　お礼　ごちそう　ごべんたつ　ごもっとも
【漢字で書くもの】御中　御礼（おんれい）　御挨拶　御案内　御紹介

> 注　「御」を「おん」「ご」と読む場合は漢字で書く。ただし、常用漢字表にない漢字を含
> む語は仮名書きし、「御」も仮名で書く（「ごちそう」「ごべんたつ」「ごもっとも」等）。
> また、解説・広報等において、分かりやすさや親しみやすい表現を優先する場合に
> は、「ご挨拶　ご案内　ご紹介」などと、平仮名で書くこともある。

### ⑤　接尾辞

【平仮名で書くもの】惜しげ（×気）　二人とも（×共）　私ども（×共）
　若者たち（×達）　偉ぶる（×振る）　説明ぶり（×振り）　弱み（×味）
　原告ら（×等）
【漢字で書くもの】会社宛て　10人余り　親御　先生方　10番台　人並み

> 注　「あて→宛・宛て」は、平成22年改正常用漢字表で漢字使用に改められた。

### ⑥　接続詞

【平仮名で書く】注1　おって　かつ　さらに注2　しかし　したがって注3
　ただし　ついては　ところで　また注4　ゆえに
【漢字で書く】注5　及び　並びに　又は　若しくは

> 注1　「及び　並びに　又は　若しくは」以外の接続詞は、全て平仮名で書く。
> 注2　副詞の「更に」「更なる」は漢字で書く。
> 注3　動詞の「従う」は漢字で書く。
> 注4　副詞の「又」は漢字で書く。
> 注5　解説・広報等において分かりやすさや親しみやすい表現を優先する場合には、
> 　　　「および　ならびに　または　もしくは」と平仮名で書くこともある。

### ⑦ 動詞

【平仮名で書く】 その点に問題が<u>ある</u>（×有る・×在る）<sup>注1</sup>
ここに関係者が<u>いる</u>（×居る）　誰でも利用が<u>できる</u>（×出来る）<sup>注2</sup>
合計すると1万円に<u>なる</u>（×成る）<sup>注3</sup>

- 注1 「有無」の対照、「所在・存在」の意を強調するときは、「財産が有る」「有り・無し」「在り方」「在りし日」「日本はアジアの東に在る」など、漢字で書く。
- 注2 「出来が良い」などは漢字で書く。
- 注3 「歩が金に成る」などは漢字で書く。

### ⑧ 助動詞

【平仮名で書くもの】私は行か<u>ない</u>（×無い）　　方法がない<u>ようだ</u>（×様だ）

### ⑨ 動詞・形容詞などの補助的な用法

【平仮名で書く】言われ<u>ている</u>（×居る）　やって<u>みる</u>（×見る）<sup>注1</sup>
問題点を話して<u>ください</u>（×下さい）<sup>注2</sup>　報告して<u>いただく</u>（×頂く）<sup>注3</sup>
図書を貸して<u>あげる</u>（×上げる）　本を読んで<u>やる</u>（×遣る）
医者に診て<u>もらう</u>（×貰う）　負担が増えて<u>いく</u>（×行く）<sup>注4</sup>
通知して<u>おく</u>（×置く）　寒くなって<u>くる</u>（×来る）<sup>注5</sup>　書いて<u>しまう</u>（×仕舞う）
欠点が<u>ない</u>（×無い）<sup>注6</sup>　はっきり言って<u>ほしい</u>（×欲しい）<sup>注7</sup>
連絡して<u>よい</u>（×良い）<sup>注8</sup>

- 注1 実際の動作・状態等を表す「しっかり見る」などは漢字で書く。
- 注2 実際の動作・状態等を表す「本を下さい」（「くれ」の尊敬語）などは漢字で書く。
- 注3 実際の動作・状態等を表す「本を頂く」（「もらう」の謙譲語）などは漢字で書く。
- 注4 実際の動作・状態等を表す「学校に行く」などは漢字で書く。
- 注5 実際の動作・状態等を表す「東から来る」などは漢字で書く。
- 注6 「有無」の対照を強調するときは、「財産が有る」「有り・無し」など、漢字で書く。
- 注7 実際の動作・状態等を表す「資格が欲しい」などは漢字で書く。
- 注8 実際の動作・状態等を表す「声が良い」などは漢字で書く。

### ⑩ 助詞

【平仮名で書く】<u>二十歳ぐらい</u>（×位）　調査した<u>だけ</u>である（×丈）
ラジオを聞き<u>ながら</u>勉強する（×乍ら）　年号、文書番号<u>など</u>（×等）<sup>注</sup>
三日<u>ほど</u>経過した（×程）　東京から大阪<u>まで</u>三時間かかる（×迄）

- 注 「等」は「とう」と読むときに用いる。

⑪　形式名詞（事物を表す元の意味が薄れ、形式的に用いられるもの）

【平仮名で書く】許可しない<u>こと</u>がある（×事）<sup>注1</sup>
　　事故の<u>とき</u>は連絡する（×時）<sup>注2</sup>
　　現在の<u>ところ</u>差し支えない（×所・×処）<sup>注3</sup>
　　正しい<u>もの</u>と認める（×物・者）<sup>注4</sup>
　　その<u>うち</u>（×中・内）<sup>注5</sup>　雨の<u>ため</u>順延する（×為）
　　次の<u>とおり</u>である（×通り）<sup>注6</sup>　一部の反対の<u>ゆえ</u>にはかどらない（×故）<sup>注7</sup>
　　賛成する<u>わけ</u>にはいかない（×訳）<sup>注8</sup>　分かる<u>はず</u>だ（×筈）
　　説明する<u>とも</u>に意見を聞く（×共）<sup>注9</sup>　この<u>よう</u>な（×様）

注1　「事は重大である」など、具体的に特定できる対象がある場合には漢字で書く。

注2　「成年に達した時」など、具体的に特定できる対象がある場合には漢字で書く。

注3　「家を建てる所」など、具体的に特定できる対象がある場合には漢字で書く。

注4　「所持する物」「議長の指名する者」など、具体的に特定できる対象がある場合には漢字で書く。

注5　「内に秘める」などは漢字で書く。

注6　「大通り」などは漢字で書く。

注7　「故あって」などは漢字で書く。

注8　「訳あって」などは漢字で書く。

注9　「彼と共に」などは漢字で書く。

⑫　漢字の持つ実質的な意味が薄くなっているもの

【平仮名で書く】<u>ありがとう</u>（×有り難う）<sup>注</sup>　<u>おはよう</u>（×お早う）
　　<u>こんにちは</u>（×今日は）　<u>逆さま</u>（×逆様）

注　「有り難い」は漢字で書く。

⑬　当て字や熟字訓

【平仮名で書く】<u>いつ</u>（×何時）　<u>いかん</u>（×如何）　<u>思わく</u>（×思惑）
　　<u>さすが</u>（×流石）　<u>すばらしい</u>（×素晴らしい）　<u>たばこ</u>（×煙草）
　　<u>ちょっと</u>（×一寸）　<u>ふだん</u>（×普段）　<u>めった</u>（×滅多）　<u>あさって</u>（×明後日）
　　<u>おはこ</u>（×十八番）　<u>おととい</u>（×一昨日）　<u>おととし</u>（×一昨年）

⑭　常用漢字表にあっても法令に倣い仮名で書くもの

【平仮名で書く】決壊の<u>おそれ</u>がある（×虞・×恐れ）　<u>かつ</u>（×且つ）
　　<u>ほか</u>（×外・他）　<u>よる</u>（×因る・×拠る・×依る）

⑮　その他連語等

【平仮名で書く】間違いかも<u>しれ</u>ない（×知れない）
部長<u>という</u>ポスト（×言う）　調査だけに<u>すぎ</u>ない（×過ぎない）
これに<u>ついて</u>考慮する（×就いて）

## (3)　送り仮名

　　送り仮名は、「送り仮名の付け方」（昭和 48 年内閣告示第 2 号。最終改正平成 22 年 11 月 30 日内閣告示第 3 号）の「本則」と「例外」に従って書き表す。ただし、複合語のうち、活用のない語で読み違えるおそれのない次のカ・キに掲げる語については、送り仮名を省略することとされている（「公用文における漢字使用等について」（平成 22 年 11 月 30 日付け内閣訓令第 1 号）の別紙の 2。「法令における漢字使用等について」（平成 22 年 11 月 30 日付け内閣法制局総総第 208 号内閣法制次長通知）の「2　送り仮名の付け方について」の(2)複合の語。「公用文における漢字使用等についての具体的な取扱い方針について」（昭和 56 年 10 月 1 日付け内閣閣第 150 号内閣官房内閣参事官室首席内閣参事官通知・庁文国第 19 号文化庁文化部長通知））。

　　ただし、広く一般の人に向けた解説・広報等においては、読み手に配慮して、送り仮名を省いて書くことになっている語についても、送り仮名を省かずに書くことができる（文化審議会建議）。この場合には、一つの文書の中で、同じ用語に幾つもの表記が混在することのないようにする。また、個人の判断に頼らず、各部署で表記に関する考え方を共有しておく（「6　解説・広報等における表記」の（2）（53 ページ）参照）。

ア　活用のある語（動詞など）は、活用語尾を送る。

　（例）　書<u>く</u>　実<u>る</u>　生<u>きる</u>　考<u>える</u>　荒<u>い</u>　賢<u>い</u>

イ　活用語尾以外の部分に他の語を含む語（動詞など）は、含まれている語の送り仮名の付け方によって送る。

　（例）　動<u>かす</u>（動く）　照<u>らす</u>（照る）　向<u>かう</u>（向く）　及<u>ぼす</u>（及ぶ）

ウ　名詞は、送り仮名を付けない（例 1）。ただし、活用のある語から転じた名詞（例 2）及び活用のある語に「さ」「み」「げ」などの接尾辞が付いて名詞になったもの（例 3）は、もとの語の送り仮名の付け方によって送る。

　（例 1）　月　鳥　花　山　→　（例外）辺<u>り</u>　後<u>ろ</u>　互<u>い</u>　半ば
　（例 2）　動<u>き</u>　調<u>べ</u>　届<u>け</u>　願<u>い</u>
　（例 3）　大<u>きさ</u>　明<u>るみ</u>　惜<u>しげ</u>

エ　副詞・連体詞・接続詞は、原則として最後の音節を送る。

　（例）　必<u>ず</u>　更<u>に</u>　既<u>に</u>　来<u>る</u>　去<u>る</u>　及<u>び</u>
　（例外）　明<u>くる</u>　大<u>いに</u>　直<u>ちに</u>　並<u>びに</u>　若<u>しくは</u>

オ　複合語は、その複合の語を書き表す漢字の、それぞれの音訓を用いた単独の語の送り仮名の付け方による。

【活用のある語の例】申し込む　打ち合わせる　若返る　旅立つ　聞き苦しい
【活用のない語の例】後ろ姿　独り言　落書き　日当たり　夜明かし　伸び縮み

カ　オのうち、活用のない語で読み間違えるおそれのない語は、送り仮名を省略する。

| あ行 | 明渡し　預り金　言渡し　入替え　植付け　魚釣用具　受入れ　受皿　受持ち　受渡し　渦巻　打合せ　打合せ会　打切り　内払　移替え　埋立て　売上げ　売惜しみ　売出し　売場　売払い　売渡し　売行き　縁組　追越し　置場　贈物　帯留　折詰 |
|---|---|
| か行 | 買上げ　買入れ　買受け　買換え　買占め　買取り　買戻し　買物　書換え　格付　掛金　貸切り　貸金　貸越し　貸倒れ　貸出し　貸付け　借入れ　借受け　借換え　刈取り　缶切　期限付　切上げ　切替え　切下げ　切捨て　切土　切取り　切離し　靴下留　組合せ　組入れ　組替え　組立て　くみ取便所　繰上げ　繰入れ　繰替え　繰越し　繰下げ　繰延べ　繰戻し |
| さ行 | 差押え　差止め　差引き　差戻し　砂糖漬　下請　締切り　条件付　仕分　据置き　据付け　捨場　座込み　栓抜　備置き　備付け　染物 |
| た行 | 田植　立会い　立入り　立替え　立札　月掛　付添い　月払　積卸し　積替え　積込み　積出し　積立て　積付け　釣合い　釣鐘　釣銭　釣針　手続　問合せ　届出　取上げ　取扱い　取卸し　取替え　取決め　取崩し　取消し　取壊し　取下げ　取締り　取調べ　取立て　取次ぎ　取付け　取戻し |
| な行 | 投売り　抜取り　飲物　乗換え　乗組み |
| は行 | 話合い　払込み　払下げ　払出し　払戻し　払渡し　払渡済み　貼付け　引上げ　引揚げ　引受け　引起し　引換え　引込み　引下げ　引締め　引継ぎ　引取り　引渡し　日雇　歩留り　船着場　不払　賦払　振出し |
| ま行 | 前払　巻付け　巻取り　見合せ　見積り　見習　未払　申合せ　申合せ事項　申入れ　申込み　申立て　申出　持家　持込み　持分　元請　戻入れ　催物　盛土 |
| や行 | 焼付け　雇入れ　雇主　譲受け　譲渡し　呼出し　読替え |
| わ行 | 割当て　割増し　割戻し |

キ 活用のない複合の語で慣用が固定していると認められるものは、送り仮名を付けない。

なお、（　）の中は例示である。

| あ行 | 合図　合服　合間　預入金　編上靴　植木　（進退）伺　浮袋　浮世絵　受入額　受入先　受入年月日　請負　受付　受付係　受取　受取人　受払金　打切補償　埋立区域　埋立事業　埋立地　裏書　売上（高）　売掛金　売出発行　売手　売主　売値　売渡価格　売渡先　絵巻物　襟巻　沖合　置物　奥書　奥付　押売　押出機　覚書　（博多）織　折返線　織元　織物　卸売 |
|---|---|
| か行 | 買上品　買受人　買掛金　外貨建債権　概算払　買手　買主　買値　書付　書留　過誤払　貸方　貸越金　貸室　貸席　貸倒引当金　貸出金　貸出票　貸付（金）　貸主　貸船　貸本　貸間　貸家　箇条書　貸渡業　肩書　借入（金）　借受人　借方　借越金　刈取機　借主　仮渡金　缶詰　気付　切手　切符　切替組合員　切替日　くじ引　組合　組入金　組立工　倉敷料　繰上償還　繰入金　繰入限度額　繰入率　繰替金　繰越（金）　繰延資産　消印　月賦払　現金払　小売　小売（商）　小切手　木立　小包　子守　献立 |
| さ行 | 先取特権　作付面積　挿絵　差押（命令）　座敷　指図　差出人　差引勘定　差引簿　刺身　試合　仕上機械　仕上工　仕入価格　仕掛花火　仕掛品　敷網　敷居　敷石　敷金　敷地　敷布　敷物　軸受　下請工事　仕出屋　仕立券　仕立物　仕立屋　質入証券　支払　支払元受高　字引　仕向地　事務取扱　事務引継　締切日　所得割　新株買付契約書　据置（期間）　（支出）済（額）　関取　備付品　（型絵）染 |
| た行 | ただし書　立会演説　立会人　立入検査　立場　竜巻　立替金　立替払　建具　建坪　建値　建前　建物　棚卸資産　（条件）付（採用）　月掛貯金　付添人　漬物　積卸施設　積出地　積立（金）　積荷　詰所　釣堀　手当　出入口　出来高払　手付金　手引　手引書　手回品　手持品　灯台守　頭取　（欠席）届　留置電報　取扱（所）　取扱（注意）　取入口　取替品　取組　取消処分　（麻薬）取締法　取締役　取立金　取立訴訟　取次（店）　取付工事　取引　取引（所）　取戻請求権　問屋 |
| な行 | 仲買　仲立業　投売品　並木　縄張　荷扱場　荷受人　荷造機　荷造費　（春慶）塗　（休暇）願　乗合船　乗合旅客　乗換（駅）　乗組（員） |
| は行 | 場合　羽織　履物　葉巻　払込（金）　払下品　払出金　払戻金　払戻証書　払渡金　払渡郵便局　番組　番付　控室　引当金　引受（時刻）　引受（人）　引換（券）　（代金）引換　引込線　引継事業　引継調書　引取経費　引取税　引渡（人）　日付　瓶詰　歩合　封切館　福引（券）　船荷貨物　踏切　振替　振込金　振出（人）　不渡手形　分割払　（鎌倉）掘　掘抜井戸 |
| ま行 | 前受金　前貸金　巻上機　巻紙　巻尺　巻物　待合（室）　見返物資　見込額　見込数量　見込納付　水張検査　水引　見積（書）　見取図　見習工　未払勘定　未払年金　見舞品　名義書換　申込（書）　申立人　持込禁止　元売業者　物置　物語　物干場 |
| や行 | （備前）焼　役割　屋敷　雇入契約　雇止手当　夕立　譲受人　湯沸器　呼出符号　読替規定 |
| ら行 | 陸揚地　陸揚量　両替 |
| わ行 | 割合　割当額　割高　割引　割増金　割戻金　割安 |

## ⑷ 仮名遣い

仮名遣いは、「現代仮名遣い」（昭和61年内閣告示第1号。最終改正平成22年11月30日内閣告示第4号）に従って書き表す。ただし、助詞の「を・は・へ」は、それぞれ「を（本を読む）・は（今日は日曜です）・へ（故郷へ帰る）」と書き表し、「お・わ・え」は用いない。「じ」と「ぢ」、「ず」と「づ」については、「じ」と「ず」を用いるのを原則とし、「ぢ」と「づ」は、例外的に次の場合に用いる。

> （例）　ちぢむ（縮）　はなぢ（鼻血）　ちかぢか（近々）　つづく（続）　つづる（綴）
> 　　　みかづき（三日月）　てづくり（手作り）　こづつみ（小包）　つねづね（常々）

なお、撥音の表記は「ん」を用い、拗音「や・ゆ・よ」及び促音「つ」の表記は「ゃ・ゅ・ょ・っ」と小書きにする。

## ⑸ 外来語の表記

外来語の表記は、「外来語の表記」（平成3年6月28日内閣告示第2号）に基づくものとする。外来語の表記の第1表によって日本語として広く使われている表記を用いることを基本とし、必要に応じて第2表を用いる。第1表と第2表にない表記は、原則として用いない。

### 第1表

| ア | イ | ウ | エ | オ |
| --- | --- | --- | --- | --- |
| カ | キ | ク | ケ | コ |
| サ | シ | ス | セ | ソ |
| タ | チ | ツ | テ | ト |
| ナ | ニ | ヌ | ネ | ノ |
| ハ | ヒ | フ | ヘ | ホ |
| マ | ミ | ム | メ | モ |
| ヤ |  | ユ |  | ヨ |
| ラ | リ | ル | レ | ロ |
| ワ |  |  |  |  |
| ガ | ギ | グ | ゲ | ゴ |
| ザ | ジ | ズ | ゼ | ゾ |
| ダ |  |  | デ | ド |
| バ | ビ | ブ | ベ | ボ |
| パ | ピ | プ | ペ | ポ |
| キャ |  | キュ |  | キョ |
| シャ |  | シュ |  | ショ |
| チャ |  | チュ |  | チョ |
| ニャ |  | ニュ |  | ニョ |
| ヒャ |  | ヒュ |  | ヒョ |
| ミャ |  | ミュ |  | ミョ |
| リャ |  | リュ |  | リョ |
| ギャ |  | ギュ |  | ギョ |
| ジャ |  | ジュ |  | ジョ |
| ビャ |  | ビュ |  | ビョ |
| ピャ |  | ピュ |  | ピョ |

ン（撥音）
ッ（促音）
ー（長音符号）

第1表（外来音）

| | | | | |
| --- | --- | --- | --- | --- |
|  |  |  | シェ |  |
|  |  |  | チェ |  |
| ツァ |  |  | ツェ | ツォ |
|  | ティ |  |  |  |
| ファ | フィ |  | フェ | フォ |
|  |  |  | ジェ |  |
|  | ディ |  |  |  |
|  |  | デュ |  |  |

### 第2表

| | | | | |
| --- | --- | --- | --- | --- |
|  |  |  | イェ |  |
|  | ウィ |  | ウェ | ウォ |
| クァ | クィ |  | クェ | クォ |
|  | ツィ |  |  |  |
|  |  | トゥ |  |  |
| グァ |  |  |  |  |
|  |  | ドゥ |  |  |
| ヴァ | ヴィ | ヴ | ヴェ | ヴォ |
|  |  | テュ |  |  |
|  |  | フュ |  |  |
|  |  | ヴュ |  |  |

ア　日本語として定着した外来語は、第 1 表にある表記で書き表す。

（例）　セロ<u>ハ</u>ン　　プラス<u>チ</u>ック　　<u>デ</u>ジタル

　これらは、同様に第 1 表内の「ファ」「ティ」「ディ」によって、セロ<u>ファ</u>ン、プラス<u>ティ</u>ック、<u>ディ</u>ジタルと書くこともできるが、広く使われ理解されている表記を用いる。

イ　必要な場合には、原音の発音に近づくように書く。元の外国語の発音やつづりと関連付けることが慣用になっている場合は、次に掲げるように第 2 表を活用する。

（例）　ウェイト　　ウェブ　　クォーク　　フュージョン

　特に人名・地名など固有名詞は原音に近く書き表す慣用があり、例えば、第 2 表の「ウィ・ウェ・ウォ」を用いた表記では、ウィリアム、ウェールズ、ウォール街などが広く用いられている。

　一般の用語は、第 1 表に従って書くことが基本となる。必要があって第 2 表に基づく場合には、一つの文書内で異同が生じないようにする。

（例）　第 1 表によるもの　ウイルス　　ウエディング　　ウオーター　　等
　　　　第 2 表によるもの　ウィルス　　ウェディング　　ウォーター　　等

　また、第 2 表によれば、バ行に「ヴァイオリン」「ヴェール」のように「ヴ」を使用できるが、日本語としてそのとおり発音されることは少ない。原則として「バビブベボ」を用い、むやみに「ヴ」を使用することは慎む。さらに、原音に近づけるために第 1 表と第 2 表にない表記を用いることはしない。

ウ　長音は、原則として長音符号を使って書く。

　長音の表記は、長音符号「ー」を用いる。

（例）　エネルギー　　オーバーコート　　グループ　　ゲーム　　ショー　　メール

　ただし、次のようなものは慣用に従い、長音符号を用いずに書く。

（例）　バレエ　　ミイラ　　エイト　　ペイント　　レイアウト　　サラダボウル

　英語の語末の -er、-or、-ar などに当たるものは、ア列の長音とし、-ty、-ry など、y で終わる語も長音符号を用いて書く。

（例）　コンピューター（computer）　エレベーター（elevator）　カレンダー（calendar）
　　　　コミュニティー（community）　カテゴリー（category）

　なお、片仮名で表記されている人名、地名、外来語の長音に平仮名で振り仮名を付ける必要がある場合には、便宜的に長音符号をそのまま用いてよい。

（例）　リチャード　メアリー　デンマーク　ポーランド　サービス　テーマ

(6) **地名・人名等の固有名詞、動植物の名称**

　地名・人名等の固有名詞については、通用字体に書き換えた場合には同一性を損なうおそれがあることから、常用漢字表では固有名詞を対象とするものでないとされているが、次のような取扱いがされている。

ア　地名は、差し支えのない限り、常用漢字表の通用字体を用いる。

> （例）　沖縄　→　沖縄　　葛西　→　葛西

イ　子の名は、常用平易な文字を用いる（戸籍法 50 条）。

　常用平易な文字の範囲は、法務省令でこれを定めることとされている。つまり、人名に用いる漢字については「常用漢字表」（2136 字）のほか、法務省令で定める「人名用漢字表」（862字）の中から用いることとされている。

ウ　動植物の名称を一般語として書くときには、常用漢字表にないものは仮名で、常用漢字表にあるものは漢字で書く。学術的な名称としては、慣用に従い片仮名で書くことが多い。

> （例）　鼠　→　ねずみ（ネズミ）　駱駝　→　らくだ（ラクダ）　薄　→　すすき（ススキ）
> 　　　　犬（イヌ）　牛（ウシ）　桑（クワ）　桜（サクラ）

(7) **数　字**

　数字の書き表し方は、次のとおりである。全角・半角は、文書内で使い分けを統一する。

ア　横書きでは、原則として算用数字を用いる。

　大きな数は 3 桁ごとに「，」（コンマ）で区切る（例 1）。年号、文書番号、電話番号など特別なもの（例 2）には、区切り符号を入れない。

> ①　**数字の区切り**
> （例 1）　5,000 人　　25,662,250 円
> （例 2）　2022 年　　総第 1005 号　　電話 03－0000－1234

> ②　**小数、分数、倍数の書き方**
> ・小数は、「0.123」のように「．」（ピリオド）を用いて書く。
> ・分数は、「3 分の 1」「$\frac{1}{3}$」又は「1／3」のように書く。
> ・倍数は、「15 倍」「1.050 倍」「0.52 倍」のように書く。

> ③　**日付、時刻、時間、期間の書き方**
> ・日付…「令和 4 年 2 月 8 日」「西暦 2022 年 2 月 8 日」
> 　（図表等での略記）「令 4. 2. 8」「2022. 2. 8」
> ・時刻…「午後 0 時 10 分」「12 時 10 分」
> 　（図表等での略記）「午後 0：10」「12：10」

・時間…「5 時間 45 分」
・期間…「3 月」「3 か月」（×3 カ月・3 ケ月）
　　　　「何箇月」「三箇月」「三箇月」注

> 注　算用数字を使う横書きでは「3 か月」と平仮名を用いて書く（×3 ケ月・3 カ月）。
> 漢数字を使う縦書きでは「三箇月」と「箇」を使って書く。

イ　横書きの場合でも、次のようなものは漢数字を用いる。

① 固有名詞
　（例）　四国　九州　三重県　六本木
② 数の概念が薄くなっている熟語
　（例）　一般的　一部分　第一線　一昨日　二人称　第三者　四半期　四十肩
　　　　　五十音順
③ 概数を示す語注1
　（例）　二、三日　二十余人　四、五十人　十数年　数百倍　数箇所　何箇月注2
④ 熟語、成語、ことわざを構成する数
　（例）　二者択一　千里の道も一歩から　三日坊主　再三再四　幾百　幾千
⑤ 常用漢字の訓、付表の語を用いた数え方注3
　（例）　一つ、二つ、三つ…　一人（ひとり）、二人（ふたり）…
　　　　　一日（ついたち）、二日（ふつか）、三日（みっか）…
　　　　　一間（ひとま）、二間（ふたま）、三間（みま）…
⑥ 他の数字と置き換えられない数
　（例）　三権分立　六法全書　七福神　二十四節気
⑦ 歴史、伝統文化、宗教等の用語
　（例）　前九年の役　三国干渉　三代目坂田藤十郎　お七夜　七五三　四十九日

> 注1　算用数字で統一したい場合は、「20 人余り」「40〜50 人」などと書き方を工夫する。
> 注2　概数を示す場合には「数箇所」「何箇月」のように「箇」を使って書く。
> 算用数字を使う横書きでは「3 か所」「7 か月」と平仮名を用いて書く（×3 ケ所・7 カ月）。
> 漢数字を使う縦書きでは「三箇所」「七箇月」と「箇」を使って書く。これを横書きで引用するときには、「3 か所」「7 か月」のように直す（ただし、漢数字を用いて元の縦書きにおける表記と同じにすることもある）。
> 注3　解説・広報等で明確に数を数えているような場合などに限って、「1 つ、2 つ、3 つ…」「1 人、2 人、3 人…」「1 日、2 日、3 日…」などと、算用数字を用いて表記することがある。

ウ　桁数の大きな数字には、「兆」「億」「万」の漢字を用いることができる。ただし、「千、百」は用いない。

（例）　3兆5,600億円　　10億7,000万円　　1万3,500円

エ　縦書きでは、原則として漢数字を用いる。

> ①　告示や質問主意書に対する答弁書等の縦書きでは、原則として漢数字（千、百、十）を省略しない。
> （例）　昭和四十四年十二月十六日　午後二時三十分　九十二・三パーセント
> 　　　　一億五千八百万円
> ②　広報等の縦書きでは、次のように省略した書き方をすることがある。
> （例）　二〇二三年　　五三人　　二割三分　　電話〇三―五二五三―＊＊＊＊
> 　　　　一〇億七、〇〇〇万円　　一万三、五〇〇円

オ　縦書きされた漢数字を横書きで引用する場合には、算用数字にする。

> （縦書き例）　なお、昭和五十六年内閣告示第一号は廃止する。
> （引用例）　なお、昭和56年内閣告示第1号は廃止する。㊟

　　㊟　元の表記を示すために、漢数字を用いる場合もある。

## (8)　句読点等の符号

　句点には「。」（マル）を、読点には「、」（テン）を用いるのを原則とする。

　横書きでは、読点に「，」（コンマ）を用いてもよい。ただし、一つの文書内で「、」（テン）と「，」（コンマ）が混在しないようにする。

ア　句点の用い方

　句点の付け方は、次のとおりである。

(ア)　原則的な付け方

　文章が終わる箇所には、終止を表す符号として句点「。」（マル）を付ける（例1）。

　文章が名詞形で終わる場合には句点を付けない（例2）。また、表彰状や、文書の見出し（標題）・小見出しにも句点を付けない（例3）。

> （例1）　すべて国民は、健康で文化的な最低限度の生活を営む権利を有する。（憲法25条1項）
> （例2）　債務者又はその親族が受けた勲章その他の名誉を表章する物（民執法131条10号）
> （例3）　【標題】公用文作成の要領について

(イ)　括弧内の文章への付け方

　括弧の中で文が終わる場合には句点を付ける（例4）。

　引用部分や文以外（単語としての使用、強調表現、日付等）に用いる場合には句点を付けない（例5）。また、名詞で終わる場合にも句点を付けない（例6）。ただし、名詞で終わる場合でも更に字句を続けるときには句点を付ける（例7）。

　文末にある括弧と句点の関係について、文末に括弧がある場合、それが部分的な注釈であれば閉じた括弧の後に句点を打つ（例 8）。二つの文、又は文章全体の注釈であれば、最後の文と括弧の間に句点を打つ（例 9）。

　解説・広報等では、そこで文が終わっていることがはっきりしている場合に限って、括弧内の句点を省略することがある（例 10）。

---

（例 4）　当事者、…は、送達を受けるべき場所（日本国内に限る。）を受訴裁判所に届け出なければならない。…（民訴法 104 条 1 項）

（例 5）　議事録に「決める」との発言があった。

（例 6）　…尋問する場合には、裁判所は、当該監督官庁（衆議院若しくは参議院の議員又はその職にあった者についてはその院、内閣総理大臣その他の国務大臣又はその職にあった者については内閣）の承認を得なければならない。（民訴法 191 条 1 項）

（例 7）　…独立行政法人等の保有する情報の公開に関する法律（平成十三年法律第百四十号。以下「独立行政法人等情報公開法」という。）…（情報公開法 5 条 1 号ハ）

（例 8）　当事業は一時休止を決定した。ただし、年内にも再開を予定している（日程は未定である。）。

（例 9）　当事業は一時休止を決定した。ただし、年内にも再開を予定している。（別紙として、決定に至った経緯に関する資料を付した。）

（例 10）　年内にも再開を予定しています（日程は未定です）。

---

(ウ)　箇条書や条文中の各号への付け方

　動詞で終わる場合には句点を付ける（例 11）。また、「…こと」・「…とき」で終わる場合にも句点を付ける（例 12）。

　名詞や「…もの」で終わる場合には句点を付けない（例 13）。ただし、名詞や「…もの」で終わる場合でも更に字句を続けるときには句点を付ける（例 14）。

---

（例 11）　子及び配偶者が相続人であるときは、子の相続分及び配偶者の相続分は、各二分の一とする。（民法 900 条 1 号）

（例 12）　①　遺言者が遺言の趣旨を公証人に口授すること。（民法 969 条 2 号）
　　　　　②　被参加人が補助参加人の訴訟行為を妨げたとき。（民訴法 46 条 3 号）

（例 13）　実印その他の印で職業又は生活に欠くことができないもの（民執法 131 条 7 号）

（例 14）　①　被相続人の直系尊属。ただし、親等の異なる者の間では、その近い者を先にする。（民法 889 条 1 項 1 号）
　　　　　②　…公にすることにより、なお個人の権利利益を害するおそれがあるもの。ただし、次に掲げる情報を除く。（情報公開法 5 条 1 号）

イ　読点の用い方

　　読点は、文意を明確にするため字句のつながりを区切る場合や、事物を列挙する場合に付ける。原則として「、」（テン）を用いるが、横書きでは「,」（コンマ）を用いてもよい。ただし、一つの文書内で「、」（テン）と「,」（コンマ）が混在しないようにする。

　　一般的な付け方は、次のとおりである。

㋐　主語（主題）の後には、読点を付ける（例15）。ただし、限定句・条件句（例16）、対句（例17）の中の主語（主題）の後には、読点を付けない。

【読点を付ける場合】
（例15）　すべて国民は、個人として尊重される。…（憲法13条）

【読点を付けない場合】
〔条件句の例〕
（例16）　買受人が代金を納付しないときは、売却許可決定は、その効力を失う。…
　　　　　（民執法80条1項）
〔対句の例〕
（例17）　合議体の構成員である裁判官及び地方裁判所の一人の裁判官の除斥又は忌避についてはその裁判官の所属する裁判所が、簡易裁判所の裁判官の除斥又は忌避についてはその裁判所の所在地を管轄する地方裁判所が、決定で、裁判をする。（民訴法25条1項）

㋑　場合、時、場所、方法などを表す限定句・条件句がある場合には、これらの限定句等の後に読点を付ける（例18）。

（例18）①　被告が反訴で地方裁判所の管轄に属する請求をした場合において、相手方の申立てがあるときは、簡易裁判所は、決定で、本訴及び反訴を地方裁判所に移送しなければならない。…（民訴法274条1項）
　　　　②　被相続人が遺言で推定相続人を廃除する意思を表示したときは、遺言執行者は、その遺言が効力を生じた後、遅滞なく、その推定相続人の廃除を家庭裁判所に請求しなければならない。…（民法893条）
　　　　③　金銭その他の代替物又は有価証券の一定の数量の給付を目的とする請求については、裁判所書記官は、債権者の申立てにより、支払督促を発することができる。…（民訴法382条）

㋒　接続詞の「ただし」（例19）及び接続句の「この場合において」（例20）の後には、読点を付ける。

（例19）　仮差押命令は、特定の物について発しなければならない。ただし、動産の仮差押命令は、目的物を特定しないで発することができる。（民事保全法21条）
（例20）　被相続人の配偶者は、常に相続人となる。この場合において、第八百八十七条又は前条の規定により相続人となるべき者があるときは、その者と同順位とする。（民法890条）

(ｴ)　名詞を接続詞の「及び」「並びに」「又は」「若しくは」「かつ」で結合する場合には、その前後に読点を付けない（例21～23）。ただし、二つ以上の動詞、形容詞又は副詞を並列して結合する場合には、接続詞の「及び」「並びに」「又は」「若しくは」の前に読点を付ける（例24、25）。また、文（文に相当する句）を結合する場合の「かつ」の前後にも、読点を付ける（例26）。

> 【読点を付けない場合】
> （例21）　裁判費用並びに執行官の手数料及びその職務の執行に要する費用の支払の猶予（民訴法83条1項1号）
> （例22）　和解又は請求の放棄若しくは認諾を調書に記載したときは、その記載は、確定判決と同一の効力を有する。（民訴法267条）
> （例23）　調査研究に係る事務に関し、その公正かつ能率的な遂行を不当に阻害するおそれ（情報公開法5条6号ハ）
>
> 【読点を付ける場合】
> （例24）　当事者又は参加人は、聴聞の期日に出頭して、意見を述べ、及び証拠書類等を提出し、並びに主宰者の許可を得て行政庁の職員に対し質問を発することができる。（行政手続法20条2項）
> （例25）　執行官は、前項の調査をするに際し、不動産に立ち入り、又は債務者若しくはその不動産を占有する第三者に対し、質問をし、若しくは文書の提示を求めることができる。（民執法57条2項）
> （例26）　行政庁は、処分基準を定め、かつ、これを公にしておくよう努めなければならない。（行政手続法12条1項）

(ｵ)　名詞を並列して結合する場合において、名詞が三つ以上のときは、先に出てくる名詞と名詞の間には読点を付け、最後の名詞だけ「及び」、「又は」でつなぐ（例27、28）。
　　なお、接続詞は、前の語句に後の語句を結合するためのもので、後の語句と密接な関係を有することから、接続詞と後の語句の間には読点を付けない。例えば「A及び、B」、「A又は、B」のような付け方はしない。

> （例27）　公証人の配偶者、四親等内の親族、書記及び使用人（民法974条3号）
> （例28）　子、直系尊属又は兄弟姉妹が数人あるときは、各自の相続分は、相等しいものとする。…（民法900条4号）

(ｶ)　名詞を並列して「その他」でまとめる場合には、「その他」の前には読点を付けない（例29）。ただし、動詞、形容詞、副詞を並列して「その他」でまとめる場合には、「その他」の前に読点を付ける（例30）。

> （例29）　遺産の分割は、遺産に属する物又は権利の種類及び性質、各相続人の年齢、職業、心身の状態及び生活の状況その他一切の事情を考慮してこれをする。（民法906条）

> （例30）　再生債権については、再生手続開始後は、この法律に特別の定めがある場合を除き、再生計画の定めるところによらなければ、弁済をし、弁済を受け、_その他これを消滅させる行為（免除を除く。）をすることができない。（民事再生法85条1項）

(キ)　名詞を説明するために「…で」又は「…であって」を用いる場合に、それに続く説明の語句が長いときは、「で」（例31）又は「であって」（例32）の後に読点を付ける。

> （例31）　裁判所は、担保を立てた者の申立てにより、決定で、_その担保の変換を命ずることができる。…（民訴法80条）
> （例32）　就業場所以外の送達をすべき場所において送達を受けるべき者に出会わないときは、使用人その他の従業者又は同居者であって、_書類の受領について相当のわきまえのあるものに書類を交付することができる。…（民訴法106条1項）

(ク)　語句を隔てて修飾する場合（例33）や、並列した幾つもの語句を修飾する場合（例34）には、その修飾句の後に付けることがある。

> （例33）　国際連合と日本国との間に締結される、_犯罪の防止及び犯罪者の処遇並びに少年非行の防止及び非行少年の処遇の分野の関し、研修、研究及び調査を行うことを目的とする研修所を日本国に設置することに関する条約に基づき、国際連合に協力して行う研修、研究及び調査に関すること。（法務省設置法4条35号）
> （例34）　名古屋法務局管区内の、_福井地方法務局と金沢地方法務局では…

(ケ)　次のような語句の場合には、原則としてその後に読点を付ける（例35）。

> （例35）　「例えば、…」「…したとき、…」「…に限り、…」「…のうち、…」「…のほか、…」

ウ　中点（なかてん）

中点「・」は、並列する語（例36）、外来語や人名などの区切り（例37）、箇条書の冒頭（例38）等に用いる。

> （例36）　支局・出張所　　職員の指導・育成　　工作物の改造・改修・解体
> （例37）　ケース・バイ・ケース　　マルコ・ポーロ
> （例38）　・項目1

エ　括弧

括弧は、（　）（丸括弧）と「　」（かぎ括弧）を用いることを基本とする。そのほかの括弧等はむやみに用いず、必要な場合には文書内で用法を統一して使う。

(ア) （ ）（丸括弧）は、法律名の次に法律番号を注記したり（例39）、引用文の次に出典等を注記したり（例40）する場合などに用いる。なお、（ ）の中に更に括弧を用いる場合は、そのまま重ねて（ ）を用いる（例41）。

　　　ただし、解説・広報等では、閉じの丸括弧 ）（片括弧）のみで用いることもある。

> （例39）　国の利害に関係のある訴訟についての法務大臣の権限等に関する法律　(昭和22年法律第194号。以下「権限法」という。)
>
> （例40）　「最高裁判所昭和57年3月12日第二小法廷判決」（民集36巻3号329ページ）
>
> （例41）　企業担保権の実行（会社の総財産（金銭を除く。）の換価は、一括競売又は任意競売による（同法37条））としての一括競売において総財産が換価されたときには、…

(イ) 「 」（かぎ括弧）は、文中の特定の語句を強調する場合（例42）や、法令、判例又は文献等を引用する場合に用いる（例43）。なお、「 」の中に更にかぎ括弧を用いる場合は、そのまま重ねて「 」を用いる（例44）。ただし、解説・広報等では、「 」の中で『 』（二重かぎ括弧）を使うこともある（例45）。

> （例42）　政府の「行政情報化推進基本計画」に基づき、…
>
> （例43）　田山教授は、「完全物の請求権は契約に基づいて発生しているが、不完全な給付がなされたことにより、完全な代替物請求権になる。しかし、これは本質的には契約に基づく請求権であって債務不履行の効果ではないから、債務者の帰責事由を必要としない。」（田山「債権総論」（民法講義案Ⅳ）61ページ）とされている。
>
> （例44）　「「異字同訓」の漢字の使い分け例」（平成26（2014）年　文化審議会国語文科会報告）
>
> （例45）　この件に関しては、専門委員から「○○検証委員会報告では『コンピューター・システムの問題の可能性がある。』との記載がある」との指摘があった。

(ウ) 【 】（墨付き括弧）は、項目を示したり、強調すべき点を目立たせたりする目的で多く使用される。文書内での用法を統一し、効果的に用いる（例46）。

> （例46）【会場】合同庁舎○号館8階大会議室　　　【取扱注意】

## オ　様々な符合

(ア) 「々」（繰り返し符合）は、同じ漢字を繰り返す場合に用いる。ただし、複合語には用いない。

> 【繰り返し記号の例】各々　種々　個々　様々　日々　共々　徐々
>
> 【複合語の例】一人一人　毎日毎日　日本○○連合会会長

(イ) 「？」（疑問符）や「！」（感嘆符）は、解説・広報等の文書や、発言をそのまま記載する記録などにおいては、必要に応じて使用して差し支えない。なお、「？」「！」の後に文

が続く場合には、全角又は半角一文字分スペースを空ける（例47）。

> （例47）　成年年齢が改正されたのを知っていますか？　令和4年4月1日から18歳に変わりました！

（ウ）　「：」「—」「－」「〜」等も文書内で用いる場合がある。これらの用い方について特に定めはないが慣用に倣い、文書内での用法を統一するとともに、むやみに多用しない。

【使用例】
・「：」（コロン）
　　　　項目とその内容・説明等を区切る。文中の語とその説明とを区切る　等
　　　（例）住所：東京都千代田区…　　注：第31条のなお書きを指す。
・「—」（ダーシ）
　　　　文の流れを切り、間を置く。発言の中断や言いよどみを表す　等
　　　（例）昭和56年の局長通知—（又は二つ重ねる）　これは既に無効であるが
・「－」（ハイフン）
　　　　数字やアルファベットによる表記の区切りやつなぎに使う　等
　　　（例）〒100－0101　　　　TEL03－5432－＊＊＊＊
・「〜」（波形）
　　　　時間や距離などの起点と終点を表す。「から」「まで」を表す　等
　　　（例）10時〜12時　　東京〜京都　価格：3,000円〜　　　〜10月4日
・「…」（3点リーダー）
　　　　続くものの存在を示す。重ねて項目とページ数や内容をつなぐ　等
　　　（例）牛、馬、羊…（又は二つ重ねる）　第5章……2ページ　　材料……鉄
・「＊」（アスタリスク）
　　　　文中の語句に付けて、注や補足に導く。補足的事項の頭に付ける　等
　　　（例）デジタル原則＊とその設計思想を遵守し、…
・「※」（米印）
　　　　見出しや補足的事項の頭に付けて、目立たせる　等
　　　（例）※統計データは令和4年3月末現在
・「／・/」（スラッシュ）
　　　　引用文の改行位置を示す。文節など文の区切りを示す。対比する　等
　　　（例）であった。／なお、…　　　　痛む／傷む／悼む　　直流／交流　等

（エ）　矢印や箇条書等の冒頭に用いる符号は、文書内で用法を統一して使う。
　　　矢印の類（→、⇒、⇔　等）の用い方、また、箇条書や見出しの冒頭に置く様々な符号（・、○。●、◎、◇、◆、□、■　等）の用い方についても特に定めはないが、文書内での用法を統一し、読み手に意図が伝わるようにする。
（オ）　単位を表す符号を用いる場合には、文書内で統一して使う。
　　　℃、%、¥、$など、単位を表す符号の用い方についても特に定めはないが、「度」「パーセント」「円」「ドル」などと書く代わりに用いる場合には、慣用に従うとともに、文書内での用法を統一する。

カ　文の書き出し及び項目の細別と階層

【文の書き出し】文の書き出しや行を改めたときには、一字下げて書き出す。

【項目の細別と階層】項目の細別は、次のような順序で用いることとされている。

（横書きの場合）

| 第1 | 1 | (1) | ア | (ア) |
|---|---|---|---|---|
| 第2 | 2 | (2) | イ | (イ) |
| 第3 | 3 | (3) | ウ | (ウ) |

〔参考：司法行政文書の横書きの場合〕

| 第1 | 1 | (1) | ア | (ア) | a | (a) |
|---|---|---|---|---|---|---|
| 第2 | 2 | (2) | イ | (イ) | b | (b) |
| 第3 | 3 | (3) | ウ | (ウ) | c | (c) |

（縦書きの場合）

| 第一 | 一 | 1 | ① | (1) | ア |
|---|---|---|---|---|---|
| 第二 | 二 | 2 | ② | (2) | イ |
| 第三 | 三 | 3 | ③ | (3) | ウ |

キ　人名の配列等

(ア)　人名の配列は、原則としてアイウエオ順とする。ただし、組織の建制順や役職の上下関係など相互のバランスを考慮して配列すべき場合が多いので、留意する必要がある。

(イ)　日本人の氏名をローマ字で示すときは、差し支えのない限り、「姓－名」の順に表記する。姓と名を明確に区別させる必要がある場合には、姓を全て大文字とし（YAMADA Haruo）、「姓－名」の構造を示す。

(9)　**用語について**

ア　法令・公用文に特有の用語は適切に使用し、必要に応じて言い換える。

> （例）　及び　　並びに　　又は　　若しくは
>
> 注　「及び」のない文に「並びに」、「又は」のない文に「若しくは」は出てこない。

イ　専門用語は、語の性質や使う場面に応じて、次のように対応する。

(ア)　言い換える。

> （例）　頻回→頻繁に、何回も　　　埋蔵文化財包蔵地→遺跡

(イ)　説明を付けて使う。

> （例）　罹災証明書（支援を受けるために被災の程度を証明する書類）

(ウ)　普及を図るべき用語は、工夫をしてそのまま用いる。

（例）　SDGs
　　→　①　「地球上の全ての人が幸せになるように誰もが協力して実現していく目標」
　　　　　　などと説明を付ける。
　　　　②　「Sustainable Development Goals」と元になった言葉を紹介する。

ウ　外来語は、語の性質や使う場面に応じて、次のように対応する。

（ア）　日本語に十分定着しているものは、そのまま使う。

（例）　ストレス　　ボランティア　　リサイクル

（イ）　日常使う漢語や和語に言い換える。

（例）　アジェンダ→議題　　インキュベーション→起業支援
　　　　インタラクティブ→双方向的　　サプライヤー→仕入先、供給業者

（ウ）　分かりやすく言い換えることが困難なものは、説明を付ける。

（例）インクルージョン（多様性を受容し互いに作用し合う共生社会を目指す考え）…

（エ）　日本語として定着する途上のものは、使い方を工夫する。

（例）リスクをとる→あえて困難な道を行く、覚悟を決めて進む、賭ける

　なお、国立国語研究所のホームページ（https://www2.ninjal.ac.jp/gairaigo/）に、外来語の
言い換え提案が掲載されているので、参考にするとよい。

エ　専門用語や外来語の説明に当たっては、次の点に留意する。

（ア）　段階を踏んで説明する。

（例）　ダイオキシン問題に関連する用語「耐用１日摂取量」
　　→　①　「体内に取り込んでも害のない１日当たりの摂取量」と説明する。
　　→　②　「生涯にわたって摂取し続けても身体に害のない、１日当たりの摂取
　　　　　　量。含まれていることがあらかじめ分かっていない物質について言う。」
　　　　　　と補足する。
　　→　③　必要に応じて「含まれていることがあらかじめ分かっている物質について
　　　　　　は、「許容１日摂取量」という。」などと、関連語との違いについても説明する。

（イ）　意味がよく知られていない語は、内容を明確にする。

（例）　グループホーム
　　→　①　「認知症患者が専門スタッフの援助を受けて共同生活する家」であるこ
　　　　　　とを明確に説明する。
　　→　②　必要に応じて、「ケアハウス」（認知症でない人の老人ホーム）や、「ケ
　　　　　　アホーム」（障害者用の施設）との違いを説明する。

(ウ)　日常では別の意味に使われる語は、混同を避けるようにする。

> (例)　善意：(法律) ある事実について知らないこと／(日常) 親切心、優しさ
> 　　　　悪意：(法律) ある事実について知っていること／(日常) 人を傷つけようという意図
> 　　　　社員：(法律) 株主などを含む社団法人等の構成員／(日常) 会社等に雇われている人
> 　　　　清潔：(医学) 滅菌された状態のこと／(日常) 汚れがなくきれいなこと
> 　　　　貧血：(医学) 血液内の赤血球が不足していること／(日常) 立ちくらみなどが起こること
> 　　　　ショック：(医学) 血圧が下がり、命の危険がある状態／(日常) 急な刺激を受けること
> 　　　　出場：(行政) 消防車などが現場に行くこと。出動／(日常) 大会などに出ること
> 　　　　雰囲気：(化学) ある特定の気体やそれで満ちた状態／(日常) その場面にある気分や空気

オ　紛らわしい言葉を用いないよう、次の点に留意する。

(ア)　誤解や混同を避ける。

①　同音の言葉による混同を避ける。

> (例)　干渉／勧奨　信条／身上　服する／復する／伏する　等
> 　　　　偏在／遍在　補足／捕捉　排外／拝外　等

②　異字同訓の漢字を使い分ける。

> (例)　テントを張る　切手を貼る　リンクを張る／貼る　壁にタイルを貼る／張る
> 　　　　組織を作る　道路を造る　新たな文化を創る

(イ)　曖昧さを避ける。

①　程度や時期、期間を表す言葉に注意する。

> (例)　幾つか指摘する→3点指摘する　　小人数でよい→3人以上でよい
> 　　　　早めに→1週間以内 (5月14日正午まで) に
> 　　　　本日から春休みまで→春休み開始まで、春休みが終了するまでに

②　「等 (とう)」「など」の類は、慎重に使う。これらの語を用いるときには、具体的に挙げるべき内容を想定しておき、「等」「など」の前には代表的・典型的なものを挙げる。具体的例示が二つの場合はそれらを列挙し、三つ以上ある場合に「○○、△△等」が使えるとされている。

カ　冗長さを避ける。

　　(ア)　表現の重複に留意する。

> （例）　諸先生方　→　諸先生、先生方
> 　　　　各都道府県ごとに　→　各都道府県で、都道府県ごとに
> 　　　　第1日目　→　第1日、1日目
> 　　　　約20名くらい　→　約20名、20名くらい
> 　　　　違和感を感じる　→　違和感を覚える、違和感がある

　　(イ)　回りくどい言い方や不要な繰り返しはしない。

> （例）　利用することができる　→　利用できる
> 　　　　調査を実施した　→　調査した
> 　　　　教育費の増加と医療費の増加により　→　教育費と医療費の増加により

キ　そのほか、次の点に留意する。

　　(ア)　聞き取りにくく難しい漢語を言い換える。

> （例）　橋梁（りょう）　→　橋　　塵埃（じんあい）　→　ほこり　　眼瞼（けん）　→　まぶた

　　(イ)　「漢字1字＋する」型の動詞を多用しない。

> （例）　模する　→　似せる　　擬する　→　なぞらえる　　賭する　→　賭ける
> 　　　　滅する　→　滅ぼす

　　(ウ)　重厚さや正確さを高めるには、述部に漢語を用いる。ただし、分かりやすさ、親しみやすさを妨げるおそれがあることに留意する。

> （例）　決める　→　決定する　　消える　→　消失する
> 　　　　性質が変わる　→　性質が変化する

　　(エ)　分かりやすさや親しみやすさを高めるためには、述部に訓読みの動詞を用いる。ただし、訓読みの動詞は意味の範囲が広いため、厳密な意味を特定しなければならないときには不向きであるので、留意する。

> （例）　作業が進捗する　→　作業がはかどる、順調に進む、予定どおりに運ぶ

　　(オ)　紋切り型の表現（決まり文句のような表現）は、効果が期待されるときにのみ用いる。

> （例）　目からウロコが落ちる　　足を棒にして　等

## ⑽　**言葉遣いについて**

　文書には、必ず目的があり、目的が違えばその書き方も異なる。法令に準ずるような文書や行政機関の間でやり取りする文書と、解説・広報等のような一般向けの文書とでは、読み手が異なる。文書の目的、媒体に応じた言葉を用いる

ア　**誰に向けた文書であるかに留意して**用語を選択する。

　例えば、叙勲受章者に対する案内として、次の表現のうち、どれが適切だろうか。単に「やめる」ということを伝えるだけではなく、相手方の社会的地位や文書の目的、媒体等に応じた言葉遣いをする。用字用語例集（61 ページ以下）に「類似語」を掲載しているので、使いさばきをする際の参考にしてほしい。

> △　新型コロナウイルス感染拡大防止のため、叙勲祝賀会の開催を中止します。
> ○　新型コロナウイルス感染拡大の状況に鑑み、叙勲祝賀会の開催を取り止めます。
> ◎　新型コロナウイルス感染拡大の状況に鑑み、叙勲祝賀会の開催を見合わせます。

イ　敬語は、相手や場面に応じた適正な表現を用いる。

　敬語は、対人関係に配慮して使い分ける言葉であり、相手に礼を失しない程度の敬語を用いるのがよい。ただし、余り丁寧になるのはかえって相手に不快感を与えるので、なるべく簡潔な表現とする。

> （過剰な敬語の例…「御」や「お」を付け過ぎる。）
> ・御担当者の御出席をお願いいたします。→　担当者の出席をお願いいたします。
> ・御利用のお申込みは一階受付までお願いいたします。
> 　　→　利用の申込みは一階受付までお願いいたします。
> ・年金をお受け取りになられますと　→　年金をお受け取りになりますと

(ア)　尊敬語

　話し手（書き手）が、相手方若しくは話題の中の動作主又はその者の動作・状態・事物などを高めて敬意を表すものである。①尊敬語として特別の語を用いるもの、②尊敬の意の接頭辞・接尾辞を付加するもの、③助動詞・補助動詞を付加するものがある。

①　特別の語を用いるもの

| 普通の表現 | | 尊　敬　語 |
|---|---|---|
| する | → | なさる |
| 言う・話す | → | おっしゃる |
| 見る | → | 御覧になる |
| 食べる・飲む | → | あがる・召し上がる |
| 行く・来る・いる | → | いらっしゃる |
| くれる | → | 下さる |

②　尊敬の意を表す接頭辞（お…、ご…、御…）・接尾辞（…殿、…様、…御中、…各位）を付加するもの

- ・「お・ご（御）」の使い方

　　「オ」と発音するものは、「お…」と平仮名で書く（例1）。「おん」「ご」と発音する場合は漢字で書く（例2、3）。

　　ただし、常用漢字表にない漢字を含む語は仮名書きし、「御」も仮名で書く（例2）。

| | |
|---|---|
| （例1） | お願い　お礼　お体　お食事 |
| （例2） | ごべんたつ　ごもっとも |
| | 御挨拶　御意見　御返事　御報告　御両親　御家庭 |
| （例3） | 御中　御礼 |

　㊟　解説・広報等において、分かりやすさや親しみやすい表現を優先する場合には、「ご挨拶　ご意見　ご報告」などと、「御」を平仮名で書くこともある。

- ・　「殿・様・御中・各位」の使い方

　　「殿」は役職や組織などに、「様」は特定の個人や身分などに用いる。また、「御中」は組織などに、「各位」は組織に属する一人一人に宛てる場合に用いる。なお、「各位」は敬称であり、「各位殿」とするのは敬称の重複となって誤りである。

| | |
|---|---|
| （例） | ○○地方法務局長殿　　○○交通安全協会殿 |
| | 中村様　　　お母様　　社長様 |
| | 総務課御中　　職員各位 |

③　尊敬の意を表す助動詞・補助動詞を付加するもの
- ・　動作主に対する尊敬の意を表す助動詞（…れる、…られる）を用いるもの

| | |
|---|---|
| （例） | 言われる　　書かれる　　行かれる　　出席される |
| | 受けられる　　来られる |

- ・　動作主に対する尊敬の意を表す補助動詞（お（御）…になる、お（御）…なさる、お（御）…くださる）を付加するもの

| | |
|---|---|
| （例） | お世話になる　　　御見物になる |
| | お越しなさる　　　御結婚なさる |
| | お書きくださる　　御連絡くださる |

（イ）　謙譲語

　　話し手（書き手）が、自分若しくは自分の側に立つと思われる者又はその者の動作などをへりくだることによって敬意を表すものである。①謙譲語として特別の語を用いるもの、②謙譲の意の接頭辞・接尾辞を付加するもの、③補助動詞を付加するものがある。

① 特別の語を用いるもの

| 普通の表現 | | 謙 譲 語 |
| --- | --- | --- |
| する | → | いたす（いたします） |
| 言う・話す | → | 申す・申し上げる |
| 見る | → | 拝見する |
| もらう | → | 頂く |
| 行く・来る | → | 参る |
| いる | → | おる（おります） |
| 思う・知る | → | 存じる（存じます） |
| 聞く | → | 伺う・承る・拝聴する |
| 尋ねる・訪ねる | → | 伺う・参上する |
| やる | → | 差し上げる |

② 謙譲の意を表す接頭辞・接尾辞を付加するもの

（例）　弊社　拙著　愚見　謹呈　寸志　粗品　薄謝
　　　　お手紙（を差し上げる）　（先生への）御返事

③ 謙譲の意を表す補助動詞（お（御）…いたす、お（御）…いただく、お（御）…申し上げる等）を付加するもの

（例）　お見せいたします　　　御案内いたします
　　　　お書きいただく　　　　御紹介いただく
　　　　お礼申し上げます　　　御通知申し上げます

なお、謙譲は自分をへりくだるものであるので、「先生が申される」、「先生が参られる」などと相手の動作に用いるのは誤りである。

㈦　丁寧語

話し手（書き手）が、相手に対して敬意を表したり、改まった気持ちで言葉遣いを丁寧にしたりするときに用いる。

① 丁寧語：口語体の敬体（です・ます・おります・（で）ございます）を用いるもの

〔口語化の例〕

| 常体の表現 | | 敬体の表現 |
| --- | --- | --- |
| だ | → | です<br>ます |
| である | → | （で）あります<br>（で）ございます |

② 美化語：接頭辞「お」を付加して丁寧語として用いるもの

（例） おいしい　　お茶　　お酒　　お弁当

《よく使う敬語一覧》

| 普通の言葉 | 尊　敬　語 | 謙　譲　語 |
|---|---|---|
| 言う・話す | おっしゃる | 申す／申し上げる |
| 行く・来る | いらっしゃる／おいでになる | うかがう／参る |
| いる | いらっしゃる／おいでになる | おる／おります |
| 受け取る | お受け取りになる／お納めになる | いただく／頂戴する／たまわる |
| 聞く | お聞きになる | 拝聴する／うけたまわる |
| 知る | 御存じ／お知りになる | 存じる／存じ上げる |
| する | なさる | いたす／いたします |
| 尋ねる | お尋ねになる | うがかう／お聞きする |
| 食べる・飲む | 召し上がる／あがる | いただく／頂戴する |
| 見る | 御覧になる | 拝見する |
| もらう | お受け取りになる／おもらいになる | いただく／頂戴する |
| やる・する | される／なさる／おやりになる | いたす／いたします |

ウ　読み手に差別感や不快感を与えない言葉を使う。

　基本的人権に配慮するため、性別、職業、信条、人種、民族、地域、病気、身体的な特徴などに関して、読み手にとって、不快あるいは差別として受け取られるような表現を用いない。使う側にそのような気がなくても、また、言葉や表現自体に問題がなくても、使用する場面や状況によって、また組み合わせ方によって、読み手や関係者に不快な思いをさせたり、屈辱感や差別感を抱かせたりする場合がある。例えば、「この水害の被災地が東京都などの大都市でなくてよかった」は、被災地の住民の気持ちを逆なでするものだし、また、「〜くらいであれば」や「〜にもできる」といった言い回しは、「〜」の部分に特定の動作や人物等を当てると、その行為や能力を軽んじる意味合いが含まれることになる。

　もっとも、差別的表現は、「差別語」を使用するか使用しないかではなく、使用する場面や文脈等によって侮蔑性・差別性が生ずることになる。取りあえず使わなければよいと済ますのではなく、実態を的確に捉えるように努め、読み手や関係者の気持ちに寄り添ったふさわしい言葉・表現を用いるようにする。

　過去に問題となった事例や語源等を巻末に「注意すべき言葉一覧」（249 ページ）として取りまとめたので、参考にしてほしい。

郵便はがき

料金受取人払郵便

豊島局承認

**1749**

差出有効期間
2023年11月
30日まで

１７０ - ８７９０

７０９

日本加除出版（株）

営業部 行

東京都豊島区
南長崎 3 − 16 − 6

|ᴵᴵᴵᴵ·ᴵᴵ·ᴵᴵᵉ·'ᴵᴵᴵᴵ·ᴵᴵᴵᴵᵉᴵᴵᵉᴵᴵ·ᴵᵖᴵᵖᴵᴵᴵᴵᴵᴵᵖᴵᵖᴵᴵᴵᴵᴵᴵᴵᴵᴵᴵᴵᴵᴵᴵᴵᴵ|

ご購入ありがとうございました。お客様からのご意見はこれからの良書出版の参考とさせて頂きます。なお、当社HP（https://www.kajo.co.jp/）からもご返信いただけます。

| お名前 | フリガナ | | 性別 | 年齢 |
|---|---|---|---|---|
| | | | 男<br>女 | 歳 |
| ご住所<br>（お届け先） | 〒　　−　　　　　電話　　（　　　）　　 | | | |
| | | | | |
| ご職業 | | | | |
| 通信欄 | | | | |
| | | | ※ 図書案内　　要・不要 | |

## ご意見欄

◇書籍タイトル：

◇本書を何を通して知りましたか。
　□DM　□当社販売員　□展示販売　□斡旋　□書店店頭
　□インターネット書店　□知人の薦め　□当社ホームページ
　□新聞・雑誌広告（　　　　　　　　　　　　　　　　　　　）

◇本書に対するご意見・ご感想をお聞かせください。

◇今後刊行を望まれる書籍をお聞かせください。

※ご協力ありがとうございました。

## 書籍申込欄

　購入を希望する書籍を下欄にご記入ください。表面にご記入いただいたご住所まで、代金引換で送付いたします。

| 書　名 | 冊　数 |
| --- | --- |
|  | 冊 |
|  | 冊 |
|  | 冊 |

280238　　　　　　　　　　　支払は（　公費　・　私費　）

※代引手数料及び送料は、お客様にてご負担くださいますよう、お願いいたします（ご注文が7,000円以上で送料をサービスいたします。）。
ご記入いただいた情報は、ご注文商品の発送、お支払確認等の連絡及び当社からの各種ご案内（刊行物のDM、アンケート調査等）以外の目的には利用いたしません。

# 5　注意を要する用字用語等

## (1)　「及び」・「並びに」

「Ａも Ｂも」というように数個の語句を併合的に結合する接続詞である。

二つ以上の並列的語句を併合するときには「及び」を用いる。

A、B及び C　⇨　　A　　B　　C

> （例）　公証人の配偶者、四親等内の親族、書記及び使用人（民法 974 条 3 号）

並列的語句が二段階となるときは、小さな段階の併合には「及び」を用い、大きな段階の併合には「並びに」を用いる。なお、「及び」のないところに「並びに」は使わない。

A 並びにB 及び C　⇨　　A　　B　　C

> （例）　裁判費用並びに執行官の手数料及びその職務の執行に要する費用の支払の猶予
> （民訴法 83 条 1 項 1 号）

並列的語句が三段階以上となるときは、一番小さな段階の併合には「及び」を用い、それ以外の併合には全て「並びに」を用いる。

A 並びにB 及び C並びに D　⇨　A　　B　　C　　D

> （例）　職員の給与は、生計費並びに国及び他の地方公共団体の職員並びに民間事業の
> 従事者の給与その他の事情を考慮して定められなければならない。（地方公務員
> 法 24 条 3 項）

ところで、例えば、「本年度及び明年度において、国有財産確定のため庁舎敷地並びに宿舎敷地の測量を行う…」の場合には、「本年度」・「明年度」と「庁舎敷地」・「宿舎敷地」とは別な事柄で階層的併合関係にないので、「本年度及び明年度において、国有財産確定のため庁舎敷地及び宿舎敷地の測量を行う…」とするのが正しい。

また、例えば、「第 12 条及び第 35 条の規定に違反した者は、30 万円以下の過料に処する。」と規定すると、「第 12 条」と「第 35 条」のいずれにも違反しないと罰せられないと読めてしまうことから、この場合には「第 12 条又は第 35 条の規定に違反した者は、…」とすべきである。つまり、「及び」は併合的接続詞（and）であり、「又は」は選択的接続詞（or）であるから、これらの論理性を考えながら使い分ける必要がある。しかし、実際には「及び」・「又は」の使い分けは難しく、現行法令の中にも「又は」の意味で「及び」が使われているもの（いわゆる「及び又は」という。）があるので、条文解釈に当たっては注意を要する。

【特殊な用法】「及び」の特殊な用法として「A及びBのC及びD」という形の、たすきがけの「及び」という用法がある。つまり、「AのC及びD」と「BのC及びD」という読み方をさせるものである。例えば、「法務局及び地方法務局の組織及び運営に関すること。」（法務省組織令4条5号）などである。

A及びBのC及びD　⇨　

## (2) 「又は」・「若しくは」

「AかBか」というように数個の語句を選択的に結合する接続詞である。

二つ以上の並列的語句を選択するときには「又は」を用いる。

A、B又はC　⇨　

> （例）　子、直系尊属又は兄弟姉妹が数人あるときは、各自の相続分は、相等しいものとする。…（民法900条4号）

選択的語句が二段階となるときは、大きな段階の選択には「又は」を用い、小さな段階の選択には「若しくは」を用いる。なお、「又は」のないところに「若しくは」は使わない。

A又はB若しくはC　⇨　

> （例）　和解又は請求の放棄若しくは認諾を調書に記載したときは、その記載は、確定判決と同一の効力を有する。（民訴法267条）

選択的語句が三段階以上となるときは、一番大きな段階の選択には「又は」を用い、その他の小さな段階の選択には全て「若しくは」を用いる。

A若しくはB若しくはC又はD　⇨　

> （例）　抗告裁判所は、執行抗告についての裁判が効力を生ずるまでの間、担保を立てさせ、若しくは立てさせないで原裁判の執行の停止若しくは民事執行の手続の全部若しくは一部の停止を命じ、又は担保を立てさせてこれらの続行を命ずることができる。…（民執法10条6項）

【特殊な用法】 「又は」の特殊な用法として「A 又は B の C 又は D」という形の、たすきがけの「又は」という用法がある。つまり、「A の C 又は D」と「B の C 又は D」という読み方をさせるものであり、「A の C」・「A の D」・「B の C」・「B の D」の四つの組合せが成り立つ。例えば、「私文書は、本人又はその代理人の署名又は押印があるときは、…」（民訴法 228 条 4 項）などである。

A 又は B の C 又は D ⇨

```
         ┌──────┬──────┐
         A            B
        ╱ ╲          ╱ ╲
       C   D        C   D
```

## (3) 「から」・「より」

「から」は、時及び場所の起点を示す場合に用いる（例 1）。「より」は、比較を示す場合にだけ用いる（例 2）。

> (例 1)　会議は、午後 1 時から開催する。　東京から大阪まで新幹線で行く。
> (例 2)　人命は、地球より重い。　会議の開始時間は午前 10 時より午後 1 時が望ましい。

## (4) 「に」・「へ」

「に」は、行動や動作の到達点を示すときに用いる（例 1）。「へ」は方向を示すときに用いる（例 2）。

> (例 1)　北海道に行く。　学校に行く。　部長に報告する。　午後 8 時に集合する。
> (例 2)　北海道へ行く。　学校へ行く。

## (5) 「言う」・「いう」

実際に言葉を口に出すという具体的な動作性のあるものは「言う」と漢字で書く（例 1）。そのような動作性の失われたものは「…（と）いう」と平仮名で書く（例 2）。

> (例 1)　彼の言うこと。
> (例 2)　日本という国家

## (6) 「ので」・「から」

いずれも二つの事柄を接続する場合の原因・理由を表す接続助詞である。

「ので」は、因果関係が客観的事実に基づいているような場合に用い（例 1）、「から」は、推量・意見など話し手の主観に基づくような場合に用いる（例 2）。ただし、「ので」の方が当たりが柔らかいことから、客観的事実又は推量・意見などの主観にかかわらず、「ので」が用いられる場合が多い。

> (例 1)　天候が回復したので、出掛けた。
> (例 2)　天候が回復すると思ったから、出掛けた。

(7) 「…であろう」・「…よう」

　「であろう」は、推量を表す場合に用い（例1）、「う・よう」は、意思を表す場合にだけ用いる（例2）。

> （例1）　役に立つであろう。　　そのように考えるであろう。
> （例2）　対等の関係に立とうとする。　　公にしておくよう努めなければならない。

(8) 「…と…」

　並列の「と」は、例えば、「横浜市と東京都の南部との間」のように、紛らわしいときは最後の語句にも付ける。

(9) 「ならば」

　「ならば」は、助動詞「だ」の仮定形（なら）に動詞「ば」の付いた連語であり、「同じ意見ならば、賛成してください」のように、「ば」を略さない。

(10) 「…にて」

　「にて」は、文語調の言葉遣いである。公用文では現代語・口語調の言葉遣いを用いるとされていることから、用いないのが相当であろう。現代語では、「で」・「において」・「でもって」・「によって」に当たる。

(11) 「場合」・「とき」・「時」

　「場合」は仮定の条件又は既に定まっている条件を示す（例1）。「とき」は特定できない時間を表す（例2）ほか、「場合」と同様に仮定の条件又は既に定まっている条件を示す。「時」は、時点又は時間が問題となる場合にのみ使われる（例3）。仮定的条件が二つ重なる場合には、大きな条件の方に「場合」を用い、小さな条件の方に「とき」を用いる（例4）。

> （例1）　内閣訓令第2号の「許容」に含まれる場合は
> （例2）　提出を求められたときは
> （例3）　被相続人が相続開始の時に有する財産の全てを…
> （例4）　該当する漢字が常用漢字表にない場合であって、代用できる同音の漢字があるときは…

(12) 「その他」・「その他の」

　「その他」は、前の事柄と「その他」の後にある事柄とが並列関係にあることを表す場合に用いる（例1）。

　「その他の」は、前に例示した事柄が「その他の」の後の事柄の中に包含されることを表す場合に用いる（例2）。

> （例1）　補助参加人は、訴訟について、攻撃又は防御の方法の提出、異議の申立て、上訴の提起、再審の訴えの提起その他一切の訴訟行為をすることができる。…
> 　　　　（民訴法45条1項）
> （例2）　期日は、やむを得ない場合に限り、日曜日その他の一般の休日に指定することができる。（民訴法93条2項）

⒀　「直ちに」・「速やかに」・「遅滞なく」

　　いずれも時間的即時性を表す語句である。「直ちに」は最も時間的即時性が強く一切の遅れ
を許さない場合に用いる。「速やかに」はそれよりも差し迫っていない場合に用い、「遅滞な
く」は正当な理由や合理的な理由があれば遅れが許される場合に用いられる。

⒁　「…である」・「…とする」

　　「である」は、一定の事実を述べる場合の語句である（例1）。「とする」は、創設的・拘束
的な意味合いを持たせる場合に用いられる（例2）。

> （例1）　法務局の所掌事務は、社会経済生活に密接な関連を有するもの<u>である</u>。
> （例2）　委員長及び委員の任期は、5年<u>とする</u>。

⒂　「…しなければならない」・「…ものとする」

　　いずれも一定の作為義務を表す語句である。「しなければならない」が一定の作為義務を断
定的に言い表す（例1）。一方、「ものとする」は断定的な表現を避け、前者よりはやや緩和し
たニュアンスで表現するのが相当である場合に用いられる（例2）。解釈的には、後者は合理
的な理由があれば従わなくてもよいと解する余地がでてくる。

> （例1）　裁判所は、民事訴訟が公正かつ迅速に行われるように努め、当事者は、信義
> に従い誠実に民事訴訟を追行<u>しなければならない</u>。（民訴法2条）
> （例2）　前項に規定する場合には、破産管財人は、外国管財人に対し、外国倒産処理
> 手続の適正な実施のために必要な協力及び情報の提供をするよう努める<u>ものとす</u>
> <u>る</u>。（破産法245条2項）

⒃　「併せて」・「あわせて」・「合わせて」

　　副詞として語句を修飾する場合は、「併せて」と漢字で書く（例1）。

　　接続詞として用いる場合には、「あわせて…」と平仮名で書く（例2）。いずれの語句も「一
緒に」・「…とともに」・「…と同時に」の意味を表す。

　　なお、「合わせて」は、動詞（合わせる）として「一致して・全部で」の意味を表す場合に
用いる（例3）。

> （例1）　地方公共団体がその事務に関する訴訟について前項の請求をするときは、<u>併</u>
> <u>せて</u>その旨を総務大臣に通知しなければならない。（法務大臣権限法7条2項）
> （例2）　この法律は、国土の開発及び保全並びにその利用の高度化に資するととも
> に、<u>あわせて</u>地籍の明確化を図るため、国土の実態を科学的且つ総合的に調査す
> ることを目的とする。（国土調査法1条）
> （例3）　二人の所持金を<u>合わせて</u>も一万円にしかならない。

⒄　「更に」・「さらに、…」

　　副詞として語句を修飾する場合は、「更に」と漢字で書く（例1）。

　　接続詞として用いる場合には、「さらに、…」と平仮名で書く（例2）。

（例１）　更に検討する。
（例２）　予選は通過した。さらに、優勝を目指してがんばろう。

⒅　「追って」・「おって、…」

　　副詞として語句を修飾する場合は、「追って…」と漢字で書く（例１）。

　　接続詞として用いる場合には、「おって、…」と平仮名で書く（例２）。

（例１）　追って連絡する。
（例２）　おって、詳細は後日連絡します。

⒆　「従って」・「したがって、…」

　　動詞として用いる場合は、「従って…」（従う）と漢字で書く（例１）。

　　接続詞として用いる場合には、「したがって、…」と平仮名で書く（例２）。

（例１）　法律の規定に従って申請する。
（例２）　当方に過失はない。したがって、賠償などしない。

⒇　「と共に」・「…とともに」

　　名詞・代名詞に付いて「を伴って」・「と一緒に」という意味を表す場合は、「と共に」と漢字で書く（例１）。一方、文（文に相当する語句）に付いて「と同時に」という意味を表す場合には、「とともに」と平仮名で書く（例２）。

（例１）　家族と共に過ごす。
（例２）　説明するとともに意見を求める。

㉑　「虞」・「恐」・「おそれ」

　　「虞（おそれ）」・「恐（キョウ・おそれる）」は常用漢字表にある漢字であるが、望ましくない事実や状態が生ずる可能性があるという意味の「…おそれ」の場合には、法令に倣い「おそれ」と平仮名で書く（「法令における漢字使用等について」の1⑷、「公用文作成の考え方」解説Ⅰ-1⑶参照）。

（例）　…公にすることにより、なお個人の権利利益を害するおそれがあるもの。…
（情報公開法５条１号）

㉒　「付ける」・「づける」

　　「位置づける」、「基礎づける」、「理由づける」の場合には「づける」と平仮名で書き、「義務付ける」の場合には「付ける」と漢字で書く。

㉓　「係る」・「関する」

　　「係る」は、「係る」で結合される前後の語句が直接的関係にある場合に使われることが多い。一方、「関する」は、結合される前後の語句の関係がもう少し広く、漠然とした関係にある場合に使われる。

> （例） 法務省の所掌事務に<u>係る</u>国際関係事務に<u>関する</u>国際機関、外国の行政機関その
> 他の関係機関との連絡調整<u>に関する</u>こと。（法務省組織令 3 条 24 号）

## ⑭ 「執る」・「採る」・「とる」

「執る」は、ある行為を具体的に執行するなどの意味を表す場合に用いる（例 1）。

「採る」は、幾つかあるもののうち特定のものを選択する意味を表す場合に用いる（例 2）。

なお、「手続をとる」、「…の方式をとる」、「…の方法をとる」については、一般的な意味で
使う場合は、「とる」と平仮名で書くが（例 3）、幾つかあるもののうち特定のものを選択する
意味で使う場合には、「採る」と漢字で書く（例 4）。

> （例 1） 事務を執る　指揮を執る
> （例 2） 手段を採る　意見を採る
> （例 3） 手続をとる　…の方式をとる　…の方法をとる
> （例 4） 手続を採る　…の方式を採る　…の方法を採る

## ⑮ 「なお」・「おって」

「なお」は、ある事柄を述べた後に、ほかのことを言い添える場合の接続詞である。「おっ
て」は、本文の後にほかのことを付け加える場合の接続詞である。いずれも平仮名で書く。

なお、「なお書<u>き</u>」・「おって書<u>き</u>」には、送り仮名「き」を付けるが、「ただし書」・「箇条
書」には付けない（「法令における漢字使用等について」の 2(2)イ参照）。

## ⑯ 「超える」・「越える」

「超える」は、数量・分量・程度などを過ぎて上に行くことを意味する場合に用いる（例 1）。

「越える」は、場所・範囲・時期などを過ぎて先に行くことを意味する場合に用いる（例 2）。

> （例 1） 期限を超える　1 億円を超える　限度を超える　定員を超える
> （例 2） 峠を越える　境界を越える　海を越える　難関を越える

## ⑰ 「規定」・「規程」

「規定」とは、法令等における個々の条項の定めをいう（例 1）。

「規程」は、一定の目的のために定められた条項の総体をいう場合（例 2）やその名称（題
名）として使用される場合が多い（例 3）。

> （例 1） <u>第七十四条第一項及び第二項の規定</u>は、支払督促について準用する。（民訴
> 　　　　法 389 条 1 項）
> （例 2） この法律に定めるものの外、<u>両院協議会に関する規程</u>は、両議院の議決によ
> 　　　　りこれを定める。（国会法 98 条）
> （例 3） <u>「法務省文書取扱規程」</u>（昭和 58 年 9 月 16 日秘総訓第 616 号大臣訓令）

## ⑱ 「配布」・「配付」

「配布」は、広く一般の人に配ることを意味し、「配付」は、一人一人に配ることを意味する

が、いずれの場合も「配布」に統一して用いることとされている（「法令における漢字使用等について」の1(6)参照）。

⑳　「附」・「付」

　「附」は、「附則」、「附属」、「附帯」、「附置」、「寄附」及び「附箋」の六つの場合に限って用いられる。

　「付」は、上記以外の用字、例えば、付記、付随、付与、付録、交付、給付などの場合に用いる。

㉚　「充分」・「十分」

　いずれも常用漢字表にある漢字であるが、「満ち足りる」という意味では「十分」を用いる。新聞用語では「十分」に統一して用いることとされている。

　　（例）　十分配慮する　十分な手当

㉛　「以上」・「以下」／「以前」・「以後」

　起点となる数量や日時を含む場合に用いる。

　　（例）　100人以上／以下　＝　100人を含んで、100人より多い／少ない人数
　　　　　　5月1日以前／以後　＝　5月1日を含んで、それより前／後への時間的広がり

㉜　「超える」・「未満・満たない」／「前」・「後」

　起算点となる数量や日時などを含まない場合に用いる。

　　（例）　100人を超える　＝　100人を含まずに、100人より多い人数
　　　　　　100人未満・100人に満たない　＝　100人を含まずに、100人より少ない人数
　　　　　　5月1日前／後　＝　5月1日を含まずに、それより前／後への時間的広がり

㉝　「別紙（別表）」・「別添」

　「別紙（別表）」は、本文が長い場合に、趣旨や概要などを本文に書き、本文の一部として理由や事実経過などを別の用紙に箇条書にするときなどに使われる。別紙（別表）が複数ある場合は、「別紙1（別表1）」、「別紙2（別表2）」のように順番を付ける。

　「別添」は、照会文書などのように独立した文書や一緒にとじることができない大部の資料などで、本文と一体性を持たせる必要がなく、参考文書として添える場合などに使われる。

　なお、一つの起案文書に「別紙（別表）」と「別添」との両方がある場合には、①「別紙（別表）」、②「別添」の順に添付する。

㉞　起算点による期間の使い分け

　起算点に留意して使い分ける。

　　（例）　満5年／5か年／5年ぶり／5周年　＝　まるまる5年。なお、「5年ぶりに開催」は、前の開催年の翌年からまるまる5年数えて、今回の開催年を含む。
　　　　　　5年目／5年掛かり／5年来／5年越し　＝　起算の年を含んで5年

# 6 解説・広報等における表記

　令和4年1月7日に文化審議会から建議された「公用文作成の考え方」では、これまでの公用文の書き表し方の基本的考え方を維持しつつも、広く一般に向けた解説・広報等（法令や政策等の解説、広報、案内、Q＆A、質問等への回答）については、読み手とのコミュニケーションとして捉え、特別な知識を持たない人にとっての分かりやすさや親しみやすい表現を優先して、次のように取り扱ってよいこととされた。

## (1) 用字について

　公用文の原則では、漢字は、「常用漢字表」に従って書き表すとされているが、広く一般に向けた解説・広報等においては、漢字を用いることになっている語についても、仮名で書いたり振り仮名を使ったりすることができる。

> （仮名の例）
> 接頭辞「御」（御指導→ご指導　御参加→ご参加）
> 接続詞（及び→および　又は→または　並びに→ならびに　若しくは→もしくは）
> 副詞（飽くまで→あくまで　余り→あまり　幾ら→いくら　既に→すでに
> 　　　直ちに→ただちに　何分→なにぶん　正に→まさに　等）
> （振り仮名の例）
> 絆（きずな）　酉（とり）の市　未来を拓（ひら）く

## (2) 送り仮名等について

　ア　複合の語の名詞（186語）は、文書の性格や読み手に配慮し、送り仮名を省かずに書くこともできる。

　公用文の原則では、送り仮名は、「送り仮名の付け方」や「公用文における漢字使用等について」に従って書き表すとされているが、広く一般に向けた解説・広報等においては、文書の性格や読み手に配慮し、送り仮名を省いて書くことになっている語についても、送り仮名を省かずに書くことができる。この場合には、一つの文書の中で、同じ用語に幾つもの表記が混在することのないようにする。また、個人の判断に頼らず、各部署で表記に関する考え方を共有しておく。

| | 公用文表記の原則　↔　解説・広報等での表記 |
|---|---|
| あ行 | 明渡し↔明け渡し　預り金↔預かり金　言渡し↔言い渡し　入替え↔入れ替え<br>植付け↔植え付け　魚釣用具↔魚釣り道具　受入れ↔受け入れ　受皿↔受け皿<br>受持ち↔受け持ち　受渡し↔受け渡し　渦巻↔渦巻き　打合せ↔打ち合わせ<br>打合せ会↔打ち合わせ会　打切り↔打ち切り　内払↔内払い　移替え↔移し替え<br>埋立て↔埋め立て　売上げ↔売り上げ　売惜しみ↔売り惜しみ<br>売出し↔売り出し　売場↔売り場　売払い↔売り払い　売渡し↔売り渡し<br>売行き↔売れ行き　縁組↔縁組み　追越し↔追い越し　置場↔置き場<br>贈物↔贈り物　帯留↔帯留め　折詰↔折り詰め |

| か行 | 買上げ↔買い上げ　買入れ↔買い入れ　買受け↔買い受け　買替え↔買い替え<br>買占め↔買い占め　買取り↔買い取り　買戻し↔買い戻し　買物↔買い物<br>書換え↔書き換え　格付↔格付け　掛金↔掛け金　貸切り↔貸し切り<br>貸金↔貸し金　貸越し↔貸し越し　貸倒れ↔貸し倒れ　貸出し↔貸し出し<br>貸付け↔貸し付け　借入れ↔借り入れ　借受け↔借り受け　借換え↔借り換え<br>刈取り↔刈り取り　缶詰↔缶詰め　期限付↔期限付き　切上げ↔切り上げ<br>切替え↔切り替え　切下げ↔切り下げ　切捨て↔切り捨て　切土↔切り土<br>切取り↔切り取り　切離し↔切り離し　靴下留↔靴下留め　組合せ↔組み合わせ<br>組入れ↔組み入れ　組換え↔組み換え　組立て↔組み立て<br>くみ取便所↔くみ取り便所　繰上げ↔繰り上げ　繰入れ↔繰り入れ<br>繰替え↔繰り替え　繰越し↔繰り越し　繰下げ↔繰り下げ　繰延べ↔繰り延べ<br>繰戻し↔繰り戻し |
| --- | --- |
| さ行 | 差押え↔差し押さえ　差止め↔差し止め　差引き↔差し引き　差戻し↔差し戻し<br>砂糖漬↔砂糖漬け　下請↔下請け　締切り↔締め切り　条件付↔条件付き<br>仕分↔仕分け　据置き↔据え置き　据付け↔据え付け　捨場↔捨て場<br>座込み↔座り込み　栓抜↔栓抜き　備置き↔備え置き　備付け↔備え付け<br>染物↔染め物 |
| た行 | 田植↔田植え　立会い↔立ち会い　立入り↔立ち入り　立替え↔立て替え<br>立札↔立て札　月掛↔月掛け　付添い↔付き添い　月払↔月払い<br>積卸し↔積み卸し（積み下ろし）　積替え↔積み替え　積込み↔積み込み<br>積出し↔積み出し　積立て↔積み立て　積付け↔積み付け　釣合い↔釣り合い<br>釣鐘↔釣り鐘　釣銭↔釣り銭　釣針↔釣り針　手続↔手続き<br>問合せ↔問い合わせ　届出↔届け出　取上げ↔取り上げ　取扱い↔取り扱い<br>取卸し↔取り卸し　取替え↔取り替え　取決め↔取り決め　取崩し↔取り崩し<br>取消し↔取り消し　取壊し↔取り壊し　取下げ↔取り下げ　取締り↔取り締まり<br>取調べ↔取り調べ　取立て↔取り立て　取次ぎ↔取り次ぎ　取付け↔取り付け<br>取戻し↔取り戻し |
| な行 | 投売り↔投げ売り　抜取り↔抜き取り　飲物↔飲み物　乗換え↔乗り換え<br>乗組み↔乗り組み |
| は行 | 話合い↔話し合い　払込み↔払い込み　払下げ↔払い下げ　払出し↔払い出し<br>払戻し↔払い戻し　払渡し↔払い渡し　払渡済み↔払い渡し済み<br>貼付け↔貼り付け　引上げ↔引き上げ　引揚げ↔引き揚げ　引受け↔引き受け<br>引起し↔引き起こし　引換え↔引き換え　引込み↔引き込み　引下げ↔引き下げ<br>引締め↔引き締め　引継ぎ↔引き継ぎ　引取り↔引き取り　引渡し↔引き渡し<br>日雇↔日雇い　歩留り↔歩留まり　船着場↔船着き場　不払↔不払い<br>賦払↔賦払い　振出し↔振り出し |
| ま行 | 前払↔前払い　巻付け↔巻き付け　巻取り↔巻き取り　見合せ↔見合わせ<br>見積り↔見積もり　見習↔見習い　未払↔未払い　申合せ↔申し合わせ<br>申合せ事項↔申し合わせ事項　申入れ↔申し入れ　申込み↔申し込み<br>申立て↔申し立て　申出↔申し出　持家↔持ち家　持込み↔持ち込み<br>持分↔持ち分　元請↔元請け　戻入れ↔戻し入れ　催物↔催し物　盛土↔盛り土 |

| や行 | 焼付け↔焼き付け　雇入れ↔雇い入れ　雇主↔雇い主　譲受け↔譲り受け<br>譲渡し↔譲り渡し　呼出し↔呼び出し　読替え↔読み替え |
|---|---|
| わ行 | 割当て↔割り当て　割増し↔割り増し　割戻し↔割り戻し |

> （例）　「食品売場　⇒　食品売り場」「期限付の職　⇒　期限付きの職」
> 　　　　「解約の手続　⇒　解約の手続き」「雇主責任　⇒　雇い主責任」など。

イ　特別な知識を持たない人にとっての読みやすさを優先し、書き表し方を工夫するとともに、施策への関心を育むよう工夫する。

　㋐　必要に応じて、「？」（疑問符）や「！」（感嘆符）を使用しても差し支えない。ただし、「？」「！」の後に文が続く場合には、全角又は半角一文字分スペースを空ける。

> （例）　○○法が改正されたのを知っていますか？　　　来月 20 日、開催！

　㋑　言葉だけでは分かりにくい場合には、必要に応じて、図表やイラスト、ピクトグラム（絵記号）等を用いて視覚的な効果を活用する。

> （例）　～が登場！　　プレゼントも(^^ ♪ 　)

　㋒　文書のレイアウトを工夫するとともに、使用する文字のデザイン、太さ、色などを適切に選択する。

> （例）　**高齢者の死亡事故 4 件！　　＝歩行中の事故防止ポイント*!!* ＝**

## (3)　言葉遣いについて

　解説・広報等では、専門的な知識を特に持たない人でも理解できるよう、お役所言葉を避け、分かりやすく、親しみやすい言葉を用いる。巻末に「お役所言葉一覧」（243 ページ）として取りまとめたので、参考にしてほしい。

　また、分かりやすく、親しみやすい文章にするには、述部に訓読みの動詞（和語の動詞）を活用するとよい。ただし、広報等においても、広い意味での公用文であることを意識して一定の品位を保つよう留意する。

> （例）　作業が進捗する　⇒　作業がはかどる、作業が順調に進む、作業が予定どおりに運ぶ

# 第3 用紙の規格と左横書き

用紙の規格に関しては、「行政文書の用紙規格のA判化に係る実施方針について」（平成4年11月30日各省庁事務連絡会議申合せ）により、また、左横書きに関しては、「公用文作成の要領」（昭和26年10月30日国語審議会決定。昭和27年4月4日内閣閣甲第16号内閣官房長官依命通知）により、実施することとされている。

> 文書は、日本工業規格A列4番の用紙を縦長に用いて、左横書きで作成するのを原則とする。

## 1　用紙の規格

文書は、次のアからエまでのようなものを除き、日本工業規格A列4番（又はA列3番）の用紙を用いる。ただし、郵送に直接用いるはがき大の通知書又は小型の刊行物等特定の文書でA列4番（又はA列3番）により難いものは、できる限りA列5番又はA列6番を使用する。

ア　地図、図面、写真、ポスター等の特定の用紙規格が必要であるもの

イ　表彰状、感謝状、免許状など掲示等の用途に用いられるもの

ウ　身分証明書など特に小型のもの

エ　伝票、住所録、出勤簿など一般の文書とのファイルの混在が起こりにくいもの、大量の文書で仕掛り中のもの及び一覧性が損なわれる等のもの

## 2　用紙の用い方

A列4番、A列5番及びA列6番の用紙は、縦長にして用いる。ただし、図表等を作成する場合など縦長に用いることが相当でないものは、この限りでない。A列3番の用紙を用いる場合には、横長二つ折りで左右に、又は縦長二つ折りで上下に分けて書くものとする。

## 3　左横書き

文書は、次のようなものを除き、左横書きとする。

ア　法令案及びこれに関係のある文書

イ　従前からの慣例により様式又は書式が縦書きとされているもの（表彰状、祝辞、官報掲載原稿など）

ウ　本省局部課長及び外局の長が左横書きとすることが相当でないと認めた文書

# 第4 文書の書式例

## 発信文書の書式例

### (1) 訓令の制定

△△省総文訓第○○号

　　　　　　　　　　　　　　　　　　　○○管区局長××
　　　　　　　　　　　　　　　　　　　○○地方局長××
×○○○・・・・○○○に関する訓令を次のように定める。
××令和4年4月○日

　　　　　　　　　　　△△大臣○○○○　　　　　×

×××○○○・・・・・・・・○○○に関する訓令
目次
×第1章×○○
××第1節×○○　（第1条－第○条）
××第2節×○○　（第○条・第○条）
×第2章×○○　（第○条－第○条）
×附則
×××第1章×○○
×××第1節×○○
×　（目的）
第1条×○・・・・・・・・・・・・・・○
×○○○。
2×○○○・・・・・・・・・○。
×××附×則
1×この訓令は，令和4年4月○日から施行する。
（他の例）
×この訓令は，令和4年4月○日から施行する。ただし，○
○○○の規定は，令和5年○月○日から施行する。
×この訓令は，令和4年4月○日から施行し，同年○月○日
から適用する。
×この訓令は，令和4年4月○日から施行し，○○○○の規
定は，同年○月○日から適用する。
2×○○○・・・・・・・・・・・・・・○
×○○。

(注)　1　訓令が法令の委任に基づくものである場合は，制定文に根拠となる
　　　　当該法令条項名を引用する。
　　　2　訓令本文中に「右訓令する。」の文言は用いない。
　　　3　書式例中「○」印は文字・字数を表し，「×」印は空ける字数を表
　　　　す。また「・・・・」印は文字の連絡を表す。以下同じ。

(2)　訓令の一部改正

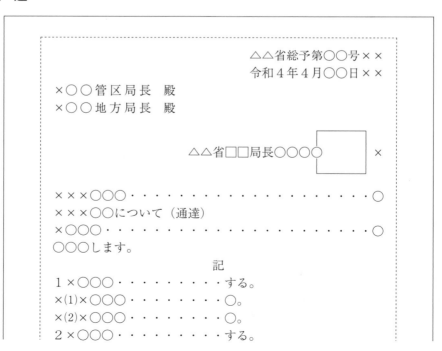

△△省行一訓第〇〇号

〇〇管区局長××
〇〇地方局長××

×〇〇〇〇規程の一部を改正する訓令を次のように定める。
××令和４年４月〇日

法務大臣〇〇〇〇　　　　×

×××〇〇〇〇規程の一部を改正する訓令
×〇〇〇〇規程（平成〇年△△省行一訓第〇〇号大臣訓令）
の一部を次のように改正する。
×〇〇〇・・・・・・・・・・・・・・・・・・〇。
×××附×則
１×この訓令は，令和４年４月〇日から施行する。
〔（他の例）
×この訓令は，令和４年４月〇日から施行する。ただし，〇
〇〇〇の改正規定は，令和５年〇月〇日から施行する。
×この訓令は，令和４年４月〇日から施行し，改正後の〇〇
〇〇の規定は，同年〇月〇日から適用する。〕

(3)　通　達

△△省総予第〇〇号××
令和４年４月〇〇日××

×〇〇管区局長　殿
×〇〇地方局長　殿

△△省□□局長〇〇〇〇　　　　×

×××〇〇〇・・・・・・・・・・・・・・・〇
×××〇〇について（通達）
×〇〇〇・・・・・・・・・・・・・・・・・〇
〇〇〇します。
　　　　　　　　　記
１×〇〇〇・・・・・・・・する。
×(1)×〇〇〇・・・・・・・〇。
×(2)×〇〇〇・・・・・・・〇。
２×〇〇〇・・・・・・・・する。

(4) **通　知**

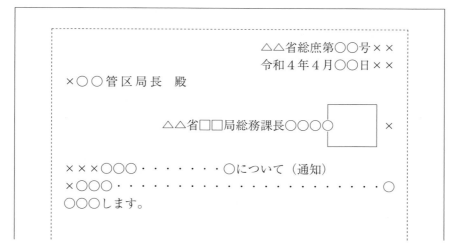

△△省総庶第○○号××
令和4年4月○○日××

×○○管区局長　殿

　　　　　　△△省□□局総務課長○○○○　　　×

×××○○○・・・・・・○について（通知）
×○○○・・・・・・・・・・・・・・・・・○
○○○します。

(5) **照　会**

日記○○第○○○号××
令和4年4月○○日××

×△△省□□局総務課長　殿

　　　　　　　○○管区局長○○○○　　　×

×××○○○・・・・・・○について（照会）
×○○○・・・・・・・・・・・・・・・・・○
○○○します。

(6) 回 答

```
                              △△省総人第○○号××
                              令和4年4月○○日××

  ×○○管区局長　殿


              △△省□□局総務課長○○○○ ┌──┐ ×
                                       └──┘

  ×××○○○・・・・・・○について（回答）
  ×平成○年○月○日付け第○○号をもって依頼（照会）のあ
  った標記の件について，・・・・・・します。
```

(7) 書式例の留意事項

　ア　文書は、原則として1件ごとに作成し、件名を付ける。

　イ　件名は、文書の内容を簡潔に表現するものとし、通達、通知、照会、回答その他当該文書の性質を表す言葉を、件名の後に括弧書きする。

　ウ　文書の受信名義及び発信名義の表記等は、次の例による。

　①　管区局又は地方局相互間の文書の受信名義及び発信名義は、職名のみを記載する。

　　（例）　福岡管区局長　殿　←　長崎地方局長

　②　本省その他の機関宛ての文書の受信名義は職名のみを、発信名義は職・氏名を記載する。発信名義の官職名が長い場合は、官職と氏名に分けて2行に書いてもよい。

　　（例）　△△省□□局長　殿　←　仙台管区局長　氏　名

　③　招待文、叙位叙勲、表彰の内申等儀礼を重んじなければならない文書の受信名義及び発信名義は、職・氏名を記載する。

　　（例）　△△大臣　氏　名　殿　←　大阪管区局長　氏　名

　④　受信名義が「組織の長」である場合には「殿」（例1、2）と、「組織」である場合には「御中」（例3）とする。

　　（例1）　横浜地方局長　殿
　　（例2）　管内支局長　殿
　　　　　　　同出張所長　殿
　　（例3）　○○支局　　御中

# 用字用語例集（類似語を含む。）

**【本表の見方等】**

1　本表は、次の資料を参考として五十音順で作成した。
 (1)　常用漢字表（平成22年11月30日内閣告示第 2 号）
 (2)　送り仮名の付け方（昭和48年 6 月18日内閣告示第 2 号。改正平成22年11月30日内閣告示第 3 号）
 (3)　公用文における漢字使用等について（平成22年11月30日内閣訓令第 1 号）
 (4)　法令における漢字使用等について（平成22年11月30日内閣法制局総総第208号内閣法制局次長通知）
 (5)　公用文作成の考え方（令和 4 年 1 月 7 日文化審議会建議）
 (6)　「異字同訓」の漢字の用法（昭和47年 6 月28日国語審議会漢字部会資料）
 (7)　「異字同訓」の漢字の使い分け例（平成26年 2 月21日文化審議会国語分科会報告）
 (8)　文部省用字用語例（平成23年 3 月）
 (9)　文部省公用文送り仮名用例集（平成23年 3 月）
 (10)　法務省訟務関係文書「用字用語例集（第 8 版）」（平成23年 3 月）
 (11)　三省堂「大辞林（第 2 版）」1999年10月 1 日新装第 2 版
 (12)　小学館「類語例解辞典」2003年11月 1 日新装版

2　品詞の略号
　　名 ……名 　　詞　　　　形名……形 式 名 詞　　　　動 ……動 　　　　　詞
　補動……補 助 動 詞　　　　副 ……副 　　詞　　　　形 ……形 　容 　詞
　補形……補助形容詞　　　　形動……形 容 動 詞　　　　接続……接 　続 　詞
　接頭……接 頭 辞　　　　接尾……接 尾 辞　　　　助動……助 　動 　詞
　補動……補 助 動 詞　　　　格助……格 　助 　詞　　　　副助……副 　助 　詞
　接助……接 続 助 詞　　　　代 ……代 　名 　詞　　　　連体……連 　体 　詞
　感動……感 　動 　詞　　　　連語……連 　　語

3　用字・備考欄中の略号等
　　「用例・類似語」欄中の凡例は、次のとおりである。
　（⇔○○）は、対義語
　（改）…改定常用漢字表（平成22年11月30日内閣告示第 2 号）で新たに追加された漢字及び音訓
　（仮名）…改定常用漢字表にある漢字・音訓であっても、仮名で表記するもの
　　　　（「法令における漢字使用等について」別紙 1 (4)、「公用文作成の考え方」解説Ⅰ-1 (3)に例示されている語）
　（法）…複合の語で、送り仮名の付け方（昭和48年内閣告示第 2 号）の本文の通則 6 の「許容」を適用して送り仮名を省いたもの、又は本文の通則 7 により送り仮名を付けないもの（「法令における漢字使用等について」別紙 2 (1)、(2)イに例示されている語）
　（複）…「公用文における漢字使用等について」別紙 2 (1)（「法令における漢字使用等について」別紙 2 (2)ア、「公用文作成の考え方」解説Ⅰ-2 イ）に示された複合の語の名詞（原則は送り仮名を省く。ただし、文書の性格や読み手に配慮し、送り仮名を省かずに書くこともできる（「公用文作成の考え方」解説Ⅰ-2、本書 53 ページ以下参照））
　（付）…改定常用漢字表の付表に掲げられている語
　×　…改定常用漢字表にない漢字・音訓を含む語など
　△…他に良い言い換えがない、又は、言い換えをしては不都合な語（専門用語・特殊用語を含む）について、改定常用漢字表にない漢字をそのまま用いて振り仮名を付けた表記方法（「公用文作成の考え方」解説Ⅰ-1 (2)エ、「法令における漢字使用等について」別紙 1 (5)ア参照）
　▲…原則は常用漢字を用いた別の言葉で言い換える語について、文書の目的や想定される読み手に合わせて、改定常用漢字表にない漢字をそのまま用いて振り仮名を付けた表記方法（「公用文作成の考え方」解説Ⅰ-1 (2)ウエ参照）
　（連体）は、連体詞的な使い方
　（形動）は、形容動詞的な使い方
　（形名）は、形式名詞的な使い方
　（副）は、副詞的な使い方
　（類）は、意味のよく似ている言葉

| 見 出 し | 用字・送り仮名 | 品詞 | 用 例・類 似 語 |
|---|---|---|---|
| あい | 藍 | 名 | 藍染め、藍色 |
| あいいれない | 相いれない | 連語 | 相いれない立場　×相容れない |
| あいかわらず | 相変わらず | 副 | (類)やはり、依然として、従来どおり |
| あいかん | 哀感 | 名 | 哀感をそそる、哀感漂う風情　(類)哀愁、悲哀 |
|  | 哀歓 | 名 | 人生の哀歓　(類)一喜一憂、悲喜 |
| あいがん | 愛玩 | 名 | (改)　動物を愛玩する　(類)かわいがる、愛護 |
|  | 哀願 | 名 | 助命を哀願する　(類)懇願、嘆願 |
| あいきょう | 愛きょう・愛嬌(愛敬) | 名 | 愛きょうを振りまく　▲愛嬌・愛敬 |
| あいくち | あいくち | 名 | あいくちで刺す　×匕首 |
| あいくるしい | 愛くるしい | 形 | 愛くるしい顔 |
| あいことば | 合い言葉 | 名 |  |
| あいさつ | 挨拶 | 名 | (改)　御挨拶 |
| あいしゅう | 愛執 | 名 | 愛執を断ち切る、愛執の念 |
|  | 哀愁 | 名 | 哀愁を帯びる　(類)哀感、悲哀 |
| あいず | 合図 | 名 | (法) |
| あいせき | 愛惜 | 名 | 行く春を愛惜する　(類)物惜しみ |
|  | 哀惜 | 名 | 哀惜の情　(類)哀悼、追悼 |
| あいぞめ | 藍染め | 名 |  |
| あいだ | 間 | 名 | 家と家との間、…する間 |
| あいたいする | 相対する | 動 | 相対する意見　(類)向き合う、真向かい |
| あいだがら | 間柄 | 名 |  |
| あいついで | 相次いで | 副 | 事故が相次いで発生した、相次いで発言する |
| あいつうずる | 相通ずる | 動 | 両者の考え方には相通ずるものがある |
| あいつぐ | 相次ぐ | 動 | 事故が相次ぐ |
| あいづち | 相づち | 名 | 相づちを打つ　×相槌 |
| あいにく | あいにく | 形動 | あいにくの雨だ　(副)あいにく留守にしていた　×生憎 |
| あいのて | 合いの手 | 名 | (類)手拍子 |
| あいふく | 合服 | 名 | (法)　(類)合い着 |
| あいま | 合間 | 名 | (法)　(類)間 |
| あいまい | 曖昧 | 名・形動 | (改)　曖昧な返事　(類)あやふや、不確か |
| あいまって | あいまって | 連語 | 才能と努力があいまって　×相俟って |
| あいろ | あい路・隘路 | 名 | あい路を切り開く　▲隘路　(類)支障、困難、障害 |
| あう | 合う | 動 | (一致する、調和する、互いにする)　計算が合う、好みに合う、目が合う |
|  | 会う | 動 | (主に人と人が顔を合わせる)　客と会う時刻、投票に立ち会う |
|  | 遭う | 動 | (思わぬことや好ましくない出来事に出くわす)災難に遭う、にわか雨に遭う |
| あえぐ | あえぐ | 動 | 不況にあえぐ　×喘ぐ |
| あえて | あえて | 副 | あえて注意する　×敢えて　(類)強いて、押して、取り立てて |
| あおぐ | 仰ぐ | 動 | 決裁を仰ぐ、天を仰ぐ |
|  | あおぐ | 動 | 扇であおぐ |
| あおくさい | 青臭い | 形 | 青臭い考え |
| あおざめる | 青ざめる | 動 |  |
| あおぶくれ | 青膨れ | 名 |  |
| あおむく | あおむく | 動 | ×仰向く |
| あおる | あおる | 動 | 群衆をあおる、酒をあおる　×煽る・呷る |

| あかし | あかし | 名 | 無実のあかし　×証し　（類）証拠、証明 |
|---|---|---|---|
| あかす | 明かす | 動 | 素性を明かす、語り明かす |
| | …（に）飽かす | 動 | 暇に飽かして |
| あがめる | あがめる | 動 | 師とあがめる　×崇める　（類）尊敬、敬う |
| あからさま | あからさま | 形動 | あからさまな違反行為 |
| あからむ | 明らむ | 動 | 空が明らむ　（類）明るむ、明ける、明け渡る |
| | 赤らむ | 動 | つぼみが赤らむ、顔が赤らむ　（類）紅潮 |
| あからめる | 赤らめる | 動 | 頬を赤らめる |
| あかり | 明かり | 名 | 薄明かり、電灯の明かり　（類）灯、灯火、点灯 |
| あがる | 上がる | 動 | 地位が上がる、物価が上がる、壇上に上がる |
| | 揚がる | 動 | 花火が揚がる、歓声が揚がる |
| | 挙がる | 動 | 成果が挙がる、証拠が挙がる |
| あかるい | 明るい | 形 | 明るい照明、明るい選挙、明るい人柄　（類）明朗、陽気 |
| あかるみ | 明るみ | 名 | 事件が明るみに出る　（類）白日、公の場所 |
| あかるむ | 明るむ | 動 | 東の空が明るむ |
| あき | 飽き | 名 | 飽きがくる、飽き足りない |
| あきない | 商い | 名 | （類）商売 |
| あきらか | 明らか | 形動 | 全貌が明らかになる　（類）はっきり、定か |
| あきらめる | 諦める | 動 | （改）　（類）断念、見切りをつける |
| あきる | 飽きる | 動 | 仕事に飽きる、見飽きる　×厭きる　（類）けん怠、嫌になる |
| あきれる | あきれる | 動 | ×呆れる |
| あく | 明く | 動 | 年期が明く、らちが明かない |
| | 空く | 動 | 席が空く、時間が空く、議長のポストが空く |
| | 開く | 動 | 幕が開く、窓が開く |
| あくび | あくび | 名 | ×欠伸 |
| あくへい | 悪弊 | 名 | 悪弊を除く　（類）悪習、悪風 |
| あくまで | 飽くまで | 副 | 飽くまでも戦う　（類）頑として、どこまでも、絶対に |
| | | | （注）　解説・広報等においては、「あくまで」と書くこともある。 |
| あくらつ | 悪辣 | 形動 | （改）　悪辣な手口 |
| あくる | 明くる | 連体 | 明くる朝、明くる年 |
| あげあし | 揚げ足 | 名 | 揚げ足を取る |
| あけがた | 明け方 | 名 | （類）夜明け |
| あげく | 挙げ句 | 名 | …した挙げ句　（類）した上で、した結果 |
| あけくれ | 明け暮れ | 名 | 調査に明け暮れする |
| あけたて | 開けたて | 名 | 戸を開けたてする　×開け閉て |
| あげつらう | あげつらう | 動 | 他人の失敗をあげつらう　（類）言い立てる、論ずる |
| あげて | 挙げて | 副 | 野党は挙げて反対する　（類）こぞって、残らず、ことごとく |
| あけぼの | あけぼの | 名 | あけぼのの色　×曙　（類）明け方、夜明け、未明 |
| あける | 明ける | 動 | 夜が明ける、年が明ける |
| | 空ける | 動 | 道を空ける、家を空ける、時間を空ける |
| | 開ける | 動 | 店を開ける、窓を開ける |
| あげる | 上げる | 動 | （高い方に動く、与える、声や音を出す、終わる）　腕前を上げる、品物を上げる、歓声を上げる、成果を上げる |
| | 揚げる | 動 | （空中に浮かぶ、場所を移す、油で調理する）　国旗を揚げる、船荷を揚げる |
| | 挙げる | 動 | （はっきりと示す、結果を残す、執り行う、こぞってする、捕らえる）　例を挙げる、勝ち星を挙げる、式を挙げる、全力を挙げる、犯人を挙げる |

| | | | |
|---|---|---|---|
| | …（て）あげる | 補動 | （仮名）貸してあげる、送ってあげる |
| あけわたし | 明渡し | 名 | （複）明渡し期日　（類）引渡し、立ち退き |
| あけわたす | 明け渡す | 動 | 家を明け渡す　（類）引き渡す、立ち退く、手放す |
| あご | 顎 | 名 | （改） |
| あこがれる | 憧れる | 動 | （改）異国に憧れる　（類）憧憬、心ひかれる |
| あざける | 嘲る | 動 | （改）陰で嘲る　（類）嘲笑する、見下す、蔑む |
| あさって | あさって | 名 | （仮名）（類）明後日（みょうごにち） |
| あさはか | 浅はか | 形動 | 浅はかな考え　（類）浅薄、軽薄 |
| あさましい | 浅ましい | 形 | 浅ましい根性　（類）下品、さもしい |
| あざむく | 欺く | 動 | 人を欺く　（類）だます、ごまかす、偽る |
| あざやか | 鮮やか | 形動 | 鮮やかな腕前　（類）鮮明、際だった |
| あさる | あさる | 動 | 魚が餌をあさる　×漁る |
| あざわらう | 嘲笑う | 動 | （改）他人の失敗を嘲笑う　（類）せせら笑う |
| あし | 足 | 名 | 足の裏、手足、足しげく通う、客足 |
| | 脚 | 名 | 机の脚（足）、襟脚（足） |
| あしがかり | 足掛かり | 名 | 解決の足掛かりを得る　（類）手掛かり |
| あしかけ | 足掛け | 名 | 足掛け5年になる　（類）満、丸 |
| あしがため | 足固め | 名 | 選挙のための足固め |
| あしからず | あしからず | 連語 | あしからず御了承ください　×悪しからず |
| あじけない | 味気ない | 形 | 味気ない話 |
| あしてまとい | 足手まとい | 名 | ×足手纏い |
| あしどり | 足取り | 名 | 足取りをたどる、犯人の足取り |
| あしなみ | 足並み | 名 | 野党の足並みがそろわない　（類）歩調 |
| あしぶみ | 足踏み | 名 | 足踏みをする |
| あしもと | 足下 | 名 | 足下を照らす |
| あしらう | あしらう | 動 | 相手を軽くあしらう、花をあしらう　（類）応対する |
| あじわい | 味わい | 名 | 味わい深い話 |
| あじわう | 味わう | 動 | 料理を味わう、俳句を味わう　（類）かみ締める |
| あじわわせる | 味わわせる | 動 | 感激を味わわせる |
| あす | 明日 | 名 | （付） |
| あずかり | 預かり | 名 | 隣家の預かり物 |
| あずかりきん | 預り金 | 名 | （複） |
| あずかる | 預かる | 動 | 現金を預かる、荷物を預かる |
| | あずかる | 動 | 相談にあずかる　×与る |
| あずき | 小豆 | 名 | （付） |
| あずけいれきん | 預入金 | 名 | （法） |
| あずける | 預ける | 動 | 荷物を預ける、勝負を預ける　（類）託する、任せる |
| あせばむ | 汗ばむ | 動 | 汗ばむような陽気 |
| あぜみち | あぜ道 | 名 | ×畦道 |
| あせる | 焦る | 動 | 勝ちを焦る　（類）せく |
| | あせる | 動 | 色があせる　×褪せる　（類）さめる |
| あぜん | あ然 | 名 | あ然とする　×啞然　（類）ぼう然 |
| あだ | あだ | 名 | 親のあだを討つ、親切があだになる　×仇・徒 |
| あたい | 価 | 名 | 価が高い、商品に価を付ける　（類）値段、価格 |
| | 値 | 名 | そのものの持つ値、未知数Xの値を求める |
| あたいする | 値する | 動 | 検討に値する、称賛に値する　（類）値打ちがある |

| あたえる | 与える | 動 | 機会を与える、権限を与える　（類）あげる、授ける |
| あたかも | あたかも | 副 | あたかも…のようだ　×恰も　（類）まるで、ちょうど |
| あたたか | 暖か | 形動 | （寒くない（主に気象や気温で使う））　暖かな毛布 |
| | 温か | 形動 | （冷たくない、愛情や思いやりが感じられる）　温かな家庭 |
| あたたかい | 暖かい | 形 | 暖かい地方、暖かい冬 |
| | 温かい | 形 | 温かい料理 |
| あたたまる | 暖まる | 動 | 部屋が暖まる |
| | 温まる | 動 | スープが温まる、心温まる話 |
| あたって | …（に）当たって | 連語 | 出発に当たって |
| あたまうち | 頭打ち | 名 | 売上げが頭打ち　（類）伸び悩む |
| あたまきん | 頭金 | 名 | 頭金を払う　（類）手付け金、内金 |
| あたまごなし | 頭ごなし | 名 | 頭ごなしにどなりつける　（類）高飛車、高圧的 |
| あたまわり | 頭割り | 名 | 費用を頭割りにする　（類）割当て、割り勘 |
| あたら | あたら | 副 | あたら有能な人材を失った　×可惜　（類）惜しいことに |
| あたらしい | 新しい | 形 | （類）真新しい、最新、斬新 |
| あたり | 辺り | 名 | 新宿辺りで…、辺り構わず、辺り一面 |
| | 当たり | 名 | 鋭い当たり、一日当たり、開会に当たり |
| あたりさわり | 当たり障り | 名 | 当たり障りのない話をする |
| あたりまえ | 当たり前 | 名 | （類）当然、自明、もっとも |
| あたる | 当たる | 動 | ボールが体に当たる、任に当たる、出発に当たって |
| | あたる | 動 | 食べ物にあたる、毒にあたる　×中る |
| あちら | あちら | 代 | あちらの方向から　×彼方 |
| あつい | 暑い | 形 | （不快になるくらい気温が高い）　夏は暑い、暑い部屋 |
| | 熱い | 形 | （温度がとても高く感じられる、感情が高ぶる）　熱い湯、熱い声援、熱い思い |
| | 厚い | 形 | 厚い壁、信仰が厚い、厚い友情、手厚いもてなし |
| | あつい | 形 | 病があつい　×篤い |
| あつかい | 扱い | 名 | 客の扱いが悪い、取扱い　（法）取扱所、取扱注意 |
| あつかう | 扱う | 動 | （類）処置、操作、計らう、さばく |
| あつかましい | 厚かましい | 形 | （類）図々しい、ふてぶてしい、厚顔 |
| あつくるしい | 暑苦しい | 形 | 暑苦しい服装 |
| あっけ | あっけ | 名 | あっけに取られる　×呆気 |
| あっせい | 圧制 | 名 | 圧制に屈する、圧制的な言動　（類）抑圧、弾圧、威圧 |
| | 圧政 | 名 | 軍の圧政に苦しむ　（類）悪政、虐政、暴政 |
| あっせん | あっせん | 名 | （仮名）　就職をあっせんする　×幹旋・あっ旋　（類）周旋、世話 |
| あつまり | 集まり | 名 | （類）会合、会議、集会、寄り合い |
| あつまる | 集まる | 動 | （類）集う、集合する、群がる |
| あつみ | 厚み | 名 | 教養に厚みがでる |
| あつめる | 集める | 動 | 職員を集める、英知を集める |
| あつらえる | あつらえる | 動 | 着物をあつらえる　×誂える　（類）仕立てる |
| あつれき | あつれき・軋轢 | 名 | 両者間にあつれきを生じる　▲軋轢　（類）摩擦、葛藤、不和 |
| あて | 宛・宛て | 名 | （改）　宛先、宛名　（接尾）会社宛（て） |
| | 当て | 名 | 当てが外れる |
| あてがう | あてがう | 動 | 仕事をあてがう　×宛がう　（類）割り当てる、割り振る |
| あてこむ | 当て込む | 動 | 人出を当て込む　（類）見込む |
| あてはずれ | 当て外れ | 名 | （類）期待外れ |
| あてはめる | 当てはめる | 動 | ×当て嵌める　（類）適用する |

| あてる | 当てる | 動 | （触れる、的中する、対応させる）　胸に手を当てる、ボールを当てる |
|---|---|---|---|
| | 充てる | 動 | （ある目的や用途に振り向ける）　建築費に充(当)てる、後任に充(当)てる |
| | 宛てる | 動 | （改）（手紙などの届け先とする）　恩師に宛てた手紙 |
| あと | 跡 | 名 | （過去にあった痕跡、家督）　車輪の跡、苦心の跡、父の跡を継ぐ |
| | 後 | 名 | （⇔先・前）(基準となる時点より遅いこと、次に続くもの)　後から行く、社長の後継ぎ |
| | 痕 | 名 | （傷のように生々しく残る印）　弾丸の痕、手術の痕、台風の爪痕 |
| あとかた | 跡形 | 名 | 跡形もない |
| あとかたづけ | 後片付け・跡片付け | 名 | 夕御飯の後片付け、火事場の跡片付け |
| あとつぎ | 後継ぎ・跡継ぎ | 名 | 社長の後継ぎ、家業の跡継ぎ　（類）跡取り |
| あとばらい | 後払い | 名 | 料金の後払い |
| あとまわし | 後回し | 名 | 仕事を後回しにする |
| あともどり | 後戻り | 名 | 景気が後戻りする　（類）逆戻り、退歩、悪化 |
| あながち | あながち | 副 | ×強ち　（類）一概に、必ずしも、まんざら |
| あなた | あなた | 代 | ×貴方 |
| あなどる | 侮る | 動 | （類）見下す、蔑む、軽んずる |
| あばきだす | 暴き出す | 動 | （類）明るみに出す、暴露する、ばらす |
| あばく | 暴く | 動 | 政策の矛盾を暴く |
| あばれる | 暴れる | 動 | |
| あびせる | 浴びせる | 動 | 冷水を浴びせる、質問を浴びせる |
| あびる | 浴びる | 動 | 非難を浴びる　（類）被る |
| あぶない | 危ない | 形 | 生命が危ない、社長の椅子が危ない |
| あぶら | 油 | 名 | 水と油、火に油を注ぐ |
| | 脂 | 名 | 脂が乗る年頃、牛肉の脂 |
| あぶらぎる | 脂ぎる | 動 | 脂ぎった顔 |
| あぶる | あぶる | 動 | 火であぶる　×炙る　（類）焼く |
| あふれる | あふれる | 動 | 水があふれる　×溢れる　（類）こぼれる |
| あぶれる | あぶれる | 動 | 仕事にあぶれる　×溢れる |
| あへんえん | あへん煙 | 名 | ×阿片煙 |
| あま | 海女・海士 | 名 | （付） |
| あまえる | 甘える | 動 | 母親に甘える |
| あまくだり | 天下り | 名 | 天下り人事 |
| あまぐもり | 雨曇り | 名 | |
| あます | 余す | 動 | 弁当を余す、余すところなく　（類）残す |
| あまた | あまた | 副 | あまたの難関　×数多　（類）たくさん、幾多 |
| あまつさえ | あまつさえ | 副 | ×剰え　（類）その上に、そればかりか、しかも |
| あまねく | あまねく | 副 | あまねく知れ渡る　×遍く・普く　（類）広く、隅々まで |
| あまやかす | 甘やかす | 動 | 子供を甘やかす |
| あまり | 余り | 名・形動 | 余りが出る、余りの寒さに震える　（類）端数、余分 |
| | 余り | 副 | 余り自信がない　（類）さほど、それほど、さして、大して |
| | | | （注）　解説・広報等においては、「あまり」と書くこともある。 |
| | …余り | 接尾 | 10人余り　（類）程、程度 |
| あまりに | 余りに | 形動 | 余りに静かだ　（類）並外れて |
| あまる | 余る | 動 | 予算が余る　（類）残る |
| あまんずる | 甘んずる | 動 | 薄給に甘んずる　（類）甘受する、安んずる |
| あみあげくつ | 編上靴 | 名 | （法） |
| あみあげる | 編み上げる | 動 | （類）編み終える |

| あや | あや | 名 | あや織り、言葉のあや　（類）色合い、模様 |
|---|---|---|---|
| あやうい | 危うい | 形 | 危ういところを助かった　（類）危ない、危険 |
| あやうく | 危うく | 副 | 危うく難を逃れる |
| あやかる | あやかる | 動 | 幸運にあやかる　×肖る |
| あやしい | 怪しい | 形 | （疑わしい、普通でない、はっきりしない）　挙動が怪しい、空模様が怪しい |
|  | 妖しい | 形 | （なまめかしい、神秘的な感じがする）　妖しい魅力、妖しく輝く瞳 |
| あやしげ | 怪しげ | 形動 | 怪しげな風体の男 |
| あやしむ | 怪しむ | 動 | （類）いぶかる、異様だ、不審だ |
| あやつる | 操る | 動 | 三か国語を操る、世論を操る　（類）操作する、使う |
| あやぶむ | 危ぶむ | 動 | 前途を危ぶむ　（類）心配する |
| あやふや | あやふや | 形動 | あやふやな返事　（類）不確かな、曖昧、うやむや |
| あやまち | 過ち | 名 | 過ちを犯す、過ちを認める　（類）間違い、誤り、過失、悪事 |
| あやまる | 誤る | 動 | 適用を誤る　（類）間違う、間違える |
|  | 謝る | 動 | 手落ちを謝る、不行届きを謝る　（類）わびる |
| あやめる | あやめる | 動 | 誤って人をあやめる　×危める・殺める |
| あゆみ | 歩み | 名 | 戦後50年の歩み　（類）歩行、歩調、移り変わり |
| あら | あら | 名 | あらを探す　（類）欠点、落ち度 |
| あらあらしい | 荒々しい | 形 | 荒々しい動作　（類）荒っぽい、乱暴 |
| あらい | 荒い | 形 | 波が荒い、気が荒い、金遣いが荒い　（類）荒っぽい、乱暴 |
|  | 粗い | 形 | 網の目が粗い、きめが粗い、仕事が粗い　（類）まばら |
| あらいざらい | 洗いざらい | 副 | 洗いざらい打ち明ける　×洗い浚い　（類）残らず |
| あらいざらし | 洗いざらし | 名 | ×洗い晒し　（類）退色 |
| あらいだす | 洗い出す | 動 | 問題点を洗い出す |
| あらかじめ | あらかじめ | 副 | あらかじめ準備をする　×予め　（類）前もって、先立って |
| あらかた | あらかた | 副 | 仕事はあらかた終わった　（類）おおよそ、おおむね |
| あらげる | 荒げる | 動 | 声を荒げる |
| あらさがし | あら探し | 名 | 他人のあら探しをする |
| あらし | 嵐 | 名 | （改）　砂嵐、嵐の前の静けさ　（類）風雨、暴風雨 |
| あらず | あらず | 連語 | さにあらず　×非ず　（類）そうではない、違う |
| あらそい | 争い | 名 | 骨肉の争い　（類）けんか、もめ事、紛争、闘争 |
| あらそう | 争う | 動 | 優勝を争う、法廷で争う　（類）競争する、もめる、闘う |
| あらた | 新た | 形動 | 新たに…する、新たな問題が発生する　（類）斬新、目新しい |
| あらだてる | 荒立てる | 動 | 事を荒立てる　（類）荒くする、もつれさせる |
| あらたまる | 改まる | 動 | 年が改まる |
| あらためて | 改めて | 副 | 改めて…する　（類）別の機会に、ことさらに |
| あらためる | 改める | 動 | 規則を改める、日を改める　（類）改正する、変更する |
| あらまし | あらまし | 名 | 法律のあらまし　（類）概要、概略、大要、おおむね |
| あらゆる | あらゆる | 連体 | （仮名）　あらゆる機会、あらゆる方面　×凡ゆる　（類）全ての |
| あらわす | 表す | 動 | （思いが外に出る、表現する、表に出る）　言葉に表す、敬意を表す、態度に表す　（類）表出、表現、表明、発表 |
|  | 現す | 動 | （隠れていたものが見えるようになる）　姿を現す、本性を現す、真価を現す |
|  | 著す | 動 | （本などを書いて世に出す）　書物を著す |
| あらわれる | 表れる | 動 | 態度に表れる、気持ちが文面に表れる　（類）表出する |
|  | 現れる | 動 | 太陽が現れる、症状が現れる　（類）出る |
| ありあり | ありあり | 副 | ありありと目に浮かぶ　（類）はっきり、明らか |
| ありあまる | 有り余る | 動 | 有り余る才能 |

| | | | |
|---|---|---|---|
| ありあわせ | 有り合わせ | 名 | 有り合わせの材料　（類）その場しのぎ、一時しのぎ |
| ありか | 在りか | 名 | 宝の在りか　×在り処 |
| ありかた | 在り方 | 名 | 政治の在り方、教育の在り方　（類）あるべき姿、有様 |
| ありがたい | 有り難い | 形 | 有り難い講話、御親切有り難い |
| ありがたみ | 有り難み | 名 | 有り難みがない |
| ありがち | ありがち | 形動 | ありがちな失敗 |
| ありがとう | ありがとう | 感動 | （仮名）ありがとうございます　×有り難う |
| ありがね | 有り金 | 名 | 有り金をはたいて買う　（類）現金、現生 |
| ありさま | 有様 | 名 | 世の有様　（類）様子、状態、状況、情勢 |
| ありしひ | 在りし日 | 名 | 在りし日の面影　（類）昔の、生前の |
| ありふれる | ありふれる | 動 | ありふれた花　（類）平凡、月並み、ありきたり |
| ありよう | 有り様 | 名 | 政治の有り様　（類）あるべき姿、本来の姿、実情 |
| ある | ある | 連体 | （仮名）ある日、ある所に　×或 |
| | 有る | 動 | （⇔無い）（備わる、所有する、ありのままである）財源が有る、子が有る |
| | | | （注）「有無」の対照を強調するときは漢字で書く。 |
| | 在る | 動 | （存在する）日本はアジアの東に在る、責任は私に在る |
| | | | （注）「所在・存在」の意を強調するときは漢字で書く。 |
| | ある | 動 | （仮名）その点に問題がある |
| | …（て）ある | 補動 | （仮名）書いてある、指示してある |
| あるいは | あるいは | 接 | AあるいはB　×或いは　（類）又は、若しくは |
| | あるいは | 副 | あるいはそうかもしれない　×或は　（類）もしかすると |
| あれくるう | 荒れ狂う | 動 | 台風が荒れ狂う、荒れ狂う海　（類）大荒れ、暴れる |
| あれこれ | あれこれ | 副 | あれこれ試す　（類）いろいろ、様々 |
| あれち | 荒れ地 | 名 | 荒れ地を開墾する |
| あれはてる | 荒れ果てる | 動 | 庭が荒れ果てる |
| あれる | 荒れる | 動 | 天候が荒れる、生活が荒れる　（類）崩れる、すさむ |
| あわ | 泡 | 名 | 水の泡　×沫 |
| あわす | 合わす | 動 | 手を合わす　（類）一致させる、合致させる |
| あわせかがみ | 合わせ鏡 | 名 | |
| あわせて | 併せて | 副 | 併せてお願いする |
| | あわせて | 接 | あわせて、皆様の御健勝をお祈り… |
| あわせる | 合わせる | 動 | （一つにする、一致させる、合算する）力を合わせる、時計を合わせる |
| | 併せる | 動 | （別のものを並べて一緒に行う）両者を併せ考える、清濁併せのむ |
| | 会わせる | 動 | 上司に会わせる |
| あわただしい | 慌ただしい | 形 | 政局の動きが慌ただしい　（類）目まぐるしい、せわしい |
| あわただしげ | 慌ただしげ | 形動 | 慌ただしげな様子 |
| あわだつ | 泡立つ | 動 | |
| あわてる | 慌てる | 動 | （類）うろたえる、面食らう、まごつく |
| あわれ | 哀れ | 名・形動 | 哀れを誘う、哀れな話　（類）気の毒、ふびん、痛ましい |
| あわれがる | 哀れがる | 動 | |
| あわれむ | 哀れむ | 動 | 行く春を哀れむ、衆生を哀れむ　×憐れむ |
| あんがい | 案外 | 副 | 案外やさしい　（類）思いのほか、意外にも |
| あんぎゃ | 行脚 | 名 | 全国を行脚する |
| あんきょ | 暗きょ・暗渠 | 名 | △暗渠　（類）地下溝、下水道 |
| あんしょう | 暗唱 | 名 | 詩を暗唱する |
| | 暗証 | 名 | 暗証番号 |

| | | | |
|---|---|---|---|
| | 暗礁 | 名 | 交渉が暗礁に乗り上げる |
| あんずる | 案ずる | 動 | 身の上を案ずる　(類)心配する、憂える |
| あんたい | 安泰 | 名 | 国家の安泰を願う |
| あんたん | 暗たん・暗澹 | 形動 | 暗たんたる思い　▲暗澹 |
| あんど | 安ど・安堵 | 名 | 無事の知らせに安どする　▲安堵　(類)安心する |
| あんに | 暗に | 副 | 暗に認める　(類)それとなく |
| あんねい | 安寧 | 名 | 社会の安寧を維持する　(類)平穏 |
| あんのじょう | 案の定 | 副 | 案の定勝負に負けた　(類)やはり、思ったとおり |
| あんぴ | 安否 | 名 | 職員の安否を確認する |
| あんぶん | 案分・按分 | 名 | 利益按分　△按分　(注)法令用語としては「按分」を用いる。 |
| | 案文 | 名 | 案文を練る |
| あんもく | 暗黙 | 名 | 暗黙の了解事項 |
| あんやく | 暗躍 | 名 | 政界の裏側で暗躍する |
| いあつ | 威圧 | 名 | 相手を威圧する |
| いあわせる | 居合わせる | 動 | |
| いいあい | 言い合い | 名 | (類)口論、口争い、言い争い |
| いいあらそう | 言い争う | 動 | |
| いいかえす | 言い返す | 動 | (類)口答え、抗弁する |
| いいかえる | 言い換える | 動 | (類)言い直す、換言する |
| いいがかり | 言い掛かり | 名 | (類)難癖、因縁 |
| いいかげん | いい加減 | 形動 | いい加減な態度　(副)いい加減疲れた　(類)適当、かなり |
| いいかた | 言い方 | 名 | (類)言葉づかい |
| いいがたい | 言い難い | 形 | いわく言い難い　(類)言いづらい |
| いいきる | 言い切る | 動 | (類)はっきり言う、断言する、明言する |
| いいぐさ | 言いぐさ・言い草 | 名 | ×言い種　(類)言い分、言い訳、口実 |
| いいざま | 言いざま | 名 | (類)言い方、言いぶり |
| いいすぎ | 言い過ぎ | 名 | (類)過言 |
| いいすてる | 言い捨てる | 動 | (類)言い放つ |
| いいそこなう | 言い損なう | 動 | (類)言い誤る、言いそびれる |
| いいだす | 言い出す | 動 | (類)言い始める、切り出す、語り出す |
| いいたてる | 言い立てる | 動 | (類)主張する、力説する |
| いいつける | 言い付ける | 動 | (類)命令する、申し付ける |
| いいつたえ | 言い伝え | 名 | (類)伝説、伝承 |
| いいづらい | 言いづらい | 連語 | 言いづらい話　×言い辛い |
| いいなおし | 言い直し | 名 | |
| いいならわし | 言い習わし | 名 | (類)慣習、伝承 |
| いいにくい | 言いにくい | 形 | 言いにくい言葉　×言い難い |
| いいのがれ | 言い逃れ | 名 | (類)言い抜け、逃げ口上、申し開き |
| いいのこす | 言い残す | 動 | (類)言い漏らす、言い置く、言い伝える |
| いいはなつ | 言い放つ | 動 | (類)言い切る、明言する、断言する |
| いいはる | 言い張る | 動 | (類)言い通す |
| いいふくめる | 言い含める | 動 | 事情を言い含める　(類)言って聞かす、言いなす |
| いいふらす | 言いふらす | 動 | |
| いいぶん | 言い分 | 名 | (類)言いぐさ、主張、文句 |
| いいまかす | 言い負かす | 動 | 相手を言い負かす　(類)論破する、やり込める |

| | | | |
|---|---|---|---|
| いいまわし | 言い回し | 名 | 巧みな言い回し　(類)表現 |
| いいもらす | 言い漏らす | 動 | (類)言い忘れる、言い落とす |
| いいわけ | 言い訳 | 名 | (類)弁解、弁明、釈明 |
| いいわたし | 言渡し | 名 | (複)　判決言渡し、言渡期日 |
| いいわたす | 言い渡す | 動 | 判決を言い渡す　(類)宣告する、申し渡す、申し付ける |
| いう | 言う | 動 | 礼を言う、文句を言う　(類)語る、話す、述べる、言及する |
| | …いう | 補動 | …という場合、そういうこと、部長というポスト |
| いえども | …(と)いえども | 連語 | ×雖も　(類)…でも、…であっても |
| いえる | 癒える | 動 | (改：訓の追加)　傷が癒える　(類)治癒 |
| いおう | 硫黄 | 名 | (付) |
| いがい | 以外 | 名 | それ以外に手段はない |
| | 意外 | 形動 | 意外な結末　(副)被害は意外と大きい |
| いかが | いかが | 副 | いかがいたしましょうか　×如何　(類)どのように |
| いかがわしい | いかがわしい | 形 | いかがわしい場所　(類)怪しげだ、疑わしい、淫らだ |
| いかく | 威嚇 | 名 | (類)脅し、どう喝 |
| いかす | 生かす | 動 | 生かすも殺すも、釣った魚を生かす |
| | いかす | 動 | 経験をいかす、特性をいかす　×活かす |
| いかなる | いかなる | 連体 | (仮名)　いかなる困難があろうと　×如何なる　(類)どのような |
| いかに | いかに | 副 | (仮名)　いかにするかは…、いかにも痛そうだ　×如何に　(類)どのように |
| いかりくるう | 怒り狂う | 動 | |
| いかる | 怒る | 動 | |
| いかん | 移管 | 名 | 権限を移管する |
| | 遺憾 | 形動 | 遺憾に思う　(類)心残り、残念、痛恨 |
| | いかん | 名 | (仮名)　理由のいかんを問わない　(連語)いかんともし難い　×如何　(類)どのようであるか、どうか、成り行き、様子 |
| いがん | 胃がん・胃癌 | 名 | △胃癌 |
| いき | 生き | 名 | 生きのいい魚、生きのいい発言 |
| | 行き | 名 | 行きと帰り、東京行きの新幹線 |
| | 粋 | 名 | (改：訓の追加)　粋な人、粋な事を言う |
| | 遺棄 | 名 | 遺棄罪　(類)放棄、断念、見切り |
| いぎ | 意義 | 名 | 意義のある事業　(類)意味 |
| | 威儀 | 名 | 威儀を正す　(類)威厳、礼儀 |
| | 異義 | 名 | 同音異義 |
| | 異議 | 名 | 異議申立て、異議を唱える　(類)反対意見、異論、異存 |
| いきおい | 勢い | 名 | 勢いで勝ち進む　(副)勢いそうせざるを得なかった |
| いきがい | 生きがい | 名 | ×生き甲斐 |
| いきかえり | 行き帰り | 名 | ×往き帰り |
| いきがかり | 行き掛かり | 名 | 行き掛かり上やむを得なかった |
| いきがる | 粋がる | 動 | (改：訓の追加) |
| いきぎれ | 息切れ | 名 | |
| いきぐるしい | 息苦しい | 形 | (類)息づまる、重苦しい |
| いきごみ | 意気込み | 名 | (類)勢い込む、気勢、熱意 |
| いきさき | 行き先 | 名 | |
| いきさつ | いきさつ | 名 | いきさつを説明する　(類)経緯、てん末 |
| いきち | 生き血 | 名 | |
| | いき値・閾値 | 名 | 放射線被曝が人体に与える影響の閾値　△閾値　(類)限界値 |

| いきづまる | 息詰まる | 動 | 息詰まるような熱戦　（類）重苦しい、息苦しい |
|---|---|---|---|
| | 行き詰まる | 動 | 資金的に行き詰まる　（類）せっぱ詰まる |
| いきどおる | 憤る | 動 | （類）怒る、腹を立てる |
| いきなり | いきなり | 副 | いきなり怒る、いきなり清書する　（類）突然に、不意に、出し抜けに |
| いきぬき | 息抜き | 名 | （類）休憩、骨休め |
| いきのこる | 生き残る | 動 | （類）生き延びる |
| いきまく | 息巻く | 動 | |
| いきる | 生きる | 動 | 仕事一筋に生きる |
| いく・ゆく | 行く | 動 | 電車で行く、学校へ行く、嫁に行く |
| | 逝く | 動 | （改：訓の追加）　あの世に逝く　（類）逝去、急逝 |
| | …（て）いく | 補動 | （仮名）　増えていく、実施していく |
| いぐさ | い草・イ草・藺草 | 名 | △藺草 |
| いくじ | 意気地 | 名 | （付） |
| いくつ | 幾つ | 名 | 年は幾つか　（副）幾つも残っていない |
| いくど | 幾度 | 名 | （副）幾度か試した、幾度も試す |
| いくばく | 幾ばく | 名 | 幾ばくかの金を渡す　×幾何・幾許 |
| いくら | 幾ら | 名 | 全部で幾らか　（副）幾ら考えても、幾らでも、幾らも |
| | | | （注）　解説・広報等においては、「いくら」と書くこともある。 |
| いくらか | 幾らか | 名 | 幾らかでもお役に立ちたい　（副）幾らか痩せた |
| いけい | 畏敬 | 名 | （改）　畏敬の念を抱く　（類）尊敬、敬う |
| いけどり | 生け捕り | 名 | |
| いけない | いけない | 連語 | この文章はここがいけない、いけない子 |
| いける | 行ける | 動 | 週末はゴルフに行ける |
| | 生ける | 動 | 花を生ける　×活ける |
| いけん | 意見 | 名 | 意見を述べる、意見書　（類）所見、見解 |
| | 異見 | 名 | 異見を唱える、異見を差し挟む　（類）異論、異議 |
| いこい | 憩い | 名 | 憩いの場所 |
| いこう | 憩う | 動 | （類）くつろぐ、休憩 |
| | 意向 | 名 | 意向をうかがう　（類）意思、希望、思わく、考え |
| いごん・ゆいごん | 遺言 | 名 | （類）書き置き、遺書 |
| いさぎよい | 潔い | 形 | |
| いささか | いささか | 副 | いささか疑問がある　×些か・聊か　（類）幾らか、少し |
| いざなう | いざなう | 動 | 夢の国へいざなう　×誘う |
| いさましい | 勇ましい | 形 | （類）勇敢、果敢 |
| いさみあし | 勇み足 | 名 | （類）勢い余って |
| いさむ | 勇む | 動 | 喜び勇む、勇んで出かける　（類）気負う、意気込む |
| いし | 意志 | 名 | 意志薄弱、意志を貫く、意志が強い　（類）考え、意向 |
| | 意思 | 名 | 意思表示、自由意思、意思の疎通を欠く　（類）思い |
| | 遺志 | 名 | 故人の遺志を継ぐ |
| いしずえ | 礎 | 名 | 国家の礎　（類）土台、基礎 |
| いしづくり | 石造り | 名 | |
| いじっぱり | 意地っ張り | 名・形動 | 意地っ張りな人　（類）かたくな、強情 |
| いじめる | いじめる | 動 | ×虐める |
| いしゃりょう | 慰謝料 | 名 | ×慰藉料 |
| いしゅく | 萎縮 | 名 | （改）　気持ちが萎縮する、萎縮病　（類）縮こまる、縮小 |
| いじょう | 異状 | 名 | 異状を発見する、全員異状なし　（類）普通とは違う状態 |

| | | | |
|---|---|---|---|
| | 異常 | 名・形動 | 異常な性格、異常な状態 （類）特異、変な |
| | 委譲 | 名 | 国の権限を自治体に委譲する （類）引き渡す |
| | 移譲 | 名 | 土地を移譲する （類）譲る、譲渡 |
| いしょく | 委嘱 | 名 | 委員を委嘱する （類）嘱託、委任 |
| | 異色 | 名・形動 | 異色の存在 （類）異彩 |
| いじる | いじる | 動 | パソコンをいじる、機構をいじる ×弄る |
| いす | 椅子 | 名 | （改） 椅子に腰掛ける |
| いずこ | いずこ | 代 | （仮名） いずこも同じ ×何処 （類）どこ、どこら |
| いずれ | いずれ | 代 | （仮名） いずれが勝つか ×何れ （類）どちらの、どの |
| | いずれ | 副 | （仮名） いずれ分かることだ ×何れ （類）どんな、そのうち |
| いすわる | 居座る | 動 | 低気圧が居座る、会長のポストに居座る ×居坐る |
| いぜん | 以前 | 名 | 明治以前、以前訪れた土地 （類）その前、かつて |
| | 依然 | 形動 | 依然として昔のまま （副）依然否認を続けている （類）相変わらず |
| いそがしい | 忙しい | 形 | （類）多忙、繁忙、慌ただしい |
| いそぎ | 急ぎ | 名 | 急ぎの用 （類）至急、早急、緊急 |
| いそぐ | 急ぐ | 動 | 着工を急ぐ （類）早くやる、差し迫る、取り急ぐ |
| いそしむ | いそしむ | 動 | 勉学にいそしむ ×勤しむ （類）精を出す |
| いぞん | 依存 | 名 | 外国に依存する |
| | 異存 | 名 | 提案に異存はない |
| いたく | 依託 | 名 | 依託生 |
| | 委託 | 名 | 業務を委託する （類）嘱託、委任 |
| いだく | 抱く | 動 | 理想を抱く ×懐く （類）抱える |
| いたけだか | 居丈高 | 形動 | 居丈高にものを言う （類）頭ごなし、高飛車、高圧的 |
| いたしかた | 致し方 | 名 | 致し方ない （類）仕方、方法 |
| いたす | 致す | 動 | 思いを致す、こちらで致します （類）至らせる、する |
| | …いたす | 補動 | 「する」の謙譲語・丁寧語 御案内いたします |
| いだす | …いだす | 動 | 見いだす、言いだす ×出す （類）出現、発する |
| いたずらに | いたずらに | 副 | いたずらに時間を費やす ×徒に （類）無駄に、むなしく |
| いただき | 頂 | 名 | 山の頂 （類）頂上、峰 |
| いただきもの | 頂き物 | 名 | |
| いただく | 頂く | 動 | おみやげを頂く、御返事を頂きたい （類）もらう |
| | …（て）いただく | 補動 | （仮名） 報告していただく |
| いたって | 至って | 副 | 至って健康である （類）極めて、はなはだ |
| いたましい | 痛ましい | 形 | 痛ましい事故 （類）痛々しい、気の毒、凄惨 |
| いたむ | 痛む | 動 | （肉体や精神に苦痛を感じる） 足が痛む、良心が痛む |
| | 傷む | 動 | （傷が付く、壊れる、質が劣化する） 家が傷む、食品が傷む |
| | 悼む | 動 | （人の死を嘆き悲しむ） 故人を悼む、友人の死を悼む |
| いためる | 痛める | 動 | 腰を痛める、心を痛める |
| | 傷める | 動 | 家屋を傷める、樹木を傷める |
| | いためる | 動 | 野菜をいためる ×炒める |
| いたり | 至り | 名 | 光栄の至り、若気の至り （類）極み、究極、極致 |
| いたる | 至る | 動 | 山頂に至る、大事に至らない ×到る （類）着く、届く |
| いたるところ | 至る所 | 名 | |
| いたわる | いたわる | 動 | 老人をいたわる ×労る （類）慰める、ねぎらう |
| いちいち | いちいち | 副 | いちいち指摘された ×一々 （類）一つ残らず、逐一 |
| いちおう | 一応 | 副 | 一応納得する （類）とりあえず、一通り |

| いちがいに | 一概に | 副 | 一概に…とは言えない　(類)おしなべて |
|---|---|---|---|
| いちじ | 一時 | 名 | 一時しのぎ、一時の気の迷い　(類)暫時、その時だけ |
| いちじのがれ | 一時逃れ | 名 | (類)その場逃れ、一時しのぎ、当座逃れ |
| いちじばらい | 一時払い | 名 | (類)一括払い |
| いちじるしい | 著しい | 形 | (類)目立つ、際立つ、目覚ましい |
| いちず | いちず | 名・形動 | 仕事いちず、いちずに思う　×一途　(類)ひたすら |
| いちづけ | 位置づけ | 名 | |
| いちどう | 一同 | 名 | 職員一同　(類)全員、皆、みんな |
| | 一堂 | 名 | 一堂に会して協議する　(類)同じ場所 |
| いちにちじゅう | 一日中 | 名 | (改：「中(ジュウ)」音の追加) |
| いちにん | 一任 | 名 | 議長に一任する　(類)全部任せる、他人任せ |
| いちばん | 一番 | 名 | 一番で入賞する　(副)一番早い　(類)先頭、最も |
| いちべつ | 一べつ・一瞥 | 名 | 報告書を一べつする　▲一瞥　(類)ひと目、ちらりと見る |
| いちまつ | 一抹 | 名 | 一抹の不安　(類)いささか、ほんの少し |
| いちめん | 一面 | 名 | 物事の一面だけを見る　一面の銀世界　(類)側面、一帯 |
| いちもく | 一目 | 名 | 一目して明らかだ　(類)一見、ひと目 |
| いちやく | 一躍 | 名 | (副)一躍有名になる |
| いちよう | 一様 | 名・形動 | 意見は一様ではない、一様に返事する　(類)一律 |
| いちらん | 一覧 | 名 | 一覧に供する、文献一覧　(類)通覧、便覧、要覧 |
| いちり | 一利 | 名 | 百害あって一利なし　(類)一面からの利益 |
| | 一理 | 名 | 彼の言うことにも一理ある　(類)一応の道理、一義 |
| いちる | いちる | 名 | いちるの望み　×一縷　(類)かすか、一筋 |
| いちわ | 一羽 | 名 | 三羽(ば)、六羽(ば) |
| | 一把 | 名 | 三把、十把 |
| いつ | いつ | 代 | (仮名)　いつ頃、今月のいつならいいか　×何時 |
| いつか | いつか | 副 | いつか来た場所、いつか解決する　×何時か |
| いっかく | 一角 | 名 | 氷山の一角　(類)一隅、片隅 |
| | 一画 | 名 | 住宅地の一画　(類)一区画、一区切り |
| いっかつ | 一括 | 名 | 一括して協議する、一括採決 |
| | 一喝 | 名 | 大声で一喝する |
| いっかん | 一巻 | 名 | 一巻の終わり |
| | 一貫 | 名 | 首尾一貫、終始一貫した態度　(類)貫く、徹する |
| | 一環 | 名 | 政策の一環として、教育の一環として　(類)一端 |
| いっきに | 一気に | 副 | 一気に仕上げる　(類)一挙に、一息に |
| いっきうち | 一騎打ち | 名 | |
| いっきょに | 一挙に | 副 | 一挙に解決する　(類)一気に |
| いつくしみ | 慈しみ | 名 | (類)慈愛、恵み |
| いつくしむ | 慈しむ | 動 | 我が子のように慈しむ　(類)かわいがる、大事にする |
| いっけい | 一計 | 名 | 一計を案ずる　(類)策、はかりごと、企て |
| いっこうに | 一向に | 副 | 一向に差し支えない　(類)全く、少しも |
| いっこだて | 一戸建て | 名 | |
| いつごろ | いつ頃 | 名 | (改)　いつ頃上京されますか　(類)いつ、なんどき |
| いっさい | 一切 | 名 | 一切の責任を負う　(副)一切許さない　(類)全て、全く |
| いっしゅう | 一蹴 | 名 | (改)　要求を一蹴する　(類)拒否、拒絶 |
| いっしょ | 一緒 | 名 | 一緒に行く　(類)共に、一斉に |
| いっしん | 一心 | 名 | 一心同体、一心不乱　(類)熱心、本気、専心 |

| 読み | 表記 | 品詞 | 用例 |
|---|---|---|---|
| | 一身 | 名 | 仕事に一身を捧げる |
| | 一新 | 名 | 人心の一新を図る、気分を一新する （類）刷新、革新 |
| いっする | 逸する | 動 | チャンスを逸する （類）逃す、取り逃がす |
| いっせい | 一斉 | 名 | 一斉取締り （副）一斉にスタートする （類）同時、一緒 |
| いっそ | いっそ | 副 | いっそ何もしない方がいい （類）むしろ、かえって |
| いっそう | 一掃 | 名 | 不安を一掃する （類）払拭 |
| | 一層 | 副 | 一層激しく、一層の努力が必要だ （類）更に、もっと |
| いっそくとび | 一足飛び | 名 | |
| いったい | 一体 | 名 | 表裏一体、三位一体 （副）一体どこに行ったのか |
| | 一帯 | 名 | この地域一帯 |
| いつだつ | 逸脱 | 名 | 裁量権の範囲を逸脱する （類）はずれる、それる |
| いったん | 一旦 | 副 | （改）一旦休憩する （類）ひとまず、一たび |
| | 一端 | 名 | 思いの一端を述べる （類）一部 |
| いっち | 一致 | 名 | 意見が一致する （類）合致、符合 |
| いってい | 一定 | 名 | 一定の評価、一定の様式 （類）ある程度、決まった |
| いってん | 一転 | 名 | 場面が一転する、心機一転 （類）一変、急転、激変 |
| いってんばり | 一点張り | 名 | |
| いっとう | 一棟 | 名 | 一棟の建物 |
| いっぱい | 一杯 | 名 | コップ一杯の水、会場が一杯になる （類）満ちる |
| | いっぱい | 副 | 仕事がいっぱいある （類）たくさん、多い |
| いっぺん | 一変 | 名 | 情勢が一変する （類）一転、急転、急変 |
| | 一片 | 名 | 一片の紙切れ |
| いっぺんに | 一遍に | 副 | 一遍に解決する （類）一度、一回 |
| いっぽう | 一方 | 名・形動 | 一方の出口、一方的な意見 （類）片寄った、圧倒的 |
| いつまでも | いつまでも | 副 | いつまでも暑い日が ×何時迄も （類）限りなく |
| いつも | いつも | 名 | いつもと様子が違う （副）いつもながら ×何時も （類）常に |
| いつわり | 偽り | 名 | 偽りの文書 |
| いつわる | 偽る | 動 | 名前を偽る （類）だます、欺く、ごまかす |
| いてつく | いてつく | 動 | いてついた道 ×凍て付く |
| いでゆ | いで湯 | 名 | ×出湯 |
| いと | 意図 | 名 | 相手の意図をくむ （類）思い、思わく、真意、心積もり |
| いどう | 異同 | 名 | 両者の見解に異同はない （類）違い、差異、相違 |
| | 異動 | 名 | 人事異動 |
| | 移動 | 名 | 移動図書館、車両を移動する （類）移す |
| いとおしむ | いとおしむ | 動 | 我が子をいとおしむ （類）かわいがる、慈しむ |
| いとこ | いとこ | 名 | ×従兄弟・従姉妹 |
| いとなむ | 営む | 動 | 事業を営む （類）経営する |
| いどむ | 挑む | 動 | 戦いを挑む、難問に挑む （類）挑戦する、立ち向かう |
| いとめる | 射止める | 動 | 彼女のハートを射止める、賞金を射止める |
| いな | 否 | 名 | 事実か否か |
| いなおる | 居直る | 動 | |
| いなか | 田舎 | 名 | （付） |
| いなめない | 否めない | 連語 | 否めない事実 （類）否定できない |
| いなや | …（や）否や | 連語 | 起きるや否や外出した |
| いならぶ | 居並ぶ | 動 | （類）並み居る |
| いにしえ | いにしえ | 名 | いにしえの都 ×古 （類）昔、過去 |

いっし～いにし

74

| いぬき | 居抜き | 名 | |
|---|---|---|---|
| いねむり | 居眠り | 名 | （類）うたた寝 |
| いのこり | 居残り | 名 | （類）残業 |
| いのちがけ | 命懸け | 名 | 命懸けで働く　（類）必死、死にものぐるい |
| いのちごい | 命乞い | 名 | （改） |
| いのちとり | 命取り | 名 | |
| いのちびろい | 命拾い | 名 | |
| いのり | 祈り | 名 | （類）祈念、加持、黙とう |
| いばる | 威張る | 動 | （類）おごる、高ぶる、誇らしげ |
| いはん | 違反 | 名 | ×違背 |
| いびつ | いびつ | 名・形動 | いびつな形　×歪 |
| いびる | いびる | 動 | 新入社員をいびる　（類）いじめる、虐げる |
| いふ | 畏怖 | 名 | （改）　畏怖の念を与える　（類）恐れ、恐怖 |
| いぶかる | いぶかる | 動 | 息子の行動をいぶかる　×訝る　（類）疑う、怪しむ |
| いぶき | 息吹 | 名 | （付）　春の息吹　（類）呼吸、息 |
| いぶす | いぶす | 動 | 松葉をいぶす　×燻す |
| いまいましい | 忌ま忌ましい | 形 | （類）腹立たしい、苦々しい |
| いまごろ | 今頃 | 名 | （改）　昨日の今頃　（類）今時分、今時 |
| いまさら | 今更 | 副 | 今更ながら、今更後へは退けない　（類）今となっては |
| いましがた | 今し方 | 連語 | 今し方戻られた　（類）少し前、さっき、先程 |
| いましめる | 戒める | 動 | 浪費を戒める　（類）戒告、注意する |
| いまだ | いまだ | 副 | いまだ究明されていない　×未だ |
| いまだに | いまだに | 副 | いまだに若いつもりでいる　×未だに |
| いまわしい | 忌まわしい | 形 | 忌まわしい過去　（類）いとわしい、おぞましい |
| いみあい | 意味合い | 名 | 微妙な意味合い　（類）理由、わけ、事情 |
| いみことば | 忌み言葉 | 名 | |
| いも | 芋 | 名 | 焼き芋、里芋 |
| いや | 嫌 | 形動 | 嫌な顔をする |
| いやがる | 嫌がる | 動 | （類）嫌う、憎む |
| いやけ | 嫌気 | 名 | 嫌気がさす |
| いやしい | 卑しい | 形 | 金に卑しい　（類）下品 |
| いやしくも | いやしくも | 副 | いやしくも…ない　×苟も　（類）仮にも、かりそめにも |
| いやしめる | 卑しめる | 動 | 自らを卑しめる　（類）嘲る、蔑む、おとしめる |
| いやす | 癒やす | 動 | （改：訓の追加）　傷を癒やす　（類）治癒、療養 |
| いやに | いやに | 副 | いやに神妙な顔　×厭に　（類）非常に |
| いやみ | 嫌み | 名・形動 | 嫌みを並べる、嫌みな言葉　（類）皮肉 |
| いやらしい | 嫌らしい | 形 | 嫌らしい目つき　×厭らしい　（類）下品、卑わい、わいせつ |
| いよいよ | いよいよ | 副 | 雨がいよいよ激しくなる　×愈々　（類）ますます、一層 |
| いよう | 威容 | 名 | 将軍の威容　（偉容に比べて威厳がある。） |
| | 偉容 | 名 | 富士の偉容 |
| | 異様 | 名・形動 | 異様な光景、異様な風体の男 |
| いよく | 意欲 | 名・形動 | 意欲に燃える、意欲的な活動　（類）気概、気骨 |
| いらだたしい | いらだたしい | 形 | ×苛立たしい　（類）もどかしい、じれったい、歯がゆい |
| いらだつ | いらだつ | 動 | 神経がいらだつ　×苛立つ　（類）じれる、いらつく |
| いりあいけん | 入会権 | 名 | |
| いりえ | 入り江 | 名 | （類）浦、入り海 |

| いりぐち | 入り口・入口 | 名 | |
|---|---|---|---|
| いりくむ | 入り組む | 動 | 筋が入り組んだ話　（類）からみ合う、込み入る |
| いりゅう | 慰留 | 名 | 部下の辞意を慰留する　（類）思いとどまらせる |
| | 遺留 | 名 | 遺留品、遺留分 |
| いりょう | 衣料 | 名 | 衣料品 |
| | 衣糧 | 名 | 被災地に衣糧を送る |
| いりょく | 威力 | 名 | 威力を発揮する　（類）性能、勢力、権勢、威勢 |
| | 偉力 | 名 | ペンの偉力 |
| | 意力 | 名 | 仕事への意力が衰える　（類）気力、根性 |
| いる | 入る | 動 | （中にはいる、ある状態になる）気に入る、悦に入る |
| | 要る | 動 | （必要とする）金が要る、保証人が要る、承諾が要る |
| | 居る | 動 | 部屋に居る |
| | …いる | 補動 | （仮名）関係者がいる、存在している |
| | 射る | 動 | 的を射る |
| | 鋳る | 動 | 銅貨を鋳る |
| | 煎る | 動 | （改）豆を煎る　×炒る |
| いれかえ | 入替え | 名 | （複）（類）交替、交代、更迭 |
| いれかえる | 入れ替える | 動 | 心を入れ替える |
| いれこむ | 入れ込む | 動 | |
| いれぢえ | 入れ知恵 | 名 | |
| いれちがい | 入れ違い | 名 | |
| いれば | 入れ歯 | 名 | |
| いれもの | 入れ物 | 名 | |
| いれる | 入れる | 動 | 手に入れる、連絡を入れる、お茶を入れる |
| いろあい | 色合い | 名 | |
| いろいろ | いろいろ | 形動 | （仮名）いろいろな商品　（副）いろいろ考える　×色々・種々 |
| いろう | 慰労 | 名 | 慰労会　（類）ねぎらう、いたわる |
| | 遺漏 | 名 | （類）手落ち、手抜かり |
| いろづく | 色づく | 動 | |
| いろどり | 彩り | 名 | |
| いろどる | 彩る | 動 | |
| いろんな | いろんな | 連体 | いろんな所に行く　（類）各種、様々、いろいろ |
| いわい | 祝い | 名 | 祝い酒、祝い物 |
| いわば | 言わば | 副 | 言わば…だ　×謂ば |
| いわゆる | いわゆる | 連体 | （仮名）いわゆる公図　×所謂 |
| いわれ | いわれ | 名 | いわれのある寺　×謂われ　（類）理由、わけ、由緒、由来 |
| いわんや | いわんや | 副 | ×況や　（類）言うまでもなく、まして、なおさら |
| いんうつ | 陰鬱 | 名 | （改）陰鬱な顔つき |
| いんこう | 咽喉 | 名 | （改）（類）のど |
| | 淫行 | 名 | （改）（類）淫ら |
| いんたい | 引退 | 名 | 引退を決意する　（類）退陣、退職、退任、辞任 |
| | 隠退 | 名 | 郷里に隠退する、隠退生活 |
| いんねん | 因縁 | 名 | 浅からぬ因縁を語る　（類）縁、いわれ |
| いんぺい | 隠蔽 | 名 | （改）事実を隠蔽する　（類）隠し立て、隠匿、秘匿 |
| いんめつ | 隠滅 | 名 | 証拠を隠滅する　×湮滅　（類）消去、隠蔽、抹消、消却 |
| いんらん | 淫乱 | 名 | （改）（形動）淫乱な性格 |

| うい | 憂い | 形 | 物憂い　（類）苦しい |
| ういういしい | 初々しい | 形 | （類）うぶ |
| うえ | 飢え | 名 | |
| | …上 | 形名 | 作成する上で参考にする、調査の上報告する |
| うえき | 植木 | 名 | （法） |
| うえこみ | 植え込み | 名 | |
| うえつけ | 植付け | 名 | （複） |
| うえつける | 植え付ける | 動 | |
| うえる | 植える | 動 | |
| | 飢える | 動 | |
| うおつりようぐ | 魚釣用具 | 名 | （複） |
| うかがい | 伺い | 名 | お伺いを立てる　（法）　（進退）伺 |
| うかがう | 伺う | 動 | 都合を伺う、話を伺う、お宅に伺う　（類）尋ねる、聞く、出向く |
| | うかがう | 動 | 機会をうかがう　×窺う　（類）狙う |
| うかつ | うかつ | 名・形動 | うかつな話　×迂闊 |
| うがつ | うがつ | 動 | うがった見方をする　×穿つ |
| うかぶ | 浮かぶ | 動 | 雲が浮かぶ、不快の表情が顔に浮かぶ |
| うかべる | 浮かべる | 動 | 涙を浮かべる |
| うかる | 受かる | 動 | 入学試験に受かる　（類）合格する |
| うかれる | 浮かれる | 動 | 勝利に浮かれる　（類）はしゃぐ、のぼせる |
| うきうき | 浮き浮き | 副 | （類）わくわく、いそいそ |
| うきしずみ | 浮き沈み | 名 | 人生の浮き沈み　（類）浮沈、消長、起伏 |
| うきぶくろ | 浮袋 | 名 | （法） |
| うきめ | 憂き目 | 名 | 落選の憂き目にあう |
| うきよえ | 浮世絵 | 名 | （法） |
| うく | 浮く | 動 | 体が宙に浮く、大衆から浮いた存在 |
| うけあう | 請け合う | 動 | 品質を請け合う　（類）引き受ける、請け負う |
| うけいれ | 受入れ | 名 | （複） |
| うけいれがく | 受入額 | 名 | （法） |
| うけいれさき | 受入先 | 名 | （法） |
| うけいれねんがっぴ | 受入年月日 | 名 | （法） |
| うけいれる | 受け入れる | 動 | 要求を受け入れる　（類）聞き入れる、取り入れる |
| うけおい | 請負 | 名 | （法） |
| うけおう | 請け負う | 動 | 工事を請け負う　（類）受け持つ、引き受ける |
| うけざら | 受皿 | 名 | （複） |
| うけたまわる | 承る | 動 | 御意見を承る　（類）拝聴する、伝え聞く、引き受ける |
| うけつぐ | 受け継ぐ | 動 | 業務を受け継ぐ　（類）引き継ぐ、承継する |
| うけつけ | 受付 | 名 | （法） |
| うけつけがかり | 受付係 | 名 | （法） |
| うけつける | 受け付ける | 動 | （類）受ける、聞き入れる |
| うけとり | 受取 | 名 | （法）　（類）受領書、領収書 |
| うけとりにん | 受取人 | 名 | （法） |
| うけとる | 受け取る | 動 | （類）領収、受領、受理 |
| うけはらいきん | 受払金 | 名 | （法） |
| うけみ | 受け身 | 名 | 鋭い質問に受け身になる |
| うけもち | 受持ち | 名 | （複）　（類）担当、担任、係 |

| うけもつ | 受け持つ | 動 | (類)引き受ける、つかさどる |
|---|---|---|---|
| うけもどす | 請け戻す | 動 | (類)返却を受ける、取り返す |
| うける | 受ける | 動 | (与えられる、応じる、好まれる)　注文を受ける、相談を受ける、若者に受ける |
| | 請ける | 動 | (仕事などを行う約束をする)　入札で仕事を請ける |
| うけわたし | 受渡し | 名 | (複)　(類)引渡し |
| うげん | 右舷 | 名 | (改) |
| うごかす | 動かす | 動 | (類)揺らす、仕向ける |
| うごき | 動き | 名 | 世の中の動き、社会の動き、人心の動き |
| うごく | 動く | 動 | 警察が動く、動かぬ証拠 |
| うごめく | うごめく | 動 | 毛虫がうごめく　×蠢く |
| うさばらし | 憂さ晴らし | 名 | (類)気晴らし |
| うしなう | 失う | 動 | 財産を失う、資格を失う、自信を失う　(類)なくす、喪失する |
| うしろ | 後ろ | 名 | 後ろを振り返る　(類)後方、後面 |
| うしろすがた | 後ろ姿 | 名 | |
| うしろだて | 後ろ盾 | 名 | (類)手助け、力添え、援助 |
| うしろむき | 後ろ向き | 名・形動 | 後ろ向きな政策　(類)消極的、後退的 |
| うしろめたい | 後ろめたい | 形 | (類)やましい、後ろ暗い |
| うず | 渦 | 名 | 渦潮、煙が渦を巻く |
| うすあかり | 薄明かり | 名 | |
| うすうす | 薄々 | 副 | 薄々感づいている　(類)かすかに |
| うすぎたない | 薄汚い | 形 | (類)汚い、むさくるしい、不純 |
| うずく | うずく | 動 | 古傷がうずく　×疼く　(類)痛む、差し込む |
| うずくまる | うずくまる | 動 | 道端にうずくまる　×蹲る・踞る　(類)つくばう |
| うすぐもり | 薄曇り | 名 | (類)曇り、曇天、雨曇り |
| うすぐらい | 薄暗い | 形 | (類)ほの暗い |
| うずたかい | うずたかい | 形 | 本をうずたかく積む　×堆い |
| うずまき | 渦巻 | 名 | (複)　(類)渦、らせん、とぐろ |
| うずまく | 渦巻く | 動 | 渦巻く濁流、疑惑が渦巻く |
| うすまる | 薄まる | 動 | (類)薄らぐ、薄れる |
| うずまる | うずまる | 動 | 土砂にうずまる　×埋まる |
| うすめる | 薄める | 動 | |
| うずめる | うずめる | 動 | 空白をうずめる　×埋める |
| うすらぐ | 薄らぐ | 動 | 世間の関心が薄らぐ |
| うすれる | 薄れる | 動 | |
| うそ | うそ | 名 | うそをつく　×嘘 |
| うそぶく | うそぶく | 動 | ×嘯く |
| うた | 歌 | 名 | 歌声、歌を歌う |
| | 唄 | 名 | 小唄の師匠、長唄を習う |
| うたいもんく | うたい文句 | 名 | ×謳い文句　(類)標語、キャッチフレーズ |
| うたう | 歌う | 動 | 鳥が歌う、鼻歌を歌う |
| | 謡う | 動 | 謡曲を謡う |
| | うたう | 動 | 憲法にうたってある　×謳う　(類)表現する、主張する |
| うたがい | 疑い | 名 | (類)疑問、疑惑、疑念、不審 |
| うたがう | 疑う | 動 | (類)怪しむ、いぶかる |
| うたがわしい | 疑わしい | 形 | (類)怪しい、いぶかしい |

| うたぐる | うたぐる | 動 | ×疑る　（類）怪しむ、いぶかる |
|---|---|---|---|
| うだる | うだる | 動 | うだるような暑さ　×茹だる |
| うち | 内 | 名 | 部屋の内、内側、内訳、内数 |
| | うち | 名 | （仮名）そのうちに電話をする、委員のうち、…もののうち　×中 |
| うちあげ | 打ち上げ | 名 | 工事完了の打ち上げをする　（類）終了の宴 |
| うちあけばなし | 打ち明け話 | 名 | （類）内輪話、秘話 |
| うちあける | 打ち明ける | 動 | （類）自白、自供、白状 |
| うちあげる | 打ち上げる | 動 | |
| うちあわせ | 打合せ | 名 | （複）（類）相談、協議 |
| うちあわせかい | 打合せ会 | 名 | （複）事務打合せ会 |
| うちあわせしつ | 打合せ室 | 名 | |
| うちあわせる | 打ち合わせる | 動 | |
| うちうち | 内々 | 名 | 内々でお祝いする　（類）密かに、内輪 |
| うちおとす | 撃(打)ち落とす | 動 | |
| うちき | 内気 | 名・形動 | 内気な性格 |
| うちきり | 打切り | 名 | （複）審議打切り |
| うちきりほしょう | 打切補償 | 名 | （法） |
| うちきる | 打ち切る | 動 | （類）やめる、切り上げる |
| うちきん | 内金 | 名 | |
| うちけし | 打ち消し | 名 | |
| うちけす | 打ち消す | 動 | 世間のうわさを打ち消す　（類）否定、否認 |
| うちこむ | 打ち込む | 動 | （類）専念、没頭 |
| うちころす | 撃(打)ち殺す | 動 | （類）殴り殺す |
| うちこわす | 打ち壊す | 動 | （類）ぶち壊す、取り壊す、打ち砕く |
| うちすてる | 打ち捨てる | 動 | （類）うっちゃらかす |
| うちだす | 打ち出す | 動 | |
| うちつづく | 打ち続く | 動 | 打ち続く長雨、打ち続く内乱　（類）引き続く |
| うちとける | 打ち解ける | 動 | （類）解け合う |
| うちぬく | 打ち抜く | 動 | |
| うちのり | 内のり | 名 | ×内法 |
| うちばらい | 内払 | 名 | （複） |
| うちはらう | 打ち払う | 動 | （類）追い出す、追い払う |
| うちひも | 打ちひも | 名 | ×打ち紐 |
| うちまく | 内幕 | 名 | 会社の内幕　（類）内実、内情 |
| うちまた | 内股 | 名 | （改） |
| うちやぶる | 打ち破る | 動 | 日本記録を打ち破る |
| うちわ | 内輪 | 名 | 内輪だけの集まり |
| うちわけ | 内訳 | 名 | |
| うちわもめ | 内輪もめ | 名 | 内輪もめを起こす　×内輪揉め |
| うつ | 打つ | 動 | くぎを打つ、碁を打つ、電報を打つ |
| | 討つ | 動 | 賊を討つ、あだを討つ　×伐つ |
| | 撃つ | 動 | 鉄砲を撃つ、敵を迎え撃つ |
| | 鬱 | 名 | （改）鬱病、憂鬱、沈鬱 |
| うっかり | うっかり | 副 | うっかり忘れる　（類）思わず、つい知らず知らず |
| うつくしい | 美しい | 形 | （類）きれい、麗しい |
| うつし | 写し | 名 | 答弁書の写し　（類）複写、コピー |

| うつしがえ | 移替え | 名 | （複） |
|---|---|---|---|
| うつす | 写す | 動 | 写真を写す、書類を写す　（類）撮影、筆写 |
| | 映す | 動 | 映画を映す、世相を映す　（類）反映 |
| | 移す | 動 | 場所を移す、興味を移す、目を移す　（類）移行、移動 |
| うっすら | うっすら | 副 | うっすらと覚えている　（類）かすかに |
| うっそう | 鬱そう・鬱蒼 | 名 | （改）　鬱そうとした森　▲鬱蒼　（類）草深い、こんもり |
| うったえ | 訴え | 名 | （類）訴訟、提訴 |
| うったえる | 訴える | 動 | （類）提訴、申し立てる |
| うってつけ | うってつけ | 名・形動 | うってつけな人物　（類）あつらえ向き |
| うっとうしい | 鬱陶しい | 形 | （改）　（類）煩わしい、面倒くさい、鬱々 |
| うっとり | うっとり | 副 | うっとりとした表情 |
| うつびょう | 鬱病 | 名 | （改） |
| うつぶせ | うつ伏せ | 名 | ×俯せ |
| うっぷん | 鬱憤 | 名 | （改）　鬱憤を晴らす　（類）不満、怒り |
| うつむく | うつむく | 動 | ×俯く　（類）伏せる、うなだれる |
| うつりかわり | 移り変わり | 名 | （類）推移、変遷、変動 |
| うつりぎ | 移り気 | 名・形動 | 移り気な性格　（類）浮気、気まぐれ |
| うつる | 写る | 動 | 写真に写る　（類）撮る |
| | 映る | 動 | 着物がよく映る　（類）似合う、調和する、映ずる |
| | 移る | 動 | 住まいを移る、時が移る、心が移る　（類）変わる、過ぎる |
| うつろ | うつろ | 名・形動 | うつろな目　×空ろ・虚ろ　（類）空っぽ、空疎 |
| うつわ | 器 | 名 | 大臣の器 |
| うでずく | 腕ずく | 名 | 腕ずくで取り上げる　×腕尽く |
| うでだめし | 腕試し | 名 | |
| うとい | 疎い | 形 | 世事に疎い　（類）疎遠、無知 |
| うとましい | 疎ましい | 形 | 見るのも疎ましい　（類）忌まわしい、おぞましい |
| うとむ | 疎む | 動 | （類）忌む、疎んずる、嫌気 |
| うながす | 促す | 動 | 参加を促す、注意を促す　（類）せき立てる、催促、促進、推進 |
| うなずく | うなずく | 動 | ×頷く・首肯く |
| うなだれる | うなだれる | 動 | ×項垂れる |
| うなばら | 海原 | 名 | （付） |
| うなる | うなる | 動 | ×唸る　（類）うめく |
| うぬぼれる | うぬぼれる | 動 | ×自惚れる　（類）思い上がる、誇る、自慢 |
| うね | 畝 | 名 | 畝間、畝織　×畔 |
| うねる | うねる | 動 | 波がうねる |
| うのみ | うのみ | 名 | 話をうのみにする　×鵜呑み |
| うば | 乳母 | 名 | （付） |
| うばいとる | 奪い取る | 動 | （類）収奪、剥奪 |
| うばう | 奪う | 動 | 心を奪う、目を奪う　（類）取り上げる |
| うまい | うまい | 形 | 野球がうまい、料理がうまい　×巧い・旨い |
| うまる | 埋まる | 動 | 赤字が埋まる |
| うまれ | 生 | 名 | （法）　（表・記号的用い方）　2011年1月1日生 |
| | 生まれ | 名 | 生まれつき、東京生まれ　（類）出身、出自 |
| うまれる | 生まれる | 動 | 京都に生まれる |
| | 産まれる | 動 | 子供が産（生）まれる、卵が産まれる |
| うむ | 生む | 動 | 新記録を生む、よい結果を生む、誤解を生む |

| | | | |
|---|---|---|---|
| | 産む | 動 | 子供を産(生)む、卵を産む |
| うめあわせ | 埋め合わせ | 名 | (類)償い |
| うめあわせる | 埋め合わせる | 動 | (類)補う |
| うめく | うめく | 動 | ×呻く　(類)うなる |
| うめたて | 埋立て | 名 | (複)　公有水面の埋立て |
| うめたてくいき | 埋立区域 | 名 | (法) |
| うめたてじぎょう | 埋立事業 | 名 | (法) |
| うめたてち | 埋立地 | 名 | (法) |
| うめたてる | 埋め立てる | 動 | |
| うめる | 埋める | 動 | 穴を埋める、赤字を埋める |
| うもれる | 埋もれる | 動 | |
| うやうやしい | 恭しい | 形 | 恭しく一礼する　(類)丁寧、慎ましい、遠慮深い |
| うやまう | 敬う | 動 | (類)尊敬、尊ぶ、崇める、慕う |
| うやむや | うやむや | 名・形動 | 事件はうやむやのまま　(類)あいまい、不確か |
| うようよ | うようよ | 副 | (類)うじゃうじゃ |
| うらうち | 裏打ち | 名 | 事実の裏打ちをする　(類)裏付け、証明、立証 |
| うらがき | 裏書 | 名 | (法)　小切手の裏書 |
| うらがなしい | うら悲しい | 形 | ×心悲しい　(類)もの悲しい、もの憂い |
| うらぎり | 裏切り | 名 | 裏切り行為　(類)謀反、内通 |
| うらぎる | 裏切る | 動 | 友情を裏切る　(類)背く、反する |
| うらさびしい | うら寂しい | 形 | ×心寂しい　(類)もの寂しい、わびしい |
| うらづけ | 裏付け | 名 | 裏付けをとる　(類)裏打ち、証明、立証 |
| うらなう | 占う | 動 | 将来を占う　(類)予想する |
| うらはら | 裏腹 | 名・形動 | 言動が裏腹だ　(類)あべこべ、反対、逆さま |
| うらむ | 恨む | 動 | |
| うらめしい | 恨めしい | 形 | 自分の無力が恨めしい |
| うらやましい | 羨ましい | 形 | 羨ましい身分　(改)　(類)羨望 |
| うらやむ | 羨む | 動 | (改)　人も羨む仲 |
| うららか | うららか | 形動 | うららかな気分　×麗らか　(類)晴れやか、のどか |
| うりあげ | 売上げ | 名 | (複)　毎日の売上げ　(類)受け高、水揚げ |
| うりあげきん | 売上金 | 名 | |
| うりあげ(だか) | 売上(高) | 名 | (法) |
| うりおしみ | 売惜しみ | 名 | (複) |
| うりかい | 売り買い | 名 | (類)売買 |
| うりかけきん | 売掛金 | 名 | (法) |
| うりかた | 売り方 | 名 | (類)売手、売主 |
| うりきれ | 売り切れ | 名 | |
| うりきれる | 売り切れる | 動 | 午前中で売り切れる |
| うりこみ | 売り込み | 名 | |
| うりさばく | 売りさばく | 動 | 印紙を売りさばく　×売り捌く |
| うりだし | 売出し | 名 | (複)　歳末大売出し |
| うりだしはっこう | 売出発行 | 名 | (法) |
| うりだす | 売り出す | 動 | 新進作家として売り出す |
| うりて | 売手 | 名 | (法)　売手市場 |
| うりぬし | 売主 | 名 | (法) |
| うりね | 売値 | 名 | (法)　売値を付ける |

81

| うりば | 売場 | 名 | (複) |
|---|---|---|---|
| うりはらい | 売払い | 名 | (複)　不用物品の売払い |
| うりはらう | 売り払う | 動 | 屋敷を売り払う |
| うりもの | 売り物 | 名 | サービスを売り物にする |
| うりわたし | 売渡し | 名 | (複) |
| うりわたしかかく | 売渡価格 | 名 | (法) |
| うりわたしさき | 売渡先 | 名 | (法) |
| うりわたす | 売り渡す | 動 | 屋敷を売り渡す |
| うる | 売る | 動 | 名を売る、顔を売る、友を売る |
| | 得る | 動 | 得るところ、…(し)得る |
| うるおい | 潤い | 名 | (類)湿る、ぬれる |
| うるさい | うるさい | 形 | ×五月蠅い・煩い　(類)やかましい、騒がしい |
| うるし | 漆 | 名 | |
| うるむ | 潤む | 動 | (類)ぬれる |
| うるわしい | 麗しい | 形 | みめ麗しい少女、麗しい友情　(類)美しい、きれい |
| うれい | 憂い | 名 | 将来に憂いを抱く |
| | 愁い | 名 | 秋の愁い、愁いに沈む |
| うれえる | 憂える | 動 | 事態を憂える　(類)案じる |
| | 愁える | 動 | 去りゆく春を愁える　(類)思い悩む |
| うれしい | うれしい | 形 | ×嬉しい　(類)楽しい、喜ばしい |
| うれだか | 売れ高 | 名 | (類)売上げ、水揚げ |
| うれのこり | 売れ残り | 名 | |
| うれゆき | 売行き | 名 | (複) |
| うれる | 売れる | 動 | 商品が売れる、名が売れる |
| | 熟れる | 動 | 柿の実が熟れる、よく熟れたバナナ |
| うろうろ | うろうろ | 副 | (類)おたおた、まごまご |
| うろおぼえ | うろ覚え | 名 | うろ覚えの話 |
| うろたえる | うろたえる | 動 | ×狼狽える　(類)慌てる、まごつく、面食らう |
| うろつく | うろつく | 動 | 現場をうろつく　×彷徨く　(類)さすらう、さまよう、出歩く |
| うわがき | 上書き | 名 | |
| うわき | 浮気 | 名 | (付)　浮気心　(類)多情、移り気、気まぐれ |
| うわごと | うわごと | 名 | ×譫言　(類)寝言、たわごと |
| うわさばなし | うわさ話 | 名 | ×噂話　(類)風聞 |
| うわずみ | 上澄み | 名 | 上澄み液 |
| うわつく | 浮つく | 動 | (付)　浮ついた風潮、気持ちが浮つく |
| うわづみ | 上積み | 名 | 荷物を上積みする　(類)上乗せ、かさ上げ、割り増し |
| うわのせ | 上乗せ | 名 | 要求を上乗せする |
| うわべ | 上辺 | 名 | 上辺だけで誠意がない　(類)上面、皮相 |
| うわまわる | 上回る | 動 | 予想を上回る収穫　(類)超える |
| うわむき | 上向き | 名 | 景気が上向きになる |
| うわる | 植わる | 動 | |
| うんこう | 運行 | 名 | 列車を運行する、太陽の運行 |
| | 運航 | 名 | 貨物船を運航する　(類)航行 |
| うんざり | うんざり | 副 | 長電話にうんざりする　(類)飽き飽き、げんなり |
| うんちく | うんちく | 名 | うんちくを傾ける　×蘊蓄　(類)学識、造けい |
| うんぬん | うんぬん | 名 | 結果をうんぬんするのはよそう　×云々　(類)とやかく言うこと |

| えいい | 鋭意 | 名 | 鋭意努力する　（類）力一杯、精一杯、極力 |
|---|---|---|---|
| えいき | 英気 | 名 | 英気を養う、英気の持ち主 |
| | 鋭気 | 名 | 鋭気を増す、鋭気に満ちた表情 |
| えいこう | えい航・曳航 | 名 | △曳航 |
| えいじ | えい児・嬰児 | 名 | △嬰児　（類）赤子 |
| えいせい | 衛生 | 名 | 公衆衛生、衛生管理者 |
| | 衛星 | 名 | 衛星国、衛星中継、衛星放送 |
| えいぞう | 映像 | 名 | テレビの映像　（類）画像、画面 |
| | 影像 | 名 | 影像を記録する　（類）画像、肖像 |
| えいてん | 栄典 | 名 | （類）祝典 |
| | 栄転 | 名 | 本社に栄転する　（類）転勤、転任 |
| えいびん | 鋭敏 | 名・形動 | 鋭敏な頭脳　（類）機敏、俊敏 |
| えいり | 鋭利 | 名・形動 | 鋭利な刃物 |
| | 営利 | 名 | 営利事業 |
| えがお | 笑顔 | 名 | （付）　笑顔で迎える |
| えかき | 絵描き | 名 | |
| えがきだす | 描き出す | 動 | 風景を見事に描き出す |
| えがく | 描く | 動 | 風景を描く、現代の世相を描く |
| えがたい | 得難い | 形 | 得難い経験　（類）貴重 |
| えきする | 益する | 動 | 社会に益する事業、何ら益する所がない |
| えきびょう | 疫病 | 名 | （類）伝染病、はやり病 |
| えぐる | えぐる | 動 | 現代の世相をえぐる　×抉る　（類）くりぬく、ほじくる |
| えげつない | えげつない | 形 | えげつない商法　（類）厚かましい、図々しい、露骨 |
| えこひいき | えこひいき | 名 | ×依怙贔屓　（類）身びいき、判官びいき |
| えさ | 餌 | 名 | （改） |
| えし | え死・壊死 | 名 | ▲壊死 |
| えせ | えせ | 接頭 | （名詞に付く接頭辞）　えせ文化人　×似非 |
| えだぶり | 枝ぶり | 名 | |
| えっする | 謁する | 動 | 陛下に謁する |
| えてかって | 得手勝手 | 名・形動 | 得手勝手をいう、得手勝手な振る舞い　（類）自分勝手 |
| えとく | 会得 | 名 | 機械の操作方法を会得する |
| えまきもの | 絵巻物 | 名 | （法） |
| えらい | 偉い | 形 | 偉い指導者　（類）偉大、立派 |
| えらびだす | 選び出す | 動 | 代表を選び出す　（類）選出する |
| えらぶ | 選ぶ | 動 | （類）選択、選別、より分ける |
| えらぶる | 偉ぶる | 動 | 偉ぶった態度　（類）尊大な |
| えりごのみ | えり好み | 名 | ×選り好み　（類）好き嫌い、好悪 |
| えりすぐり | えりすぐり | 名 | ×選りすぐり |
| えりぬき | えり抜き | 名 | えり抜きの選手　×選り抜き　（類）特選、つぶより |
| えりまき | 襟巻 | 名 | （法） |
| える | 得る | 動 | 許可を得る、やむを得ない　（類）取る、収める |
| | 獲る | 動 | 狩りで鹿を獲る |
| えんえん | 延々 | 名 | 延々と続く会議　（類）長々、続々、脈々 |
| えんきょく | えん曲・婉曲 | 形動 | えん曲な言い回し　▲婉曲　（類）遠回し |
| えんきり | 縁切り | 名 | 縁切り状　（類）絶縁 |
| えんぐみ | 縁組 | 名 | （複）　養子縁組 |

| えんこん | 怨恨 | 名 | (改) 怨恨による殺人 (類)恨み、逆恨み |
| えんざい | えん罪・冤罪 | 名 | △冤罪 (類)濡れ衣 |
| えんすい | 円すい・円錐 | 名 | 円すい形 ▲円錐 |
| えんだか | 円高 | 名 | 円高差益 |
| えんだて | 円建て | 名 | 円建て融資 |
| えんち | 園地 | 名 | ×苑地 |
| えんつづき | 縁続き | 名 | |
| えんてい | えん堤・堰堤 | 名 | △堰堤 |
| えんぽう | 遠望 | 名 | 遠望がきく丘 |
| | 遠謀 | 名 | 遠謀をめぐらす、遠謀深慮 |
| えんむすび | 縁結び | 名 | |
| えんやす | 円安 | 名 | 円安ドル高 |
| えんりょ | 遠慮 | 名 | 御遠慮ください (類)お控え、差し控え、自重、辞退 |
| お | お… | 接頭 | (仮名) お願い、お礼 (御礼(おんれい)) |
| | | | (注) 「御」を「おん」「ご」と読む場合は漢字で書く。 |
| おいうち | 追い討ち | 名 | 追い討ちをかける (類)追撃 |
| おいおい | おいおい | 副 | おいおい慣れるだろう (類)だんだん、徐々に、次第に |
| おいおとす | 追い落とす | 動 | (類)追い出す、追い散らす |
| おいかける | 追い掛ける | 動 | (類)追跡する |
| おいかぜ | 追い風 | 名 | (類)順風 |
| おいくちる | 老い朽ちる | 動 | |
| おいこし | 追越し | 名 | (複) |
| おいこす | 追い越す | 動 | (類)追い抜く |
| おいこむ | 追い込む | 動 | 牛を囲いに追い込む (類)追い詰める |
| | 老い込む | 動 | 老い込むにはまだ早い (類)老ける |
| おいさき | 生い先 | 名 | 生い先が楽しみな子 (類)行く末、将来 |
| | 老い先 | 名 | 老い先が短い身 (類)余生 |
| おいしい | おいしい | 形 | おいしい食事 ×美味しい (類)うまい、美味 |
| おいしげる | 生い茂る | 動 | 夏草が生い茂る (類)繁茂、はびこる |
| おいだす | 追い出す | 動 | (類)たたき出す、つまみ出す、追い払う |
| おいたち | 生い立ち | 名 | (類)育ち |
| おいたてる | 追い立てる | 動 | (類)追い払う、追いまくる |
| おいちらす | 追い散らす | 動 | 野次馬を追い散らす (類)蹴散らす、打ち払う |
| おいつく | 追い付く | 動 | |
| おいつめる | 追い詰める | 動 | (類)追及する |
| おいて | …(に)おいて | 連語 | 東京において開催する ×於いて |
| | …(を)おいて | 連語 | 彼をおいて適任者はいない ×措いて |
| おいで | おいで | 名 | 先生のおいでを願う ×御出で (類)お越し、お運び |
| おいぬく | 追い抜く | 動 | (類)追い越す |
| おいはぎ | 追い剥ぎ | 名 | (類)強盗 |
| おいはらう | 追い払う | 動 | |
| おいまわす | 追い回す | 動 | 仕事に追い回される |
| おいめ | 負い目 | 名 | |
| おいる | 老いる | 動 | (類)老ける、老け込む |
| おいわけ | 追分 | 名 | |

| おう | 負う | 動 | (類)担ぐ、担う |
|---|---|---|---|
|  | 追う | 動 | 仕事を追う　(類)追い掛ける |
| おういん | 押印 | 名 | ×捺印 |
| おうおうにして | 往々にして | 副 | 失敗は往々にしてある　(類)しばしば、ちょくちょく |
| おうしゅう | 応酬 | 名 | 議論の応酬、やじの応酬　(類)受け答え、やりとり、応対 |
|  | 押収 | 名 | 証拠物を押収する　(類)没収、接収 |
| おうずる | 応ずる | 動 | 要求に応ずる　(類)受け入れる、承認、受諾、甘んじる、のむ |
| おうせい | 旺盛 | 名・形動 | (改)　旺盛な好奇心　(類)盛ん、盛大 |
| おうだ | 殴打 | 名 |  |
| おうたい | 応対 | 名 | 来客に応対する |
| おうと | おう吐・嘔吐 | 名 | ▲嘔吐　(類)吐く |
| おうとう | 応答 | 名 | 速やかに応答する、質疑応答　(類)返答、回答 |
| おうとつ | 凹凸 | 名 | 表面に凹凸がある |
| おうなつ | 押なつ・押捺 | 名 | ▲押捺　(類)押印、なつ印、判を押す |
| おうぶん | 応分 | 名・形動 | 応分の負担、応分な寄付　(類)相応、分相応 |
| おうへい | 横柄 | 形動 | 横柄な態度　(類)尊大、傲然 |
| おうよう | おう揚 | 名・形動 | おう揚な態度　×鷹揚　(類)大らか、おっとり |
| おうれんず | 凹レンズ | 名 |  |
| おえつ | おえつ | 名 | おえつする声が漏れる　×嗚咽 |
| おえる | 終える | 動 | 本を読み終える　(類)済ます、終了する |
| おおあたり | 大当たり | 名 | 芝居で大当たりを取る |
| おおあばれ | 大暴れ | 名 |  |
| おおあれ | 大荒れ | 名 | 大荒れの海　(類)時化、悪天候、暴風雨 |
| おおあわて | 大慌て | 名 |  |
| おおい | 多い | 形 | (類)たくさん、いっぱい、豊富 |
|  | 覆い | 名 | (類)カバー、上包み、被覆 |
| おおいそぎ | 大急ぎ | 名 | 大急ぎで知らせる　(類)大至急、早急 |
| おおいに | 大いに | 副 | 大いに楽しむ　(類)たいへん、とても、非常に、すこぶる |
| おおいり | 大入り | 名 | 大入り満員、大入り袋 |
| おおう | 覆う | 動 | 目を覆うばかりの惨状　(類)かぶせる |
| おおうつし | 大写し | 名 | (類)クローズアップ |
| おおがかり | 大掛かり | 名・形動 | 大掛かりな装置　(類)大規模 |
| おおかた | 大方 | 名 | 大方の意見　(副)大方まとまる　(類)大部分、ほとんど |
| おおきい | 大きい | 形 | 大きい箱、損害が大きい　(類)大きな、でかい |
| おおきさ | 大きさ | 名 | 損害の大きさ　(類)規模 |
| おおきな | 大きな | 形動 | 大きな箱、大きな被害　(類)大きい、でかい |
| おおぎり | 大切り | 名 | (類)大詰め、終幕 |
| おおく | 多く | 名 | 多くの事例　(類)たくさん、大半 |
| おおげさ | 大げさ | 名・形動 | 大げさな表現　×大袈裟　(類)オーバー、誇大 |
| おおごと | 大事 | 名 | 大事にならずに済んだ　(類)一大事、大事件 |
| おおざっぱ | 大雑把 | 形動 | 大雑把な計画　(類)大まか、粗雑 |
| おおさわぎ | 大騒ぎ | 名 | (類)大騒動、ばか騒ぎ、お祭り騒ぎ |
| おおしい | 雄々しい | 形 | (類)男らしい、男性的、勇ましい |
| おおすじ | 大筋 | 名 | 事件の大筋　(類)概略、概要、大要、あらまし |
| おおせ | 仰せ | 名 | 仰せのとおりに致します |
| おおぜい | 大勢 | 名 |  |

| | | | |
|---|---|---|---|
| おおせつける | 仰せ付ける | 動 | (類)申し付ける、申し渡す、言い渡す |
| おおせられる | 仰せられる | 動 | (類)おっしゃる、お命じになる |
| おおづかみ | 大づかみ | 名・形動 | 問題を大づかみに整理する ×大摑み (類)大雑把 |
| おおっぴら | 大っぴら | 形動 | 内情を大っぴらにする (類)公然、表向き |
| おおづめ | 大詰め | 名 | 審議が大詰めを迎える (類)終局、終幕、結末 |
| おおどおり | 大通り | 名 | (類)大道、表通り、広小路、大路 |
| おおはば | 大幅 | 名・形動 | 大幅な値上げ (類)かなり、相当 |
| おおぶり | 大振り | 名・形動 | バットを大振りする、大振りな茶わん |
| おおまか | 大まか | 形動 | 大まかな計算 |
| おおまた | 大股 | 名 | (改) 大股に歩く |
| おおむね | おおむね | 副 | (仮名)仕事はおおむね完了した ×概ね (類)おおよそ、概して |
| おおやけ | 公 | 名 | 公の費用、意見を公にする (類)公的な、公表 |
| おおよそ | おおよそ | 副 | おおよそ見当がついた ×大凡 (類)おおむね、大体 |
| おおらか | 大らか | 形動 | 大らかな性格 (類)大様、おっとり |
| おか | 岡 | 名 | (改) 岡山県、静岡県、福岡県 |
| | 丘 | 名 | |
| おかげ | お陰 | 名 | お陰で成功した (類)加護、援助、有り難いことに |
| おかしい | おかしい | 形 | おかしい話 ×可笑しい (類)面白い |
| おかす | 犯す | 動 | (法律や倫理などに反する) 法を犯す、罪を犯す、ミスを犯す |
| | 侵す | 動 | (領土や権利などを侵害する) 国境を侵す、権利を侵す、学問の自由を侵す |
| | 冒す | 動 | (あえて行う、神聖なものを汚す) 危険を冒す、尊厳を冒す |
| おがみたおす | 拝み倒す | 動 | |
| おがむ | 拝む | 動 | 仏像を拝む (類)祈る |
| おきあい | 沖合 | 名 | (法) 沖合漁業 |
| おきあがる | 起き上がる | 動 | |
| おきかえる | 置き換える | 動 | |
| おきざり | 置き去り | 名 | 子供を置き去りにする (類)放置、捨て置く、差し置く |
| おきて | おきて | 名 | 村のおきて ×掟 (類)規則、決まり、ルール |
| おぎなう | 補う | 動 | 欠員を補う (類)カバー、補充 |
| おきば | 置場 | 名 | (複) 材木置場 |
| おきみやげ | 置き土産 | 名 | 台風の置き土産 |
| おきもの | 置物 | 名 | (法) |
| おきょう | お経 | 名 | |
| おきる | 起きる | 動 | 早朝に起きる、奇跡が起きる (類)目覚める、生じる |
| おく | 置く | 動 | 物を置く、支店を置く、役員を置く |
| | おく | 動 | 何はさておき ×措く |
| | …(て)おく | 補動 | 通知しておく、メモしておく |
| おくがき | 奥書 | 名 | (法) (類)後書き |
| おくする | 臆する | 動 | (改) (類)恐れる、おびえる |
| おくせつ | 臆説・憶説 | 名 | (改) |
| おくそく | 臆測・憶測 | 名 | (改) (類)当て推量、当てずっぽう |
| おくづけ | 奥付 | 名 | (法) |
| おくびょう | 臆病 | 名・形動 | (改) 臆病な男 (類)小心 |
| おくぶかい | 奥深い | 形 | 奥深い教え、奥深い山 |
| おくまる | 奥まる | 動 | 奥まった部屋 |
| おくゆかしい | 奥ゆかしい | 形 | 奥ゆかしい態度 (類)上品、気高い、ゆかしい |

| | | | |
|---|---|---|---|
| おくゆき | 奥行き | 名 | |
| おくらす | 遅らす | 動 | 開始を遅らす |
| おくりかえす | 送り返す | 動 | |
| おくりがな | 送り仮名 | 名 | |
| おくりさき | 送り先 | 名 | |
| おくりじょう | 送り状 | 名 | |
| おくりだす | 送り出す | 動 | 客を送り出す、荷物を送り出す　(類)見送る、発送する |
| おくりつける | 送り付ける | 動 | (類)送り届ける、届ける |
| おくりとどける | 送り届ける | 動 | (類)送り付ける、送る |
| おくりむかえ | 送り迎え | 名 | (類)送迎 |
| おくりもの | 贈物 | 名 | (複) |
| おくる | 送る | 動 | (届ける、見送る、次に移す、過ごす)　荷物を送る、卒業生を送る、日々を送る |
| | 贈る | 動 | (金品などを人に与える)　感謝状を贈る、花束を贈る、称号を贈る |
| おくれ | 遅れ | 名 | 遅れを取り戻す、電車の遅れ |
| | 後れ | 名 | 人に後れをとる、気後れ |
| おくれる | 遅れる | 動 | (ある時刻より遅れる意味)　完成が遅れる、電車が遅れる |
| | 後れる | 動 | (取り残される意味)　流行に後れる、時代に後れる |
| おける | …(に)おける | 連語 | 海外における諸情勢　×於ける |
| おこがましい | おこがましい | 形 | おこがましい言い分　(類)厚かましい、図々しい |
| おこす | 興す | 動 | 産業を興す、事業を興す、会社を興す |
| | 起こす | 動 | 体を起こす、訴訟を起こす、やる気を起こす |
| | おこす | 動 | 火をおこす　×熾す |
| おごそか | 厳か | 形動 | 厳かな雰囲気　(類)厳粛 |
| おこたり | 怠り | 名 | 怠りなく準備する　(類)手落ち |
| おこたる | 怠る | 動 | 事件の報告を怠る　(類)怠慢、ずるける |
| おこない | 行い | 名 | 行いがよくない　(類)行為、仕業、振る舞い |
| おこなう | 行う | 動 | 練習を行う　(類)する、やる、実行する、実施する、施行する |
| おこなわれる | 行われる | 動 | この説が今は行われている　(類)はやる、行き渡る |
| おこる | 興る | 動 | 国が興る、産業が興る　(類)盛る、勃興 |
| | 怒る | 動 | 親に怒られる　(類)憤る、怒る、叱る |
| | 起こる | 動 | 大事件が起こる、歓声が起こる　(類)生じる |
| | おこる | 動 | 炭火がおこる　×熾る |
| おごる | おごる | 動 | おごった態度、晩飯をおごる　×驕る・傲る・奢る |
| おさえる | 押さえる | 動 | (動かないようにする、確保する、つかむ、覆う)　手を押さえる、要点を押さえる、証拠を押さえる、耳を押さえる |
| | 抑える | 動 | (勢いを止める、こらえる)　物価の上昇を抑える、要求を抑える、反撃を抑える |
| おさない | 幼い | 形 | |
| おさななじみ | 幼なじみ | 名 | 幼なじみと再会する　×幼馴染み |
| おさまり | 納まり | 名 | 会費の納まりが悪い　(類)納入 |
| | 治まり | 名 | 国の治まり様　(類)静まる、平和 |
| おさまる | 収まる | 動 | 博物館に収まる |
| | 納まる | 動 | 国庫に納まる |
| | 治まる | 動 | 痛みが治まる |
| | 修まる | 動 | 素行が修まる |

| おさめ | 納め | 名 | 御用納め、見納め　(類)最後、終わり |
| おさめる | 収める | 動 | (中に入る、収束する、手に入れる、良い結果を得る)　目録に収める、争いを収める、成功を収める |
| | 納める | 動 | (あるべきところに落ち着く、とどめる、引き渡す、終わりになる)　税金を納める、胸に納める |
| | 治める | 動 | (問題のない状態になる、統治する)　痛みが治まる、領地を治める |
| | 修める | 動 | (人格や行いを立派にする、身に付ける)　身を修める、学問を修める |
| おじ | 叔父・伯父 | 名 | (付)　叔父(父母の弟)、伯父(父母の兄) |
| おしあい | 押し合い | 名 | 押し合いへし合い |
| おしあげる | 押し上げる | 動 | レバーを押し上げる |
| おしい | 惜しい | 形 | 惜しい人を亡くす、時間が惜しい |
| おじいさん | おじいさん | 名 | ×お爺さん |
| おしいる | 押し入る | 動 | 強盗が押し入る　(類)立ち入る、乗り込む、押し込む |
| おしうり | 押売 | 名 | (法) |
| おしえ | 教え | 名 | |
| おしえご | 教え子 | 名 | (類)弟子、門弟 |
| おしえる | 教える | 動 | (類)指導、手ほどき |
| おしかける | 押し掛ける | 動 | |
| おしがる | 惜しがる | 動 | (類)残念がる |
| おしきせ | お仕着せ | 名 | |
| おしきる | 押し切る | 動 | (類)押し通す、粘り抜く |
| おしげ | 惜しげ | 形動 | 惜しげな様子、惜しげもなく |
| おじけづく | おじけ付く | 動 | 強豪と聞いておじけ付く　×怖じ気付く |
| おじける | おじける | 動 | おじけて口がきけない　×怖じける　(類)くじける、尻込みする |
| おしこむ | 押し込む | 動 | (類)詰め込む、押し入る |
| おしこめる | 押し込める | 動 | (類)閉じ込める |
| おしすすめる | 押し進める | 動 | 自転車を押し進める |
| | 推し進める | 動 | 計画を推し進める　(類)前進させる、推進する |
| おしせまる | 押し迫る | 動 | 暮れも押し迫る　(類)間近に迫る |
| おしたおす | 押し倒す | 動 | 土俵際で押し倒す |
| おしだし | 押し出し | 名 | 押し出しがよい　(類)風采、風体 |
| おしだしき | 押出機 | 名 | (法) |
| おしだまる | 押し黙る | 動 | (類)沈黙する、口をとざす |
| おしつける | 押し付ける | 動 | 幹事役を押し付ける　(類)ねじ伏せる、引き受けさせる |
| おしつまる | 押し詰まる | 動 | 今年も押し詰まった |
| おしとおす | 押し通す | 動 | 自説を押し通す　(類)貫く、粘り抜く |
| おしなべて | おしなべて | 副 | おしなべて良好だ　×押し並べて　(類)概して |
| おしのける | 押しのける | 動 | 先輩を押しのける　×押し退ける　(類)押しやる、押しまくる |
| おしはかる | 推し量る | 動 | 胸中を推し量る　(類)推測する、察する |
| おしべ | 雄しべ | 名 | |
| おしむ | 惜しむ | 動 | 別れを惜しむ、寸暇を惜しむ　(類)残念に思う、大切にする |
| おしもどす | 押し戻す | 動 | 土俵中央へ押し戻す |
| おしもんどう | 押し問答 | 名 | 押し問答を繰り返す　(類)水掛け論 |
| おじょうさん | お嬢さん | 名 | |
| おしよせる | 押し寄せる | 動 | (類)寄せる、迫る |
| おしらせ | お知らせ | 名 | 年金のお知らせ　(類)案内、通知、連絡、広報 |

| おす | 押す | 動 | ベルを押す、印を押す　×捺す |
| | 推す | 動 | 会長に推す、推して知るべしだ |
| おそい | 遅い | 形 | 今日はもう遅い　×晩い |
| おそう | 襲う | 動 | |
| おそざき | 遅咲き | 名 | 遅咲きの人生 |
| おそまき | 遅まき | 名 | 遅まきながら、…　×遅蒔き |
| おぞましい | おぞましい | 形 | ×鈍ましい　（類）ばからしい、忌まわしい |
| おそらく | 恐らく | 副 | 恐らく…だろう　（類）多分、きっと |
| おそれ | 恐れ | 名 | （おそろしいと感じる）死への恐れ　（類）恐怖 |
| | 畏れ | 名 | （改）（おそれ敬う、かたじけなく思う）神に畏（恐）れを抱く |
| | おそれ | 名 | （仮名）…のおそれがある　×虞・恐れ |
| | | | （注）常用漢字表にある「虞」は、「公の秩序又は善良の風俗を害する虞がある…」（憲法82条）という用例があるが、公用文において「心配・懸念」の意味で用いる場合には、法令に倣い仮名で書くこととされた（文化審議会建議）。 |
| おそれいる | 恐れ入る | 動 | （類）感心する |
| おそれおおい | 畏れ多い | 形 | （改）畏れ多いお言葉　（類）身に過ぎてもったいない、恐縮 |
| おそれる | 恐れる | 動 | （おそろしいと感じる）死を恐れる、報復を恐れる、失敗を恐れる |
| | 畏れる | 動 | （改）（おそれ敬う、かたじけなく思う）神を畏（恐）れる、畏（恐）れ多いお言葉 |
| おそろしい | 恐ろしい | 形 | 夜道は恐ろしい　（類）怖い |
| おそわる | 教わる | 動 | 道を教わる、学校で教わったこと　（類）習う、学ぶ、修める |
| おそわれる | 襲われる | 動 | 暴漢に襲われる、睡魔に襲われる |
| おたがい | お互い | 名 | お互いの立場　（副）お互いに励まし合う |
| おだてる | おだてる | 動 | ×煽てる　（類）唆す、仕向ける |
| おだやか | 穏やか | 形動 | 穏やかな人柄　（類）平穏、安全、平らか、優しい |
| おちあう | 落ち合う | 動 | 駅で落ち合う　（類）出会う、合流する |
| おちいる | 陥る | 動 | 敵の術中に陥る、危篤に陥る　（類）落ちる、落ち込む |
| おちおち | おちおち | 副 | おちおち休めない　（類）安心して |
| おちこむ | 落ち込む | 動 | 危険に落ち込む、気持ちが落ち込む |
| おちつく | 落ち着く | 動 | A案に落ち着く　（類）静まる、安定する、休まる |
| おちど | 落ち度 | 名 | こちらに落ち度がある　（類）過失、不手際、過ち |
| おちば | 落ち葉 | 名 | （類）枯れ葉、朽ち葉 |
| おちぶれる | 落ちぶれる | 動 | 落ちぶれて故郷に帰る　×零落れる、落魄れる |
| おちる | 落ちる | 動 | 階段から落ちる、日が落ちる |
| おっくう | おっくう | 形動 | おっくうな仕事　×億劫　（類）面倒 |
| おって | 追って | 副 | ○○は追って報告します　（類）後ほど、後で |
| | おって | 接続 | おって、日時は… |
| おってがき | 追って書き | 名 | （類）追伸、再伸 |
| おっとり | おっとり | 副 | おっとり構える　（類）大らか、おう揚 |
| おどおど | おどおど | 副 | おどおどした目つき　（類）おずおず、びくびく |
| おどかす | 脅かす | 動 | 刃物で脅かす　（類）威嚇、すごむ |
| おとぎばなし | おとぎ話 | 名 | |
| おとこらしい | 男らしい | 形 | （類）雄々しい、男性的 |
| おとさた | 音沙汰 | 名 | （改）何の音沙汰もない　（類）音信、便り、消息 |
| おどし | 脅し | 名 | 脅し文句　（類）威嚇、どう喝 |

| おとしいれる | 陥れる | 動 | 罪に陥れる |
|---|---|---|---|
| おとしめる | おとしめる | 動 | ×貶める　（類）見下す、軽蔑する |
| おとしもの | 落とし物 | 名 | （類）忘れ物、遺失物 |
| おとす | 落とす | 動 | 肩を落とす、品位を落とす　（類）無くす、失う、喪失 |
| おどす | 脅す | 動 | ×威す・嚇す　（類）威圧する、畏怖させる |
| おとずれ | 訪れ | 名 | 春の訪れ |
| おとずれる | 訪れる | 動 | 春が訪れる　（類）訪問する、伺う |
| おととい | おととい | 名 | （仮名）（類）一昨日（いっさくじつ） |
| おととし | おととし | 名 | （仮名）（類）一昨年（いっさくねん） |
| おとな | 大人 | 名 | （付）体だけは大人並みだ |
| おとなしい | おとなしい | 形 | ×温和しい　（類）優しい、穏やか |
| おとめ | 乙女 | 名 | （付）乙女心 |
| おとり | おとり | 名 | おとり捜査　×囮 |
| おどり | 踊り | 名 | 盆踊り |
| | 躍り | 名 | 小躍りする |
| おどりあがる | 躍り上がる | 動 | 演壇に躍り上がる、馬が躍り上がる |
| おとる | 劣る | 動 | 性能が劣る　（類）及ばない、低い、後れる |
| おどる | 踊る | 動 | （リズムに合わせて体を動かす、操られる）ダンスを踊る、うわさに踊らされる |
| | 躍る | 動 | （跳び上がる、心が弾む）吉報に躍り上がる、胸が躍る |
| おとろえる | 衰える | 動 | （類）廃れる、寂れる |
| おどろかす | 驚かす | 動 | |
| おどろき | 驚き | 名 | 驚きを隠せない |
| おどろく | 驚く | 動 | （類）驚がく、仰天、びっくり |
| おないどし | 同い年 | 名 | |
| おなじ | 同じ | 名・形動 | 学年も同じだ　（副）同じ行くなら… |
| おねがい | お願い | 名 | （類）依頼、要請、請求、嘆願 |
| おのおの | 各々 | 名 | 各々の義務、各々一人ずつ　（類）それぞれ、個々 |
| おのずから | おのずから | 副 | （仮名）おのずから分かってもらえる　×自ずから　（類）自然に |
| おのずと | おのずと | 副 | （仮名）おのずと自信が付く　×自ずと　（類）独りでに、自然と |
| おののく | おののく | 動 | 恐れおののく　×戦く　（類）震える、わななく |
| おのれ | 己 | 名 | 己の分をわきまえる |
| おば | 叔母・伯母 | 名 | （付）叔母（父母の妹）、伯母（父母の姉） |
| おばあさん | おばあさん | 名 | ×お婆さん　（類）老女、老婦、老婆 |
| おばけ | お化け | 名 | |
| おはこ | おはこ | 名 | （仮名）（類）十八番（じゅうはちばん） |
| おはよう | おはよう | 感動 | （仮名）×お早う |
| おび | 帯 | 名 | 角帯、帯を締める |
| おびえる | おびえる | 動 | 不安におびえる　×怯える・脅える　（類）怖がる、恐れる |
| おびきだす | おびき出す | 動 | 犯人をおびき出す　×誘き出す　（類）釣り出す、おびき寄せる |
| おびただしい | おびただしい | 形 | おびただしい数　×夥しい　（類）たくさん、いっぱい |
| おびどめ | 帯留 | 名 | （複） |
| おびやかす | 脅かす | 動 | 安全を脅かす、地位を脅かす　（類）おびえさせる |
| おびる | 帯びる | 動 | 使命を帯びる　（類）身に付ける、引き受ける、持つ |
| おぼえ | 覚え | 名 | 腕に覚えがある　覚えが悪い　（類）自信、記憶 |
| おぼえがき | 覚書 | 名 | （法）（類）宣言、声明、備忘録、手控え |
| おぼえる | 覚える | 動 | 名前を覚える、安らぎを覚える　（類）記憶する、感じる |

| おぼしめし | おぼしめし | 名 | 神様のおぼしめし ×思し召し |
| おぼつかない | おぼつかない | 形 | おぼつかない記憶 ×覚束ない （類）心細い、心もとない |
| おぼれる | 溺れる | 動 | （改） 酒に溺れる日々 （類）ふける、凝る |
| おぼろげ | おぼろげ | 形動 | おぼろげな記憶 ×朧げ （類）ぼんやり、不確か、曖昧 |
| おまわりさん | お巡りさん | 名 | （付） |
| おみき | お神酒 | 名 | （付） |
| おめい | 汚名 | 名 | 汚名を着せられる |
| おめみえ | お目見え | 名 | （類）拝謁、お目どおり |
| おもい | 思い | 名 | 嫌な思い、思いを述べる ×想い （類）気持ち、考え、所感、感想 |
| おもいあがる | 思い上がる | 動 | （類）自慢、うぬぼれる |
| おもいあたる | 思い当たる | 動 | |
| おもいいれ | 思い入れ | 名 | 思い入れが深い |
| おもいうかべる | 思い浮かべる | 動 | 父の言葉を思い浮かべる |
| おもいおこす | 思い起こす | 動 | 学生時代を思い起こす |
| おもいかえす | 思い返す | 動 | （類）思い出す |
| おもいがけない | 思い掛けない | 形 | 思い掛けない出会い （類）思いのほか、案外、意外 |
| おもいきり | 思い切り | 名 | 思い切りが悪い （副）思い切り飛び上がる |
| おもいこむ | 思い込む | 動 | 本当だと思い込む |
| おもいすごし | 思い過ごし | 名 | それは君の思い過ごしだ |
| おもいだす | 思い出す | 動 | 青春時代を思い出す （類）思い返す |
| おもいたつ | 思い立つ | 動 | 急に思い立って旅に出る |
| おもいちがい | 思い違い | 名 | 思い違いも甚だしい （類）誤解、勘違い |
| おもいつき | 思い付き | 名 | 思い付きでものをいう （類）発想、着想 |
| おもいつめる | 思い詰める | 動 | 思い詰めた表情 （類）悩む、思い煩う |
| おもいで | 思い出 | 名 | 思い出にふける （類）回想、追憶 |
| おもいとどまる | 思いとどまる | 動 | ×思い止まる |
| おもいのこす | 思い残す | 動 | 思い残すことはない （類）心残り |
| おもいやり | 思いやり | 名 | 思いやりのない仕打ち ×思い遣り （類）配慮、気配り、心遣い |
| おもう | 思う | 動 | （類）考える、想像する |
| おもくるしい | 重苦しい | 形 | 重苦しい雰囲気 （類）重々しい、息苦しい |
| おもしろい | 面白い | 形 | 面白い話 （類）愉快、痛快 |
| おもたい | 重たい | 形 | 荷物が重たい、重たい空気がみなぎる |
| おもだった | 主立った | 動 | 組織の中の主立った者を招集する |
| おもて | 表 | 名 | （⇔裏）表と裏、表向き、表で遊ぶ |
| | 面 | 名 | 矢面に立つ、面を上げる |
| おもてざた | 表沙汰 | 名 | （改） 不祥事が表沙汰になる |
| おもてどおり | 表通り | 名 | |
| おもてむき | 表向き | 名 | 表向きの理由 |
| おもな | 主な | 形動 | 今日の主なニュース |
| おもに | 主に | 副 | 主に学生が利用する （類）主として、専ら |
| おもねる | おもねる | 動 | 時流におもねる ×阿る （類）へつらう、こびる |
| おもはゆい | 面はゆい | 形 | 面はゆい気持ちだ ×面映ゆい （類）照れくさい |
| おもみ | 重み | 名 | 命の重み |
| おもむき | 趣 | 名 | 秋の趣、話の趣 （類）風情、事情 |
| おもむく | 赴く | 動 | 任地へ赴く （類）伺う、行く、出向く、訪問する、来訪する |

| おもむろに | おもむろに | 副 | おもむろに口を開く　×徐ろに |
|---|---|---|---|
| おももち | 面持ち | 名 | けげんな面持ち |
| おもや | 母家・母屋 | 名 | （付） |
| おもわく | 思わく | 名 | （仮名）思わくどおり事が運ぶ　×「思惑」は当て字 |
| おもわしい | 思わしい | 形 | 思わしい進展が見られない、病状が思わしくない |
| おもわず | 思わず | 副 | 思わず口走る　（類）うっかり、知らず知らず |
| おもんずる | 重んずる | 動 | 格式を重んずる家柄　（類）尊重、重視 |
| おもんぱかる | おもんぱかる | 動 | ○○をおもんぱかった決断　×慮る |
| およそ | およそ | 名 | およその見通し　（副）およそ職員である限り　×凡そ |
| および | 及び | 接続 | A及びB |
| | | | （注）解説・広報等においては、「および」と書くこともある。 |
| およびごし | 及び腰 | 名 | 及び腰で対応する　（類）へっぴり腰 |
| およぶ | 及ぶ | 動 | 被害が及ぶ、お礼には及ばない　（類）達する、するまでもない |
| およぼす | 及ぼす | 動 | 影響を及ぼす、迷惑を及ぼす |
| おり | 折 | 名 | その折、…する折、折り鶴　（類）時、場所、際 |
| | 織り | 名 | 絹織り |
| | （博多）織 | 名 | （法） |
| おりあい | 折り合い | 名 | 折り合いを付ける　（類）妥協、譲歩 |
| おりあう | 折り合う | 動 | 値段が折り合う　（類）片付く、まとまる |
| おりいって | 折り入って | 副 | 折り入って相談したいことが…　（類）特別に |
| おりおり | 折々 | 名 | 四季折々 |
| おりかえし | 折り返し | 名 | 折り返し点　（副）折り返し返事をする |
| おりかえしせん | 折返線 | 名 | （法） |
| おりかえす | 折り返す | 動 | 10キロ地点で折り返す |
| おりかさなる | 折り重なる | 動 | 折り重なって倒れる |
| おりかた | 折り方 | 名 | |
| | 織り方 | 名 | |
| おりがみ | 折り紙 | 名 | 折り紙で風船を作る |
| おりから | 折から | 副 | 折から夕立が激しく降り出す　×折柄 |
| おりこみ | 折り込み | 名 | 折り込み広告 |
| おりこむ | 折り込む | 動 | 新聞にちらしを折り込む |
| | 織り込む | 動 | 予算に織り込む、計画に織り込む |
| おりしも | 折しも | 副 | 折しも強風が吹き荒れる　（類）ちょうど、折から |
| おりたたむ | 折り畳む | 動 | 傘を折り畳む |
| おりたつ | 降り立つ | 動 | ホームに降り立つ、月面に降り立つ |
| おりづめ | 折詰 | 名 | （複） |
| おりまげる | 折り曲げる | 動 | |
| おりもと | 織元 | 名 | （法） |
| おりもの | 織物 | 名 | （法） |
| おりる | 降りる | 動 | 階段を降りる、会長を降りる、霜が降りる |
| | 下りる | 動 | 許可が下りる、肩の荷が下りる、幕が下りる |
| おる | 折る | 動 | 枝を折る、膝を折る |
| | 織る | 動 | はたを織る、布を織る |
| | …（て）おる | 補動 | …しております　×居る |
| おれ | 俺 | 代 | （改）俺とお前の仲 |
| おれる | 折れる | 動 | 枝が折れる、骨が折れる仕事 |

| おろか | 愚か | 形動 | 愚かなことを言う |
|---|---|---|---|
| | …（は）おろか | 形動 | 財産はおろか命までも　×疎か |
| おろかしい | 愚かしい | 形 | 愚かしい行為 |
| おろかもの | 愚か者 | 名 | |
| おろし | 卸 | 名 | 卸売、卸商、卸値、卸問屋 |
| おろしうり | 卸売 | 名 | （法） |
| おろしね | 卸値 | 名 | 卸値で売る |
| おろす | 降ろす | 動 | （乗り物から出る、高所から低所に移る、辞めさせる）　車から降ろす、議長を降ろす |
| | 下ろす | 動 | （上から下へ動く、切り落とす、引き出す、新しくする）　腰を下ろす、許可を下ろす、貯金を下ろす、書き下ろす |
| | 卸す | 動 | （問屋が小売店に売り渡す）　小売りに卸す、定価の6掛けで卸す |
| おろそか | おろそか | 形動 | 練習をおろそかにする　×疎か　（類）なおざり、ゆるがせ |
| おわり | 終 | 名 | （法）　（表・記号的用い方） |
| | 終わり | 名 | |
| おわる | 終わる | 動 | |
| おん | 御 | 接頭 | 御中、御礼（おんれい） |
| | | | （注）「御」を「おん」と読む場合は漢字で書く。 |
| おんがえし | 恩返し | 名 | せめてもの恩返し |
| おんし | 恩賜 | 名 | 恩賜賞　（類）下賜 |
| おんしゃ | 恩赦 | 名 | （類）大赦、特赦 |
| おんじょう | 恩情 | 名 | 師の恩情が心にしみる |
| | 温情 | 名 | 温情あふれる言葉、温情主義 |
| おんとう | 穏当 | 名・形動 | 穏当な処置、穏当な意見 |
| おんなづれ | 女連れ | 名 | |
| おんならしい | 女らしい | 形 | 女らしいしぐさ |
| おんねん | 怨念 | 名 | （改）　怨念をはらす　（類）恨み、怨恨 |
| おんびん | 穏便 | 形動 | 穏便な処置を願う、穏便に済ます |
| おんわ | 温和 | 形動 | 温和な気候、温和な人柄　（類）温暖、穏やか |
| | 穏和 | 形動 | 穏和な性格　（類）穏健、柔和、穏やか |
| か | …箇 | 接尾 | 箇条、箇所、十箇年計画 |
| | …か | 接尾 | 3か所、1か月、2か年　×ヶ |
| が | が・ガ・蛾 | 名 | △蛾 |
| かあさん | 母さん | 名 | （付） |
| かい | かい | 名 | 苦労したかいがある　×甲斐 |
| かいあげ | 買上げ | 名 | （複） |
| かいあげひん | 買上品 | 名 | （法） |
| かいあげる | 買い上げる | 動 | 米を買い上げる　（類）購入、購買 |
| かいあさる | 買いあさる | 動 | 古書を買いあさる　×買い漁る |
| かいいぬ | 飼い犬 | 名 | 飼い犬に手をかまれる |
| かいいれ | 買入れ | 名 | （複）　買入れ消却 |
| かいいれる | 買い入れる | 動 | 日用品を買い入れる |
| かいうけ | 買受け | 名 | （複） |
| かいうけにん | 買受人 | 名 | （法） |
| かいうける | 買い受ける | 動 | 画商から名画を買い受ける |

| かいがいしい | かいがいしい | 形 | かいがいしく働く　×甲斐甲斐しい　（類）てきぱき |
| かいかえ | 買換え | 名 | （複） |
| かいかえる | 買い換える | 動 | パソコンを買い換える |
| がいかく | 外郭 | 名 | 外郭団体　×外廓 |
| かいかけきん | 買掛金 | 名 | （法） |
| がいかだてさいけん | 外貨建債権 | 名 | （法） |
| がいかん | 外観 | 名 | 外観を飾る、建物の外観を装う |
| | 概観 | 名 | 国際情勢を概観する |
| がいきょう | 概況 | 名 | 事務概況、天気概況 |
| かいきり | 買い切り | 名 | |
| かいこく | 戒告 | 名 | （類）戒める、訓戒　×譴責（けんせき） |
| かいこむ | 買い込む | 動 | 食料品を買い込む |
| かいこん | 悔恨 | 名 | 悔恨の情にかられる　（類）後悔、思い残す |
| かいざん | 改ざん・改竄 | 名 | 帳簿を改ざんする　△改竄　（類）書き直す |
| がいさんばらい | 概算払 | 名 | （法） |
| がいして | 概して | 副 | 概して…ような主張　（類）総じて、おおむね |
| かいしめ | 買占め | 名 | （複） |
| かいしめる | 買い占める | 動 | 株を買い占める |
| かいしゅん | 改しゅん・改悛 | 名 | 改しゅんの情　▲改悛　（類）改心、改悟 |
| かいしょ | 楷書 | 名 | （改） |
| かいする | 解する | 動 | 意味を解する、風流を解する |
| | 介する | 動 | 人を介する、意に介しない |
| | 会する | 動 | 一堂に会する |
| かいせい | 改正 | 名 | （類）手直し、改定、改訂、補正 |
| がいぜんせい | 蓋然性 | 名 | （改）　（類）可能性、確からしさ |
| かいぞえ | 介添え | 名 | |
| かいたい | 拐帯 | 名 | 公金を拐帯する |
| | 懐胎 | 名 | 子を懐胎する |
| かいだし | 買い出し | 名 | |
| かいだめ | 買いだめ | 名 | 食糧を買いだめする　×買い溜め |
| がいたん | 慨嘆 | 名 | 慨嘆に堪えない |
| かいちん | 開陳 | 名 | 見解を開陳する |
| かいつけ | 買い付け | 名 | |
| かいて | 買手 | 名 | （法）　買手市場 |
| かいてい | 改定 | 名 | 規則の改定　（類）改正、変更 |
| | 改訂 | 名 | （書物の内容に手を加える場合に用いる）　出版物の改訂 |
| かいとう | 解答 | 名 | 入試問題の解答 |
| | 回答 | 名 | 質問に対する回答 |
| かいとり | 買取り | 名 | （複） |
| かいとる | 買い取る | 動 | 借地を買い取る |
| かいぬし | 買主 | 名 | （法）　不動産の買主 |
| | 飼い主 | 名 | 犬の飼い主 |
| かいね | 買値 | 名 | （法） |
| がいはく | 該博 | 名・形動 | 該博な知識　（類）博学、博識 |
| かいふく | 回復 | 名 | 元気が回復する、景気回復 |
| | 快復 | 名 | 病気が快復する |

| かいへん | 改変 | 名 | 制度を改変する、記載内容を改変する |
| | 改編 | 名 | 番組を改編する、組織を改編する |
| かいほう | 開放 | 名 | 門戸を開放する、市場開放 |
| | 解放 | 名 | 人質を解放する、民族解放運動 |
| かいめつ | 壊滅 | 名 | ×潰滅 |
| かいもどし | 買戻し | 名 | （複） |
| かいもどす | 買い戻す | 動 | |
| かいもの | 買物 | 名 | （複） |
| かいよう | 潰瘍 | 名 | （改）　胃潰瘍 |
| かいらん | 壊乱 | 名 | ×潰乱　（類）びん乱 |
| かいり | かい離・乖離 | 名 | 人心がかい離する　▲乖離　（類）離反 |
| かう | 買う | 動 | 本を買う |
| | 飼う | 動 | 犬を飼う |
| | 交う | 動 | 飛び交う |
| かえしん | 替え芯 | 名 | （改） |
| かえす | 返す | 動 | 借金を返す、自然に返す、計画を白紙に返す |
| | 帰す | 動 | 子供を家に帰す |
| かえち | 替え地 | 名 | |
| かえって | かえって | 副 | かえって失礼になる　×却って |
| かえりうち | 返り討ち | 名 | 返り討ちにする |
| かえりざき | 返り咲き | 名 | 三役への返り咲き |
| かえりみる | 省みる | 動 | （自らを振り返る、反省する）　自らを省みる |
| | 顧みる | 動 | （過ぎ去ったことを思い返す、気にする）　半生を顧みる、結果を顧みない |
| かえる | 返る | 動 | 返事が返る、正気に返る、野性に返る |
| | 帰る | 動 | 故郷に帰る、客が帰る |
| | 換える | 動 | （物と物を交換する）　物を金に換える、名義を書き換える |
| | 代える | 動 | （役目を他のものにさせる、代用、代役）　書面をもって挨拶に代える |
| | 変える | 動 | （前と異なる状態になる）　形を変える、観点を変える、方針を変える |
| | 替える | 動 | （新しく別のものにする）　商売を替える、服を替える |
| | かえる | 動 | ひながかえる　×孵る |
| かおあわせ | 顔合わせ | 名 | 新役員の顔合わせ　（類）会合、対面、面会 |
| かおだち | 顔だち | 名 | 上品な顔だち　（類）顔つき、容貌、面構え |
| かおつき | 顔つき | 名 | 神妙な顔つき　（類）顔だち |
| かおぶれ | 顔ぶれ | 名 | そうそうたる顔ぶれ　（類）メンバー、団員 |
| かおまけ | 顔負け | 名 | 大人顔負けの作品 |
| かおみしり | 顔見知り | 名 | 顔見知りの犯行　（類）顔なじみ |
| かおむけ | 顔向け | 名 | 顔向けができない |
| かおり | 薫り | 名 | （主に比喩的・抽象的なかおり）　文化の薫り、初夏の薫り |
| | 香り | 名 | （鼻で感じられる良い匂い）　茶の香り、花の香り |
| かおる | 薫る | 動 | 風薫る |
| | 香る | 動 | 花が香る |
| がかい | 瓦解 | 名 | （改）　体制が瓦解する　（類）崩壊 |
| かかえこむ | 抱え込む | 動 | 仕事を抱え込む　（類）背負い込む |
| かかえる | 抱える | 動 | 頭を抱える、紛争の火種を抱える |
| かがく | 科学 | 名 | 科学の進歩、社会科学 |
| | 化学 | 名 | 化学反応、化学工業 |

| かかげる | 掲げる | 動 | スローガンを掲げる　(類)掲示、掲出 |
|---|---|---|---|
| かかす | 欠かす | 動 | 散歩を欠かしたことがない |
| かがめる | かがめる | 動 | 腰をかがめる　×屈める　(類)こごむ、しゃがむ |
| かがやかしい | 輝かしい | 形 | 輝かしい業績　(類)すばらしい |
| かがやく | 輝く | 動 | 太陽が輝く、目が輝く、栄誉に輝く　(類)きらめく |
| かかり | 掛 | 名 | 出札掛、御用掛 |
| | 係 | 名 | 受付係、係員、庶務係　(類)担当、受け持ち |
| がかり | …掛かり | 接尾 | 五人掛かり、三日掛かり |
| かかりあう | 掛かり合う | 動 | つまらぬ事に掛かり合う |
| かかる | 掛かる | 動 | (他に及ぶ、ぶら下がる、上から下に動く、上に置く、作用する)　迷惑が掛かる、疑いが掛かる |
| | 懸かる | 動 | (宙に浮く、託す)　雲が懸かる、優勝が懸かる、生活が懸かる |
| | 架かる | 動 | (一方から他方へ差し渡す)　橋が架かる、ケーブルが架かる |
| | 係る | 動 | (関係する)　名誉に係る問題、本件に係る訴訟　×関る |
| | かかる | 動 | 病気にかかる　×罹る |
| | かかる | 連体 | かかる事件、かかる事態　×斯かる　(類)このような |
| かかわらず | かかわらず | 連語 | 悪条件にもかかわらず　×拘わらず |
| かかわり | 関わり | 名 | (改)　その事には多少の関わりがある　(類)関係 |
| かかわる | 関わる | 動 | (改：訓の追加)　生活に関わる問題、命に関わる　×係わる |
| かかん | 果敢 | 名・形動 | 勇猛果敢、果敢に挑戦する　(類)勇ましい、勇敢 |
| かき | 柿 | 名 | (改) |
| | 夏季 | 名 | 夏季の省エネ対策、夏季休暇 |
| | 夏期 | 名 | 夏期講習 |
| | かき… | 接頭 | かき集める、かき混ぜる　×掻き |
| かぎ | 鍵 | 名 | (改)　鍵穴、鍵で開ける、鍵っ子 |
| かきあやまり | 書き誤り | 名 | |
| かきいれどき | 書き入れ時 | 名 | 商店街の書き入れ時だ　(類)もうけ、繁盛 |
| かきいれる | 書き入れる | 動 | (類)書き込む、記入、記載 |
| かきおき | 書き置き | 名 | (類)メモ、遺書 |
| かきおろす | 書き下ろす | 動 | 脚本を書き下ろす |
| かきかえ | 書換え | 名 | (複)　(類)更改、更新 |
| かきかえる | 書き換える | 動 | |
| かきかた | 書き方 | 名 | 文章の書き方、書き方教室 |
| かきくだし | 書き下し | 名 | 書き下し文 |
| かきけす | かき消す | 動 | 声をかき消す、姿をかき消す　×掻き消す |
| かきこむ | 書き込む | 動 | (類)記入、記載 |
| かぎざき | かぎ裂き | 名 | ×鉤裂き　(類)くぎ裂き |
| かきそえる | 書き添える | 動 | (類)追記、付記 |
| かきぞめ | 書き初め | 名 | 書き初め大会 |
| かきだし | 書き出し | 名 | (類)冒頭、文頭 |
| かきつけ | 書付 | 名 | (法)　(類)勘定書、請求書 |
| かぎつける | 嗅ぎ付ける | 動 | (改)　隠れ家を嗅ぎ付ける　(類)嗅ぎ当てる |
| かきとめ | 書留 | 名 | (法) |
| かきとめる | 書き留める | 動 | 手帳に書き留める　(類)控える、記録 |
| かきとる | 書き取る | 動 | 演説を書き取る　(類)写す、筆写、書写 |
| かきなおす | 書き直す | 動 | 報告書を書き直す　(類)書き改める、書き換える |

| かきぬく | 書き抜く | 動 | 要点を書き抜く　（類）抜き出す |
|---|---|---|---|
| かぎのて | かぎの手 | 名 | 道をかぎの手に曲がる　×鉤の手　（類）直角 |
| かきまぜる | かき混ぜる | 動 | 砂糖をかき混ぜる　×掻き混ぜる |
| かきまわす | かき回す | 動 | スープをかき回す、授業をかき回す　×掻き回す |
| かきみだす | かき乱す | 動 | 生活をかき乱す、心をかき乱す　×掻き乱す |
| かきもの | 書き物 | 名 | 書き物に精を出す　（類）執筆 |
| かきゅうてき | 可及的 | 副 | 可及的速やかに…　（類）できる限り、なるべく |
| かぎり | 限り | 名 | 力の限り頑張る、…しない限り |
| かぎる | 限る | 動 | 範囲を限る |
| かきわける | 書き分ける | 動 | 漢字を書き分ける |
|  | かき分ける | 動 | 人垣をかき分ける　×掻き分ける |
| かぎわける | 嗅ぎ分ける | 動 | （改）臭いを嗅ぎ分ける |
| かく | 書く | 動 | 小説を書く、日記を書く　（類）記す、記録する、控える |
|  | 描く | 動 | （改：訓の追加）油絵を描く、地図を描く |
|  | 欠く | 動 | 礼を欠く |
|  | かく | 動 | 恥をかく、汗をかく　×掻く |
|  | 各 | 接頭 | 各自、各種、各部門 |
|  | 格 | 名 | 格が違う、格が上がる |
|  | 核 | 名 | 組織の核を作る |
| かぐ | 嗅ぐ | 動 | （改）臭いを嗅ぐ |
| かくう | 架空 | 名 | 架空の人物、架空の話　×仮空　（類）空想、想像 |
| がくかんせつ | 顎関節 | 名 | （改） |
| かくさ | 格差 | 名 | （格付の差）賃金格差 |
|  | 較差 | 名 | （比較した差）業種間の較差 |
| かくしごと | 隠し事 | 名 | 親に隠し事をする　（類）秘密、密事 |
| かくしだて | 隠し立て | 名 | 隠し立てをする　（類）隠匿、秘匿、隠蔽 |
| かくしつ | 確執 | 名 | 委員の間に確執が生じる　（類）対立 |
| かくしょう | 確証 | 名 | 確証をつかんだ　（類）明証 |
| かくしん | 革新 | 名・形動 | 技術革新、革新的な意見　（類）刷新、一新 |
|  | 核心 | 名 | 事件の核心に迫る　（類）中心、核 |
|  | 確信 | 名 | 彼の無実を確信する、確信犯　（類）信念 |
| かくす | 隠す | 動 | 雲が日を隠す　（類）遮る |
| かくする | 画する | 動 | 一線を画する　（類）区切る、仕切る |
| かくせい | 覚醒 | 名 | （改）覚醒する、覚醒剤　（類）目覚まし |
| かくぜん | 画然 | 名 | 画然とした意見の違い　（類）せつ然 |
|  | 確然 | 名 | 確然とした判断を下す　（類）確固 |
| がくぜん | がく然・愕然 | 名 | 意外な結果にがく然とする　▲愕然　（類）驚がく、驚嘆 |
| かくづけ | 格付 | 名 | （複）格付表 |
| かくてい | 確定 | 名 | 当選が確定する　（類）本決まり、内定 |
|  | 画定 | 名 | 用地を画定する |
| かくにん | 確認 | 名 | 意思を確認する　（類）尋ねる、念を押す、裏取り |
| かくまう | かくまう | 動 | 犯人をかくまう　×匿う　（類）囲う |
| かぐら | 神楽 | 名 | （付） |
| かくらん | かく乱・攪乱 | 名 | 社会の秩序をかく乱する　▲攪乱　（類）混乱、揺さぶり |
| かくり | 隔離 | 名 | 伝染病患者を隔離する |
| かくれる | 隠れる | 動 | |

| かけ | 欠け | 名 | 月の満ち欠け |
| | 掛け | 名 | 掛けで買う |
| | 賭け | 名 | (改) 賭けをする |
| かげ | 陰 | 名 | (日の当たらない所、目の届かない所) 山の陰、日陰、陰の声 |
| | 影 | 名 | (光りが遮られてできる黒いもの、光、姿) 影が映る、影も形もない、影が薄い |
| がけ | 崖 | 名 | (改) 崖下、断崖、崖っ縁 |
| かけあう | 掛け合う | 動 | 水を掛け合う、賃料値下げを掛け合う (類)交渉、談判 |
| かけあし | 駆け足 | 名 | 冬が駆け足でやってくる (類)早足、疾走 |
| かけうり | 掛け売り | 名 | 掛け売りで品物を買う (類)付け、信販、クレジット |
| かけがえ | 掛け替え | 名 | 掛け替えのない人を失う |
| かけきん | 掛金 | 名 | (複) |
| かけごえ | 掛け声 | 名 | 掛け声ばかりで具体化しない |
| かけこむ | 駆け込む | 動 | 家の中に駆け込む (類)飛び込む、逃げ込む |
| かけざん | 掛け算 | 名 | |
| がけした | 崖下 | 名 | (改) |
| かけすて | 掛け捨て | 名 | |
| かけずりまわる | 駆けずり回る | 動 | 一日中仕事で駆けずり回る (類)飛び回る、駆け回る |
| かけだす | 駆け出す | 動 | 表に駆け出す |
| かけね | 掛け値 | 名 | 掛け値なしの話 |
| かけひき | 駆け引き | 名 | 駆け引きがうまい (類)交渉、談判 |
| かけまわる | 駆け回る | 動 | 借金に駆け回る |
| かけもち | 掛け持ち | 名 | 二つのパーティーに掛け持ちで出る |
| かけら | 欠けら | 名 | ガラスの欠けら ×欠片 (類)破片 |
| かける | 掛ける | 動 | 言葉を掛ける、表札を掛ける、腰を掛ける、保険を掛ける |
| | 懸ける | 動 | 優勝を懸ける、賞金を懸ける |
| | 架ける | 動 | 橋を架ける、電線を架ける |
| | 欠ける | 動 | 常識に欠ける、食器が欠ける |
| | 賭ける | 動 | (改) 大金を賭ける、人生を賭(懸)けた勝負 |
| | 駆ける | 動 | 馬が駆ける、グラウンドを駆ける |
| | …(に)かける | 動 | 閣議にかける、裁判にかける |
| かげる | 陰る | 動 | 日が陰る ×翳る (類)曇る、かすむ |
| かげん | 加減 | 名 | 温度を加減する、力を加減する (類)調整、あんばい |
| かこい | 囲い | 名 | (類)包囲、遠巻き |
| かこく | 苛酷 | 形動 | (改) 苛酷な収奪 (類)残酷、残虐、残忍 |
| | 過酷 | 形動 | 過酷な労働条件 (類)厳しい |
| かご | 籠 | 名 | (改) 竹籠を編む ×篭 |
| かごばらい | 過誤払 | 名 | (法) |
| かこむ | 囲む | 動 | |
| かこん | 禍根 | 名 | 禍根を断つ、将来に禍根を残す |
| かさねて | 重ねて | 副 | 重ねて要望する (類)また、再び |
| かさねる | 重ねる | 動 | 本を重ねる、失敗を重ねる (類)積む、繰り返す |
| かさばる | かさばる | 動 | 箱に入れるとかさばる ×嵩張る |
| かさむ | かさむ | 動 | 経費がかさむ ×嵩む |
| かざりつけ | 飾り付け | 名 | 会場の飾り付けをする |
| かざる | 飾る | 動 | 商品を飾る、言葉を飾る、新聞の一面を飾る |

| かし | 河岸 | 名 | （付）魚河岸　（類）市場、取引所 |
|---|---|---|---|
| | 貸し | 名 | １万円の貸しがある　（類）貸付、貸与 |
| | 瑕疵 | 名 | 瑕疵（かし）担保責任　△瑕疵（かし）　（類）きず、欠陥 |
| | 下肢 | 名 | |
| かじ | 鍛冶 | 名 | （付） |
| かしかた | 貸方 | 名 | （法） |
| かしかり | 貸し借り | 名 | 彼との関係では貸し借りはない　（類）貸借 |
| かしきり | 貸切り | 名 | （複） |
| かしきん | 貸金 | 名 | （複） |
| かしこい | 賢い | 形 | 犬は賢い動物だ、賢く立ち回る　（類）利口、さとい |
| かしこし | 貸越し | 名 | （複） |
| かしこしきん | 貸越金 | 名 | （法） |
| かししつ | 貸室 | 名 | （法） |
| かしせき | 貸席 | 名 | （法） |
| かしだおれ | 貸倒れ | 名 | （複） |
| かしだおれひきあてきん | 貸倒引当金 | 名 | （法） |
| かしだし | 貸出し | 名 | （複） |
| かしだしきん | 貸出金 | 名 | （法） |
| かしだしひょう | 貸出票 | 名 | （法） |
| かしだす | 貸し出す | 動 | |
| かしち | 貸地 | 名 | |
| かしちん | 貸賃 | 名 | |
| かしつけ | 貸付け | 名 | （複）　（類）貸与、貸し |
| | 貸付（金） | 名 | （法） |
| かして | 貸手 | 名 | |
| かじとり | かじ取り | 名 | ×舵取り |
| かしぬし | 貸主 | 名 | （法）　（類）貸し元、貸手 |
| かしぶね | 貸船 | 名 | （法） |
| かしほん | 貸本 | 名 | （法） |
| かしま | 貸間 | 名 | （法）　（類）貸家、貸室 |
| かしや | 貸家 | 名 | （法） |
| かしゃく | かしゃく・呵責（かしゃく） | 名 | 良心のかしゃくに堪えない　▲呵責（かしゃく）　（類）問責 |
| かじゅう | 加重 | 名 | 刑が加重される |
| | 荷重 | 名 | トラックの荷重制限 |
| | 過重 | 形動 | 過重な労働、過重な要求 |
| かしょ | 箇所 | 名 | 読めない箇所がある　（類）部分、場所、地点 |
| かしょう | 過小 | 形動 | 過小評価、力量を過小に見誤る　（類）最小、極小 |
| | 過少 | 形動 | 過少申告、予算が過少に過ぎる |
| | 寡少 | 形動 | 寡少な人数、寡少な戦力 |
| かじょう | 過剰 | 名・形動 | 過剰防衛、過剰な供給　（類）超過、過度、行き過ぎ |
| がじょう | 牙城 | 名 | （改）改革派の牙城、敵の牙城に迫る |
| かじょうがき | 箇条書 | 名 | （法）問題点を箇条書にする |
| かしわたしぎょう | 貸渡業 | 名 | （法） |
| かじる | かじる | 動 | リンゴをかじる　×囓る　（類）くわえる |
| かす | 貸す | 動 | 金を貸す |
| | 課す | 動 | 税を課す、制限を課す、任務を課す |

| | | | |
|---|---|---|---|
| | 科す | 動 | 刑を科す、懲罰を科す、制裁を科す |
| かすか | かすか | 形動 | かすかな音、かすかに見える ×微か・幽か (類)ほのか |
| かずかず | 数々 | 名 | 数々の名作 |
| かすめる | かすめる | 動 | 柿をかすめる、脳裏をかすめる ×掠める |
| かする | 課する | 動 | 税を課する、制限を課する 任務を課する |
| | 科する | 動 | 刑を科する、懲罰を科する、制裁を科する |
| | 嫁する | 動 | 責任を部下に嫁する、娘を嫁する |
| | かする | 動 | 石が顔をかする、筆がかする ×掠る・擦る |
| かぜ | 風邪 | 名 | (付) |
| かぜあたり | 風当たり | 名 | 世間の風当たりが強い (類)非難、糾弾 |
| かせぎ | 稼ぎ | 名 | 稼ぎが少ない、稼ぎ人、共稼ぎ (類)収入、所得 |
| かせぐ | 稼ぐ | 動 | パートで稼ぐ (類)もうける |
| かせつ | 仮説 | 名 | 仮説を展開する (類)想定、設定 |
| | 仮設 | 名 | 事務所を仮設する、仮設テント (類)特設、増設 |
| | 架設 | 名 | 電線を架設する (類)架け渡す、高架 |
| かぜとおし | 風通し | 名 | 職場の風通しをよくする |
| かせん | 寡占 | 名 | 市場の寡占状態 |
| がぜん | がぜん | 副 | がぜん騒々しくなった ×俄然 (類)にわかに、突然、突如 |
| かそう | 仮装 | 名 | 仮装行列 (類)擬装、ふん装、変装 |
| | 仮想 | 名 | 仮想敵国 |
| かぞえどし | 数え年 | 名 | |
| かぞえる | 数える | 動 | |
| かそせい | 可塑性 | 名 | |
| かそち | 過疎地 | 名 | |
| かた | 方 | 名 | あの方はよい方です、話し方 (接尾)先生方 |
| | 片… | 接頭 | 片言、片思い |
| | 形 | 名 | 跡形もなく、柔道の形 (類)形状、フォーム |
| | 型 | 名 | 型破りな青年、大型の台風 (類)型式、タイプ |
| | 肩 | 名 | 路肩、肩書 |
| | 潟 | 名 | 干潟、〇〇潟 |
| | 過多 | 名・形動 | 胃酸過多、情報過多、過多な情報 |
| かたい | 堅い | 形 | (中身が詰まっていて強い、確かである) 堅い材木、堅い守り、口が堅い |
| | 固い | 形 | (結び付きが強い、揺るがない) 固い友情、固い決意、頭が固い |
| | 硬い | 形 | (⇔軟らかい)(外力に強い、こわばっている) 硬い殻を割る、硬い表情、表情が硬い |
| | 難い | 形 | 許し難い、想像に難くない (類)づらい、にくい |
| かだい | 過大 | 名・形動 | 過大評価、過大な期待、過大視 (類)巨大、マクロ |
| かたがき | 肩書 | 名 | (法) (類)地位、ポスト |
| かたがた | 方々 | 名 | 御来場の方々 (類)人々、連中、皆様 |
| | …かたがた | 接尾 | お礼かたがた ×…旁々 |
| かたがわり | 肩代わり | 名 | 借金を肩代わりする |
| かたき | 敵 | 名 | 敵を討つ ×仇 |
| かたぎ | かたぎ | 名 | 職人かたぎ ×気質 (類)気風、肌 |
| | 堅気 | 名・形動 | やくざが堅気になる、堅気な人 (類)堅実、地道 |
| かたきうち | 敵討ち | 名 | (類)仕返し、復しゅう、あだ討ち |
| かたくな | かたくな | 形動 | かたくなな態度 ×頑な (類)いこじ、強情、片意地 |
| かたくるしい | 堅苦しい | 形 | 堅苦しい挨拶 |

| かたこり | 肩凝り | 名 | |
|---|---|---|---|
| かたすかし | 肩透かし | 名 | 肩透かしを食らう |
| かたず | 固唾 | 名 | （付）固唾をのむ　（類）つば |
| かたづく | 片付く | 動 | 仕事が片付く　（類）解決、決着、まとまる |
| かたづける | 片付ける | 動 | 部屋を片付ける　（類）整理、整頓 |
| かたっぱしから | 片っ端から | 副 | 片っ端からけちをつける　（類）手当たり次第、無差別 |
| かたならし | 肩慣らし | 名 | |
| かたまり | 塊 | 名 | 砂糖の塊、欲の塊 |
| | 固まり | 名 | やじうまの固まり、石ころの固まり |
| かたまる | 固まる | 動 | 基礎が固まる、意思が固まる、証拠が固まる |
| かたむく | 傾く | 動 | 家が傾く　（類）かしぐ |
| かたむける | 傾ける | 動 | 首を傾ける、精魂を傾ける、愛情を傾ける　（類）注ぐ |
| かたやぶり | 型破り | 名・形動 | 型破りな言動 |
| かたよる | 偏る | 動 | 思想が偏る、栄養が偏る、発言が偏る |
| | 片寄る | 動 | 隅に片寄る、人口が都会に片寄る |
| かたらう | 語らう | 動 | （類）話し合う、対話 |
| かたりあう | 語り合う | 動 | 夢を語り合う |
| かたりぐさ | 語りぐさ・語り草 | 名 | ×語り種 |
| かたる | 語る | 動 | （類）言う、しゃべる、話す、述べる |
| かたわら | 傍ら | 名 | 道の傍らで休む　（接助）仕事の傍ら、勉強する　（類）そば、付近 |
| かたわれ | 片割れ | 名 | 盗賊の片割れ　（類）片方、一方、一部 |
| かち | 勝ち | 名 | 勝ち戦、勝ち気　（類）勝利 |
| がち | …がち | 接尾 | 休みがち、…しがち　×勝ち |
| かちまけ | 勝ち負け | 名 | 勝ち負けにこだわる　（類）勝敗 |
| かちゅう | 渦中 | 名 | 渦中の人 |
| かつ | 勝つ | 動 | 試合に勝つ、己に勝つ　×克つ |
| | かつ | 接続 | （仮名）適正かつ迅速な事務処理　×且つ　（類）その上、しかも |
| かつあい | 割愛 | 名 | 各論は割愛する、割愛願い　（類）切り分け、割譲 |
| がっかい | 学会 | 名 | 学会で発表する、物理学会 |
| | 学界 | 名 | 学界で認められる、学界展望 |
| かっきてき | 画期的 | 形動 | 画期的な発明　×劃期的　（類）未曾有、前代未聞、空前 |
| かっきょ | 割拠 | 名 | 群雄割拠 |
| かつぐ | 担ぐ | 動 | 荷を担ぐ、会長に担ぐ、縁起を担ぐ　（類）担う、負う |
| かっこ | 括弧 | 名 | 括弧書き |
| | 確固 | 名 | 確固たる信念　×確乎 |
| かっこう | 格好 | 名 | 格好を気にする　×恰好　（類）外見、身なり、姿 |
| かっさい | 喝采 | 名 | （改）拍手喝采、喝采を博する　（類）感嘆、賞嘆 |
| かったつ | かったつ・闊達 | 形動 | 自由かったつな意見　▲闊達 |
| かつて | かつて | 副 | かつて見たことがある　×嘗て　（類）前々、以前 |
| かって | 勝手 | 名・形動 | 使い勝手がよい、勝手な行動　（類）気まま、好き |
| がってん | 合点 | 名 | 合点がいく |
| かっとう | 葛藤 | 名 | （改）心の葛藤　（類）不和、あつれき |
| かつもく | かつ目・刮目 | 名 | かつ目に値する　▲刮目　（類）注目、注視 |
| かてい | 過程 | 名 | 成長の過程　（類）経緯、いきさつ |
| | 課程 | 名 | 教育課程、研修課程　（類）学課、コース |
| | 仮定 | 名 | 仮定の話　（類）想定 |

| かどう | 稼働 | 名 | 稼働人口、稼働日数、稼働率 |
| | 稼動 | 名 | 機械を稼動させる |
| かな | 仮名 | 名 | (付) 仮名遣い、平仮名、片仮名 |
| かなう | かなう | 動 | 念願がかなう、道理にかなう ×叶う・適う |
| かなえ | かなえ | 名 | かなえの軽重を問う ×鼎 |
| かなえる | かなえる | 動 | 希望をかなえる ×叶える・適える |
| かなしい | 悲しい | 形 | 悲しい思い ×哀しい |
| かなしがる | 悲しがる | 動 | |
| かなしばり | 金縛り | 名 | (類)拘束、束縛 |
| かなしむ | 悲しむ | 動 | |
| かなた | かなた | 代 | 海のかなた ×彼方 (類)向こう、あなた |
| かなづかい | 仮名遣い | 名 | |
| かなでる | 奏でる | 動 | 琴を奏でる (類)奏する、弾く |
| かなまじり | 仮名交じり | 名 | |
| かなめ | 要 | 名 | (改:訓の追加) 扇の要、肝腎要 (類)要点、要所、ポイント |
| かならず | 必ず | 副 | 必ず報告すること (類)きっと、絶対に、確かに、例外なく |
| かならずしも | 必ずしも | 副 | 必ずしも…だとは限らない (類)あながち、まんざら |
| かなり | かなり | 副 | (仮名) かなり進展した ×可成り (類)相当 |
| かねあい | 兼ね合い | 名 | 費用との兼ね合い (類)釣り合い、均衡 |
| かねがね | かねがね | 副 | かねがね思っていた ×予々 (類)前々、かねて |
| かねつ | 加熱 | 名 | 殺菌のため加熱する |
| | 過熱 | 名 | エンジンが過熱する、選挙戦が過熱ぎみ |
| かねづかい | 金遣い | 名 | 金遣いが荒い |
| かねづまり | 金詰まり | 名 | 金詰まりで生活が苦しい |
| かねて | かねて | 副 | かねて御案内申し上げた ×予て (類)前もって、かつて |
| かねまわり | 金回り | 名 | 金回りが悪い |
| かねもち | 金持ち | 名 | |
| かねる | 兼ねる | 動 | 趣味と実益を兼ねる |
| | かねる | 動 | 見るに見かねて手伝う、自殺しかねない |
| かの | かの | 連体 | かの有名な事件 ×彼の |
| かのじょ | 彼女 | 代 | |
| かばう | かばう | 動 | 部下をかばう、傷をかばう ×庇う (類)守る |
| かばらい | 過払い | 名 | |
| かひ | 可否 | 名 | 原発建設の可否を問う (類)賛否、適否、当否 |
| かび | かび | 名 | かび臭い ×黴 |
| かびょう | 画びょう・画鋲 | 名 | ▲画鋲 |
| かふ | 寡夫・寡婦 | 名 | |
| かぶりつく | かぶり付く | 動 | リンゴにかぶり付く ×齧り付く (類)食い付く |
| かぶる | かぶる | 動 | 帽子をかぶる、水をかぶる ×被る・冠る |
| かぶん | 過分 | 形動 | 過分なお褒めにあずかる |
| かぼそい | か細い | 形 | か細い声で答える (類)きゃしゃ |
| かまう | 構う | 動 | 構わない、費用に構わず |
| かまえ | 構え | 名 | 門構え |
| かまえる | 構える | 動 | 店を構える、ストを構える、事を構える、どっしりと構える |
| かまける | かまける | 動 | 育児にかまけて仕事もできない ×感ける (類)かかずらう |
| かまわない | 構わない | 連語 | 服装は構わない、お構いなく |

| | | | |
|---|---|---|---|
| | …してもかまわない | 連語 | 外出してもかまわない　（類）差し支えない |
| がまん | 我慢 | 名 | 我慢強い、空腹を我慢する　（類）忍耐、辛抱 |
| かみあう | かみ合う | 動 | 議論がかみ合う　×噛み合う |
| かみくず | 紙くず | 名 | ×紙屑 |
| かみしめる | かみ締める | 動 | 幸せをかみ締める　×噛み締める　（類）味わう |
| かむ | かむ | 動 | ×噛む・咬む |
| かもく | 寡黙 | 名・形動 | 寡黙な人物　（類）無口、無言 |
| | 科目 | 名 | 必須科目と選択科目、予算科目　（類）学科、教科 |
| | 課目 | 名 | 学習課目の変更、税金の課目 |
| かもしだす | 醸し出す | 動 | 雰囲気を醸し出す |
| かもしれない | …かもしれない | 連語 | 間違いかもしれない　×かも知れない　（類）に相違ない |
| かもす | 醸す | 動 | 物議を醸す　（類）醸成 |
| かや | 蚊帳 | 名 | （付）　当事者を蚊帳の外に置いて議論が進む |
| かやぶき | かやぶき | 名 | かやぶき屋根　×茅葺き |
| かゆい | かゆい | 形 | ×痒い |
| かよう | 通う | 動 | 学校に通う |
| かよわい | か弱い | 形 | か弱い女性　（類）弱々しい、もろい、ひ弱い |
| から | …から | 格助 | 午後１時から始まる、東京から京都まで |
| からくも | 辛くも | 副 | （類）やっと、ようやく、どうにか |
| からす | 枯らす | 動 | 草木を枯らす |
| | からす | 動 | 池の水をからす、声をからす　×涸らす・嗄らす |
| からだ | 体 | 名 | ×身体・躯 |
| からだき | 空だき | 名 | ×空焚き |
| からだつき | 体つき | 名 | 体つきが親に似ている　（類）体格、かっぷく |
| からまる | 絡まる | 動 | 釣り糸が絡まる　（類）絡み付く、巻き付く |
| からみつく | 絡み付く | 動 | 酔って人に絡み付く |
| からむ | 絡む | 動 | 金銭問題が絡む |
| からめる | 絡める | 動 | （改：訓の追加）　予算審議に絡めて外交案件を審議する |
| かり | 仮 | 名 | 仮処分、仮の住まい　（副）仮に… |
| | 借り | 名 | 一つ借りができた |
| | 狩り | 名 | 潮干狩り、紅葉狩り、狩りに行く |
| | 刈り | 名 | 稲刈り、芝刈り |
| かりあげ | 借上げ | 名 | |
| かりあげる | 借り上げる | 動 | |
| かりいれ | 借入れ | 名 | （複）　資金の借入れをする |
| | 借入（金） | 名 | （法） |
| | 刈り入れ | 名 | 稲の刈り入れをする　（類）取り入れ、収穫 |
| かりいれる | 借り入れる | 動 | 資金を借り入れる　（類）借りる、借用 |
| | 刈り入れる | 動 | 稲を刈り入れる |
| かりうけ | 借受け | 名 | （複） |
| かりうけにん | 借受人 | 名 | （法） |
| かりうける | 借り受ける | 動 | 住宅を借り受ける |
| かりかえ | 借換え | 名 | （複） |
| かりかし | 借り貸し | 名 | |
| かりかた | 借方 | 名 | （法） |
| かりきる | 借り切る | 動 | バス１台を借り切る　（類）チャーター |

| かりこし | 借り越し | 名 | |
|---|---|---|---|
| かりこしきん | 借越金 | 名 | （法） |
| かりこむ | 刈り込む | 動 | 植木を刈り込む |
| かりそめにも | かりそめにも | 副 | かりそめにも口にしてはならない　（類）決して |
| かりたてる | 駆り立てる | 動 | 不安に駆り立てられる、獲物を駆り立てる |
| かりて | 借り手 | 名 | |
| かりとじ | 仮とじ・仮綴じ | 名 | △仮綴じ |
| かりとり | 刈取り | 名 | （複） |
| かりとりき | 刈取機 | 名 | （法） |
| かりとる | 刈り取る | 動 | |
| かりに | 仮に | 副 | 仮に失敗しても…　（類）もし、たとえ |
| かりぬし | 借主 | 名 | （法） |
| かりばらい | 仮払い | 名 | |
| かりょう | 過料 | 名 | （反則金など行政上の制裁金）　過料に処す |
| | 科料 | 名 | （刑事罰としての財産刑の一つ）　科料に処す |
| かりる | 借りる | 動 | |
| かりわたしきん | 仮渡金 | 名 | （法） |
| かるい | 軽い | 形 | 軽い荷物、気持ちが軽い、口が軽い |
| かるがる | 軽々 | 副 | 軽々と持ち上げる　（類）楽々と、やすやす |
| かるがるしい | 軽々しい | 形 | 軽々しい行動　（類）軽はずみ、軽率 |
| かるはずみ | 軽はずみ | 形動 | 軽はずみな行動　（類）軽々しい、軽率 |
| かれ | 彼 | 代 | |
| がれき | がれき | 名 | がれきの山　×瓦礫 |
| かれこれ | かれこれ | 副 | かれこれ12時だ　×彼此　（類）ざっと、およそ |
| かれつ | 苛烈 | 名・形動 | （改）　苛烈な取り立て　（類）過酷、激しい、厳しい |
| かれは | 枯れ葉 | 名 | （類）落ち葉、朽ち葉 |
| かれら | 彼ら | 代 | ×彼等 |
| かれる | 枯れる | 動 | 草木が枯れる　（類）しおれる、萎える、しぼむ |
| | かれる | 動 | 井戸がかれる、声がかれる　×涸れる・嗄れる |
| かれん | かれん | 形動 | かれんな花　×可憐　（類）あどけない、いたいけ |
| かろうじて | 辛うじて | 副 | 辛うじて助かった　（類）やっと、どうにか |
| かろやか | 軽やか | 形動 | 軽やかな足取り　（類）軽快、軽妙 |
| かろんずる | 軽んずる | 動 | 命を軽んずる　（類）侮る、粗末 |
| かわ | 皮 | 名 | 皮をはぐ、面の皮、化けの皮 |
| | 革 | 名 | 革の靴、なめし革 |
| | 川 | 名 | 小川、川岸 |
| | 河 | 名 | 河口湖 |
| かわいい | かわいい | 形 | ×「可愛い」は当て字　（類）いとおしい、愛らしい |
| かわいそう | かわいそう | 形動 | かわいそうな身の上　×「可哀相」は当て字　（類）気の毒 |
| かわかす | 乾かす | 動 | 衣類を乾かす　（類）干す |
| かわきり | 皮切り | 名 | …を皮切りとして　（類）序の口、口開け |
| かわく | 乾く | 動 | 空気が乾く、地面が乾く、乾いた表情　（類）乾燥 |
| | 渇く | 動 | 喉が渇く |
| かわす | 交わす | 動 | 文書を交わす、挨拶を交わす　（類）差し交わす |
| | かわす | 動 | 体をかわす　×躱す　（類）そらす、外す |
| かわせ | 為替 | 名 | （付） |

| かわぞい | 川沿い | 名 | (類)川岸、河岸 |
|---|---|---|---|
| かわびらき | 川開き | 名 | |
| かわべり | 川べり | 名 | ×川縁 |
| かわら | 瓦 | 名 | (改) 瓦屋根、瓦ぶき |
| | 河原・川原 | 名 | (付)・ |
| かわり | 代わり | 名 | 身代わり、代わりを探す |
| | 変わり | 名 | 心変わり、声変わり |
| | 替わり | 名 | 入れ替わり、代替わり |
| かわりもの | 変わり者 | 名 | (類)変人、奇人、変わり種 |
| かわる | 代わる | 動 | 運転を代わる、石油に代わるエネルギー |
| | 変わる | 動 | 位置が変わる、時代が変わる、日程が変わる |
| | 換わる | 動 | 配置が換わる、名義が換わる |
| | 替わる | 動 | メンバーが替わる、入れ替わる、生え替わる |
| かん | 缶 | 名 | 缶詰、製缶 |
| がん | がん・癌 | 名 | 胃がん　△癌 |
| かんいん | かん淫・姦淫 | 名 | △姦淫 |
| かんか | 看過 | 名 | 過失を看過する　(類)見落とし、目こぼし |
| | 感化 | 名 | 友人に感化される　(類)教化 |
| かんがい | 感慨 | 名 | 感慨にひたる　(類)感激、感銘 |
| | かんがい・灌漑 | 名 | かんがい用水　△灌漑 |
| かんがえかた | 考え方 | 名 | |
| かんがえなおす | 考え直す | 動 | |
| かんがえる | 考える | 動 | (類)思考、思う、考察する、考慮する |
| かんかつちがい | 管轄違い | 名 | |
| かんがみる | 鑑みる | 動 | (改：訓の追加)　先例に鑑みると、… |
| かんき | 喚起 | 名 | 注意を喚起する |
| | 換気 | 名 | 空気を換気する |
| | 歓喜 | 名 | 勝利に歓喜する　(類)狂喜、驚喜 |
| かんきり | 缶切 | 名 | (複) |
| かんきゃく | 閑却 | 名 | 重大問題を閑却する　(類)打ち捨てる、うっちゃる |
| かんきょ | 管きょ・管渠 | 名 | △管渠 |
| がんぐ | 玩具 | 名 | (改) |
| がんぐる | 勘ぐる | 動 | あれこれ勘ぐる　(類)当て推量、心当て、臆測 |
| かんげき | 間隙 | 名 | (改)　間隙を縫う |
| かんげん | 甘言 | 名 | 甘言を弄する　(類)巧言、美辞 |
| | 換言 | 名 | 換言すれば、…である　(類)言い直す、言い換える |
| | かん言・諫言 | 名 | ▲諫言　(類)いさめる、意見、諭す |
| かんご | 監護 | 名 | 未成年者を監護する　(類)保護、教護 |
| | 看護 | 名 | 病人を看護する　(類)介添え、養護、看病 |
| | 観護 | 名 | 観護措置 |
| がんこ | 頑固 | 名・形動 | 頑固一徹、頑固なおやじ　(類)強硬、硬骨 |
| かんこうれい | かん口令・箝口令 | 名 | かん口令を敷く　▲箝口令 |
| かんこく | 勧告 | 名 | 辞職を勧告する、勧告に従う　(類)忠告、警告 |
| かんさ | 監査 | 名 | 監査機関、収支を監査する |
| | 鑑査 | 名 | 出品作品を鑑査する |
| かんさつ | 監察 | 名 | 行政監察、監察医 |

| | | | |
|---|---|---|---|
| かんし | 観察 | 名 | 鋭い観察眼 |
| | 監視 | 名 | 沿岸を監視する　（類）見張り、立ち番 |
| | 環視 | 名 | 衆人環視の中で逮捕される |
| かんしゃく | かんしゃく・癇癪 | 名 | かんしゃくを起こす　△癇癪　（類）ヒステリック |
| かんしょう | 鑑賞 | 名 | 美術鑑賞、音楽を鑑賞する |
| | 観賞 | 名 | 自然観賞、観賞用の熱帯魚 |
| | 勧奨 | 名 | 勧奨退職　（類）奨励 |
| | 干渉 | 名 | 内政干渉　（類）口出し、手出し |
| がんじょう | 頑丈 | 形動 | 頑丈な体　（類）堅牢、堅固、屈強 |
| かんじる | 感じる | 動 | |
| かんしん | 関心 | 名 | 政治に関心がない |
| | 感心 | 名 | 感心な少年、好成績に感心する |
| | 歓心 | 名 | 上司の歓心を買う |
| かんじん | 肝腎・肝心 | 名・形動 | （改）肝腎な事を忘れる　（類）重要、肝要 |
| かんする | 関する | 動 | 提案に関する発言　（類）関わる |
| かんずる | 感ずる | 動 | |
| かんせい | 歓声 | 名 | 喜びの歓声を上げる、観客の歓声 |
| | 喚声 | 名 | 人々の喚声に包まれる、どっと喚声が上がる |
| | 陥せい・陥穽 | 名 | ▲陥穽　（類）落とし穴 |
| かんだかい | 甲高い | 形 | 甲高い声で叫ぶ |
| かんたん | 肝胆 | 名 | 肝胆相照らす　（類）心の中、真心 |
| | 感嘆 | 名 | 感嘆の声、感嘆符　（類）喝采、詠嘆 |
| かんち | 関知 | 名 | 当局の関知するところではない　（類）認識、把握、理解 |
| | 感知 | 名 | 危険を感知する、火災感知器　（類）察知、検知 |
| かんちがい | 勘違い | 名 | （類）誤解、思い違い、心得違い |
| がんちく | 含蓄 | 名 | 含蓄のある言葉　（類）含み |
| かんづく | 感づく | 動 | 気配に感づく　（類）気付く |
| かんづめ | 缶詰 | 名 | |
| がんとして | 頑として | 連語 | 頑として承知しない　（類）あくまで |
| かんのう | 堪能 | 名 | （改）（「タンノウ」とも読む）郷土料理を堪能する　（類）満喫 |
| かんばしい | 芳しい | 形 | 芳しい香り　（類）かぐわしい |
| かんばつ | 干ばつ・干魃 | 名 | ▲干魃　（類）干害、日照り、渇水 |
| がんばる | 頑張る | 動 | （類）張り切る |
| かんぺき | 完璧 | 名 | （改）（形動）完璧な仕上がり　（類）完全、万全 |
| かんべん | 勘弁 | 名 | もう勘弁ならない　（類）許す |
| | 簡便 | 名・形動 | 簡便に済ます、簡便な道具　（類）便利、手っ取り早く |
| かんぼく | かん木・灌木 | 名 | ▲灌木　（類）低木 |
| かんぼつ | 陥没 | 名 | 路肩が陥没する　（類）へこむ、くぼむ |
| かんまん | 緩慢 | 名 | （形動）緩慢な動き　（類）遅い、のろい |
| かんむり | 冠 | 名 | |
| かんもん | 喚問 | 名 | 証人喚問　（類）審問、尋問 |
| がんゆう | 含有 | 名 | 鉄分を多く含有する食品 |
| かんよ | 関与 | 名 | 設立に関与する　×干与・干預　（類）あずかる、かかずらう |
| かんよう | 慣用 | 名 | 慣用語、慣用句 |
| | 肝要 | 名・形動 | 肝要な点、注意が肝要だ　（類）重要、大事、大切、必須、肝腎 |
| | 寛容 | 名・形動 | 寛容の精神、寛容な態度　（類）寛大 |

| かな | 表記 | 品詞 | 用例・類似語 |
|---|---|---|---|
| かん養・涵養 | 名 | 徳性を涵養する、読書力を涵養する　▲涵養　（類）養成、育成 |
| かんらく | 陥落 | 名 | 地盤の陥落　（類）落ち込む |
| かんれい | 慣例 | 名 | 地域の慣例に従う　（類）習慣、通例、恒例 |
| かんろく | 貫ろく・貫禄 | 名 | 貫ろくがある　▲貫禄　（類）威厳 |
| きあい | 気合 | 名 | 気合が入る　（類）気迫 |
| きあわせる | 来合わせる | 動 | ちょうどそこに兄が来合わせた　（類）出くわす、行き合う |
| きいん | 起因 | 名 | 国際問題に起因する紛争　（類）引き金 |
| ぎいん | 議院 | 名 | 議院内閣制、衆参両議院 |
| | 議員 | 名 | 国会議員、議員立法 |
| きうけ | 気受け | 名 | 世間の気受けがよい　（類）評判、うけ |
| きうん | 機運 | 名 | 改革の機運が熟する |
| | 気運 | 名 | 復興の気運が高まる |
| きえる | 消える | 動 | 雪が消える、火が消える、悲しみが消える |
| ぎえんきん | 義援金 | 名 | 義援金を募集する　×義捐金 |
| きおい | 気負い | 名 | 気負いのない自然体　（類）意気込み、気張り |
| きおくれ | 気後れ | 名 | 大勢の観客で気後れする　（類）萎縮、おじけ |
| きおち | 気落ち | 名 | 失敗して気落ちする　（類）落胆、気抜け、力抜け |
| きかい | 機会 | 名 | 絶好の機会だ、機会均等 |
| | 機械 | 名 | 工作機械、機械工業　（形動）機械的に処理する |
| | 器械 | 名 | 測定器械、光学器械、器械体操 |
| きかえる | 着替える | 動 | 晴れ着に着替える　（類）更衣、衣替え |
| きがかり | 気掛(懸)かり | 名 | 仕事が気掛かり　（形動）気掛かりな行動　（類）心配、不安 |
| きかく | 規格 | 名 | 製品を規格化する　（類）統一、標準 |
| | 企画 | 名 | 新製品を企画する　（類）設計、立案 |
| きかせる | 聞かせる | 動 | 道理を説いて聞かせる |
| | 利かせる | 動 | 機転を利かせる、無理を利かせる |
| きがね | 気兼ね | 名 | 隣人に気兼ねをする　（類）遠慮 |
| きがまえ | 気構え | 名 | 並の人とは気構えが違う　（類）心掛け、心構え |
| きがる | 気軽 | 形動 | 気軽に引き受ける　（類）安直 |
| きがわり | 気変わり | 名 | 気変わりしやすい性格　（類）気移り、心移り |
| ききあやまる | 聞き誤る | 動 | 日時を聞き誤る　（類）聞き損なう、聞き逃す |
| ききあわせる | 聞き合わせる | 動 | 電話で聞き合わせる　（類）問い合わせる、聞きただす |
| ききいる | 聞き入る | 動 | 演奏に聞き入る　（類）聞きほれる |
| ききいれる | 聞き入れる | 動 | 要求を聞き入れる　（類）受け入れる、聞き届ける、承諾 |
| ききおく | 聞き置く | 動 | 要求は聞き置くだけにする　（類）聞き捨て、聞き流す |
| ききおとす | 聞き落とす | 動 | 肝腎なことを聞き落とす　（類）聞き漏らす、聞き逃す |
| ききおぼえ | 聞き覚え | 名 | 聞き覚えのある声　（類）記憶、覚え |
| ききおよぶ | 聞き及ぶ | 動 | うわさは聞き及んでおります　（類）伝え聞く、漏れ聞く |
| ききかえす | 聞き返す | 動 | 不明な点を聞き返す　（類）聞き直す |
| ききがき | 聞き書き | 名 | 聞き書きした古文書 |
| ききかじり | 聞きかじり | 名 | 聞きかじりの知識　×聞囓り　（類）生かじり、一知半解 |
| ききぐるしい | 聞き苦しい | 形 | 雑音で聞き苦しい、聞き苦しい中傷 |
| ききこみ | 聞き込み | 名 | 聞き込み捜査 |
| ききすてる | 聞き捨てる | 動 | つまらない話を聞き捨てる |
| ききそこなう | 聞き損なう | 動 | 話の趣旨を聞き損なう　（類）聞き逃す、聞き誤る |

| ききただす | 聞きただす | 動 | 改めて聞きただす　×聞き糺す・聞き質す |
| ききちがい | 聞き違い | 名 | (類)聞き誤る |
| ききつたえる | 聞き伝える | 動 | 評判を聞き伝えて入門する　(類)伝聞、人づて、又聞き |
| ききとして | 喜々として | 連語 | 喜々として働く　×嬉々として |
| ききとどける | 聞き届ける | 動 | 訴えを聞き届ける　(類)受け入れる、聞き入れる、含み置く、受諾 |
| ききとり | 聞き取り | 名 | 聞き取り調査、聞き取りのテスト　(類)聞き書き |
| ききなおす | 聞き直す | 動 | 録音を聞き直す　(類)聞き返す |
| ききながす | 聞き流す | 動 | 他人事と聞き流す　(類)聞き過ごす、聞き捨て |
| ききめ | 効き目 | 名 | 薬の効き目　(類)効果、効用、効能 |
| ききもらす | 聞き漏らす | 動 | 相手の名前を聞き漏らす　(類)聞き逃す、聞き落とす |
| きぎょう | 起業 | 名 | 新しい事業を起業する、起業家 |
|  | 企業 | 名 | 大企業の取締役、企業家 |
| ききわける | 聞き分ける | 動 | 音を聞き分ける　(類)区分 |
| ききわすれる | 聞き忘れる | 動 | 名前を聞き忘れる　(類)聞き逃す、聞き損なう |
| ききん | 飢きん | 名 | 天明の飢きん　×飢饉　(類)不作、凶作、凶荒 |
| きく | 聞く | 動 | (音が耳に入る、受け入れる、問う、嗅ぐ)　物音を聞く、願いを聞く、香を聞く　(類)聴取する、承る、伺う |
|  | 聴く | 動 | (耳を傾けて聞く)　音楽を聴く、国民の声を聴く　(類)傾聴、拝聴 |
|  | 効く | 動 | (効果・効能が表れる)　薬が効く、宣伝が効く |
|  | 利く | 動 | (十分に働く、可能である)　左手が利く、無理が利く、小回りが利く |
| きぐ | 危惧 | 名 | (改)　危惧の念を抱く　(類)懸念、憂慮、心配、おそれ、気がかり |
|  | 機具 | 名 | 農機具 |
|  | 器具 | 名 | ガス器具 |
| きくばり | 気配り | 名 | 気配りができる人　(類)配慮、心配り |
| きげんつき | 期限付 | 名 | (複) |
| きこえる | 聞こえる | 動 | 雷鳴が聞こえる、皮肉に聞こえる |
| きざし | 兆し | 名 | 春の兆し、成功の兆し　(類)兆候、気配、予感 |
| きざむ | 刻む | 動 | 文字を刻む、時を刻む、教訓を心に刻む |
| きじく | 基軸 | 名 | 日米関係を基軸とする外交政策　(類)中心、核 |
|  | 機軸 | 名 | 新機軸を打ち出す　(類)方法、手段、中核 |
| きしみ | きしみ | 名 | 日米関係にきしみが生じる　×軋み　(類)あつれき |
| きじゅん | 基準 | 名 | 選考基準、前年度実績を基準として　(類)標準、物差し |
|  | 規準 | 名 | 行動規準、道徳の規準　(類)規則、定規 |
| きしょう | 希少 | 名 | 希少価値、希少動物　×稀少 |
| きずあと | 傷痕・傷跡 | 名 | (改)　戦争の傷痕(跡) |
| きすう | 帰すう・帰趨 | 名 | 勝敗の帰すう　▲帰趨　(類)動向、帰着、帰結、成り行き |
| きずきあげる | 築き上げる | 動 | 石垣を築き上げる、築き上げた財産 |
| きずく | 築く | 動 | 伝統を築く、財産を築く　(類)作る |
| きずつく | 傷つく | 動 | 傷つきやすい年頃　(類)負傷、手負い |
| きずつける | 傷つける | 動 | 自尊心を傷つける |
| きずな | きずな・絆 | 名 | 家族のきずな　△絆 |
| きする | 期する | 動 | 必勝を期する、…を期して |
|  | 帰する | 動 | 水泡に帰する　(類)帰着、帰結、帰すう |
|  | 記する | 動 | 由来を記する　(類)書く、記す、したためる |
| ぎする | 擬する | 動 | 党首を後継総理に擬する　(類)例える、なぞらえる |
|  | 議する | 動 | 慎重に議する　(類)述べ合う、相談、審議 |

| きせい | 規制 | 名 | 交通規制、規制緩和　（類）抑制、統制 |
| | 規正 | 名 | 政治資金を規正する、悪習を規正する　（類）正す |
| | 規整 | 名 | 風紀を規整する、仮名遣いを規整する　（類）整える |
| | 既成 | 名 | 既成の事実、既成概念　（類）既知、既存 |
| | 既製 | 名 | 既製品、既製の紳士服　（類）出来合い |
| きせる | 着せる | 動 | 晴れ着を着せる、罪を着せる　（類）かぶせる |
| きぜん | き然・毅然 | 名 | き然とした態度　▲毅然　（類）きっぱり、断固 |
| きそいあう | 競い合う | 動 | スピードを競い合う |
| きそう | 競う | 動 | 技を競う　（類）競争、張り合う |
| きそく | き束・羈束 | 名 | 羈束裁量　△羈束　（類）拘束 |
| | 規則 | 名 | （類）決まり、規約、規程、規律、ルール |
| きそん | 毀損 | 名 | （改）　名誉を毀損する　（類）破損、損傷、傷つける |
| きたえかた | 鍛え方 | 名 | |
| きたえる | 鍛える | 動 | 体を鍛える　（類）鍛錬、磨く |
| きたす | 来す | 動 | 支障を来す　（類）生じる、起こる |
| きだて | 気立て | 名 | 気立てのよい子　（類）心だて、気質、心ばえ |
| きたない | 汚い | 形 | 汚い足、金に汚い　（類）不潔、むさくるしい、下品 |
| きたならしい | 汚らしい | 形 | 汚らしい部屋 |
| きたる | 来る | 連体 | 来る○月○日には　（類）次の、今度の |
| きたん | 忌たん | 名 | 忌たんのない意見　×忌憚　（類）はばかり、遠慮 |
| きち | 既知 | 名 | 既知の事実　（類）既存、既成 |
| | 機知 | 名 | 機知に富む　（類）頓知、機転、ウイット |
| きづかう | 気遣う | 動 | 安否を気遣う　（類）心配、案ずる |
| きづかれ | 気疲れ | 名 | 接待で気疲れする　（類）気苦労、心労、ストレス |
| きづく | 気付く | 動 | 過ちに気付く　（類）感づく |
| きづけ・きつけ | 気付 | 名 | （法）　大臣官房秘書課気付○○様 |
| きっすい | 喫水 | 名 | 船の喫水線　×吃水 |
| | 生っ粋 | 名 | 生っ粋の江戸っ子　（類）純粋、生一本 |
| きっする | 喫する | 動 | 茶を喫する、惨敗を喫する　（類）飲む、被る |
| きって | 切手 | 名 | （法） |
| きっと | きっと | 副 | きっと成功する　×屹度　（類）必ず、絶対に |
| きっぷ | 切符 | 名 | （法） |
| きづまり | 気詰まり | 名 | 知らない人が多くて気詰まりだった　（類）窮屈、気まずい |
| きつもん | 詰問 | 名 | 容疑者を詰問する　（類）責める、追及 |
| きてい | 規定 | 名 | 第○条の規定を準用する |
| | 規程 | 名 | （条項の全体を総称する場合に用いる）　文書取扱規程 |
| | 既定 | 名 | 既定方針、既定の事実　（類）既成、既存、既知 |
| きてん | 起点 | 名 | 鉄道の起点　（類）出発点 |
| | 基点 | 名 | 基点となる思想　（類）原点 |
| きどう | 起動 | 名 | 事業開拓の起動力　（類）始動 |
| | 機動 | 名 | 機動力を誇る、機動性 |
| きどる | 気取る | 動 | 役者を気取る　（類）上品ぶる、振る舞う |
| きなくさい | きな臭い | 形 | どことなくきな臭い話　（類）うさん臭い |
| きにいる | 気に入る | 動 | 彼の性格が気に入る　（類）好感、好む |
| きぬけ | 気抜け | 名 | 何だか気抜けした　（類）気落ち、力抜け |
| きのう | 昨日 | 名 | （付） |

| きのり | 気乗り | 名 | 何だか気乗りがしない （類）興味 |
|---|---|---|---|
| きはく | 希薄 | 名・形動 | 内容が希薄だ、熱意が希薄な人 （類）薄っぺら |
| | 気迫 | 名 | 気迫に押される （類）意気込み、気合い |
| きば | 牙 | 名 | （改）牙を研ぐ、牙を鳴らす |
| きばむ | 黄ばむ | 動 | 木の葉が黄ばむ |
| きばらし | 気晴らし | 名 | 気晴らしに散歩する （類）気散じ、憂さ晴らし |
| きひ | 忌避 | 名 | 裁判官を忌避する （類）除斥、除外 |
| きびしい | 厳しい | 形 | 厳しい処分 （類）厳格、容赦ない、きつい |
| きふ | 寄附 | 名 | 寄附を募る |
| きびん | 機敏 | 名・形動 | 機敏な動き （類）鋭敏、俊敏 |
| きべん | き弁・詭弁 | 名 | き弁を弄する ▲詭弁 （類）へ理屈、小理屈 |
| きぼり | 木彫り | 名 | |
| きまぐれ | 気まぐれ | 名・形動 | 一時の気まぐれ、気まぐれな天気 （類）移り気 |
| きまじめ | 生真面目 | 名・形動 | （付）生真面目な性格 （類）几帳面、愚直 |
| きまずい | 気まずい | 形 | 気まずい沈黙が続く （類）気詰まり、落ち着かない |
| きまま | 気まま | 名・形動 | 気ままな振る舞い ×気儘 （類）勝手、我がまま |
| きまり | 決まり | 名 | 懸案に決まりを付ける、決まりを破る （類）結末、規則 |
| きまる | 決まる | 動 | 勝敗が決まる、日程が決まる （類）定まる |
| ぎまん | 欺まん・欺瞞 | 名 | 巧みに他人を欺まんする ▲欺瞞 （類）だます、欺もう |
| きみじか | 気短 | 形動 | 気短な性格 （類）短気 |
| きみつ | 機密 | 名 | 国家の機密、機密文書 （類）極秘、秘密 |
| ぎむづけ | 義務付け | 名 | 義務付け訴訟 |
| きむずかしい | 気難しい | 形 | 気難しい表情 （類）偏屈、扱いにくい |
| きめこまか | きめ細か | 形動 | きめ細かな対応 （類）滑らか |
| きめて | 決め手 | 名 | 決め手を欠く （類）よりどころ、根拠、証拠 |
| きめる | 決める | 動 | 方針を決める （類）定める、確定 |
| ぎもう | 欺もう・欺罔 | 名 | 世を欺もうする ▲欺罔 （類）だます、欺く、欺まん |
| きもち | 気持ち | 名 | 気持ちが変わる、新しい気持ちで （類）気分、心持ち |
| ぎゃくさつ | 虐殺 | 名 | （類）惨殺、殺りく、なぶり殺し |
| ぎゃくざや | 逆ざや | 名 | 利息が逆ざやになる ×逆鞘 |
| ぎゃくたい | 虐待 | 名 | 子供を虐待する （類）迫害、いじめる |
| きやすめ | 気休め | 名 | 一時の気休め （類）安心 |
| きゆう | き憂・杞憂 | 名 | き憂に過ぎない ▲杞憂 （類）懸念、取り越し苦労 |
| きゅうかく | 嗅覚 | 名 | （改） |
| きゅうきょ | 急きょ・急遽 | 副 | 急きょ帰国する ▲急遽 （類）慌ただしく、大急ぎで |
| きゅうきょく | 究極・窮極 | 名 | 究極の目的 （類）終極、最終的 |
| きゅうくつ | 窮屈 | 名・形動 | ズボンが窮屈になる、窮屈な家 （類）狭い、気詰まり |
| きゅうけい | 休憩 | 名 | （類）休息、休養 |
| きゅうし | 臼歯 | 名 | （改） |
| きゅうしゃ | きゅう舎・厩舎 | 名 | ▲厩舎 （類）畜舎、馬小屋、牛小屋 |
| きゅうじゅつ | 救じゅつ・救恤 | 名 | 貧者を救じゅつする △救恤 （類）救う、恵む |
| きゅうじょう | 窮状 | 名 | 窮状を訴える （類）惨状 |
| きゅうする | 給する | 動 | 食事を給する （類）与える、支給 |
| | 窮する | 動 | 生活に窮する、返答に窮する （類）苦しむ、困る |
| きゅうせい | 急逝 | 名 | （類）急死 |
| きゅうだん | 糾弾 | 名 | 当局の責任を糾弾する （類）非難、指弾、弾劾 |

| きゅうち | 窮地 | 名 | 窮地に追い込まれる　（類）苦境、逆境 |
|---|---|---|---|
| きゅうはく | 急迫 | 名 | 国際情勢が急迫する　（類）切迫、緊迫 |
| | 窮迫 | 名 | 財政が窮迫する　（類）困窮 |
| きゅうめい | 糾明 | 名 | 不正を糾明する、罪状の糾明　×糺明　（類）解明 |
| | 究明 | 名 | 事故原因を究明する、真相究明　（類）解明 |
| きゅうよ | 窮余 | 名 | 窮余の一策　（類）苦し紛れ |
| きよ | 寄与 | 名 | 医学の発展に寄与する　（類）献身、貢献、尽力 |
| | 毀誉 | 名 | （改）　毀誉褒へん |
| きょう | 今日 | 名 | （付） |
| きょうあい | 狭あい・狭隘 | 名・形動 | 狭あいな心の持ち主　▲狭隘　（類）狭い、偏狭 |
| きょうい | 驚異 | 名 | （形動）驚異的な出来事　（類）驚き、驚がく、驚嘆 |
| | 脅威 | 名 | 武力の脅威、脅威を感じる　（類）恐れ、恐怖 |
| きょうおう | 供応 | 名 | 供応接待　×饗応　（類）もてなし、振る舞い |
| きょうか | 教化 | 名 | 説法で人を教化する　（類）感化、徳化 |
| | 教科 | 名 | 数学の教科、教科担任　（類）科目、学科 |
| きょうがく | 驚がく・驚愕 | 名 | 大災害に驚がくする　▲驚愕　（類）驚き、驚嘆 |
| きょうかつ | 恐喝 | 名 | スキャンダルを種に恐喝する　（類）ゆすり、脅迫 |
| きょうき | 驚喜 | 名 | 偶然の出合いに驚喜する　（類）歓喜、狂喜 |
| | 狂喜 | 名 | 優勝して狂喜する、狂喜乱舞する　（類）歓喜、驚喜 |
| | 狂気 | 名 | 狂気の沙汰　（類）狂乱、気違い |
| きょうぎ | 協議 | 名 | 三者協議の上、合意に達する　（類）合議、会談 |
| | 狭義 | 名 | 狭義には…をさす　（類）狭い意味 |
| | 教義 | 名 | キリスト教の教義　（類）教理、教え |
| きょうぎずみ | 協議済み | 名 | |
| ぎょうぎょうしい | 仰々しい | 形 | 仰々しい出迎え　（類）大げさ、物々しい |
| きょうきん | 胸襟 | 名 | 胸襟を開く　（類）胸中、意中 |
| きょうこう | 強行 | 名 | 予定行事を強行する、強行規定　（類）決行、断行 |
| | 強攻 | 名 | 強攻策が裏目に出る |
| | 強硬 | 形動 | 強硬に反対する、強硬手段　（類）頑固 |
| きょうさ | 教唆 | 名 | 犯行を教唆する　（類）唆す、仕向ける |
| きょうじ | 教示 | 名 | 御教示いただきたい　（類）助言、指示 |
| ぎょうし | 仰視 | 名 | 富士山を仰視する　（類）仰ぎ見る |
| | 凝視 | 名 | 対戦相手を凝視する　（類）見つめる、にらむ |
| きょうじゅ | 享受 | 名 | 天の恵みを享受する　（類）おう歌 |
| きょうしゅく | 恐縮 | 名 | …いただき恐縮します　（類）恐れ入る、陳謝、畏れ多い |
| きょうじゅん | 恭順 | 名 | 恭順の意を表する |
| きょうじん | 強じん・強靭 | 形動 | 強じんな精神力　▲強靭　（類）たくましい |
| きょうせい | 強制 | 名 | 労働を強制する、強制競売　（類）強要、強いる |
| | 強請 | 名 | （「ゴウセイ」とも読む）援助を強請する　（類）ゆすり、脅迫 |
| | 矯正 | 名 | 非行少年を矯正する　（類）導く、しつける |
| きょうたん | 驚嘆 | 名 | 驚嘆に値する　（類）感嘆、驚がく |
| きょうちょう | 協調 | 名 | 国際協調、協調性　（類）同調 |
| | 強調 | 名 | 必要性を強調する　（類）主張、力説 |
| きょうどう | 共同 | 名 | 共同生活、共同経営、共同トイレ |
| | 協同 | 名 | 産学協同、協同組合 |
| | 協働 | 名 | 協働関係 |

| | | | |
|---|---|---|---|
| きょうはく | 脅迫 | 名 | 脅迫状、脅迫する |
| | 強迫 | 名 | 強迫観念、強迫による意思表示 |
| きょうぼう | 凶暴 | 名・形動 | 凶暴性、凶暴な性格　(類)狂暴、どう猛、乱暴 |
| | 狂暴 | 名・形動 | 狂暴な振る舞い、狂暴な目つき　(類)凶暴、どう猛 |
| | 共謀 | 名 | 詐欺を共謀する、共謀共同正犯 |
| きょうゆう | 共有 | 名 | 財産を共有する、共有地 |
| | 享有 | 名 | 私権の享有　(類)具有、持ち合わせる |
| きょうよう | 共用 | 名 | ロッカーを共用する、共用施設 |
| | 供用 | 名 | 道路を供用する、物品供用 |
| | 強要 | 名 | 寄附を強要する　(類)強制、強請 |
| きょうりょう | 橋りょう・橋梁 | 名 | △橋梁 |
| | 狭量 | 名・形動 | 狭量な考え　(類)狭あい、偏狭 |
| ぎょかくだか | 漁獲高 | 名 | |
| きょぎ | 虚偽 | 名 | 虚偽の申告　(類)うそ、偽り |
| きょくち | 局地 | 名・形動 | 局地気候、局地的な大雨 |
| | 極地 | 名 | 極地探検 |
| | 極致 | 名 | 美の極致 |
| きょくぶ | 局部 | 名・形動 | 局部麻酔、局部的な痛み　(類)局所、部分 |
| きょくめん | 局面 | 名 | 重大な局面を迎える　(類)事態 |
| | 曲面 | 名 | レンズの曲面 |
| ぎょじ | 御璽 | 名 | |
| きょしゅう | 去就 | 名 | …の去就が注目される　(類)進退 |
| きょしゅつきん | 拠出金 | 名 | ×醵出金　(類)寄付金、義援金 |
| きょだく | 許諾 | 名 | 転載を許諾する　(類)承諾、許可 |
| きょひ | 拒否 | 名 | 要求を拒否する　(類)拒絶、一蹴 |
| | 許否 | 名 | 請願事項の許否を決する　(類)賛否 |
| きょむ | 虚無 | 名・形動 | 虚無主義、虚無的な考え　(類)ニヒリスト |
| きよめる | 清める | 動 | 身を清める　×浄める　(類)清浄、浄化 |
| きよらか | 清らか | 形動 | 清らかな流れ　(類)きれい、清浄 |
| きらい | 嫌い | 名・形動 | 独断専行の嫌いがある、嫌いな物 |
| きらう | 嫌う | 動 | 親を嫌う、混雑を嫌う、湿気を嫌う　(類)憎む、嫌がる |
| きらめく | きらめく | 動 | 星がきらめく　×煌めく　(類)光る、光り輝く |
| きりあげ | 切上げ | 名 | (複) |
| きりあげる | 切り上げる | 動 | 仕事を切り上げる、円を切り上げる　(類)やめる、引き上げる |
| きりうり | 切り売り | 名 | 知識の切り売り　(類)量り売り、小出し |
| きりかえ | 切替え | 名 | (複) |
| きりかえくみあいいん | 切替組合員 | 名 | (法) |
| きりかえす | 切り返す | 動 | 相手の追及を切り返す |
| きりかえび | 切替日 | 名 | (法) |
| きりかえる | 切り替える | 動 | 冷房に切り替える、頭を切り替える |
| ぎりがたい | 義理堅い | 形 | 義理堅い人だ　(類)律儀 |
| きりきず | 切り傷 | 名 | (類)創傷 |
| きりくち | 切り口 | 名 | 議論の切り口が鋭い |
| きりこむ | 切り込む | 動 | 論証の不備を切り込む　(類)突っ込む |
| きりさげ | 切下げ | 名 | (複) |
| きりさげる | 切り下げる | 動 | 利息を切り下げる　(類)値下げ |

| きりすて | 切捨て | 名 | （複） |
|---|---|---|---|
| きりすてる | 切り捨てる | 動 | 小数点以下は切り捨てる、弱者を切り捨てる政策 |
| きりだす | 切り出す | 動 | 言いにくい話を切り出す |
| きりたつ | 切り立つ | 動 | 垂直に切り立った岩壁　（類）そそり立つ |
| ぎりだて | 義理立て | 名 | 上司に義理立てをする |
| きりつ | 規律 | 名 | 規律が乱れる　×紀律　（類）秩序、ルール |
| きりつち・きりど | 切土 | 名 | （複） |
| きりつめる | 切り詰める | 動 | 経費を切り詰める　（類）倹約、節約 |
| きりとおし | 切り通し | 名 | 鎌倉の切り通し |
| きりとり | 切取り | 名 | （複） |
| きりとる | 切り取る | 動 | 花を切り取る |
| きりぬき | 切り抜き | 名 | 新聞の切り抜き |
| きりぬける | 切り抜ける | 動 | 野党の追及を切り抜ける |
| きりばな | 切り花 | 名 | |
| きりはなし | 切離し | 名 | （複） |
| きりはなす | 切り離す | 動 | …の問題を切り離して議論する　（類）分けて、断ち切る |
| きりはらう | 切り払う | 動 | 枝を切り払う　（類）切除 |
| きりばり | 切り張り | 名 | メモを切り張りする |
| きりひらく | 切り開く | 動 | 荒れ地を切り開く、退路を切り開く　（類）開墾 |
| きりふだ | 切り札 | 名 | 最後の切り札を出す　（類）手段 |
| きりまわす | 切り回す | 動 | 大所帯を切り回す　（類）さばく、こなす、動かす |
| きる | 切る | 動 | 野菜を切る、期限を切る、電源を切る、縁を切る　×伐る・剪る |
| | 斬る | 動 | （改）　刀で斬(切)る、世相を斬(切)る |
| | 着る | 動 | 夏服を着る、濡れ衣を着る |
| きれあじ | 切れ味 | 名 | 頭の切れ味が鋭い |
| きれい | 奇麗・きれい | 形動 | 奇麗な絵、きれいな関係　×綺麗　（類）美しい、清い |
| きれつ | 亀裂 | 名 | （改）　日米関係に亀裂が生じる |
| きれる | 切れる | 動 | 網が切れる、縁が切れる、電池が切れる |
| きろ | 岐路 | 名 | 人生の岐路に立つ　（類）分かれ道 |
| きわだつ | 際立つ | 動 | 対照を際立たせる　（類）目立つ、引き立つ |
| きわまる | 窮まる | 動 | 進退窮まる　（類）行き詰まる |
| | 極まる | 動 | 不都合極まる言動　（類）極致、極限 |
| きわみ | 極み | 名 | 感激の極み、ぜいたくの極みを尽くす　（類）極致、究極 |
| きわめつき | 極め付き | 名 | 極め付きの悪党　（類）折り紙つき |
| きわめて | 極めて | 副 | 極めて残念である　（類）たいへん、とても、非常に |
| きわめる | 窮める | 動 | 貧困を窮める、真理を窮(究)める　（類）追い込まれる、苦しむ |
| | 極める | 動 | 栄華を極める、山頂を極める　（類）尽くす、突き詰める |
| | 究める | 動 | 学を究(窮)める、真相を究(窮)める　（類）追究、研究 |
| きんき | 禁忌 | 名 | 禁忌を犯す　（類）タブー |
| きんこ | 禁錮 | 名 | （改）　禁錮刑 |
| きんこう | 均衡 | 名 | 均衡を破る　（類）平衡、釣り合い、バランス |
| きんさ | 僅差 | 名 | （改）　僅差で勝つ　（類）小差 |
| きんし | 禁止 | 名 | （類）差し止め、取締り、不許可、抑制 |
| きんしょう | 僅少 | 名 | （改）　僅少の差で勝つ　（類）少し、僅か |
| きんしん | 謹慎 | 名 | 謹慎を命じる、自宅で謹慎する |
| きんてい | 謹呈 | 名 | 本を謹呈する　（類）進呈、贈呈、献上 |

| ぎんみ | 吟味 | 名 | 吟味した食材 |
|---|---|---|---|
| ぐあい | 具合 | 名 | 体の具合が悪い　(類)調子、都合 |
| くい | 悔い | 名 | 悔いはない　(類)心残り、思い残す |
|  | くい | 名 | くいを打つ　×杭 |
| くいあらす | 食い荒らす | 動 | イノシシが畑を食い荒らす |
| くいあらためる | 悔い改める | 動 | 不行跡を悔い改める　(類)後悔、悔いる |
| くいいる | 食い入る | 動 | 食い入るような目つき　(類)深く入り込む |
| くいこむ | 食い込む | 動 | 次の予定に食い込む　(類)入り込む |
| くいさがる | 食い下がる | 動 | あいまいな答弁に食い下がる　(類)かみつく、しがみつく |
| くいすぎ | 食い過ぎ | 名 | 夕食の食い過ぎ　(類)過食 |
| くいちがい | 食い違い | 名 | 意見に食い違いを生ずる　(類)ずれ、齟齬、行き違い |
| くいちがう | 食い違う | 動 | 双方の言い分が食い違う　(類)不一致、かみ合わない |
| くいとめる | 食い止める | 動 | 侵入を食い止める、崩壊を食い止める　(類)防止、防ぐ |
| くいもの | 食い物 | 名 | (類)食品、食料 |
| くいる | 悔いる | 動 | 前非を悔いる　(類)後悔、悔やむ |
| くうきょ | 空虚 | 名・形動 | 空虚な理論　(類)空疎 |
| ぐうする | 遇する | 動 | 国賓として遇する |
| ぐうぜん | 偶然 | 名・形動 | 偶然に出会う　(副)偶然出会った　(類)思い掛けず |
| くき | 茎 | 名 | 歯茎 |
| くぎづけ | くぎ付け | 名 | その場にくぎ付けになる　×釘付け |
| くぎり | 区切り | 名 | 仕事の区切りを付ける　(類)一段落、節目 |
|  | 句切り | 名 | 文章の句切り |
| くく | 区々 | 名 | 区々としてまとまりがない　(類)まちまち、ばらばら |
| くぐりぬける | くぐり抜ける | 動 | 難関をくぐり抜ける　×潜り抜ける　(類)乗り越える |
| くくる | くくる | 動 | 糸でくくる、括弧でくくる　×括る　(類)束ねる、締める |
| くぐる | くぐる | 動 | 門をくぐる、法の網をくぐる　×潜る　(類)通り抜ける |
| くさい | 臭い | 形 | 臭いどぶ川、いんちき臭い |
|  | …くさい | 接尾 | 面倒くさい、古くさい |
| くさとり | 草取り | 名 |  |
| くさぶかい | 草深い | 形 | 草深い庭 |
| くさみ | 臭み | 名 | 水道水にいやな臭みがある　(類)悪臭、異臭、臭気 |
| くさむら | 草むら | 名 | ×草叢・叢 |
| くさらす | 腐らす | 動 | 肉を腐らす、人を腐らせることを言う |
| くさり | 鎖 | 名 | 因果の鎖 |
| くさる | 腐る | 動 | くぎが腐る　(類)朽ちる、腐敗 |
| くされえん | 腐れ縁 | 名 | 昔からの腐れ縁 |
| くされる | 腐れる | 動 | ふて腐れる |
| くさわけ | 草分け | 名 | この業界では草分けに属する　(類)創始、草創 |
| くし | 駆使 | 名 | コンピュータを駆使する　(類)使いこなす、行使 |
| くじく | くじく | 動 | 足をくじく、強きをくじく　×挫く　(類)捻挫、打ち砕く |
| くしくも | くしくも | 副 | くしくも一命を取り留める　×奇しくも　(類)不思議にも |
| くじける | くじける | 動 | 勇気がくじける　×挫ける　(類)へこたれる、屈する |
| くしざし | 串刺し | 名 | (改) |
| くじびき | くじ引 | 名 | (法) |
| くしやき | 串焼き | 名 | (改) |

| くじゅう | 苦汁 | 名 | 敗北の苦汁をなめる （類）苦杯 |
|---|---|---|---|
|  | 苦渋 | 名 | 苦渋に満ちた顔 （類）苦悩、苦もん |
| くず | 葛 | 名 | （改） 葛湯 |
|  | くず | 名 | くず鉄 ×屑 |
| くずす | 崩す | 動 | 山を崩す、漢字を崩す |
| くすり | 薬 | 名 |  |
| くずれる | 崩れる | 動 | 天気が崩れる、株価が大きく崩れる |
| くだく | 砕く | 動 | 氷を砕く、野望を砕く |
| くだける | 砕ける | 動 | 波が砕ける、腰が砕ける |
| ください | 下さい | 動 | 回答を下さい、資料を下さい |
|  | …（て）ください | 補動 | （仮名） 指示してください、御指導ください |
| くださる | 下さる | 動 | 先生が本を下さる、御返事を下さる |
|  | …（て）くださる | 補動 | （仮名） 指示してくださる、御指導くださる |
| くだす | 下す | 動 | 判決を下す、決断を下す、評価を下す、腹を下す |
| くだもの | 果物 | 名 | （付） |
| くだり | 下り | 名 | 下り坂 |
| くだる | 下る | 動 | 坂を下る、命令が下る、判決が下る （類）言い渡される |
| ぐち | 愚痴 | 名 | 愚痴をこぼす （類）たわ言、無駄口 |
| くちえ | 口絵 | 名 |  |
| くちおしい | 口惜しい | 形 | 口惜しい思いをした （類）残念、悔しい |
| くちきき | 口利き | 名 | 就職の口利きをする （類）仲介、あっせん、紹介 |
| くちきり | 口切り | 名 | 口切りは先生にお願いします （類）最初、皮切り |
| くちく | 駆逐 | 名 | 敵を駆逐する （類）撃退、掃討 |
| くちごたえ | 口答え | 名 | 親に口答えする （類）言い返す、抗弁 |
| くちぞえ | 口添え | 名 | 先生の口添えで解決した （類）世話、あっせん、周旋 |
| くちだし | 口出し | 名 | 部外者は口出しするな （類）差し出口、お節介、干渉 |
| くちづたえ | 口伝え | 名 | 口伝えの秘伝、うわさが口伝えに広がる （類）口承 |
| くちどめ | 口止め | 名 | 内密の話を口止めする |
| くちばしる | 口走る | 動 | あらぬことを口走る、思わず秘密を口走る |
| くちはてる | 朽ち果てる | 動 | 墓標が朽ち果てる （類）腐る、腐敗 |
| くちぶり | 口ぶり | 名 | 何か知っている口ぶり |
| くちゅう | 苦衷 | 名 | …の苦衷は察するに余りある （類）心苦しさ |
| ぐちょく | 愚直 | 名・形動 | 愚直な男 （類）真っ正直、馬鹿正直、善良 |
| くちる | 朽ちる | 動 | つり橋が朽ちる （類）腐る、腐敗 |
| くつがえす | 覆す | 動 | 現体制を覆す、定説を覆す |
| くつがえる | 覆る | 動 | 一審判決が覆る、天地が覆る |
| くっさく | 掘削 | 名 | トンネルを掘削する、掘削機 |
| くつしたどめ | 靴下留 | 名 | （複） |
| くつじょく | 屈辱 | 名 | 屈辱を晴らす、屈辱感 （類）恥辱 |
| くっしん | 屈伸 | 名 | 膝を屈伸する （類）伸び縮み |
| くっする | 屈する | 動 | 腰を屈する、圧力に屈する （類）曲げる、服従 |
| くつずれ | 靴擦れ | 名 |  |
| くつろぐ | くつろぐ | 動 | 家族でくつろぐ ×寛ぐ （類）憩う、リラックス |
| くでん | 口伝 | 名 | 口伝の奥義 |
| くどく | 口説く | 動 | 女を口説く、立候補を口説く （類）説き伏せる、説得 |
| ぐどん | 愚鈍 | 名・形動 | 愚鈍な人物 （類）のろま、間抜け |

| くばる | 配る | 動 | 資料を配る、気を配る、目を配る　(類)行き渡らせる |
|---|---|---|---|
| くま | 熊 | 名 | (改) |
| くみ | 組 | 名 | 赤の組、五人組 |
| | 組み | 名 | 活字の組みがきれいな辞書 |
| くみあい | 組合 | 名 | (法) |
| くみあげる | くみ上げる | 動 | 水をくみ上げる、要求をくみ上げる　×汲み上げる |
| くみあわせ | 組合せ | 名 | (複) |
| くみあわせる | 組み合わせる | 動 | 対戦相手を組み合わせる |
| くみいれ | 組入れ | 名 | (複) |
| くみいれきん | 組入金 | 名 | (法) |
| くみいれる | 組み入れる | 動 | 通常経費の一部を特別経費に組み入れる　(類)繰り入れる |
| くみおき | くみ置き | 名 | くみ置きの水　×汲み置き |
| くみかえ | 組替え | 名 | (複) |
| くみかえる | 組み替える | 動 | 予算を組み替える、遺伝子を組み替える |
| くみかわす | 酌み交わす | 動 | 酒を酌み交わす |
| くみこむ | 組み込む | 動 | 日程を組み込む、マイコンを組み込む |
| くみだす | くみ出す | 動 | 池の水をくみ出す　×汲み出す |
| くみたて | 組立て | 名 | (複) |
| くみたてこう | 組立工 | 名 | (法) |
| くみたてる | 組み立てる | 動 | 寄せ木を組み立てる、理論を組み立てる |
| くみとりべんじょ | くみ取便所 | 名 | (複) |
| くむ | 組む | 動 | 腕を組む、時間割を組む、活字を組む |
| | 酌む | 動 | 酒を酌む、事情を酌む |
| | くむ | 動 | 水をくむ　×汲む |
| くもり | 曇 | 名 | (法)　(表・記号的用い方) |
| | 曇り | 名 | 曇り空 |
| ぐもん | 愚問 | 名 | 愚問愚答　(類)つまらない質問 |
| くやしい | 悔しい | 形 | 悔しい思いをした　(類)口惜しい(くちおしい) |
| くやしがる | 悔しがる | 動 | 惜敗に悔しがる |
| くやしまぎれ | 悔し紛れ | 名 | 悔し紛れに八つ当たりする |
| くやみ | 悔やみ | 名 | お悔やみ、悔やみ状 |
| くやむ | 悔やむ | 動 | 友の死を悔やむ |
| くら | 倉 | 名 | 倉敷料、倉荷証券、製品を倉に収める |
| | 蔵 | 名 | 蔵出し、お蔵になる |
| くらい | 位 | 名 | 位を譲る、位が高い、百の位、位取り |
| | …く（ぐ）らい | 副助 | (仮名)　どのくらい、1キロくらい、二十歳ぐらい |
| くらいする | 位する | 動 | 業界でも上位に位する |
| くらう | 食らう | 動 | 小言を食らう　×喰らう |
| くらがえ | くら替え | 名 | 派閥をくら替えする　×鞍替え |
| くらがり | 暗がり | 名 | 暗がりに光明を見る |
| くらし | 暮らし | 名 | 暮らし向き |
| くらしきりょう | 倉敷料※ | 名 | (法)　※倉庫での保管料 |
| くらす | 暮らす | 動 | 田舎で暮らす |
| くらべる | 比べる | 動 | 背の高さを比べる、力量を比べる　×較べる |
| くらやみ | 暗闇 | 名 | (改)　悪事を暗闇に葬る |
| くりあげ | 繰上げ | 名 | (複)　繰上げ当選 |

| くりあげしょうかん | 繰上償還 | 名 | （法） |
|---|---|---|---|
| くりあげる | 繰り上げる | 動 | 予定を一日繰り上げる　（類）早める |
| くりあわせる | 繰り合わせる | 動 | 万障お繰り合わせ、日程を繰り合わせる　（類）都合 |
| くりいれ | 繰入れ | 名 | （複） |
| くりいれきん | 繰入金 | 名 | （法） |
| くりいれげんどがく | 繰入限度額 | 名 | （法） |
| くりいれりつ | 繰入率 | 名 | （法） |
| くりいれる | 繰り入れる | 動 | …を補正予算に繰り入れる　（類）組み入れる |
| くりかえ | 繰替え | 名 | （複） |
| くりかえきん | 繰替金 | 名 | （法） |
| くりかえし | 繰り返し | 名 | （副）繰り返し練習する　（類）反復 |
| くりかえす | 繰り返す | 動 | 説明を繰り返す　（類）反復する |
| くりかえる | 繰り替える | 動 | 庁費と施設費を繰り替える　（類）振り替える |
| くりこし | 繰越し | 名 | （複） |
|  | 繰越（金） | 名 | （法） |
| くりこす | 繰り越す | 動 | 残余金を次期に繰り越す |
| くりこむ | 繰り込む | 動 | 謝金を旅費に繰り込む　（類）組み入れる、繰り入れる |
| くりさげ | 繰下げ | 名 | （複） |
| くりさげる | 繰り下げる | 動 | 順位を繰り下げる、開始時間を繰り下げる　（類）移す |
| くりだす | 繰り出す | 動 | 綱を繰り出す、街に繰り出す　（類）出す、出掛ける |
| くりぬく | くりぬく | 動 | 中身をくりぬく　×刳り貫く　（類）えぐる、ほじくる |
| くりのべ | 繰延べ | 名 | （複） |
| くりのべしさん | 繰延資産 | 名 | （法） |
| くりのべる | 繰り延べる | 動 | 返済期日を繰り延べる　（類）ずらす、先延ばし |
| くりもどし | 繰戻し | 名 | （複） |
| くりもどす | 繰り戻す | 動 | 綱を繰り戻す　（類）元に戻す |
| くる | 来る | 動 | 客が来る、冬が来る、返済期限が来る |
|  | …（て）くる | 補動 | （仮名）寒くなってくる、…が出てくる |
|  | 繰る | 動 | 糸を繰る、暦を繰る、植物図鑑を繰って調べる |
| くるい | 狂い | 名 | 土台に狂いが生じる、彼の目に狂いはない |
| くるいざき | 狂い咲き | 名 | （類）返り咲き |
| くるう | 狂う | 動 | 手元が狂う、予定が狂う、体の調子が狂う　（類）乱れる |
| くるおしい | 狂おしい | 形 | 狂おしい思いに悩む、狂おしいリズム |
| くるしい | 苦しい | 形 | 胸が苦しい、財政が苦しい　（類）つらい、ひっ迫する |
| くるしがる | 苦しがる | 動 |  |
| くるしまぎれ | 苦し紛れ | 名 | 苦し紛れにうそをつく |
| くるしみ | 苦しみ | 名 | 苦しみを味わう　（類）苦痛、苦難 |
| くるしむ | 苦しむ | 動 | 貧困に苦しむ、理解に苦しむ　（類）窮する、困る |
| くるしめる | 苦しめる | 動 | 対戦相手を苦しめる、重税に苦しめられる |
| ぐるみ | …ぐるみ | 接尾 | 身ぐるみ、家族ぐるみ |
| くれ | 暮れ | 名 | 夕暮れ、年の暮れ |
| くれぐれも | くれぐれも | 副 | くれぐれもよろしくお願いします　×呉々も |
| くれる | 暮れる | 動 | 日が暮れる、思案に暮れる、途方に暮れる |
|  | くれる | 動 | 資料をくれる、これを見てくれ　×呉れる |
|  | …（て）くれる | 補動 | （仮名）本を貸してくれる、援助してくれる |
| くろ | 黒 | 名 | 真っ黒、白黒 |

| くろい | 黒い | 形 | 政界の黒い霧にメスを入れる |
|---|---|---|---|
| ぐろう | 愚弄 | 名 | (改) 相手を愚弄する (類)からかう、あざけり |
| くろうと | 玄人 | 名 | (付) 玄人も顔負けの腕前 (類)専門家、プロ |
| くわえる | 加える | 動 | 水を加える、危害を加える、治療を加える |
| | くわえる | 動 | 指をくわえる ×衛える、咥える (類)かじる |
| くわけ | 区分け | 名 | 土地を区分けする (類)区別、区分 |
| くわしい | 詳しい | 形 | 詳しく説明する、詳しい調査を行う、事情に詳しい者 |
| くわだて | 企て | 名 | 企業買収の企てが失敗する (類)もくろみ、計画 |
| くわだてる | 企てる | 動 | 世界一周を企てる、新分野への進出を企てる |
| くわり | 区割り | 名 | 分譲地の区割りをする、選挙区の区割り |
| くわわる | 加わる | 動 | サービス料が加わる、圧力が加わる (類)足す、添える |
| くんじ | 訓示 | 名 | 局長訓示、訓示規定 |
| | 訓辞 | 名 | 校長が訓辞を垂れる |
| ぐんしゅう | 群衆 | 名 | (群がり集った人々)群衆をかき分ける、群衆に交じる (類)人だかり、人出、集団 |
| | 群集 | 名 | (人や動植物が群がり集まること)群集心理、やじ馬が群集する |
| げ | …げ | 接尾 | (仮名) 惜しげもなく、悲しげ、大人げ ×気 |
| けいい | 経緯 | 名 | 事件の経緯を説明する (類)過程、いきさつ |
| けいがい | 形骸 | 名 | (改) 民主主義の形骸化 (形動)形骸的な組織 |
| けいき | 契機 | 名 | 就職を契機に親元を離れる (類)きっかけ |
| けいけん | 敬けん・敬虔 | 形動 | 敬けんな祈り ▲敬虔 (類)恭しい |
| けいこ | 稽古 | 名 | (改) 熱心に稽古する (類)練習、訓練、トレーニング |
| けいこう | 携行 | 名 | 食糧を携行する (類)携帯、持参 |
| げいごう | 迎合 | 名 | 権力に迎合する (類)同調、協調 |
| けいこく | 渓谷 | 名 | わたらせ渓谷 (類)峡谷 |
| けいし | 継子 | 名 | 継子を育てる (類)まま子、連れ子 |
| | 継嗣 | 名 | 継嗣がいない (類)跡取り、跡継ぎ |
| けいじ | 啓示 | 名 | 神の啓示 |
| | 掲示 | 名 | 日程を掲示する、掲示板 (類)掲出 |
| けいしき | 形式 | 名 | 形式にのっとる (形動)形式的 (類)体裁、様式 |
| | 型式 | 名 | 自動車の型式、型式で分類する (類)年式 |
| けいせい | 形成 | 名 | 一家を形成する、人格の形成、形成権 (類)形作る |
| | 形勢 | 名 | 形勢が不利だ、形勢が逆転する (類)様子、状況、情勢 |
| けいそう | 係争 | 名 | 係争中の事件、係争物 ×繋争 |
| けいぞく | 継続 | 名 | 観測を継続する、継続審議 (類)引き続く、連続 |
| | 係属 | 名 | 訴訟係属 ×繋属 (類)手続中、取扱中 |
| けいそつ | 軽率 | 形動 | 軽率な行動 (類)軽はずみ、軽々しい |
| けいたい | 形態 | 名 | 国家の形態は一様ではない (類)形状、有り様 |
| | 携帯 | 名 | 雨具を携帯する、携帯電話 (類)携行、持参 |
| けいだい | 境内 | 名 | 境内地 (類)寺内、神域 |
| けいちょう | 慶弔 | 名 | 慶弔用の礼服、慶弔費 |
| | 傾聴 | 名 | 傾聴に値する (類)謹聴、静聴 |
| けいつい | けい椎・頸椎 | 名 | (改) けい椎ねんざ △頸椎 |
| けいとう | 傾倒 | 名 | 実存主義に傾倒する (類)心酔、夢中 |
| けいはく | 軽薄 | 名・形動 | 軽薄者、軽薄な笑い (類)浅はか |
| けいはつ | 啓発 | 名 | 彼に啓発される (類)啓もう |

| けいべつ | 軽蔑 | 名 | （改）彼を軽蔑する　（類）侮蔑、蔑視 |
|---|---|---|---|
| けいもう | 啓もう・啓蒙 | 名 | 大衆を啓もうする　▲啓蒙　（類）啓発 |
| けいよう | 掲揚 | 名 | 国旗の掲揚 |
| けいら | 警ら・警邏 | 名 | ▲警邏　（類）巡回警備、パトロール |
| けいり | 経理 | 名 | ×計理 |
| けいりゅう | 係留 | 名 | 船を係留する　×繋留 |
| けいるい | 係累 | 名 | |
| けいれん | けいれん | 名 | 手足がけいれんする　×痙攣 |
| けう | け有・希有（稀有） | 名・形動 | けうな事例　▲希有・稀有　（類）まれ、希代 |
| けおとす | 蹴落とす | 動 | （改）競争相手を蹴落とす　（類）押しのける |
| けが | けが | 名 | 足をけがする、けがの功名　×怪我　（類）傷 |
| けがす | 汚す | 動 | 聖域を汚す、家名を汚す　×穢す |
| けがらわしい | 汚らわしい | 形 | 汚らわしい手 |
| けがれ | 汚れ | 名 | 家名の汚れ、汚れを知らない純真な少年 |
| けがれる | 汚れる | 動 | 心が汚れる　×穢れる |
| げきこう | 激高 | 名 | 激高して退場する　×激昂　（類）興奮、逆上、激怒 |
| げきじん | 激甚 | 名・形動 | 激甚災害 |
| げきする | 激する | 動 | 相手の無礼に思わず激する　（類）激こう、激怒 |
| げきたい | 撃退 | 名 | 押し売りを撃退する　（類）排除、駆逐 |
| げきつう | 激痛 | 名 | 激痛が走る、激痛に苦しむ |
| げきどう | 激動 | 名 | 激動する社会情勢、激動の十年間 |
| げきへん | 激変 | 名 | 天候が激変する |
| げきやく | 劇薬 | 名 | （類）毒薬 |
| けぎらい | 毛嫌い | 名 | 数学を毛嫌いする　（類）嫌がる |
| けげん | けげん | 名・形動 | けげんな顔をする　×怪訝　（類）疑る、いぶかる |
| けさ | 今朝 | 名 | （付） |
| けしいん | 消印 | 名 | （法） |
| けしかける | けしかける | 動 | 弟をけしかける　×嗾ける　（類）唆す、あおる |
| けしき | 景色 | 名 | （付）素晴らしい景色、雪景色 |
| けしきばむ | 気色ばむ | 動 | 相手の発言に思わず気色ばむ |
| けしごむ | 消しゴム | 名 | |
| けしとめる | 消し止める | 動 | 火の手を消し止める、うわさを消し止める |
| けす | 消す | 動 | 明かりを消す、データを消す、姿を消す |
| げすい | 下水 | 名 | 下水溝 |
| けずる | 削る | 動 | 鉛筆を削る、予算を削る　（類）そぎ取る、減らす |
| けた | 桁 | 名 | （改）桁違い、橋桁、三桁 |
| けたい | け怠・懈怠 | 名 | △懈怠　（類）怠慢、怠惰、横着 |
| けだし | けだし | 副 | けだし名言である　×蓋し　（類）多分、大方 |
| げだつ | 解脱 | 名 | 煩悩を解脱する　（類）悟る |
| けちらす | 蹴散らす | 動 | （改）敵を蹴散らす　（類）追い散らす、打ち払う |
| けっかい | 決壊 | 名 | 堤防が決壊する　×決潰 |
| けっかん | 欠陥 | 名 | 自動車の欠陥を指摘する　（類）不備、難点、短所 |
| けっこう | 結構 | 名・形動 | もう結構です、結構な話　（類）すてき、十分 |
| | けっこう | 副 | ※文科省用字例では「結構」けっこう役に立つ、けっこうおいしい |
| けっこん | 血痕 | 名 | （改） |
| けっさい | 決裁 | 名 | 局長の決裁を仰ぐ　（類）裁断、裁量 |

| | | | | |
|---|---|---|---|---|
| | 決済 | 名 | 売り掛け代金を決済する　（類）精算、決算 |
| けっして | 決して | 副 | 決して…ない　（類）断じて、絶対に |
| けつじょ | 欠如 | 名 | 責任感が欠如している　（類）欠落、脱落 |
| けっする | 決する | 動 | 進退を決する、勝敗が決する　（類）決まる、決定 |
| けっせきとどけ | 欠席届 | 名 | |
| けったく | 結託 | 名 | 野党と結託して倒閣する　（類）ぐる |
| げっぷばらい | 月賦払 | 名 | （法） |
| けっぺき | 潔癖 | 名・形動 | 潔癖症、潔癖な性格 |
| けつれつ | 決裂 | 名 | 交渉が決裂する　（類）物別れ |
| けつろん | 結論 | 名 | 結論を出す |
| けなげ | けなげ | 形動 | けなげな子供たち　×健気　（類）殊勝、神妙 |
| けなみ | 毛並み | 名 | 彼は毛並みがいい　（類）家柄、学歴 |
| げねつ | 解熱 | 名 | 解熱剤 |
| けねん | 懸念 | 名 | 事の成り行きを懸念する　（類）憂慮、危惧 |
| けはい | 気配 | 名 | 春の気配、株式相場の売り気配　（類）様子、状況、形勢 |
| けびょう | 仮病 | 名 | 仮病を使って休む　（類）病気のふり |
| けむたい | 煙たい | 形 | 父親がいると煙たい　（類）窮屈、近づきにくい |
| けむたがる | 煙たがる | 動 | 上司の存在を煙たがる　（類）窮屈 |
| けむり | 煙 | 名 | 煙が目にしみる |
| けもの | 獣 | 名 | 獣道に迷い込む　（類）けだもの、野獣 |
| ける | 蹴る | 動 | （改）　ボールを蹴る、野党の要求を蹴る　（類）はね付ける |
| けわしい | 険しい | 形 | 前途が険しい、険しい表情　（類）困難、厳しい |
| げん | 舷 | 名 | （改）　右舷、左舷　（類）船ばた、船べり |
| けんあく | 険悪 | 名・形動 | …の関係が険悪になる、険悪な雲行き　（類）不穏、際どい |
| けんいん | けん引・牽引 | 名 | 貨車をけん引する、牽引自動車　△牽引 |
| けんお | 嫌悪 | 名 | 加害者を嫌悪する　（類）憎悪、憎しみ |
| げんか | 原価 | 名 | 原価を割る、生産原価　（類）元値、コスト |
| | 現価 | 名 | 不動産の現価、市場現価　（類）時価 |
| | 減価 | 名 | 3割減価で売る、減価償却　（類）価値の減少 |
| げんかい | 厳戒 | 名 | 厳戒態勢をしく　（類）警戒 |
| | 限界 | 名 | 我慢の限界、体力の限界、限界事例　（類）限度、極限 |
| げんかく | 幻覚 | 名 | 幻覚を見る　（類）妄想、幻想 |
| | 厳格 | 形動 | 厳格な家庭、厳格に審査する　（類）厳重、厳正 |
| けんがみね | 剣が峰 | 名 | 首相は防衛問題で剣が峰に立たされた |
| けんぎ | 嫌疑 | 名 | 贈賄の嫌疑をかけられる　（類）容疑 |
| | 建議 | 名 | 政府に建議する　（類）献策、具申、進言 |
| けんきょ | 謙虚 | 形動 | 上司の教えを謙虚に聞く、謙虚な態度　（類）素直 |
| げんきんばらい | 現金払 | 名 | （法） |
| げんけい | 原形 | 名 | 原形をとどめる、原形を保つ |
| | 原型 | 名 | 彫像の原型、型紙の原型をとる |
| | 減刑 | 名 | 恩赦の一つで「政令減刑」と「特別減刑」がある |
| | 減軽 | 名 | 刑の減軽、自首減軽 |
| けんけつ | けんけつ・欠缺 | 名 | 意思の欠缺　△欠缺　（類）欠ける |
| けんげん | 権限 | 名 | 強大な権限を持つ、職務権限 |
| | 権原 | 名 | 法律上の権原 |
| けんご | 堅固 | 名・形動 | 堅固な要塞、志操堅固な人　（類）頑丈、堅牢、強い |

| けんざいか | 顕在化 | 名 | 矛盾が顕在化する |
|---|---|---|---|
| けんさく | 検索 | 名 | インターネットで検索する、検索の抗弁権 |
| けんさん | 研さん・研鑽 | 名 | 自己研さん、研さんを積む　▲研鑽 |
| けんじ | 堅持 | 名 | これまでの方針を堅持する　（類）固守、固持 |
| | 顕示 | 名 | 自分を顕示したがる、自己顕示欲　（類）誇示 |
| けんじつ | 堅実 | 名・形動 | 堅実な商売　（類）着実、地道 |
| けんじゅう | 拳銃 | 名 | （改） |
| げんじゅう | 厳重 | 形動 | 厳重な検査、厳重に警戒する　（類）厳格、厳正 |
| げんしゅく | 厳粛 | 形動 | 厳粛な雰囲気　（類）厳か |
| けんしょう | 顕彰 | 名 | 長年の功労を顕彰する、顕彰碑　（類）表彰 |
| | 懸賞 | 名 | 懸賞金、懸賞付き　（類）賞金、賞品 |
| げんしょう | 現象 | 名 | 自然現象、現象にとらわれる　（類）出来事、様相 |
| | 減少 | 名 | 違反者が減少する　（類）減る、減ずる |
| げんじょう | 現状 | 名 | 現状を打破する、現状維持　（類）現在の状態 |
| | 原状 | 名 | 原状に戻す、原状回復　（類）元の状態 |
| けんすい | 懸垂 | 名 | 岩壁を懸垂する、懸垂運動　（類）ぶら下がる |
| けんすう | 件数 | 名 | 犯罪件数　（類）数 |
| | 軒数 | 名 | 長屋の軒数　（類）戸数 |
| げんずる | 減ずる | 動 | 速度を減ずる、罪一等を減ずる　（類）減る、減らす |
| けんせい | けん制・牽制 | 名 | 相手の動きをけん制する、相互けん制　▲牽制　（類）抑制 |
| けんせき | けん責・譴責 | 名 | 怠業のかどでけん責する　△譴責　（類）叱る、叱責 |
| げんそく | 舷側 | 名 | （改）　（類）船ばた |
| けんそん | 謙遜 | 名 | （改）　謙遜した言い方　（類）控え目 |
| げんそん | 現存 | 名 | 現存する最古の建築　（類）存在、既存 |
| | 厳存 | 名 | 厳存する差別意識 |
| けんたい | けん怠・倦怠 | 名 | けん怠感が残った　▲倦怠　（類）飽きる |
| けんち | 見地 | 名 | 道徳的見地から好ましくない　（類）立場、観点 |
| げんち | 言質 | 名 | 言質を与えてしまった |
| けんちょ | 顕著 | 形動 | 顕著な効果があった |
| けんとう | 見当 | 名 | おおよその見当を付ける　（類）読み、見通し |
| | 検討 | 名 | 善後策を検討する　（類）考える、考慮する、思料する、吟味 |
| けんとうちがい | 見当違い | 形動 | 見当違いな返事をする　（類）見込み違い |
| げんに | 現に | 副 | 現に見た人がいる　（類）現実に、実際に |
| | 厳に | 副 | 厳に謹む　（類）厳重に |
| けんぽう | 拳法 | 名 | （改） |
| けんめい | 賢明 | 名・形動 | 賢明な判断　（類）聡明、知的 |
| | 懸命 | 形動 | 懸命な努力　（類）必死、命懸け、死に物狂い |
| げんめつ | 幻滅 | 名 | 実態を直視して幻滅する　（類）失望、落胆 |
| けんれん | けん連・牽連 | 名 | 牽連犯　△牽連　（類）つながり |
| けんろう | 堅ろう・堅牢 | 名・形動 | 堅ろうな作り　▲堅牢　（類）堅固、頑丈 |
| げんわく | 幻惑 | 名 | あまりの美しさに幻惑される |

| | | | |
|---|---|---|---|
| ご | 御…（漢字） | 接頭 | 御挨拶、御案内、御依頼、御指導、御参加 |
| | | | （注）「御」を「ご」と読む場合には漢字で書く。解説・広報等においては「ご挨拶、ご案内、ご依頼、ご指導、ご参加」などと書くこともある。 |
| | ご…（平仮名） | 接頭 | ごちそう、ごもっとも、ごべんたつ　×御馳走、御尤も、御鞭撻 |
| | | | （注）「御」を「ご」と読み、それに続く語が常用漢字表にない漢字を含む語の場合には、「ごちそう、ごべんたつ」等と仮名書きにする。 |
| | …御 | 接尾 | 親御、母御 |
| こい | 濃い | 形 | 味が濃い、敗色が濃い |
| | …こい | 接尾 | しつこい、油っこい、ねばっこい |
| | 故意 | 名 | 故意に負ける、故意犯　（類）わざと、殊更、悪意、よこしま |
| ごい | 語彙 | 名 | （改）彼は語彙が豊富だ　（類）ボキャブラリー |
| こいこがれる | 恋い焦がれる | 動 | 町一番のマドンナに恋い焦がれる |
| こいしい | 恋しい | 形 | 遠く離れた夫が恋しい　（類）慕わしい、懐かしい |
| こいしがる | 恋しがる | 動 | 母親を恋しがる |
| こいしたう | 恋い慕う | 動 | ひそかに恋い慕う　（類）恋しがる、慕わしい |
| こいねがう | こいねがう | 動 | 成功をこいねがう　×希う　（類）望む、求める、願う |
| こいん | 雇員 | 名 | （類）雇い人、賃金職員、非常勤職員 |
| こう | 請う | 動 | 許可を請（乞）う、紹介を請（乞）う、教えを請（乞）う |
| | 乞う | 動 | （改）乞う御期待、慈悲を乞う、雨乞いの儀式 |
| | 恋う | 動 | 母を恋う、故郷を恋う気持ち |
| | こう | 副 | こう暑くてはかなわない　×斯う |
| こうい | 好意 | 名 | 好意を寄せる、友人の好意を受ける　（類）善意 |
| | 厚意 | 名 | 厚意に感謝する、厚意に甘える　（類）厚情 |
| こうえん | 公演 | 名 | オーケストラの定期公演会　（類）上演、実演 |
| | 講演 | 名 | 講演を依頼する、講演会　（類）講話、講義 |
| | 後援 | 名 | ○○省が後援する催し、後援会　（類）援助、支援 |
| こうお | 好悪 | 名 | 好悪の差が激しい　（類）好き嫌い |
| こうかい | 更改 | 名 | 契約を更改する　（類）更新、書き換え |
| | 後悔 | 名 | 後悔しても始まらない　（類）悔やむ、悔悟 |
| こうがい | 郊外 | 名 | 東京の郊外、郊外に引っ越す　（類）近郊 |
| こうかく | 甲殻 | 名 | 甲殻類 |
| こうがく | 向学 | 名 | 向学の念に燃える、向学心 |
| | 好学 | 名 | 好学の士 |
| | 後学 | 名 | 後学のために見学しておく |
| こうかん | 交換 | 名 | 意見を交換する、物々交換　（類）やりとり、引き換える |
| | 交歓 | 名 | 交歓会 |
| | こう間・巷間 | 名 | こう間のうわさ　▲巷間　（類）ちまた |
| ごうかん | 強かん・強姦 | 名 | △強姦 |
| こうき | 好機 | 名 | 好機を逸する、好機到来　（類）機会、時機、チャンス |
| | 好期 | 名 | 旅行の好期　（類）時季 |
| | 綱紀 | 名 | 綱紀の粛正 |
| こうぎ | 広義 | 名 | 広義に解釈する　（類）広い意味 |
| | 抗議 | 名 | 判定に抗議する　（類）反論 |
| | 講義 | 名 | 社会情勢について講義する　（類）授業、レクチャー |

| ごうぎ | 合議 | 名 | 関係者が合議する　（類）協議、審議 |
| こうきゅう | 考究 | 名 | 万物の根元を考究する　（類）探究、追究 |
| | 攻究 | 名 | 思想の歴史を攻究する　（類）探究、追究 |
| | 恒久 | 名 | 恒久の平和を念願する　（類）永久、永遠 |
| こうきょ | 溝きょ・溝渠 | 名 | △溝渠　（類）溝、どぶ |
| こうきょう | 公共 | 名 | 公共料金、公共の福祉　（類）公的 |
| | 広狭 | 名 | 広狭の二義がある |
| | 好況 | 名 | 不況から好況に向かう　（類）活況、好景気 |
| こうぎょう | 興行 | 名 | 相撲の興行　（類）催し物、見せ物 |
| | 興業 | 名 | 会社の興業　（類）起業 |
| こうげき | 攻撃 | 名 | 敵の背後を攻撃する、失政を攻撃する　（類）攻める、非難 |
| こうげん | 広言 | 名 | 大勢の前で広言する　（類）大ぶろしき |
| | 公言 | 名 | 倒産寸前だと公言してはばからない　（類）口外、他言 |
| | 巧言 | 名 | 巧言を弄する　（類）美辞、甘言 |
| こうこう（こうくう） | 口こう・口腔 | 名 | 口こう外科　△口腔 |
| こうごうしい | 神々しい | 形 | 神々しい神殿　（類）神聖 |
| こうこく | 広告 | 名 | 新聞広告、求人広告 |
| | 公告 | 名 | 競売物件の公告、官報公告　（類）告示、公示 |
| | 抗告 | 名 | 抗告の申立てをする、抗告訴訟　（類）異議申立て |
| こうさてん | 交差点 | 名 | ×交叉点 |
| こうし | 行使 | 名 | 職務権限を行使する |
| | 公私 | 名 | 公私を混同する |
| こうじ | 公示 | 名 | 総選挙の期日を公示する　（類）告示、公告 |
| | 好餌 | 名 | （改）　ゆすりの好餌になる　（類）えじき |
| こうして | こうして | 副 | こうしてほしい　（接続）こうして、私は　×斯うして |
| ごうしゃ | 豪しゃ・豪奢 | 名・形動 | ▲豪奢　（類）豪華、ぜいたく |
| こうじょ | 公序 | 名 | 公序良俗　（類）公の秩序 |
| | 控除 | 名 | 収入から必要経費を控除する　（類）差し引く |
| こうしょう | 公証 | 名 | 公証行為、公証役場　（類）公的機関の証明 |
| | 考証 | 名 | 時代考証、考証学　（類）実証的研究 |
| | 交渉 | 名 | 労使が交渉する　（類）談判、折衝、話合い |
| | 高尚 | 名・形動 | 高尚な文学、高尚な人物　（類）上品、気高い、立派な |
| こうじょう | 厚情 | 名 | 御厚情を賜る　（類）厚志 |
| | 交情 | 名 | こまやかな交情、交情を深める　（類）したしみ、情交 |
| | 向上 | 名 | 学力が向上する、向上心　（類）好転、上り調子 |
| | 恒常 | 名 | 恒常的な措置　（類）一定、永続 |
| こうじょうせん | 甲状腺 | 名 | |
| こうしん | 行進 | 名 | デモ行進、堂々と行進する |
| | 更新 | 名 | 記録を更新する　（類）更改、改める |
| | こう進・亢進 | 名 | 両者の対立構造をこう進させる　△亢進　（類）増進、激増 |
| こうずい | 洪水 | 名 | 洪水で家が流される　（類）氾濫、大水、出水 |
| こうずか | 好事家 | 名 | 好事家の手になる研究　（類）マニア、オタク |
| こうする | 抗する | 動 | 時流に抗する　（類）逆らう、抵抗、手向かう |
| こうずる | 高ずる | 動 | 趣味が高ずる、病が高ずる　（類）甚だしくなる |
| | 講ずる | 動 | 措置を講ずる　（類）説明する、講義する |
| ごうする | 号する | 動 | 最強だと号する　（類）称する |

| | | | |
|---|---|---|---|
| こうせい | 公正 | 名・形動 | 公正証書、公正な判断　（類）公平、平等 |
| | 更正 | 名 | 税額の更正決定、更正登記 |
| | 更生 | 名 | 会社更生、更生保護　（類）再生、立ち直り |
| | 厚生 | 名 | 福利厚生、厚生年金 |
| | 後世 | 名 | 後世に名を残す　（類）末代、後代 |
| | 後生 | 名 | 後生に道を譲る　（類）後輩、後進 |
| こうせつ | 巧拙 | 名 | 技の巧拙　（類）上手下手 |
| こうぜん | 公然 | 名・形動 | 公然の秘密、公然たる事実　（類）公、おおっぴら |
| ごうぜん | 傲然 | 名 | （改）　傲然として鼻の先にあしらう　（類）尊大、横柄 |
| こうそ | 公訴 | 名 | 公訴を提起する |
| | 控訴 | 名 | 高等裁判所に控訴する　（類）上訴 |
| こうそう | 抗争 | 名 | 派閥抗争　（類）争い、紛争、闘争 |
| こうそく | 拘束 | 名 | 身柄の拘束　（類）束縛 |
| | 梗塞 | 名 | （改）　心筋梗塞、脳梗塞 |
| こうた | 小唄 | 名 | （改） |
| こうたい | 交代 | 名 | 議長を交代する、社長の交代　×更代　（類）交替、更迭 |
| | 交替 | 名 | 交替で勤務する、当番を交替する　（類）交代 |
| こうてい | 工程 | 名 | 作業工程、製造工程、工程管理　（類）手順、段階 |
| | 行程 | 名 | 目的地までの行程　（類）道のり、道程 |
| | 肯定 | 名 | 相手の主張を肯定する　（類）是認 |
| こうでい | 拘泥 | 名 | ささいな事に拘泥する　（類）こだわる、かかずらう |
| こうてつ | 更迭 | 名 | 大臣の更迭　（類）交代 |
| こうとう | 口頭 | 名 | 口頭弁論、口頭での報告　（類）口述 |
| | 口答 | 名 | 口問口答、その場で口答をさせる |
| | 喉頭 | 名 | （改）　喉頭がん |
| こうとうてき | 高踏的 | 名・形動 | 高踏的な人物　（類）独善的 |
| こうはい | 荒廃 | 名 | 荒廃した生活　（類）廃れる |
| | 興廃 | 名 | 興廃の一戦　（類）興亡 |
| こうばい | 勾配 | 名 | （改）　急勾配の坂道　（類）傾き、傾斜 |
| こうはん | 広範 | 形動 | 広範な調査、広範にわたる活動　×広汎 |
| こうひょう | 好評 | 名 | 好評を得る　（類）高評 |
| | 高評 | 名 | 御高評を賜る　（類）好評 |
| | 講評 | 名 | 選者の講評　（類）批評 |
| こうふ | 交付 | 名 | 証明書を交付する、交付金　（類）引渡し、給付、支給 |
| | 公布 | 名 | 法律の公布　（類）発布、布告 |
| こうほう | 広報 | 名 | 広報活動　×弘報　（類）宣伝、広告、PR |
| | 公報 | 名 | 選挙公報　（類）報告、官報 |
| こうまい | 高まい・高邁 | 名・形動 | 高まいな精神　▲高邁　（類）崇高 |
| こうまん | 高慢 | 名・形動 | 高慢な人　（類）傲慢、不遜 |
| ごうまん | 傲慢 | 名・形動 | （改）　傲慢な態度　（類）高慢、不遜 |
| こうみょう | 功名 | 名 | けがの功名、功名にはやる　（類）手柄、出世 |
| | 巧妙 | 名・形動 | 巧妙な手口　（類）巧み、上手、うまい |
| こうむる | 被る | 動 | 恩恵を被る、損害を被る　（類）与えられる、浴びる |
| ごうもん | 拷問 | 名 | 拷問禁止条約 |
| こうよう | 高揚 | 名 | 気分が高揚する　×昂揚　（類）高まる |
| こうり | 小売 | 名 | （法） |

| | | | |
|---|---|---|---|
| | 小売（商） | 名 | （法） |
| こうりゅう | 勾留 | 名 | （改）　未決勾留、勾留状の執行 |
| | 拘留 | 名 | 拘留場 |
| こうりょ | 考慮 | 名 | （類）配慮、念頭に置く、視野に入れる |
| こうわ | 講和 | 名 | 講和条約　（類）平和 |
| | 講話 | 名 | 局長講話　（類）訓話、説教、講義 |
| こえる | 越える | 動 | （ある場所・地点・時を過ぎて、その先に進む）　山を越える、ピークを越える |
| | 超える | 動 | （ある基準・範囲・程度を上回る）水準を超える、権限を超える、能力を超える |
| | 肥える | 動 | 土地が肥える、牛が肥える　（類）太る |
| こおう | 呼応 | 名 | 中央の動きに呼応して地方でも…　（類）以心伝心 |
| こおり | 氷 | 名 | 氷が張った、氷をかく |
| こおりつく | 凍り付く | 動 | 道路が凍り付く　（類）凍結、結氷 |
| こおりづめ | 氷詰め | 名 | |
| こおる | 凍る | 動 | 湖水が凍る、土が凍る　（類）凍り付く、凍結、結氷 |
| こがす | 焦がす | 動 | 板塀を焦がす、身を焦がす　（類）焦げる、焦げ付く |
| こかつ | 枯渇 | 名 | 温泉が枯渇する　×涸渇　（類）干上がる、かれる |
| こがらし | 木枯らし | 名 | （類）北風、寒風、空っ風 |
| こがれる | 焦がれる | 動 | 映画スターに焦がれる、待ち焦がれる　（類）恋する |
| こかん | 股間 | 名 | （改）　（類）股ぐら |
| こかんせつ | 股関節 | 名 | （改） |
| こき | 古希 | 名 | 古希の祝い　×古稀　（類）70歳 |
| こきざみ | 小刻み | 名・形動 | 小刻みに震える、小刻みな値上げ |
| こぎつける | こぎ着ける | 動 | 岬にこぎ着ける、開店にこぎ着ける　×漕ぎ着ける |
| こぎって | 小切手 | 名 | （法） |
| ごく | ごく | 副 | ごく新しい、ごく内輪の話　×極　（類）とても、非常に |
| こくじ | 告示 | 名 | 内閣告示　（類）公示、公告 |
| | 酷似 | 名 | 論文の内容が酷似する　（類）類似、相似、似る |
| | 国璽 | 名 | 国璽証書 |
| こくふく | 克服 | 名 | 悪条件を克服する　（類）克己 |
| こくめい | 克明 | 形動 | 事件を克明に記録する　（類）丁寧、丹念 |
| こくもつ | 穀物 | 名 | イネは主要な穀物である　（類）穀類 |
| こげちゃいろ | 焦げ茶色 | 名 | （類）茶色、褐色 |
| こけつ | 虎穴 | 名 | （改）　虎穴に入らずんば虎児を得ず |
| こげつく | 焦げ付く | 動 | 鍋が焦げ付く、融資が焦げ付く　（類）回収不能 |
| こけらおとし | こけら落とし | 名 | ×柿落とし |
| ここ | 個々 | 名 | 個々に検討する　（類）それぞれ、各々 |
| | ここ | 代 | （仮名）　ここはどこか、ここのところを…　×此処　（類）ここら |
| こごえじに | 凍え死に | 名 | （類）凍死 |
| こごえる | 凍える | 動 | 手が凍える　（類）冷える、かじかむ |
| ここち | 心地 | 名 | （付）　生きた心地がしない、居心地がいい　（類）気持ち |
| ここに | ここに | 副 | 本日ここに…するに当たり　×此処に・是に |
| こころあたり | 心当たり | 名 | 心当たりがない、心当たりを探す　（類）めぼし |
| こころえ | 心得 | 名 | 茶の湯の心得がある、課長心得　（類）素養、たしなみ |
| こころえちがい | 心得違い | 名・形動 | 心得違いな事をする　（類）誤解、思い違い、勘違い |
| こころえる | 心得る | 動 | 万事心得る　（類）引き受ける、承知する |
| こころがけ | 心掛（懸）け | 名 | 規則正しい生活を心掛ける　（類）心構え、配慮、気配り |

| こころがまえ | 心構え | 名 | ふだんの心構え （類）心掛け、気構え |
|---|---|---|---|
| こころがわり | 心変わり | 名 | 恋人が心変わりする （類）変心 |
| こころくばり | 心配り | 名 | いろいろと心配りする （類）配慮、気配り、心遣い |
| こころざし | 志 | 名 | 志を立てる、お志だけは頂く （類）抱負、厚意 |
| こころざす | 志す | 動 | 学問に志す （類）目標 |
| こころづくし | 心尽くし | 名 | 心尽くしの手料理 （類）手厚い |
| こころづけ | 心付け | 名 | 運転手に心付けを渡す （類）チップ、祝儀 |
| こころづもり | 心積もり | 名 | 仕事の心積もりをする （類）意図、心算、予定、腹積もり |
| こころづよい | 心強い | 形 | 心強い味方だ （類）気強い |
| こころない | 心ない | 形 | 心ない子供のいたずら、枝を折る心ない人 （類）無分別 |
| こころのこり | 心残り | 名 | …できないのが心残りだ （類）未練、残念、遺憾 |
| こころぼそい | 心細い | 形 | 一人旅では心細い （類）心もとない、危なっかしい |
| こころまち | 心待ち | 名 | 心待ちにしていた手紙が来る （類）期待 |
| こころみ | 試み | 名 | 新しい試み （類）試行、実験 |
| こころみに | 試みに | 副 | 試みに一度やってみる |
| こころみる | 試みる | 動 | 単独登頂を試みる、抵抗を試みる （類）試す、着手する、挑む、企てる |
| こころもち | 心持ち | 名 | 心持ちのよい人、(副)心持ち右に曲がる （類）気持ち |
| こころもとない | 心もとない | 形 | ×心許ない （類）心細い、危なっかしい |
| こころやすい | 心安い | 形 | 心安く引き受ける （類）気安い |
| こころゆく | 心行く | 動 | 心行くまで遊んだ （類）満足 |
| こころよい | 快い | 形 | 快い雰囲気、快く引き受ける （類）爽快、快適、心地よい |
| ございます | ございます | 動 | 「ある」の丁寧語 本はここにございます ×御座います |
|  | …ございます | 補助 | おめでとうございます ×御座います |
| こさつ | 古刹 | 名 | (改) （類）古寺、名刹 |
| ごさんかい | 午さん会・午餐会 | 名 | ▲午餐会 （類）昼食会 |
| こじ | 固持 | 名 | 自説を固持する （類）固守、堅持 |
|  | 固辞 | 名 | 謝礼を固辞する、就任を固辞する （類）辞退、断り |
|  | 居士 | 名 | (付) 一言居士 |
|  | 孤児 | 名 | 孤児院 （類）みなしご |
|  | 誇示 | 名 | 成功を誇示する （類）自慢、顕示 |
| こしおれ | 腰折れ | 名 | 景気の腰折れ |
| こしかける | 腰掛ける | 動 | 椅子に腰掛ける （類）座る、着く |
| こしだめ | 腰だめ | 名 | 腰だめの議論 （類）大まかな、大体の見当で |
| こしぬけ | 腰抜け | 名 | 腰抜け侍、腰抜け外交 （類）臆病、意気地なし |
| こしょう | 湖沼 | 名 | （類）湿地 |
| こしらえる | こしらえる | 動 | 洋服をこしらえる ×拵える （類）作る、仕立てる |
| こじれる | こじれる | 動 | 話がこじれる ×拗れる （類）もつれる |
| こす | 越す | 動 | 冬を越す、郊外に越す、峠を越す、年越し （類）越える |
|  | 超す | 動 | 制限速度を超す、100万人を超す人口 （類）上回る |
| こぞって | こぞって | 副 | 職員はこぞって賛成する ×挙って （類）挙げて、残らず |
| ごぞんじ | 御存じ | 名 | 御存じのような…です ×御存知・ご存じ |
| こだい | 誇大 | 形動 | 誇大に言いふらす、誇大広告 （類）大げさ、大層な |
| こたえ | 答 | 名 | (法) (表・記号的用い方) |
|  | 答え | 名 | （類）回答、返答、応答、解答 |
| こたえる | 答える | 動 | (解答する、返事をする) 質問に答える |

| | 応える | 動 | （改：訓の追加）（応じる、報いる）時代の要請に応える、声援に応える |
|---|---|---|---|
| こだち | 木立 | 名 | （法） |
| こだわる | こだわる | 動 | 金にこだわる、×拘る （類）拘泥、気にする |
| ごちそう | ごちそう | 名 | ×御馳走 |
| こちょう | 誇張 | 名 | 事実を誇張する （類）大げさ、豪語 |
| こちら | こちら | 代 | こちらを向いてください ×此方 （類）こっち |
| こっき | 克己 | 名 | 克己心 （類）克服 |
| こっけい | 滑稽 | 名・形動 | （改）滑稽なしぐさ （類）面白い、おかしい |
| こっし | 骨子 | 名 | 法案の骨子 （類）眼目、骨格 |
| こつぜん | こつ然・忽然 | 名 | こつ然と姿を消す ▲忽然 （類）急に、突然、突如 |
| こづつみ | 小包 | 名 | （法） |
| こと | 事 | 名 | 事を起こす、事に当たる （類）事柄、物事 |
| | …こと | 形名 | （仮名）許可しないことがある |
| ことがら | 事柄 | 名 | 次の事柄について…、重要な事柄 （類）物事 |
| ごとく | …ごとく | 助動 | 次のごとく考えた ×如く （類）…ように、…ようで |
| ことごとく | ことごとく | 副 | 財産をことごとく失う ×悉く （類）全て、みんな |
| ことさら | 殊更 | 副 | 殊更強調する （形動）殊更な準備は不要だ （類）わざと |
| ことし | 今年 | 名 | （付） |
| ことづける | 言付ける | 動 | 用事を言付ける （類）言い付ける、託する |
| ことづて | 言づて | 名 | 言づてを頼む ×言伝 （類）伝言、メッセージ |
| ことなる | 異なる | 動 | 意見が異なる、事実と異なる （類）違う、相違 |
| ことに | 殊に | 副 | 殊に優れている （類）特に、とりわけ |
| ごとに | …ごとに | 接尾 | 一年ごとに…、雨降るごとに… ×毎に （類）度に |
| ことにする | 異にする | 連語 | 性格を異にする （類）他の、別の、相違 |
| ことのほか | 殊の外 | 副 | 殊の外、簡単だった |
| ことはじめ | 事始め | 名 | （類）最初、第一、手始め |
| こども | 子供・子ども | 名 | 内閣官房総務課の用字用語例集では「子供」となっているが、「供」には、「お供・供え物」といった差別的な意味合いがあるとして、教育・福祉関係では「子ども・子育て支援法」や「子どもの貧困対策の推進に関する法律」など、「子ども」を使っている例が多い。なお、文科省では平成25年6月下旬、その取扱いを「子供」に統一したとのこと。 |
| ことわり | 断り | 名 | 断りの手紙、断り状 （類）辞退、固辞、差し控える、願い下げ |
| | ことわり | 名 | ことわりを説く、ことわりにかなう ×理 （類）道理 |
| ことわる | 断る | 動 | 申出を断る （類）拒む、退ける、はね付ける |
| ごにん | 誤認 | 名 | 事実を誤認する （類）見誤る |
| こねる | こねる | 動 | パンをこねる ×捏ねる （類）練る |
| この | この | 連体 | （仮名）この点で、この本を ×此・之の |
| このごに | この期に | 連語 | この期に及んで… |
| このごろ | この頃 | 名 | （改）（類）最近、近頃、近時、このところ |
| このさい | この際 | 名 | ×此の際 （類）こういう場合、このような時、この時機 |
| このたび | この度 | 名 | ×此の度 ※文科省用字例では「このたび」 |
| このほど | この程 | 名 | ×此の程 （類）先頃、今回、この度 |
| このましい | 好ましい | 形 | 慎重な検討が好ましい （類）望ましい |
| このむ | 好む | 動 | 好むと好まざるとにかかわらず… （類）気に入る |
| こばむ | 拒む | 動 | 要求を拒む （類）断る、退ける、はね付ける |

| ごびゅう | 誤びゅう・誤謬 | 名 | ▲誤謬（びゅう）　（類）錯誤、間違い、誤り |
|---|---|---|---|
| こぶ | 鼓舞 | 名 | 士気を鼓舞する　（類）奮い立つ |
| ごぶさた | 御無沙汰 | 名 | （改）御無沙汰をお許しください　（類）音信がない、無音 |
| こぶし | 拳 | 名 | （改）握り拳 |
| こぼれる | こぼれる | 動 | 涙がこぼれる、刃がこぼれる　×零れる・毀れる |
| こま | 駒 | 名 | （改）将棋の駒、持ち駒 |
| こまか | 細か | 形動 | 細かな砂、細かに調べる　（類）小さく、詳しく |
| こまかい | 細かい | 形 | 細かい心遣い　（類）繊細、デリケート |
| ごまかす | ごまかす | 動 | 年をごまかす、身分をごまかす　（類）だます、偽る |
| こまりはてる | 困り果てる | 動 | 子の夜泣きに困り果てる　（類）困り切る、苦しむ、窮する |
| こまりもの | 困り者 | 名 | 一家の困り者　（類）やっかい者 |
| こまる | 困る | 動 | 失敗が多くて困る、水に困る　（類）悩む、苦しむ、窮する |
| ごみ | ごみ | 名 | ごみを捨てる、ごみ箱　×塵・芥 |
| こみあう | 混（込）み合う | 動 | （改）車内が混み合う　（類）立て込む、ごった返す、ひしめく |
| こみあげる | 込み上げる | 動 | 涙が込み上げる、怒りが込み上げる　（類）湧き上がる |
| こみいる | 込み入る | 動 | 込み入った事情があるらしい　（類）複雑な |
| こむ | 混む | 動 | （改：訓の追加）電車が混（込）む、混（込）み合う店内 |
|  | 込む | 動 | 負けが込む、手が込んだ仕事、風が吹き込む |
| こめる | 込める | 動 | やり込める、弾を込める、心を込める |
| こもり | 子守 | 名 | （法） |
| こもる | 籠もる | 動 | （改）部屋に籠もる、心が籠もる、感情の籠もった表現 |
| こやし | 肥やし | 名 | 失敗を肥やしにする　（類）肥料 |
| こやす | 肥やす | 動 | 土地を肥やす、目を肥やす、私腹を肥やす |
| こよう | 雇用 | 名 | ×雇傭　（類）雇う |
| ごようおさめ | 御用納め | 名 | |
| ごようはじめ | 御用始め | 名 | |
| こらえる | こらえる | 動 | 悲しみをこらえる　×堪える　（類）耐える、忍ぶ |
| こらしめる | 懲らしめる | 動 | いたずら者を懲らしめる　（類）とっちめる、罰する |
| こらす | 凝らす | 動 | 工夫を凝らす、目を凝らす　（類）集中する、注ぎ込む |
|  | 懲らす | 動 | 悪人を懲らす　（類）罰する、とっちめる |
| ごらん | 御覧 | 名 | 「見る」の尊敬語　御覧になる |
| こり | 凝り | 名 | 凝り性、肩の凝り　（類）集中、しこり |
| こりかたまる | 凝り固まる | 動 | 自分の考えに凝り固まる　（類）凝固する、とらわれる |
| こりょ | 顧慮 | 名 | 周囲の思わくを顧慮するゆとりがない　（類）配慮、心配り |
| こりる | 懲りる | 動 | 失敗に懲りる　（類）後悔、悔いる |
| こる | 凝る | 動 | 仕事に凝る　（類）ふける、溺れる |
| これ | これ | 代 | （仮名）これに記入してください　×之・是　（類）この、その |
| ころ・ごろ | 頃 | 名 | （改）頃合い、この頃、日頃　（類）時期、時分 |
| ころう | 固ろう | 形動 | 頑迷固ろうな老人　×固陋　（類）かたくな |
| ころがす | 転がす | 動 | 缶を転がす、土地を転がす　（類）回転、転売 |
| ころがる | 転がる | 動 | ボールが転がる　（類）回転、転げる |
| ころす | 殺す | 動 | 人を殺す、息を殺して…、スピードを殺す、持ち味を殺す |
| ころぶ | 転ぶ | 動 | つまづいて転ぶ　（類）倒れる、転げる |
| こわい | 怖い | 形 | 怖い顔、怖い思いをする　（類）恐ろしい |
| こわがる | 怖がる | 動 | 犬を怖がる　×恐がる　（類）恐れる |
| こわごわ | こわごわ | 副 | こわごわと崖下をのぞく　×恐々　（類）恐る恐る |

| こわす | 壊す | 動 | 古家を壊す、雰囲気を壊す　×毀す　（類）崩す、潰す |
| こわれる | 壊れる | 動 | テレビが壊れる、計画が壊れる　×毀れる　（類）いかれる |
| こんきゅう | 困窮 | 名 | 生活が困窮する、対策に困窮する　（類）貧困、行き詰まる |
| こんきょ | 根拠 | 名 | （類）証拠、裏付け、証左、理屈、由来 |
| こんこう | 混交 | 名 | 公私を混交する、玉石混交　×混淆　（類）交錯、混合 |
| こんしん | こん身・渾身 | 名 | こん身の力をふりしぼる　▲渾身　（類）全身、満身 |
| こんすい | こん睡・昏睡 | 名 | こん睡強盗　▲昏睡　（類）熟睡、意識喪失 |
| こんせき | 痕跡 | 名 | （改）痕跡をとどめる　（類）傷痕・傷跡 |
| こんせつ | 懇切 | 名・形動 | 懇切丁寧に教える、懇切な対応　（類）親切、心尽くし |
| こんだて | 献立 | 名 | （法） |
| こんたん | 魂胆 | 名 | 独り占めしようとする魂胆だ　（類）たくらみ、真意、本音 |
| こんてい | 根底 | 名 | 通説を根底から覆す　×根柢　（類）基礎、根本 |
| こんとう | こん倒・昏倒 | 名 | 殴られてこん倒する　▲昏倒　（類）倒れる、卒倒 |
| こんとく | 懇篤 | 名・形動 | 懇篤なる援助と…　（類）手厚い、親切、懇切 |
| こんとん | 混とん・混沌 | 名 | …の行方が混とんとする　▲混沌　×渾沌　（類）混乱 |
| こんにちは | こんにちは | 感動 | （仮名）　×今日は |
| こんぱい | 困ぱい・困憊 | 名 | 疲労困ぱい　▲困憊　（類）疲労、過労 |
| こんばんは | こんばんは | 感動 | （仮名）　×今晩は |
| こんまけ | 根負け | 名 | 根負けして承諾する　（類）根気負け |
| こんめい | 混迷 | 名 | 混迷する政局　×昏迷　（類）混乱、錯そう |
| こんわく | 困惑 | 名 | 出馬要請に困惑する　（類）とまどう、当惑 |
| さいえん | 才媛 | 名 | （改）　（類）才女 |
| ざいか | 罪科 | 名 | 罪科をただす　（類）しおき、とがめ |
| さいかい | 再会 | 名 | 学友と再会する、再会を期する　（類）また合う |
|  | 再開 | 名 | 会議を再開する |
| さいぎしん | さい疑心・猜疑心 | 名 | ▲猜疑心　（類）疑いねたむ、疑心暗鬼 |
| さいけつ | 採決 | 名 | 予算案を採決する　（類）決議、表決 |
|  | 裁決 | 名 | 大臣による裁決を仰ぐ　（類）裁定、決定、判決 |
| さいけん | 債権 | 名 | 債権者、債権の取立て　（類）給付請求権 |
|  | 債券 | 名 | 債券を発行する　（類）有価証券 |
| さいご | 最後 | 名 | 最後の切り札　（類）一番あと、終わり、最終 |
|  | 最期 | 名 | 悲惨な最期を遂げる　（類）臨終、末期、死期 |
| さいしょう | 最小 | 名 | 最小限度、被害を最小に食い止める　（類）極小 |
|  | 最少 | 名 | 最少得点、最少額、最少催行人員 |
| さいせい | 再生 | 名 | 再生紙、再生を誓う、録画を再生する　（類）復活、更生 |
|  | 再製 | 名 | くず鉄を再製する |
| さいせき | 砕石 | 名 | 砕石機 |
|  | 採石 | 名 | 採石権、採石場 |
| ざいせき | 在籍 | 名 | 在籍証明書、在籍型出向 |
|  | 在席 | 名 | 課長は在席している |
| さいだい | 細大 | 名 | 細大漏らさず　（類）巨細 |
|  | 最大 | 名 | 最大限、最大の幸福　（類）極大、無限大 |
| さいはい | 采配 | 名 | （改）采配をふるう　（類）指図、指揮 |
| さいばい | 栽培 | 名 | 温室栽培　（類）栽植、園芸 |
| さいわい | 幸い | 名 | （形動）幸いなことに…　（副）幸い天候に恵まれた |

| さえぎる | 遮る | 動 | 行く手を遮る、言葉を遮る　(類)妨げる、抑える |
|---|---|---|---|
| さえる | さえる | 動 | さえた月の光、顔色がさえない　×冴える　(類)清澄 |
| さおだけ | さお竹 | 名 | |
| さおとめ | 早乙女 | 名 | (付) |
| さかい | 境 | 名 | 境目、生死の境　(類)区切り、一段落、節目 |
| さかうらみ | 逆恨み | 名 | 忠告したら逆恨みされた |
| さかえる | 栄える | 動 | 港町として栄える　(類)繁栄、繁盛 |
| さかさ | 逆さ | 名・形動 | 逆さになって落ちる、上下が逆さだ |
| さかさま | 逆さま | 名・形動 | (仮名)　ポスターを逆さまに貼る　×逆様　(類)反対、あべこべ |
| さがしあてる | 捜し当てる | 動 | 遺留品を捜し当てる　(類)見付け出す、発見 |
| | 探し当てる | 動 | 友人宅を探し当てる　(類)見付ける |
| さがしだす | 捜し出す | 動 | 遭難者を捜し出す |
| | 探し出す | 動 | 埋蔵金を探し出す |
| さがしもの | 捜し物・探し物 | 名 | |
| さがす | 捜す | 動 | (所在の分からない物や人を尋ね求める)　紛失物を捜す、犯人を捜す |
| | 探す | 動 | (欲しいものを尋ね求める)　貸家を探す、仕事を探す、講演の題材を探す |
| さかだつ | 逆立つ | 動 | 髪の毛が逆立つ　(類)倒立 |
| さかだてる | 逆立てる | 動 | 髪の毛を逆立てる |
| さかのぼる | 遡る | 動 | (改)　川を遡る、原点に遡る、時代を遡る　(類)かみに進む |
| さかまく | 逆巻く | 動 | 逆巻く波　(類)渦巻く |
| さからう | 逆らう | 動 | 先生に逆らう、風に逆らう　(類)たて突く、反抗 |
| さかり | 盛り | 名 | 働き盛り、暑さも盛りを越す　(類)最盛期 |
| さがる | 下がる | 動 | 地盤が下がる、免許が下がる、小売値が下がる |
| さかん | 盛ん | 形動 | 盛んな拍手、盛んに燃える　(類)盛大、旺盛 |
| さぎ | 詐欺 | 名 | 詐欺を働く、詐欺罪　(類)ペテン、かたり |
| さきがけ | 先駆け | 名 | 先駆けの功名、春の先駆け　(類)先駆 |
| さきだつ | 先立つ | 動 | 衆に先立つ、試合に先立って…、親に先立つ不孝 |
| さきどり | 先取り | 名 | 時代を先取りする、利息を先取りする |
| さきどりとっけん | 先取特権 | 名 | (法) |
| さきに | さきに | 副 | さきにお知らせした…　×先に　(類)以前に、前に、先刻 |
| さきばしる | 先走る | 動 | 先走った行為 |
| さきばらい | 先払い | 名 | 代金を先払いする　(類)前金、前払い |
| さきぶれ | 先触れ | 名 | 先触れもなく訪れる　(類)前触れ |
| さきほこる | 咲き誇る | 動 | 花が咲き誇る　(類)咲きそろう、咲きこぼれる |
| さきほど | 先ほど | 名 | 先ほどお会いした…　(副)先ほどからお待ちの方　×先程 |
| さきまわり | 先回り | 名 | 他人の話の先回りをする |
| さきみだれる | 咲き乱れる | 動 | 咲き乱れる野生の水仙　(類)繚乱 |
| さきゆき | 先行き | 名 | 経営の先行きは明るい、先行き指標　(類)前途、将来 |
| さきわたし | 先渡し | 名 | 月給の先渡し、現品先渡し　(類)前渡し |
| さきんずる | 先んずる | 動 | 人より一歩先んずる　(類)先手を打つ、機先を制する |
| さく | 裂く | 動 | 布を裂く、仲を裂く、引き裂く |
| | 割く | 動 | 時間を割く、紙面を割く、人手を割く |
| | 咲く | 動 | 花が咲く |
| | 柵 | 名 | (改)　鉄柵 |
| さくい | 作為 | 名 | 作為の跡が残る　(形動)作為的な感がある記事 |
| さくしゅ | 搾取 | 名 | 領主が農民から搾取する　(類)搾り取る、ピンはね |

| さくする | 策する | 動 | 一計を策する　（類）計略 |
|---|---|---|---|
| さくせい | 作製 | 名 | （主に物品や道具に）　模型の作製、標本の作製 |
| | 作成 | 名 | （主に書類や文書に）　法案の作成、文書の作成 |
| さくそう | 錯そう・錯綜 | 名 | 指揮系統が錯そうしている　▲錯綜　（類）混乱、錯乱 |
| さくつけ | 作付け | 名 | 稲の作付けをする |
| さくつけめんせき | 作付面積 | 名 | （法） |
| さくどう | 策動 | 名 | 会社乗っ取りを策動する　（類）画策、策略、計略 |
| さぐり | 探り | 名 | 探りを入れる、探り足　（類）偵察、斥候 |
| さぐる | 探る | 動 | 腹の内を探る、問題解決の糸口を探る　（類）探す |
| さくれつ | さく裂・炸裂 | 名 | 爆弾がさく裂する　▲炸裂　（類）爆発、破裂 |
| さけずき | 酒好き | 名 | （類）酒飲み、酒豪、飲んだくれ |
| さげすむ | 蔑む | 動 | （改）　相手を蔑む　（類）軽蔑、見下す、卑しめる |
| さけび | 叫び | 名 | 魂の叫び、叫び声 |
| さけぶ | 叫ぶ | 動 | 大声で叫ぶ、無実を叫ぶ　（類）わめく、主張、力説 |
| さけめ | 裂け目 | 名 | 大地の裂け目　（類）割れ目、切れ目 |
| さける | 避ける | 動 | 危険を避ける、公表を避ける　（類）よける、差し控える |
| | 裂ける | 動 | 木が裂ける、口が裂けても言えない　（類）引き裂く |
| さげる | 下げる | 動 | 頭を下げる、値段を下げる、品位を下げる、室温を下げる |
| | 提げる | 動 | 腰に提げる、手にカバンを提げる |
| さげわたす | 下げ渡す | 動 | 国有地を下げ渡す　（類）払い下げ |
| さげん | 左舷 | 名 | （改） |
| ざこ | 雑魚 | 名 | （付）　雑魚寝　（類）小物 |
| ささいな | ささいな | 形動 | ささいな違い　×些細な　（類）取るに足りない、僅かな |
| ささえ | 支え | 名 | 家の支えとなって働く、心の支え |
| ささえる | 支える | 動 | 土台を支える、家計を支える　（類）保つ、援助、防ぐ |
| ささげる | ささげる | 動 | 本を恩師にささげる　×捧げる　（類）供える、差し上げる |
| ささやか | ささやか | 形動 | ささやかに暮らす　×細やか　（類）ほんの少し、僅か |
| ささやく | ささやく | 動 | 耳元でささやく、愛をささやく　×囁く |
| ささる | 刺さる | 動 | とげが刺さる |
| さしあげる | 差し上げる | 動 | 両手で差し上げる　（補動）…て差し上げる |
| さしあたり | 差し当たり | 副 | 差し当たり困らない　（類）今のところ、当面 |
| さしいれ | 差し入れ | 名 | お菓子の差し入れ |
| さしいれる | 差し入れる | 動 | 弁当を差し入れる |
| さしえ | 挿絵 | 名 | （法）　×挿画 |
| さしおく | 差し置く | 動 | 手紙を差し置く、課長を差し置いて…　（類）放置、無視 |
| さしおさえ | 差押え | 名 | （複） |
| | 差押（命令） | 名 | （法） |
| さしおさえる | 差し押さえる | 動 | 工場設備を差し押さえる |
| さしかえ | 差し替え | 名 | 原稿の差し替え |
| さしかえる | 差し替える | 動 | メンバーを差し替える　（類）取り替える、入れ替える |
| さしかかる | 差し掛かる | 動 | 急坂に差し掛かる、雨期に差し掛かる　（類）通り掛かる |
| さしき | 挿し木 | 名 | |
| さじき | 桟敷 | 名 | （付） |
| ざしき | 座敷 | 名 | （法） |
| さしこむ | 差し込む | 動 | プラグを差し込む、朝日が差し込む、胃が差し込む |
| さしころす | 刺し殺す | 動 | 人を刺し殺す |

| さしさわり | 差し障り | 名 | 差し障りがあるので言うのを控える　（類）不都合、支障 |
| さしさわる | 差し障る | 動 | 仕事に差し障る　（類）差し支える |
| さしず | 指図 | 名 | （法） |
| さしずめ | さしずめ | 副 | さしずめ計画どおりに実施する　（類）当面、差し当たって |
| さしせまる | 差し迫る | 動 | 差し迫った危険はない　（類）切迫、急迫 |
| さしだしぐち | 差し出し口 | 名 | |
| さしだしにん | 差出人 | 名 | （法） |
| さしだす | 差し出す | 動 | 書類を差し出す、代理人を差し出す　（類）提出、派遣 |
| さしつかえ | 差し支え | 名 | その日時は差し支えがある　（類）不都合、支障、問題 |
| さしつかえる | 差し支える | 動 | （付）　明日の仕事に差し支える　（類）差し障る |
| さしつかわす | 差し遣わす | 動 | 特使を差し遣わす　（類）差し向ける、派遣 |
| さしでがましい | 差し出がましい | 形 | 差し出がましいようですが、…　（類）余計な、出しゃばり |
| さしとめ | 差止め | 名 | （複） |
| さしとめる | 差し止める | 動 | 出版を差し止める、出入りを差し止める　（類）禁止 |
| さしのべる | 差し伸べる | 動 | 救いの手を差し伸べる　（類）援助 |
| さしはさむ | 差し挟む | 動 | 疑いを差し挟む　（類）割り込む |
| さしひかえる | 差し控える | 動 | 発表を差し控える、外出を差し控える　（類）慎む |
| さしひき | 差引き | 名 | （複） |
| さしひきかんじょう | 差引勘定 | 名 | （法） |
| さしひきぼ | 差引簿 | 名 | （法） |
| さしひく | 差し引く | 動 | 手数料を差し引く　（類）差っ引く、除く、割り引く |
| さしみ | 刺身 | 名 | （法） |
| さしむかい | 差し向かい | 名 | 差し向かいで飲む　（類）相対、差し |
| さしむき | 差し向き | 副 | 差し向きの用件　（類）今のところ、差し当たり |
| さしむける | 差し向ける | 動 | 迎えの車を差し向ける　（類）差し遣わす |
| さしもどし | 差戻し | 名 | （複） |
| さしもどす | 差し戻す | 動 | 書類を差し戻す、審理を差し戻す　（類）戻す |
| さしゅ | 詐取 | 名 | 巧妙な手口で預金を詐取する　（類）だまし取る |
| さしょう | 詐称 | 名 | 学歴を詐称する、身分詐称　（類）偽る |
| | さ少・些少 | 名・形動 | さ少な金額ですがお納めください　▲些少　（類）僅か、少し |
| さす | 差す | 動 | 日が差す、嫌気が差す、眠気が差す |
| | 指す | 動 | 目的地を指す、教師が生徒を指す、将棋を指す |
| | 刺す | 動 | とげを刺す、暴漢が人を刺す、蜂に刺される |
| | 挿す | 動 | かんざしを挿す、花を挿す、挿し木 |
| さすがに | さすがに | 副 | （仮名）　さすがに難しかった　×流石に　（類）期待にたがわず |
| さずかる | 授かる | 動 | 学位を授かる、秘伝を授かる　（類）賜る、下さる |
| さずける | 授ける | 動 | 幸運を授ける　（類）与える、恵む、あげる |
| ざせつ | 挫折 | 名 | （改）　事業が挫折する　（類）だめになる |
| させん | 左遷 | 名 | 地方支社に左遷される |
| さそいあう | 誘い合う | 動 | 互いに誘い合って出掛ける |
| さそいみず | 誘い水 | 名 | 工場誘致の誘い水となる |
| さそう | 誘う | 動 | お茶に誘う、同情を誘う　（類）勧誘、誘惑 |
| さた | 沙汰 | 名 | （改）　沙汰のあり次第、御無沙汰、正気の沙汰ではない |
| さだか | 定か | 形動 | 彼の行方は定かではない　（類）明らか、はっきり、確か |
| さだまる | 定まる | 動 | 方針が定まる、腰が定まらない　（類）確定、安定 |
| さだめし | 定めし | 副 | 定めしお困りのことでしょう　（類）さぞ、おそらく |

| さだめる | 定める | 動 | 規則を定める、目標を定める　（類）制定する、決める |
| さち | 幸 | 名 | 海の幸、山の幸 |
| さついれ | 札入れ | 名 | （類）財布、がま口 |
| さつき | 五月 | 名 | （付） |
| さっきゅう | 早急 | 名・形動 | （「そうきゅう」とも読む）　早急に対策を講ずる |
| さっする | 察する | 動 | 危険を察する、事情を察する　（類）推し量る、思いやる |
| さっそう | さっそう | 名 | さっそうと立ち去る　×颯爽 |
| さっそく | 早速 | 副 | 早速送付する　（形動）早速の返事…　（類）直ぐ、速やかな |
| さっとう | 殺到 | 名 | 予約が殺到する、非常口に殺到する　（類）押し寄せる |
| さつりく | 殺りく・殺戮 | 名 | ▲殺戮 |
| さて | さて | 接続 | さて、次に討論します…　（類）そうして、それから |
| さとうづけ | 砂糖漬 | 名 | （複） |
| さとす | 諭す | 動 | 子供を諭す、不心得を諭す　（類）いさめる、言い聞かせる |
| さとり | 悟り | 名 | 悟りの境地　（類）諦観 |
| さとる | 悟る | 動 | 死期を悟る　（類）感づく、わきまえる |
| さなえ | 早苗 | 名 | （付） |
| さなか | さなか | 名 | 大雨のさなか外に出る　×最中　（類）最中（さいちゅう）、まっただ中 |
| さばく | 裁く | 動 | 罪人を裁く、公平に裁く　（類）判断、審判 |
|  | さばく | 動 | 手綱をさばく、品物をさばく　×捌く　（類）こなす、扱う |
| さびしい | 寂しい | 形 | 口が寂しい、寂しい生活　×淋しい　（類）わびしい |
| さびしげ | 寂しげ | 形動 | 寂しげな夜道　×淋しげ |
| さびどめ | さび止め | 名 | ×錆止め |
| さびる | さびる | 動 | 包丁がさびる、腕がさびる　×錆びる　（類）さび付く |
| さびれる | 寂れる | 動 | 商店街が寂れる　（類）衰える、廃れる |
| さほど | さほど | 副 | さほど重要でない　×然程　（類）あまり、大して |
| さま | 様 | 名 | 様にならない、寂しげな様　（類）格好、様子 |
|  | …様 | 接尾 | ○○様、御苦労様　（類）さん、氏、殿 |
| さまがわり | 様変わり | 名 | 町並みが様変わりする　（類）変容、急変 |
| さまざま | 様々 | 形動 | 考え方は様々だ、様々な方法　（類）各種、いろいろ、多様 |
| さます | 冷ます | 動 | スープを冷ます、興奮を冷ます　（類）冷やす、冷却 |
|  | 覚ます | 動 | 眠気を覚ます、迷いを覚ます　（類）意識が戻る |
|  | さます | 動 | 酔いをさます　×醒ます |
| さまたげる | 妨げる | 動 | 行く手を妨げる、安眠を妨げる　（類）遮る、抑える |
| さまよう | さまよう | 動 | 死の境をさまよう　×彷徨う　（類）さすらう、うろつく |
| さみしい | さみしい | 形 | ×寂しい・淋しい　（類）寂しい、わびしい |
| さみだれ | 五月雨 | 名 | （付） |
| さむい | 寒い | 形 | 今朝は寒い、背筋が寒くなる、懐が寒い　（類）冷える |
| さめる | 冷める | 動 | お湯が冷める、興奮が冷める、情熱が冷める |
|  | 覚める | 動 | 目が覚める、心の迷いから覚める |
|  | さめる | 動 | 酔いがさめる　×醒める |
|  | さめる | 動 | 色がさめる　×褪める |
| さらいしゅう | 再来（週） | 名 | 再来月、再来年 |
| さらう | さらう | 動 | どぶをさらう、波がさらう　×浚う・攫う　（類）すくう |
| さらさら | さらさら | 副 | さらさらと書く、小川がさらさらと流れる |
|  |  | 副 | そんな気持ちはさらさらない、さらさら…ない　×更々 |
| さらす | さらす | 動 | 日にさらす、危険にさらす　×晒す・曝す |

| さらなる | 更なる | 連体 | 更なる御支援を… （類）今以上の、一層の |
|---|---|---|---|
| さらに | 更に | 副 | 更に検討する、更に上達する （類）もっと、一層、その上 |
| | さらに | 接続 | （仮名） さらに、… （類）それに加えて、引き続き |
| さる | 去る | 連体 | 去る〇日 |
| | 去る | 動 | 東京を去る、冬が去る、去るに当たって |
| さわがしい | 騒がしい | 形 | 会場が騒がしい、年の瀬が騒がしい （類）騒々しい |
| さわぎだす | 騒ぎ出す | 動 | 聴衆が騒ぎ出す （類）騒ぎ始める |
| さわぐ | 騒ぐ | 動 | 観客が騒ぐ、血が騒ぐ、マスコミが騒ぐ （類）騒ぎ始める |
| さわやか | 爽やか | 形動 | （改） 爽やかな笑顔 （類）すがすがしい |
| さわり | 障り | 名 | 治療の障りになる （類）支障、差し支え、差し障り |
| | 触り | 名 | 手触り、話の触り （類）感触 |
| さわる | 障る | 動 | 徹夜は体に障る、気に障る （類）害や妨げになる、不快になる |
| | 触る | 動 | 展示品に触る、神経に触る （類）触れる、関わり合う |
| さんい | 賛意 | 名 | （類）同じ考え、賛同、同意、合意 |
| さんいつ | 散逸 | 名 | 蔵書が散逸する （類）散り失せる |
| さんか | 惨禍 | 名 | 大洪水の惨禍 （類）惨害、災禍 |
| さんかい | 山塊 | 名 | （類）山脈、連峰、山並み |
| ざんがい | 残骸 | 名 | （改） 飛行機の残骸が散らばる |
| ざんぎゃく | 残虐 | 名・形動 | 残虐な行為 （類）残酷、無慈悲、残忍 |
| ざんげ | ざんげ・懺悔 | 名 | 神にざんげする ▲懺悔 （類）告白、悔い改める |
| さんけい | 参詣 | 名 | （改） 神社に参詣する （類）お参り、参拝 |
| さんげき | 惨劇 | 名 | 一家皆殺しの惨劇 （類）惨事、悲劇 |
| さんけん | 散見 | 名 | 至る所に散見される （類）あちらこちらで |
| ざんこく | 残酷 | 名・形動 | 残酷な仕打ち （類）残虐、無慈悲、残忍 |
| ざんさつ | 斬殺 | 名 | （改） 斬殺死体 （類）刺殺 |
| | 惨殺 | 名 | 捕虜を惨殺する （類）虐殺、なぶり殺し |
| さんじ | 賛辞 | 名 | 賛辞を述べる （類）褒め言葉 |
| | 惨事 | 名 | ガス爆発の惨事 （類）痛ましい出来事 |
| ざんじ | 暫時 | 名 | 暫時の猶予を請う （副）暫時休憩する （類）しばらくの間 |
| さんしゃく | 参酌 | 名 | 事情を参酌して… （類）斟酌、参考に |
| さんじょう | 惨状 | 名 | 事故の惨状を物語る （類）悲惨さ、窮状 |
| さんしょくずり | 三色刷り | 名 | |
| ざんしん | 斬新 | 形動 | （改） 斬新なデザイン （類）目新しい |
| さんすい | 散水 | 名 | ×撒水 （類）水まき、打ち水 |
| さんぜん | さん然・燦然 | 名 | さん然と輝く ▲燦然 （類）光り輝く |
| さんたん | 賛嘆 | 名 | 見事な演技に賛嘆の声をあげる （類）称賛、賛美 |
| | 惨たん・惨憺 | 形動 | 惨たんたる結果に終わる ▲惨憺 （類）悲惨、暗たん |
| ざんてい | 暫定 | 名 | 暫定予算 （形動）暫定的な措置 （類）臨時、一時的 |
| さんばし | 桟橋 | 名 | |
| さんまん | 散漫 | 名・形動 | 注意力が散漫だ、散漫な論旨 （類）気が散る、放漫 |
| さんみいったい | 三位一体 | 名 | 親と学校と地域とが三位一体となって子供を守る |
| さんろく | 山麓 | 名 | （改） （類）山のふもと、山すそ |
| しあい | 試合 | 名 | （法） 野球の試合、親善試合 |
| | 仕合 | 名 | 泥仕合 |
| じあい | 自愛 | 名 | 御自愛ください |

| | | | |
|---|---|---|---|
| | 慈愛 | 名 | 母の慈愛　（類）恩愛、慈しみ |
| しあがり | 仕上がり | 名 | すばらしい仕上がり　（類）出来映え |
| しあげ | 仕上げ | 名 | 仕上げの段階に入る　（類）完成、出来上がり |
| しあげきかい | 仕上機械 | 名 | （法） |
| しあげこう | 仕上工 | 名 | （法） |
| しあわせ | 幸せ | 名・形動 | 友人の幸せを祈る、幸せな人　（類）幸福、幸 |
| しあん | 私案 | 名 | 私案を発表する　（類）個人的考え |
| | 試案 | 名 | 試案を発表する、試案の段階　（類）原案、たたき台 |
| | 思案 | 名 | 思案に沈む、思案に暮れる　（類）考え事、心配、もの思い |
| しい | 恣意 | 名・形動 | （改）　恣意的な解釈　（類）勝手気まま |
| じい | 示威 | 名 | 示威行動　（類）顕示、誇示 |
| しいたげる | 虐げる | 動 | 動物を虐げる　（類）虐待、いじめる |
| しいて | 強いて | 副 | 強いて…する　（類）あえて、押して、無理に |
| しいる | 強いる | 動 | …に無理を強いる、苦戦を強いられる　（類）強制、強要 |
| しいれ | 仕入れ | 名 | |
| しいれかかく | 仕入価格 | 名 | （法） |
| しいれさき | 仕入先 | 名 | |
| しいれる | 仕入れる | 動 | 商品を仕入れる、新しい情報を仕入れる　（類）買う、入手 |
| しうち | 仕打ち | 名 | ひどい仕打ちを受ける　（類）冷遇、白眼視 |
| しえん | 私怨 | 名 | （改）　私怨を晴らす　（類）個人的恨み |
| しお | 塩 | 名 | 塩味、塩辛い |
| | 潮 | 名 | 潮の流れ、潮風 |
| しおくり | 仕送り | 名 | 月々の生活費の仕送り　（類）送金 |
| しおひがり | 潮干狩り | 名 | |
| しおれる | しおれる | 動 | 花がしおれる　×萎れる　（類）しなびる、枯れる |
| しか | 鹿 | 名 | （改）　鹿の子 |
| しが | 歯牙 | 名 | （改）　歯牙にも掛けない |
| しがい | 死骸 | 名 | （改） |
| しかえし | 仕返し | 名 | 告げ口の仕返しを恐れる　（類）報復、復しゅう |
| しかけ | 仕掛け | 名 | 仕掛けの仕事、大掛かりな仕掛け　（類）やりかけ、仕組み |
| しかけはなび | 仕掛花火 | 名 | （法） |
| しかけひん | 仕掛品 | 名 | （法） |
| しかける | 仕掛ける | 動 | わなを仕掛ける　（類）仕向ける、仕組む |
| しかし | しかし | 接続 | （仮名）　×然し・併し　（類）だが、ところが、けれども |
| しかしながら | しかしながら | 接続 | （仮名）　×然乍・併乍　（類）が、けれども、それでも、しかるに |
| しかた | 仕方 | 名 | 運転の仕方、仕方がない　（類）方法、手段 |
| じがため | 地固め | 名 | 立候補のための地固め　（類）基礎固め |
| しかも | しかも | 接続 | 最初で、しかも最後の機会　×然も・而も　（類）それに |
| しかる | 叱る | 動 | （改）　大声で叱る　（類）怒る、叱責、けん責 |
| しかるに | しかるに | 接続 | （仮名）　×然るに　（類）だが、ところが、しかし、けれども |
| しかるべく | しかるべく | 連語 | （仮名）（副）しかるべく取り扱い願う　×然るべく　（類）よいように |
| しき | 士気 | 名 | 兵士の士気を鼓舞する　（類）意気込み、熱意 |
| | 志気 | 名 | 盛んな志気　（類）志、意気込み |
| じき | 次期 | 名 | 次期総裁選挙 |
| | 時機 | 名 | 時機を逸する、時機到来　（類）機会、チャンス、好機 |
| | 時期 | 名 | 重大な時期、時期を区切る、時期尚早　（類）時、期間 |

| | | | |
|---|---|---|---|
| | 時季 | 名 | 行楽の時季、時季はずれ （類)季節、時節、シーズン |
| じぎ | 時宜 | 名 | 時宜を得た処置 （類)時と場合、TPO |
| しきあみ | 敷網※ | 名 | (法) ※水中に敷き、引き上げて捕る漁網 |
| しきい | 敷居 | 名 | (法) |
| しきいし | 敷石 | 名 | (法) |
| しききん | 敷金 | 名 | (法) |
| じきじき | 直々 | 副 | 直々にお話したい （類)直接、じかに |
| しきたり | 仕来り | 名 | 地域の仕来り （類)慣習、習わし |
| しきち | 敷地 | 名 | (法) |
| じきに | 直に | 副 | 直に飽きるだろう （類)すぐ、直ちに |
| しきふ | 敷布 | 名 | (法) |
| しきもの | 敷物 | 名 | (法) |
| しきゅう | 至急 | 名 | （類)大急ぎ、早急、迅速、いち早く |
| しきり | 仕切り | 名 | 部屋の仕切り、年度末の仕切り （類)へだて、区切り |
| しきりに | しきりに | 副 | しきりに誘われる ×頻りに （類)頻繁、ひっきりなし |
| しきん | 至近 | 名 | 至近距離 |
| しく | 敷く | 動 | 砂利を敷く、鉄道を敷く （類)置く、据える、取り付ける |
| じくうけ | 軸受 | 名 | (法) |
| しぐさ | しぐさ | 名 | 江戸しぐさ ×仕種 （類)身振り、所作 |
| じくじ | じくじ・忸怩 | 形動 | 内心じくじたる思い △忸怩 （類)恥じ入る |
| しぐれ | 時雨 | 名 | (付) |
| しくみ | 仕組み | 名 | 機械の仕組み （類)メカニズム、機構、仕掛け |
| しけ | しけ | 名 | 海がしけ模様 ×「時化」は当て字 （類)荒れ、大荒れ |
| しげみ | 茂み | 名 | （類)やぶ、草むら |
| しげる | 茂る | 動 | 若葉が茂る、夏草が茂る （類)繁茂、生い茂る |
| しけん | 私見 | 名 | （類)自分の考え、私心、私説、愚見、愚意 |
| じご | 事後 | 名 | 事後措置をとる、事後承諾 |
| | じ後・爾後 | 名 | (副)じ後の予定 ▲爾後 （類)その後、それ以来 |
| しこう | 指向 | 名 | 指向性アンテナ、自由貿易を指向する （類)方向、志向 |
| | 志向 | 名 | ブランド志向、平和国家を志向する （類)意向、志す |
| | 思考 | 名 | 思考を深める （類)思い、考え、思索 |
| | 試行 | 名 | 運用を試行する、試行錯誤 （類)試み、試す |
| しこう・せこう | 施行 | 名 | 法律を施行する （類)実施 |
| | 施工 | 名 | 工事を施工する、施工業者 |
| じこう | 事項 | 名 | 注意事項、協議事項 （類)項目、箇条 |
| | 時効 | 名 | 時効の成立、取得時効、消滅時効 |
| | 時候 | 名 | 時候の挨拶 （類)…の候、気候、天候 |
| じごうじとく | 自業自得 | 名 | （類)身から出たさび、自縄自縛 |
| しこうひん | し好品・嗜好品 | 名 | ▲嗜好品 |
| しごく | 至極 | 副 | 至極もっともである （接尾)残念至極だ |
| しこむ | 仕込む | 動 | 踊りを仕込む、おでんを仕込む、みそを仕込む |
| しさ | 示唆 | 名 | 示唆に富む話、政界の腐敗を示唆する事件 （類)暗示 |
| しさい | 子細 | 名・形動 | 子細を話す、子細に検討する ×仔細 （類)詳細 |
| しざい | 資材 | 名 | 建築資材 （類)材料 |
| | 資財 | 名 | 資財を活用する （類)物資と財産 |
| | 私財 | 名 | 私財を投ずる （類)個人財産 |

| しさく | 思索 | 名 | 思索にふける　（類）思い、考え、思考 |
|---|---|---|---|
| しじ | 指示 | 名 | 中止を指示する　（類）指図、命令 |
| | 支持 | 名 | 支持する政党、意見を支持する　（類）賛成、賛同、援助 |
| じじゃく | 自若 | 名 | 泰然自若　（類）落ち着く |
| しじゅう | 始終 | 名 | 一部始終を語る　（副）始終本を読んでいる　（類）絶えず、いつも |
| じしゅう | 自修 | 名 | 語学を自修する　（類）独習、独学 |
| | 自習 | 名 | 自習時間、自学自習　（類）独習、独学 |
| じしゅく | 自粛 | 名 | 華美な服装を自粛する　（類）自重、慎む |
| しずか | 静か | 形動 | 静かな夜、静かに話す　（類）静寂、ひっそり、穏やか |
| しずく | 滴 | 名 | 滴にぬれる　（類）水滴 |
| しずけさ | 静けさ | 名 | 嵐の前の静けさ　（類）静寂 |
| しずしずと | 静々と | 副 | 葬列が静々と進む |
| しずまる | 静まる | 動 | 心が静まる、会場が静まる、嵐が静まる　（類）落ち着く |
| | 鎮まる | 動 | 内乱が鎮まる、痛みが鎮まる　（類）鎮静、おさまる |
| しずむ | 沈む | 動 | 船が沈む、悲しみに沈む　（類）没する、落ち込む |
| しずめる | 静める | 動 | 騒ぎを静める、怒りを静める、鳴りを静める　（類）鎮静 |
| | 鎮める | 動 | 反乱を鎮める、痛みを鎮める　（類）鎮圧、鎮静 |
| | 沈める | 動 | 船を沈める、身を沈める　（類）沈没 |
| しする | 資する | 動 | 取引の安全に資する　（類）役立てる、助けになる |
| じする | 侍する | 動 | 総理のそば近くに侍する　（類）はべる |
| | 持する | 動 | 満を持する　（類）保つ、固く守る |
| | 辞する | 動 | 委員を辞する　（類）辞める、辞退、退出、断る |
| しせい | 市井 | 名 | 市井の人　（類）町、ちまた |
| | 市制 | 名 | 市制施行50周年 |
| | 市政 | 名 | 市政だより |
| じせい | 時世 | 名 | せちがらい御時世　（類）時代、世の中 |
| | 時勢 | 名 | 時勢に乗る、時勢に逆らう　（類）時代の流れ |
| | 自制 | 名 | 怒りで自制を失う、自制心　（類）自己抑制、節制 |
| | 自省 | 名 | 自省の念を抱く　（類）反省、内省 |
| | 自生 | 名 | 高山に自生する植物　（類）野生 |
| しせき | 史跡 | 名 | 史跡を訪ねる　×史蹟　（類）遺跡、旧跡 |
| じせき | 事績 | 名 | 事績をたたえる　（類）業績、功績、足跡 |
| | 事跡 | 名 | 歴史上の事跡 |
| じせつ | 自説 | 名 | 自説に固持する |
| | 持説 | 名 | 持説を吐露する　（類）時論 |
| しそんじる | 仕損じる | 動 | せいては事を仕損じる　（類）失敗する |
| したい | 肢体 | 名 | のびやかな肢体、肢体不自由 |
| しだい | 次第 | 名 | 事の次第を話す　（接尾）手当たり次第　（類）道筋、事情 |
| しだいに | 次第に | 副 | 次第に寒くなる　（類）段々と、徐々に、おいおい |
| したう | 慕う | 動 | 彼女を慕う、故国を慕う　（類）恋う、思慕 |
| したうけ | 下請 | 名 | （複） |
| したうけこうじ | 下請工事 | 名 | （法） |
| したがう | 従う | 動 | 習慣に従う、…に従い、…に従って　×随う・順う |
| したがえる | 従える | 動 | お供を従える　×随える　（類）引き連れる、伴う |
| したがき | 下書き | 名 | 下書き原稿 |
| したがって | 従って（従う） | 動 | 命令に従って行動する |

137

| | | | |
|---|---|---|---|
| したがって | したがって | 接続 | （仮名）　したがって、…する　×従って |
| したく | 支度 | 名 | 夕飯の支度　（類）準備、用意 |
| したごしらえ | 下ごしらえ | 名 | 料理の下ごしらえ　×下拵え　（類）下準備 |
| したしい | 親しい | 形 | 親しい友人、耳目に親しい　（類）近しい、睦まじい |
| したじき | 下敷き | 名 | |
| したしみ | 親しみ | 名 | 親しみを感じる、親しみを抱く　（類）親近感 |
| したしむ | 親しむ | 動 | 友と親しむ、自然に親しむ　（類）打ち解ける、なじむ |
| しだしや | 仕出屋 | 名 | （法） |
| したしらべ | 下調べ | 名 | 現地に下調べに行く　（類）下見、予備調査 |
| したためる | したためる | 動 | 毛筆でしたためる　×認める　（類）書く、記す |
| したたらず | 舌足らず | 名・形動 | 舌足らずな文章　（類）口べた、不十分な |
| したたる | 滴る | 動 | 汗が滴り落ちる　（類）垂れる |
| したづみ | 下積み | 名 | 下積みされた荷物、下積みの時代が長かった　（類）底積み |
| したて | 仕立て | 名 | 仕立てのよい着物、特別仕立ての列車　（類）裁縫、縫い物 |
| したてけん | 仕立券 | 名 | （法） |
| したてもの | 仕立物 | 名 | （法） |
| したてや | 仕立屋 | 名 | （法） |
| したてる | 仕立てる | 動 | 背広を仕立てる、替え玉を仕立てる　（類）作り上げる |
| したまわる | 下回る | 動 | 予想を下回る得票数　（類）割る |
| したみ | 下見 | 名 | 試験場の下見、講義ノートの下見　（類）下調べ、予備調査 |
| したむき | 下向き | 名 | 市場が下向きになる |
| したよみ | 下読み | 名 | 台本を下読みしておく　（類）予習、下調べ |
| したわしい | 慕わしい | 形 | お慕わしく思っております　（類）懐かしい、恋しい |
| じだん | 示談 | 名 | 訴訟せずに示談をする　（類）和解、相談 |
| しちいれ | 質入れ | 名 | 腕時計を質入れする |
| しちいれしょうけん | 質入証券 | 名 | （法） |
| じちょう | 自嘲 | 名 | （改）　自嘲の笑いを浮かべる　（類）嘲笑、嘲笑う |
| | 自重 | 名 | 各自の自重を望む　（類）行動を慎む、自粛、自戒 |
| しっかん | 疾患 | 名 | 呼吸器の疾患　（類）病気、疾病 |
| しつけ | しつけ | 名 | しつけの良い家庭　×躾　（類）礼儀作法 |
| じっこん | じっ懇・昵懇 | 名・形動 | じっ懇の間柄　▲昵懇　（類）懇意 |
| じつじょう | 実状 | 名 | 被災地の実状を報告する　（類）状況、現状 |
| | 実情 | 名 | 実情を調査する、会社の実情を訴える　（類）事情、真情 |
| しっする | 失する | 動 | 時機を失する　（類）逸する、失う |
| しっせき | 叱責 | 名 | （改）　叱責を受ける　（類）叱る、けん責 |
| しっそう | 失踪 | 名 | （改）　失踪宣告　（類）失跡 |
| | 疾走 | 名 | 全力疾走　（類）駆け足、快走、疾駆 |
| じっせん | 実戦 | 名 | 実戦に備える、実戦部隊　（類）対戦、戦闘 |
| | 実践 | 名・形動 | 理論を実践に移す、実践的な学問　（類）実行、履行 |
| じったい | 実体 | 名 | 生命の実体、実体のない幽霊会社　（類）本質、本体 |
| | 実態 | 名 | 実態調査、経営の実態　（類）事情、実情 |
| しっつい | 失墜 | 名 | 権威を失墜する　（類）落とす、失脚 |
| しっと | 嫉妬 | 名 | （改）　（類）やきもち、ねたむ、ジェラシー |
| じっと | じっと | 副 | じっと見守る、じっと手を見る　（類）凝視、つくづく |
| じつどう | 実動 | 名 | 実動台数、実動部隊　（類）実際に動く |
| | 実働 | 名 | 実働時間　（類）実際に働く |

| | | | |
|---|---|---|---|
| じつに | 実に | 副 | 実に面白い、実に正確である　(類)本当に、誠に |
| しっぺい | 疾病 | 名 | 新しい疾病が増加した　(類)病気、疾患 |
| しっぽ | 尻尾 | 名 | (付)　(類)尾、尾っぽ |
| しつよう | 執よう・執拗 | 形動 | 執ような反撃　▲執拗　(類)しつこい、くどい |
| してい | 子弟 | 名 | 良家の子弟、子弟教育 |
| | 師弟 | 名 | 師弟関係 |
| しない | 竹刀 | 名 | (付) |
| しなぎれ | 品切れ | 名 | 商品が品切れになる |
| しなさだめ | 品定め | 名 | 商品の品定めをする　(類)品評、格付け |
| しにせ | 老舗 | 名 | (付)　老舗ののれんを守る |
| しにたえる | 死に絶える | 動 | 一族が死に絶える　(類)血筋が絶える、絶滅 |
| しにょう | し尿・屎尿 | 名 | △屎尿　(類)ふん尿、おわい |
| しにわかれる | 死に別れる | 動 | 妻に死に別れる　(類)死別 |
| じにん | 自任 | 名 | 天才を自任する　(類)自負 |
| | 自認 | 名 | 実力不足を自認する　(類)認める、自覚 |
| | 辞任 | 名 | 大臣を辞任する　(類)退陣、退任、辞職 |
| しぬ | 死ぬ | 動 | (類)死亡、死去、死没、逝去、永眠、往生、他界 |
| しのぐ | しのぐ | 動 | 飢えをしのぐ　×凌ぐ　(類)こらえる、耐える、堪え忍ぶ |
| しのばせる | 忍ばせる | 動 | 短刀を忍ばせる、身を忍ばせる　(類)隠す |
| しのびあし | 忍び足 | 名 | (類)抜き足、差し足 |
| しのびやか | 忍びやか | 形動 | 忍びやかに歩く　(類)こっそり、密か、そっと |
| しのぶ | 忍ぶ | 動 | 人目を忍ぶ　(類)耐える、こらえる |
| | しのぶ | 動 | 故人をしのぶ　×偲ぶ |
| しばい | 芝居 | 名 | (類)演劇、ドラマ |
| しばしば | しばしば | 副 | しばしば訪れる　×屢々　(類)よく、度々、ちょくちょく |
| しばふ | 芝生 | 名 | (付) |
| しはらい | 支払 | 名 | (法)　(類)払い込み |
| しはらいえんき | 支払延期 | 名 | |
| しはらいずみ | 支払済み | 名 | |
| しはらいにん | 支払人 | 名 | |
| しはらいもとうけだか | 支払元受高 | 名 | (法) |
| しはらう | 支払う | 動 | 電気料金を支払う　(類)勘定、払い込む |
| しばらく | しばらく | 副 | しばらくお待ち下さい　×暫く　(類)しばし、ひとまず |
| しばる | 縛る | 動 | ひもで縛る、義理に縛られる　(類)結ぶ、結わえる |
| じびき | 字引 | 名 | (法)　(類)字典、字書 |
| じびきあみ | 地引き網 | 名 | |
| じひびき | 地響き | 名 | 地響きをたてて倒れる |
| しびれる | しびれる | 動 | 足がしびれる　×痺れる　(類)麻痺する |
| しぶい | 渋い | 形 | 渋いお茶　(類)苦い |
| しぶしぶ | 渋々 | 副 | 渋々承諾する　(類)嫌々ながら |
| しぶる | 渋る | 動 | 金を出し渋る　(類)ためらう、滞る |
| しぼむ | しぼむ | 動 | 花がしぼむ　×萎む　(類)しおれる、枯れる |
| しぼりあげる | 絞り上げる | 動 | 白状するまで絞り上げる、金品を絞り上げる　(類)追及 |
| しぼりこむ | 絞り込む | 動 | 容疑者を絞り込む　(類)狭める |
| しぼる | 絞る | 動 | (ねじって水分を出す、無理に出す、小さくする)　手拭いを絞る、知恵を絞る、音量を絞る |

| | | | |
|---|---|---|---|
| | 搾る | 動 | （締め付けて液体を取り出す、無理に取り立てる）　乳を搾る、年貢を搾り取る |
| しまう | 仕舞う | 動 | 店を仕舞う　（類）閉店、終わる |
| | …（て）しまう | 補動 | 忘れてしまう、帰ってしまう　×仕舞う |
| しまつ | 始末 | 名 | 仕事の始末を付ける、始末書　（類）片付ける、処理 |
| しまつする | 始末する | 動 | 書類を始末する、後始末する　（類）処理、処分、仕舞う |
| しまり | 締まり | 名 | 生活に締まりが出る、戸締まりが厳重になる |
| しまる | 締まる | 動 | ひもが締まる、身が引き締まる |
| | 絞まる | 動 | 首が絞まる |
| | 閉まる | 動 | ドアが閉まる、店が閉まる |
| しみず | 清水 | 名 | （付） |
| しみる | 染みる | 動 | インクが染みる |
| | しみる | 動 | 煙が目にしみる、骨身にしみる　×滲みる |
| しむけち | 仕向地※ | 名 | （法）　※商品・貨物などの送り先 |
| しむける | 仕向ける | 動 | 怒り出すように仕向ける　（類）働き掛ける、唆す |
| じむとりあつかい | 事務取扱 | 名 | （法） |
| じむひきつぎ | 事務引継 | 名 | （法） |
| しめきり | 締切り | 名 | （複） |
| しめきりび | 締切日 | 名 | （法） |
| しめきる | 締め切る | 動 | 受付を締め切る　（類）打ち切る |
| | 閉め切る | 動 | 雨戸を閉め切る　（類）閉める、閉じる |
| しめくくり | 締めくくり | 名 | 仕事の締めくくりをつける　（類）総括 |
| しめし | 示し | 名 | 子供に示しがつかない　（類）教え、手本 |
| しめしあわせる | 示し合わせる | 動 | 示し合わせて逃げ出す　（類）あらかじめ相談する |
| しめす | 示す | 動 | 模範を示す、根拠を示す、誠意を示す　（類）表示する、指摘する |
| | 湿す | 動 | タオルを湿す |
| しめだす | 締め出す | 動 | 芸能界から締め出す |
| | 閉め出す | 動 | 家から閉め出す |
| しめやか | しめやか | 形動 | 雨がしめやかに降る |
| しめり | 湿り | 名 | 湿り気 |
| しめる | 締める | 動 | （緩みのないようにする、区切りを付ける）　心を引き締める、帳簿を締める |
| | 絞める | 動 | （首の周りを強く圧迫する）　自らの首を絞める |
| | 閉める | 動 | （開いているものを閉じる）　ドアを閉める、店を閉める |
| | 占める | 動 | 街の一角を占める、過半数を占める |
| | 湿る | 動 | 気分が湿る、湿った空気 |
| しめん | 紙面 | 名 | 新聞の紙面、紙面を割く |
| | 誌面 | 名 | 週刊誌の誌面、特集記事の誌面 |
| しもん | 諮問 | 名 | 諮問機関、審議会に諮問する |
| | 試問 | 名 | 口頭試問 |
| しゃくぜん | 釈然 | 名 | 釈然としない　（類）晴れ晴れ |
| しゃくほう | 釈放 | 名 | 政治犯を釈放する　（類）放免、自由にする |
| しゃくめい | 釈明 | 名 | 釈明を求める、容疑に対して釈明する　（類）弁明、言い訳 |
| しゃくりょう | 酌量 | 名 | 情状酌量の余地はない　（類）しん酌 |
| じゃすい | 邪推 | 名 | 二人の仲を邪推する　（類）当て推量、臆測 |
| しゃする | 謝する | 動 | 厚意を謝する、非礼を謝する　（類）礼を述べる、わびる |
| しゃだん | 遮断 | 名 | 交通を遮断する、電流を遮断する　（類）遮る、切断、閉鎖 |

| | | | |
|---|---|---|---|
| じゃっかん | 若干 | 名 | 若干の相違　（副）若干その傾向がある　（類）幾らか、幾分 |
| | 弱冠 | 名 | 弱冠二十歳　（類）若年、若齢 |
| しゃへい | 遮蔽 | 名 | （改）　放射能を遮蔽する　（類）覆い隠す |
| しゃみせん | 三味線 | 名 | （付） |
| じゃり | 砂利 | 名 | （付） |
| しゃりょう | 車両 | 名 | 緊急車両　×車輌　（類）車、乗り物 |
| しゅい | 主意 | 名 | 質問主意書　（類）主旨 |
| | 趣意 | 名 | 趣意を説明する、設立趣意書　（類）趣旨 |
| じゅう | 中 | 接尾 | （改：音の追加）　日本中、一年中 |
| しゅうがく | 修学 | 名 | 大学院で修学する、修学旅行　（類）学修、履修 |
| | 就学 | 名 | 就学年齢、就学の義務　（類）入学、在学 |
| しゅうぎょう | 修業 | 名 | 修業年限、修業証書 |
| | 就業 | 名 | 就業規則、就業時間　（類）就職、就役、就労 |
| | 終業 | 名 | 終業時刻、終業のベル |
| しゅうけつ | 終結 | 名 | 争議が終結する　（類）終息 |
| | 集結 | 名 | 部隊を集結する　（類）集合 |
| しゅうし | 終始 | 名 | 曖昧な答弁に終始する　（副）終始和やかなうちに… |
| しゅうしゅう | 収集 | 名 | 資料の収集、ごみを収集する　（類）寄せ集める、採集 |
| | 収拾 | 名 | 事態の収拾、政局の混乱を収拾する　（類）対処、収める |
| じゅうじゅん | 柔順 | 名・形動 | 柔順な態度　（類）素直、穏和 |
| | 従順 | 名・形動 | 従順な犬　（類）おとなしい |
| じゅうしょう | 重症 | 名 | 重症に陥る、重症の患者　（類）大病、重病 |
| | 重傷 | 名 | 重傷を負う、重傷者　（類）痛手、深手 |
| しゅうせい | 修正 | 名 | 予算の修正、字句の修正　（類）直す、手直し |
| | 修整 | 名 | ネガの修整　（類）修理、修復 |
| しゅうそく | 収束 | 名 | 事態が収束に向かう、事件を収束させる　（類）収拾 |
| | 終息 | 名 | 戦争が終息する、デフレが終息する　（類）終結 |
| じゅうたい | 重体・重態 | 名 | 重体に陥る　（類）危篤、ひん死 |
| しゅうち | 周知 | 名 | 趣旨を周知する、周知の事実　（類）知らせる、知れ渡る、連絡 |
| | 衆知 | 名 | 衆知を結集する、衆知の結晶　（類）英知、人知、全知 |
| しゅうちしん | 羞恥心 | 名 | （改） |
| じゅうてん | 充填 | 名 | （改）　ガスを充填する　（類）詰める、埋める |
| しゅうとく | 習得 | 名 | （技術的なもの）　実務を習得する、測量技術を習得する |
| | 修得 | 名 | （学問的なもの）　単位を修得する、経営学を修得する |
| | 収得 | 名 | 家屋を収得する　（類）取得、獲得 |
| | 拾得 | 名 | 現金を拾得する、拾得物　（類）拾う、取得 |
| じゅうぶん | 十分 | 名・形動 | 十分に話し合う　（副）十分配慮する　×充分　（類）存分 |
| しゅうよう | 収用 | 名 | 土地の収用 |
| | 収容 | 名 | 遺体の収容、収容人員 |
| しゅうりょう | 修了 | 名 | 義務教育の修了　（類）卒業 |
| | 終了 | 名 | 会期の終了、試合終了　（類）終わる、完了、完結 |
| じゅうりん | じゅうりん・蹂躙 | 名 | 人権じゅうりん　▲蹂躙　（類）踏みにじる、踏み荒らす |
| しゅうれん | 修練 | 名 | 寺で修練を積む　（類）鍛錬 |
| | 習練 | 名 | 剣道を習練する　（類）練習、訓練、トレーニング |
| | 収れん・収斂 | 名 | 血管の収れんが起こる　△収斂　（類）縮む |
| しゅうろく | 収録 | 名 | ビデオを収録する　（類）採録、録画 |

| | | | | |
|---|---|---|---|---|
| | 集録 | 名 | 論文を集録する　（類）載録、収載 |
| しゅうわい | 収賄 | 名 | 収賄罪　（類）賄賂、裏金 |
| しゅぎょう | 修行 | 名 | 仏道の修行、武者修行　（類）修練、習練 |
| | 修業 | 名 | 花嫁修業、板前修業　（類）修養 |
| しゅくせい | 粛正 | 名 | 綱紀粛正 |
| | 粛清 | 名 | 反政府勢力の粛清 |
| じゅけん | 受検 | 名 | 会計検査院の受検がある　（類）検査を受ける |
| | 受験 | 名 | 大学を受験する　（類）試験、テスト、考査 |
| | 授権 | 名 | 授権行為　（類）権限を与える |
| しゅこう | 首肯 | 名 | 首肯しがたい説　（類）うなずく |
| しゅさい | 主宰 | 名 | 劇団を主宰する |
| | 主催 | 名 | 展覧会を主催する　（類）開催、挙行 |
| しゅし | 主旨 | 名 | 論文の主旨、判決理由の主旨　（類）主意 |
| | 趣旨 | 名 | 設立の趣旨、趣旨に反する　（類）理由、目的、趣意 |
| しゅしょう | 主唱 | 名 | （中心となって唱える）反対意見を主唱する |
| | 首唱 | 名 | （最初に唱える）首都移転を首唱する |
| じゅしょう | 受賞 | 名 | ノーベル賞を受賞する　（類）賞をもらう |
| | 授賞 | 名 | 功労者に授賞する　（類）賞を授ける |
| | 受章 | 名 | 文化勲章を受章する　（類）勲章をもらう |
| | 授章 | 名 | 勲二等を授章する　（類）勲章などを授ける |
| じゅず | 数珠 | 名 | （付） |
| しゅせき | 主席 | 名 | 国家主席　（類）最上席 |
| | 首席 | 名 | 行政府の首席補佐官、首席登記官　（類）最上位 |
| じゅだく | 受諾 | 名 | 無条件降伏を受諾する　（類）受け入れる、承諾 |
| しゅつえん | 出えん・出捐 | 名 | △出捐 |
| しゅっしょ | 出処 | 名 | 出処進退が窮まる　（類）身の処し方 |
| | 出所 | 名 | 役所に出所する、情報の出所を探る　（類）出どころ |
| しゅつらん | 出藍 | 名 | （改）　出藍の誉れ |
| しゅとして | 主として | 副 | 会員は主として学生である　（類）主に、専ら |
| じゅばく | 呪縛 | 名 | （改） |
| しゅはん | 首班 | 名 | 首班指名　（類）内閣総理大臣 |
| | 主犯 | 名 | 事件の主犯　（類）犯罪の中心人物 |
| しゅぼうしゃ | 首謀者 | 名 | ×首魁　（類）陰謀の中心人物 |
| じゅもん | 呪文 | 名 | （改） |
| しゅよう | 腫瘍 | 名 | （改） |
| じゅよう | 需要 | 名 | 需要と供給、有効需要 |
| | 需用 | 名 | 電力・ガスの需用者、需用電力 |
| しゅん | 旬 | 名 | （改·音の追加）旬の野菜 |
| しゅんこう | しゅん工・竣工 | 名 | 新庁舎がしゅん工する　▲竣工　（類）完工、完成、落成 |
| | しゅん功・竣功 | 名 | 公有水面埋立ての竣功認可　△竣功　（類）完工、完成 |
| じゅんしゅ | 遵守 | 名 | 法令を遵守する　（類）守る、厳守 |
| じゅんずる | 殉ずる | 動 | 国家に殉ずる　（類）殉死する、後を追って死ぬ |
| | 準ずる | 動 | 前例に準ずる　（類）依拠、のっとる |
| しゅんべつ | しゅん別・峻別 | 名 | 事実と意見をしゅん別する　▲峻別　（類）区別 |
| じゅんぽう | 遵法 | 名 | 遵法精神 |
| | 順法 | 名 | 順法闘争 |

| しょうあく | 掌握 | 名 | 人心を掌握する　（類）手中、意のまま |
| しょうかい | 紹介 | 名 | 友人を紹介する、紹介の労をとる　（類）引き合わせる |
| | 照会 | 名 | 先方の都合を照会する　（類）問合せ |
| しょうがい | 障害・障がい | 名 | 障害が生じる、言語障害　×障碍 |
| | | | （注）　元は「障碍」であり、「碍」とは妨げのことである。悪い意味を伴う「害」を使用しないで「障がい」と書くことも多い。 |
| | 傷害 | 名 | 傷害を加える、傷害保険　（類）傷付ける |
| | 渉外 | 名 | 渉外係　（類）交渉、外交 |
| | 生涯 | 名 | 生涯の仕事　（類）一生、一生涯 |
| しょうがく | 少額 | 名 | 被害は少額だ、少額所得　（類）少しの金、僅かの金 |
| | 小額 | 名 | 小額紙幣　（類）小さい単位の金 |
| しょうかん | 召還 | 名 | 本国に召還される　（類）呼び戻す |
| | 召喚 | 名 | 証人を召喚する　（類）呼び出す |
| | 償還 | 名 | 月賦で償還する　（類）返済 |
| じょうき | 常軌 | 名 | 常軌を逸した行動　（類）通常のやり方、常道 |
| じょうぎ | 定規 | 名 | （類）尺度、物差し |
| しょうきゃく | 消却 | 名 | 借金を10年で消却する　×銷却　（類）返済 |
| | 償却 | 名 | 不良資産を償却する、減価償却　（類）償還、完済 |
| | 焼却 | 名 | 廃棄文書を焼却する　（類）焼き捨てる |
| じょうきょう | 状況・情況 | 名 | 「情況」は特別な理由がある場合以外は用いない） |
| | 常況 | 名 | 心神喪失の常況 |
| しょうきょく | 消極 | 名・形動 | 消極的な態度　（類）後ろ向き、指示待ち、控えめ |
| しょうきん | 奨金 | 名 | 成績優秀者への奨金 |
| | 賞金 | 名 | 賞金獲得、入賞賞金 |
| | 償金 | 名 | 交通事故の償金、償金請求 |
| しょうけい | 憧憬 | 名 | （改）　異国の地を憧憬する　（類）憧れ |
| じょうけんつき | 条件付 | 名 | （複） |
| じょうけんつきさいよう | （条件）付（採用） | 名 | （法） |
| しょうこしらべ | 証拠調べ | 名 | |
| しょうこりもなく | 性懲りもなく | 連語 | 性懲りもなく遊び歩く　（類）懲りずに、懲りもしないで |
| しょうさ | 小差 | 名 | 小差で勝つ　（類）僅差 |
| | 証左 | 名 | …の証左を求める　（類）証拠 |
| しょうさい | 詳細 | 名・形動 | 詳細を知らせる、詳細な報告　（類）詳しく、精細 |
| じょうじゅ | 成就 | 名 | 悲願が成就する　（類）達成、大成 |
| しょうしゅう | 召集 | 名 | 国会の召集　（類）召し集める |
| | 招集 | 名 | 株主総会の招集、会議の招集　（類）招き集める |
| しょうじる | 生じる | 動 | 事件が生じる、誤解を生じる　（類）起きる、来す |
| | 招じる | 動 | 客を招じる　（類）招く |
| じょうじる | 乗じる | 動 | 相手の弱みに乗じる　（類）付け込む、付け入る |
| じょうしん | 上申 | 名 | 予算示達を上申する、上申書　（類）意見 |
| じょうず | 上手 | 名 | （付）　聞き上手　（形動）上手な人　（類）巧み、うまい |
| しょうすい | しょうすい・憔悴 | 名 | しょうすいした顔　▲憔悴　（類）やつれ、衰え |
| しょうすう | 小数 | 名 | 小数点以下、循環小数 |
| | 少数 | 名 | 少数意見、少数精鋭　（類）少人数、小勢 |
| しようずみ | 使用済み | 名 | 使用済み核燃料 |

| しょうする | 証する | 動 | 安全性を証する　（類）証明する |
| | 賞する | 動 | 功労を賞する　（類）たたえる、賛する |
| | 称する | 動 | 自ら名人と称する　（類）名乗る、となえる |
| じょうせい | 情勢・状勢 | 名 | 社会情勢、国際情勢、政治情勢 |
| しょうそう | 尚早 | 名 | 時期尚早　（類）早すぎる |
| | 焦燥 | 名 | 焦燥感を抱く　（類）焦る |
| じょうたい | 状態 | 名 | 静止した状態で測る、心理状態　（類）様子、状況、情勢 |
| | 常態 | 名 | 鉄道ダイヤが常態に復する　（類）ふだんの状態 |
| しょうち | 招致 | 名 | オリンピックを招致する　（類）誘致 |
| しょうちゅう | 焼酎 | 名 | （改） |
| じょうとうしゅだん | 常とう手段・常套手段 | 名 | ▲常套手段　（類）いつものやり方 |
| しょうび | 焦眉 | 名 | （改）　焦眉の急だ　（類）切迫、急務 |
| じょうひ | 冗費 | 名 | 冗費を節約する　（類）無駄遣い、浪費 |
| しょうひょう | 証ひょう・証憑 | 名 | △証憑　（類）根拠、証拠 |
| じょうぶ | 丈夫 | 形動 | 丈夫な体　（類）元気、健康 |
| しょうへい | 招へい・招聘 | 名 | 外国人教師を招へいする　△招聘　（類）招請、招来 |
| しょき | 初期 | 名 | 初期の作品、初期化　（類）当初 |
| | 所期 | 名 | 所期の目的を達する　（類）期待 |
| じょきょ | 除去 | 名 | 障害を除去する　（類）撤去、排除 |
| しょくざい | しょく罪・贖罪 | 名 | ▲贖罪　（類）罪滅ぼし |
| しょくりょう | 食料 | 名 | 食料の調達、生鮮食料　（類）食品、食べ物 |
| | 食糧 | 名 | 食糧問題、食糧不足　（類）食べ物、糧食 |
| じょじょに | 徐々に | 副 | 徐々に回復する　（類）だんだん、次第に、おいおい |
| じょせい | 助成 | 名 | 研究を助成する　助成事業　（類）援助、支援 |
| | 助勢 | 名 | 返答に窮して助勢を仰ぐ　（類）助力、加勢 |
| しょせつ | 所説 | 名 | 所説を明らかにする　（類）定説 |
| | 諸説 | 名 | 理由には諸説ある　（類）いろいろな学説 |
| しょせん | 所詮 | 副 | （改）　所詮負けは負けだ　（類）要するに、結局 |
| しょとくわり | 所得割 | 名 | （法） |
| しょほうせん | 処方箋 | 名 | （改） |
| しょよう | 所用 | 名 | 所用で外出する　（類）用事、用件、用向き |
| | 所要 | 名 | 所要経費、往復の所要時間　（類）必要、必須、入用 |
| じらい | じ来・爾来 | 副 | じ来、我が国は平和のため　▲爾来　（類）以後、その後 |
| しらが | 白髪 | 名 | （付） |
| しらける | 白ける | 動 | （付）　座が白ける |
| しらせ | 知らせ | 名 | 知らせを受ける　（類）案内、通知、連絡、広報 |
| しらべ | 調べ | 名 | 取調べ、琴の調べ　（類）尋問、メロディー |
| しらべる | 調べる | 動 | 水温を調べる、琴を調べる　（類）調査、検査、演奏 |
| しらむ | 白む | 動 | 東の空が白む、座が白む　（類）明ける、白ける |
| しり | 尻 | 名 | （改）　尻上がり、尻込み |
| しりあい | 知り合い | 名 | 知り合いになる　（類）知人、知己 |
| しりあがり | 尻上がり | 名 | （改）　尻上がりによくなる　（類）後になるほど |
| じりき | 自力 | 名 | 自力更生　（類）独力 |
| | 地力 | 名 | 地力を発揮する　（類）実力、底力 |
| しりきれ | 尻切れ | 名 | （改）　話が尻切れになった　（類）途中で終わる |
| しりごみ | 尻込み | 名 | （改）　勢いに尻込みする　（類）気後れ、ひるむ |

| しりぞく | 退く | 動 | 一歩退いて考える　（類）後退、下がる |
|---|---|---|---|
| しりぞける | 退ける | 動 | 要求を退ける　×斥ける　（類）断る、突っぱねる |
| じりつ | 自立 | 名 | 自立の道を歩む、自立心　（類）独立、自活 |
| | 自律 | 名 | 自律的に行動する、自律神経 |
| しりょ | 思慮 | 名 | （類）深い考え、思料、おもんぱかる、留意 |
| しりょう | 資料 | 名 | 資料を作成する |
| | 史料 | 名 | 江戸時代の史料を展示する |
| | 試料 | 名 | 検査試料を保管する |
| | 思料 | 名 | …と思料する　（類）考える、思慮する |
| しる | 知る | 動 | （類）気付く、認める、分かる、認知、承知 |
| しるし | 印 | 名 | 目印、平和の印　（類）記号、符号、マーク |
| しるす | 記す | 動 | 手帳に名前を記す　×誌す・印す　（類）書く、したためる |
| しるべ | しるべ | 名 | 道しるべ　×標 |
| しれい | 指令 | 名 | 本庁の指令で行動する、スト指令　（類）指図、命令 |
| | 司令 | 名 | 連合艦隊の司令官、プロジェクトの司令塔　（類）指揮 |
| じれい | 辞令 | 名 | 辞令を受ける、社交辞令 |
| | 事例 | 名 | 同様の事例がある、事例研究　（類）個々の出来事、ケース |
| しれつ | し烈・熾烈 | 名 | 戦闘はし烈を極めた　（形動）し烈な戦い　▲熾烈 |
| しれない | …（かも）しれない | 連語 | 間違いかもしれない　×知れない |
| しれる | 知れる | 動 | 名の知れた会社　（類）知られる |
| じれる | じれる | 動 | 魚が釣れないのでじれてくる　×焦れる　（類）もどかしい |
| しろうと | 素人 | 名 | （付） |
| しろもの | 代物 | 名 | 二つとない代物 |
| しろん | 私論 | 名 | 私論の域を出ない |
| | 試論 | 名 | 哲学的な試論 |
| じろん | 持論 | 名 | 私の持論　×自論 |
| | 時論 | 名 | 時論公論 |
| しわけ | 仕分 | 名 | （複）　在庫の仕分作業、商品の仕分　（類）分類、組み分け |
| | 仕訳 | 名 | 仕訳帳、仕訳勘定　（類）貸方・借方を区別して書き込む |
| しわける | 仕分ける | 動 | 荷物を仕分ける |
| しわざ | 仕業 | 名 | 誰の仕業か分からない　（類）所業、所為、行為 |
| しわす | 師走 | 名 | （付） |
| しわよせ | しわ寄せ | 名 | 下請業者にしわ寄せされる　×皺寄せ |
| しん | 芯 | 名 | （改）　樹木の芯を止める |
| じんあい | じんあい・塵埃 | 名 | ▲塵埃　（類）ちり、ほこり |
| しんい | 心意 | 名 | 心意を伝える　（類）精神 |
| | 真意 | 名 | 真意を確かめる　（類）本意、本心、本音 |
| | 深意 | 名 | 深意を悟る　（類）深い意味、重要な意味 |
| しんかぶかいつけけいやく | 新株買付契約 | 名 | （法） |
| しんき | 新規 | 名・形動 | 新規採用、新規に参入する　（類）新たに |
| | 新奇 | 名・形動 | 新奇をてらう、新奇な趣向　（類）目新しさ、珍しさ |
| | 心気 | 名 | 心気を静める　（類）心持ち、気持ち、気分 |
| | 心機 | 名 | 心機一転一から出直す　（類）心持ち |
| しんぎ | 真偽 | 名 | 真偽の程を調べる　（類）虚実、あることないこと |
| | 真義 | 名 | 真義を極める　（類）真実の意義、本当の意義 |
| しんく | 辛苦 | 名 | 辛苦をなめる　（類）辛酸、苦労、苦心 |

| しんこう | 進行 | 名 | 列車が進行する、工事が進行する　(類)進む、前進 |
| | 振興 | 名 | 教育の振興を図る　(類)盛ん、盛大 |
| | 新興 | 名 | 新興の勢力　(類)新たに興る、ふるう |
| じんこう | 人口 | 名 | 農業人口、人口密度、人口動態　(類)人数、人員、頭数 |
| | 人工 | 名 | 人工衛星、人工呼吸　(類)人造、人為、加工 |
| しんこく | 深刻 | 名・形動 | 深刻な悩み　(類)切実、痛切 |
| | 申告 | 名 | 所得を申告する　(類)届け、届け出、申し出 |
| | 親告 | 名 | 被害者が親告する、親告罪　(類)訴える、告げる |
| しんさん | 辛酸 | 名 | 辛酸をなめる　(類)辛苦、苦労 |
| しんし | 真摯 | 名・形動 | (改)　真摯に取り組む　(類)真剣、誠実、真面目 |
| しんじつ | 真実 | 名 | 真実を語る　(類)真理、事実、本当に |
| | 信実 | 名 | 信実を尽くす　(類)まごころ、誠実 |
| しんしゃく | しん酌・斟酌 | 名 | 情状をしん酌する　▲斟酌　(類)くみ取る、手加減 |
| しんしゅつ | 侵出 | 名 | 他の候補者の地盤に侵出する　(類)侵入する |
| | 浸出 | 名 | 溶剤に浸出させる　(類)溶かし出す |
| | 進出 | 名 | 海外に進出を図る　(類)乗り出す |
| しんじゅつ | 申述 | 名 | 裁判で申述する　(類)述べる、申立て |
| しんしょ | 親書 | 名 | 大統領の親書 |
| | 信書 | 名 | 信書を送る、信書の秘密 |
| しんしょう | 心証 | 名 | 裁判官の心証を害する　(類)気持ち、認識、確信 |
| | 心象 | 名 | 心象風景、心象が悪い |
| しんじょう | 信条 | 名 | 思想信条、生活信条　(類)信念 |
| | 身上 | 名 | 身上書、身上調査　(類)身の上 |
| | 心情 | 名 | 遺族の心情を察する　(類)気持ち、心の内 |
| | 真情 | 名 | 真情を吐露する　(類)まごころ |
| しんしょく | 侵食 | 名 | 領土を侵食する　×侵蝕　(類)食い込む |
| | 浸食 | 名 | 海岸が浸食される　×浸蝕　(類)削り取られる |
| しんしん | 心身 | 名 | 心身を鍛える　(類)心と体 |
| | 心神 | 名 | 心神喪失、心神が錯乱する　(類)精神、心 |
| しんじん | 深甚 | 名 | (形動)深甚なる謝意　(類)非常に深い |
| しんせい | 真正 | 名・形動 | 真正な愛情、真正な相続人　(類)本物、正真正銘 |
| | 真性 | 名 | 真性コレラ　(類)本物、疑い余地がない |
| しんせき | 親戚 | 名 | (改) |
| じんぞう | 腎臓 | 名 | (改) |
| じんだい | 甚大 | 名 | 被害甚大　(類)膨大、ばく大 |
| しんたいうかがい | (進退)伺 | 名 | (法) |
| しんたつ | 申達 | 名 | 指示を申達する、必要事項を申達する　(類)通知 |
| | 進達 | 名 | 書類を進達する　(類)取り次いで届ける |
| しんちょう | 慎重 | 名・形動 | 慎重を期する、慎重に審議する　(類)注意深く |
| | 伸長 | 名 | (力や物の長さがのびる)　成績が大きく伸長する |
| | 伸張 | 名 | (勢力などがのび広がる)　商圏が大きく伸張する |
| | 深長 | 名・形動 | 意味深長な言葉　(類)深遠、含蓄 |
| しんちょく | 進捗 | 名 | (改)　作業の進捗状況　(類)進行、進みはかどる |
| しんてん | 伸展 | 名 | 勢力の伸展を図る、事業が伸展する　(類)伸張、拡大 |
| | 進展 | 名 | 局面が進展する、事態が進展する　(類)発展、展開、前進 |
| しんにゅう | 侵入 | 名 | 家宅侵入　(類)押し入る、乱入 |

| | | | |
|---|---|---|---|
| | 浸入 | 名 | 水が浸入する　（類）浸透、浸水、漏れる |
| | 進入 | 名 | 車両が進入する、進入禁止　（類）進んで入る、入り込む |
| しんぱい | 心配 | 名 | 天気が心配だ　（類）憂える、気掛かり、危ぶむ |
| じんぱい | じん肺・塵肺 | 名 | △塵肺 |
| しんぴょうせい | 信ぴょう性・信憑性 | 名 | 信ぴょう性に乏しい記事　▲信憑性　（類）信用、信頼 |
| しんぼく | 親睦 | 名 | （改）　親睦会 |
| じんもん | 尋問 | 名 | 証人尋問　×訊問　（類）問いただす |
| しんようがし | 信用貸し | 名 | （類）信用貸付 |
| しんらつ | 辛辣 | 名・形動 | （改）　辛辣な批評　（類）手厳しい、痛烈 |
| じんりょく | 尽力 | 名 | 再建に尽力する　（類）努力、寄与、献身 |
| しんろ | 針路 | 名 | （進む方向）　貨物船の針路、国家政策の針路を考える |
| | 進路 | 名 | （進んで行く道）　台風の進路、卒業後の進路 |
| しんろう | 心労 | 名 | 心労が絶えない　（類）気疲れ、気苦労、ストレス |
| | 辛労 | 名 | 長年の辛労が報われる　（類）苦労、辛苦 |
| すいあげる | 吸い上げる | 動 | 意見を吸い上げる　（類）取り上げる |
| すいい | 推移 | 名 | 事件の推移を見守る　（類）経過、変遷 |
| すいこう | 遂行 | 名 | 任務を遂行する　（類）成し遂げる、完遂 |
| | 推考 | 名 | 制度の改革を推考する　（類）推し量る |
| | 推こう・推敲 | 名 | 文章を推こうする　▲推敲　（類）練り上げる |
| ずいこう | 随行 | 名 | 総理大臣に随行する　（類）付き従う、随伴 |
| すいこむ | 吸い込む | 動 | 暗闇に吸い込まれる　（類）引き入れる |
| すいしょう | 推奨 | 名 | 大臣推奨の品、新製品を推奨する |
| | 推賞 | 名 | 識者の推賞する本、推賞に値する　（類）褒める |
| すいせん | 推薦 | 名 | 委員に推薦する、図書を推薦する　（類）薦める |
| すいだす | 吸い出す | 動 | 毒を口で吸い出す |
| すいにん | 推認 | 名 | 起訴事実の存在を推認させる　（類）推測、認定 |
| ずいはん | 随伴 | 名 | 社長に随伴する、随伴性　（類）付き従う、随行 |
| ずいぶん | 随分 | 副 | 随分寒い所だ、随分骨を折った　（類）大分、余ほど |
| すうじく | 枢軸 | 名 | 国の枢軸、枢軸産業　（類）中核、機軸 |
| ずうずうしい | ずうずうしい | 形 | ずうずうしい男　×図々しい　（類）厚かましい |
| すうせい | すう勢・趨勢 | 名 | 時代のすう勢　▲趨勢　（類）成り行き、大勢、傾向 |
| すえおき | 据置き | 名 | （複） |
| | 据置（期間） | 名 | （法） |
| すえおく | 据え置く | 動 | 料金を据え置く |
| すえおそろしい | 末恐ろしい | 形 | 末恐ろしい子供　（類）先が不安 |
| すえたのもしい | 末頼もしい | 形 | 末頼もしい子供　（類）有望 |
| すえつけ | 据付け | 名 | （複） |
| すえつける | 据え付ける | 動 | 機械を据え付ける |
| すえっこ | 末っ子 | 名 | |
| すえる | 据える | 動 | 機械を据える、会長に据える　（類）置く、付ける |
| ずがいこつ | 頭蓋骨 | 名 | （改） |
| すかさず | すかさず | 副 | すかさず返答する　（類）間を置かず |
| すかす | 透かす | 動 | お札を透かす |
| | すかす | 動 | 腹をすかす　×空かす　（類）減らす |
| すがる | すがる | 動 | 母の腕にすがる　×縋る　（類）取りすがる、頼る |

147

| すき | 隙 | 名 | （改）隙を見せる　（類）気持ちの緩み、油断 |
|---|---|---|---|
| すぎ | 過ぎ | 名 | 昼過ぎ、食べ過ぎ、10時過ぎ |
| すきうつし | 透き写し | 名 | 地図の透き写し　（類）トレース |
| すききらい | 好き嫌い | 名 | 好き嫌いが激しい　（類）えり好み |
| すぎさる | 過ぎ去る | 動 | 台風が過ぎ去る、時が過ぎ去る　（類）過ぎる、経る |
| すぎない | …（に）すぎない | 連語 | 単なる言い逃れにすぎない　（類）…だけのこと |
| すきま | 隙間・透き間 | 名 | （改） |
| すきや | 数寄屋・数奇屋 | 名 | （付） |
| すぎる | 過ぎる | 動 | 名古屋を過ぎる、期限が過ぎる　（類）通過、経る |
| ずきん | 頭巾 | 名 | （改） |
| すくい | 救い | 名 | 救いの手を差し伸べる　（類）助け |
| すくいだす | 救い出す | 動 | 人質を救い出す　（類）助け出す、救出 |
| すくう | 救う | 動 | 子供を救う　（類）助ける |
| | 巣くう | 動 | 鳥が巣くう　（類）巣を作る |
| すくない | 少ない | 形 | 報酬が少ない、抵抗が少ない　（類）少し、僅か |
| すくなからず | 少なからず | 副 | 少なからず立腹の様子だ　（類）かなり、大いに |
| すくなくとも | 少なくとも | 副 | 少なくとも一億円かかる　（類）内輪に見ても、これだけは |
| すぐに | すぐに | 副 | すぐに帰る　×直ぐに　（類）直ちに、じきに |
| すぐれる | 優れる | 動 | 理解力に優れる、健康が優れない　×勝れる　（類）秀でる |
| すける | 透ける | 動 | 肌が透ける　（類）透過 |
| すごい | すごい | 形 | すごい雨　×凄い　（類）ひどい、激しい、きつい |
| すこし | 少し | 副 | 少し寒い、少し早い、少ししかない　（類）僅か、少ない |
| すこしも | 少しも | 副 | 少しも…ない　（類）全く、さっぱり、まるで、一向に |
| すごす | 過ごす | 動 | 遊んで過ごす、寝過ごす　（類）暮らす、度を超す |
| すこぶる | すこぶる | 副 | すこぶる元気だ　×頗る　（類）大変、とても、大いに |
| すごむ | すごむ | 動 | 腕まくりをしてすごむ　×凄む　（類）脅す |
| すこやか | 健やか | 形動 | 健やかに育つ　（類）元気、健康、丈夫 |
| すさまじい | すさまじい | 形 | すさまじい爆音　×凄まじい　（類）ものすごい |
| ずさん | ずさん | 形動 | ずさんな計画　×杜撰　（類）雑、いい加減 |
| すじあい | 筋合い | 名 | 文句を言われる筋合いではない　（類）理由、由来 |
| すじがき | 筋書 | 名 | 筋書どおりに事が運ぶ　（類）計画、青写真、シナリオ |
| すじちがい | 筋違い | 名・形動 | 筋違いな話　（類）見当違い、場違い |
| すすき | すすき・ススキ | 名 | ×薄　（注）学術的な名称として書くときは片仮名を用いる。 |
| すすぐ | すすぐ | 動 | 洗濯物をすすぐ　×濯ぐ　（類）晴らす |
| すずしい | 涼しい | 形 | 涼しい風が吹く　（類）涼感、涼気 |
| すすはらい | すす払い | 名 | 年末のすす払い　×煤払い　（類）掃除、清掃 |
| すすむ | 進む | 動 | 勉強が進む、計画が進む　（類）はかどる、前進 |
| すすめ | 勧め | 名 | 上司の勧めに従う　（類）勧奨 |
| すすめる | 進める | 動 | 計画を進める、時計を進める、交渉を進める　（類）前進 |
| | 勧める | 動 | 和解を勧める、食事を勧める、入会を勧める　（類）促す |
| | 薦める | 動 | 候補者として薦める、良書を薦める　（類）働き掛け |
| | | | （注）「勧める」と「薦める」の使い分けは、「読書」といった行為（本を読む）をするように働き掛けたり、促したりする場合に「勧める」を、「候補者」や「良書」といった特定の人や物がそれにふさわしい、望ましいとして推薦する場合に「薦める」を用いる。 |

| すすりなく | すすり泣く | 動 | ×啜り泣く　（類）忍び泣く、むせび泣く |
|---|---|---|---|
| すその | 裾野 | 名 | （改） |
| すだち | 巣立ち | 名 | 巣立ちの時　（類）巣離れ |
| すたれる | 廃れる | 動 | 義理が廃れる、村の行事が廃れる　（類）衰える、寂れる |
| ずつ | …ずつ | 副助 | 一人ずつ、一つずつ、少しずつ　×宛 |
| すておく | 捨て置く | 動 | 進言を捨て置く　（類）放置、取り上げない |
| すてぜりふ | 捨てぜりふ | 名 | 捨てぜりふを残して立ち去る　（類）言い捨て、言い残す |
| すでに | 既に | 副 | 既に御承知のとおり、既に完成している　（類）もう |
|  |  |  | （注）　解説・広報等においては、「すでに」と書くこともある。 |
| すてば | 捨場 | 名 | （複） |
| すてみ | 捨て身 | 名 | 捨て身の覚悟で…　（類）必死、死に物狂い |
| すてる | 捨てる | 動 | ごみを捨てる、勝負を捨てる　（類）廃棄、投げる |
| すどおり | 素通り | 名 | 家の前を素通りする　（類）通り過ぎる |
| すなお | 素直 | 形動 | 素直な子供、素直に従う　（類）柔順、温順 |
| すなわち | すなわち | 接続 | ×即ち・則ち　（類）だから、したがって、よって |
| ずばぬける | ずば抜ける | 動 | ずば抜けた成績　（類）ぬきんでる、飛び抜ける |
| すばやい | 素早い | 形 | 素早い動作　（類）早い、すばしこい |
| すばらしい | すばらしい | 形 | （仮名）すばらしい眺望　×素晴らしい　（類）すてき |
| すべ | すべ | 名 | なすすべを知らない　×術　（類）手段、方法 |
| すべて | 全て | 副 | （改：訓の追加）全て解決する　×総て・凡て　（類）全部、皆 |
| すべりこむ | 滑り込む | 動 | 電車がホームに滑り込む　（類）駆け込む、飛び込む |
| すべる | 滑る | 動 | 足が滑る、口が滑る |
|  | 統べる | 動 | 国を統べる　（類）治める |
| すまい | 住まい | 名 | 住まいを探す　（類）住宅、住居 |
| すまう | 住まう | 動 | 片田舎に住まう　（類）住み続ける、暮らし続ける |
| すましがお | 澄まし顔 | 名 | （類）気取る |
| すます | 澄ます | 動 | 濁り水を澄ます　（類）きれいにする |
|  | 済ます | 動 | 仕事を済ます　（類）終える |
| すみ | 済み | 名 | 決裁済み、注文済み |
|  | （支出）済（額） | 名 | （法） |
| すみこみ | 住み込み | 名 | 住み込みの店員 |
| すみやか | 速やか | 形動 | 速やかな決断、可及的速やかに対策を講ずる |
| すむ | 住む | 動 | 町に住む　（類）居住 |
|  | 済む | 動 | 仕事が早く済む、私の気が済まない　（類）終わる |
|  | 澄む | 動 | 水が澄む、澄んだ心　（類）きれいに |
| すもう | 相撲 | 名 | （付） |
| すりあがる | 刷り上がる | 動 | 印刷物が刷り上がる　（類）出来上がる |
| すりきず | 擦り傷 | 名 | 自動車に擦り傷がつく |
| すりへらす | すり減らす | 動 | 神経をすり減らす　×磨り減らす |
| する | 刷る | 動 | 名刺を刷る、版画を刷る　（類）印刷する |
|  | 擦る | 動 | マッチを擦る　（類）こする、かする |
|  | する | 動 | 勉強をする、検討をする　×為る　（類）行う、やる、実施する |
|  | する | 動 | 墨をする、財布をする　×摺る・掏る |
| するどい | 鋭い | 形 | 鋭いナイフ、鋭い目つき、鋭い批評　（類）鋭利、激しい |
| ずれこむ | ずれ込む | 動 | 作業が翌月にずれ込む　（類）遅れる |
| すれちがう | 擦れ違う | 動 | 列車が擦れ違う、話が擦れ違う　（類）行き違う |

149

| すれる | 擦れる | 動 | 足が靴で擦れる |
| すわり | 据わり | 名 | 据わりが悪い花瓶 |
| すわりこみ | 座込み | 名 | (複) |
| すわりこむ | 座り込む | 動 | 国会前に座り込む　(類)座る、座り続ける |
| すわる | 座る | 動 | 椅子に座る、妻の座に座る　×坐わる　(類)掛ける、就く |
| | 据わる | 動 | 目が据わる、首が据わる　(類)動かない、安定する |
| すんか | 寸暇 | 名 | 寸暇を惜しむ　(類)僅かの暇 |
| すんごう | 寸ごう・寸毫 | 名 | 決意は寸ごうも揺るがない　▲寸毫　(類)ごく少し |
| せいあつ | 制圧 | 名 | 反乱軍を制圧する、武力制圧 |
| | 征圧 | 名 | がんを征圧する |
| せいい | 誠意 | 名 | 誠意を示す　(類)真心、本心、うそ偽りない |
| せいいく | 生育 | 名 | (主に植物に)　稲の生育、作物が生育する　(類)生長 |
| | 成育 | 名 | (主に動物に)　子供の成育、稚魚の成育　(類)成長、発育 |
| せいかく | 正確 | 名・形動 | 正確に計算する、時間に正確な人　(類)正しく、確実 |
| | 精確 | 名・形動 | 精確に分析する、精確な機械　(類)詳しく、精密 |
| せいき | 生気 | 名 | 生気を失う、生気のない顔　(類)活気、元気 |
| | 精気 | 名 | 精気に満ちた顔　(類)根気、精力 |
| せいぎ | 正義 | 名 | 正義の人、正義を貫く　(類)道義、道理、人道 |
| せいきょ | 逝去 | 名 | 「死ぬ」の尊敬語　(類)死去、永逝、永眠、往生 |
| せいぎょ | 制御 | 名 | 原子炉の制御　×制禦　(類)コントロール、加減 |
| せいぎょう | 正業 | 名 | 足を洗って正業に就く　(類)堅気の仕事 |
| | 生業 | 名 | 生業に励む　(類)職業、仕事、なりわい |
| せいけん | 政見 | 名 | 政見放送、各政党が政見を闘わす　(類)見解、考え方 |
| | 政権 | 名 | 政権の座につく、政権交替　(類)政治権力、政府 |
| せいこん | 精根 | 名 | 精根を使い果たす　(類)根気、気力 |
| | 精魂 | 名 | 精魂を傾ける　(類)精神 |
| せいさい | 精彩・生彩 | 名 | 精彩に欠ける　(類)活発、輝かしさ |
| | 精細 | 名・形動 | 精細な報告、精細に描写する　(類)詳細、精密 |
| せいさく | 制作 | 名 | (主に芸術に)　番組を制作する、彫刻を制作する |
| | 製作 | 名 | (主に物品に)　家具を製作する、機械を製作する |
| せいさん | 精算 | 名 | 旅費の精算、精算払い　(類)再計算 |
| | 清算 | 名 | 過去を清算する、借金の清算　(類)整理 |
| | 成算 | 名 | 勝利の成算がある　(類)勝算、勝ち目 |
| | 凄惨 | 名・形動 | (改)　凄惨な事故現場　(類)惨め、悲惨 |
| ぜいじゃく | ぜい弱・脆弱 | 名・形動 | ぜい弱な構造　▲脆弱　(類)弱い、もろい |
| せいする | 制する | 動 | 発言を制する、勝ちを制する　(類)禁ずる、支配 |
| | 征する | 動 | 敵を征する　(類)征伐 |
| | 製する | 動 | 家具を製する　(類)製造 |
| せいせい | 生成 | 名 | 火山が生成する　(類)生じる、発生 |
| | 精製 | 名 | 砂糖を精製する　(類)良質化 |
| せいぜつ | 凄絶 | 名・形動 | (改)　凄絶な戦い　(類)激烈、壮絶 |
| せいそく | 生息 | 名 | ×棲息 |
| せいぞろい | 勢ぞろい | 名 | 役員が勢ぞろいする　×勢揃い　(類)全員集合 |
| せいち | 精緻 | 名・形動 | (改)　精緻な描写　(類)精密、緻密 |
| せいちゅう | せいちゅう・掣肘 | 名 | せいちゅうを加える　▲掣肘　(類)制約、拘束 |

| せいちょう | 生長 | 名 | 樹木が生長する　（類）生育 |
| | 成長 | 名 | 精神的に成長する　（類）発育、成育 |
| | 清聴 | 名 | 御清聴を感謝します |
| | 静聴 | 名 | 講演を静聴する　（類）傾聴、謹聴 |
| せいとう | 正当 | 名・形動 | 正当な主張、正当に評価する　（類）正しい |
| | 正統 | 名 | 正統派　（形動）正統な血筋　（類）正しい系統、血統 |
| せいとん | 整頓 | 名 | （改）　整理整頓 |
| せいねん | 成年 | 名 | 成年に達する、成年者　（類）二十歳 |
| | 青年 | 名 | 青年期、青年時代　（類）若者、若人 |
| | 盛年 | 名 | 盛年のころを思い出す　（類）壮年、働き盛り |
| せいは | 制覇 | 名 | 全国大会を制覇する　（類）優勝 |
| せいひ | 正否 | 名 | 事の正否を見定める　（類）正誤、正邪 |
| | 成否 | 名 | 成否の鍵を握る　（類）成功 |
| せいやく | 制約 | 名 | 時間的な制約がある　（類）制限 |
| | 誓約 | 名 | 誓約に従う、誓約を守る　（類）約束、契約 |
| | 成約 | 名 | 成約の見通しが立つ　（類）締約 |
| せいりょく | 勢力 | 名 | 勢力を振るう　（類）威力、権勢、威勢 |
| | 精力 | 名・形動 | 精力的に働く　（類）活力、根気 |
| せいれい | 政令 | 名 | 政令を施行する |
| せおう | 背負う | 動 | 借金を背負う　（類）引き受ける |
| ぜがひでも | 是が非でも | 連語 | 是が非でも手に入れたい　（類）何としてでも、是非 |
| せき | 関 | 名 | 関所、関の山 |
| せきしゅ | 隻手 | 名 | （類）片手 |
| せきずい | 脊髄 | 名 | （改） |
| せきちゅう | 脊柱 | 名 | （改）脊柱管 |
| せきとめる | せき止める | 動 | 川をせき止める　×塞き止める　（類）遮る |
| せきとり | 関取 | 名 | （法） |
| せじ | 世事 | 名 | 世事に疎い　（類）俗事 |
| | 世辞 | 名 | お世辞を言う　（類）べんちゃら、追従 |
| せじょう | 世上 | 名 | 世上の風聞、世上の注目を集める　（類）世間、社会 |
| | 世情 | 名 | 世情に明るい　（類）世の中の事情 |
| せっかく | せっかく | 副 | せっかく書いたのに　×折角　（類）わざわざ、やっと |
| せっきょく | 積極 | 名・形動 | 積極的に発言する　（類）率先して、自発的に、前向きに |
| せっけん | せっけん | 名 | ×石鹸 |
| ぜっさん | 絶賛 | 名 | 批評家が絶賛する作品　×絶讃　（類）激賞、べた褒め |
| せっしゅ | 接種 | 名 | 予防接種 |
| | 摂取 | 名 | 栄養のあるものを摂取する　（類）取り入れる |
| せつじょ | 切除 | 名 | がんを切除する、枝を切除する　（類）剪除 |
| せっする | 接する | 動 | 境界を接する、急報に接する　（類）接触、触れる |
| | 節する | 動 | 冗費を節する　（類）節制 |
| ぜっする | 絶する | 動 | 想像を絶する　（類）かけ離れる、極める |
| せっせい | 節制 | 名 | たばこを節制する、節制の効果が上がる　（類）自制 |
| | 摂生 | 名 | 病後の摂生に努める　（類）養生 |
| せつぜん | せつ然・截然 | 形動 | 両者の間にせつ然たる利害が…　▲截然　（類）画然、明らかな |
| せっそく | 拙速 | 名 | 拙速を避ける |
| ぜったい | 絶対 | 名 | 絶対多数　（形動）絶対に負けない　（類）圧倒的、決して |

| せっちゅう | 折衷 | 名 | 和洋折衷、両案を折衷する　(類)合わせる、混交 |
| せつな | 刹那 | 名 | (改)　爆発が起こった刹那　(類)瞬間 |
| せつない | 切ない | 形 | 切ない胸の内　(類)苦しい、つらい、やるせない |
| せつに | 切に | 副 | 切にお願いする　(類)心から |
| せっぱく | 切迫 | 名 | 期限が切迫する、切迫流産　(類)差し迫る、行き詰まる、急迫 |
| せつれつ | 拙劣 | 名・形動 | 拙劣な字　(類)下手、まずい |
| せばまる | 狭まる | 動 | 道幅が狭まる |
| ぜひ | 是非 | 名 | 是非を論ずる　(副)是非お願いする　(類)良否、どうか |
| ぜひとも | 是非とも | 副 | 是非ともお立ち寄りを　(類)どうしても、必ず、絶対に |
| せまい | 狭い | 形 | 狭い土地、狭い考え　(類)せせこましい、狭量 |
| せまくるしい | 狭苦しい | 形 | 狭苦しい部屋　(類)手狭 |
| せまる | 迫る | 動 | 危険が迫る、必要に迫られる　(類)寄せる、行き詰まる |
| せめ | 責め | 名 | 責めを負う　(類)責任 |
| せめる | 攻める | 動 | 敵を攻める　(類)攻撃 |
| | 責める | 動 | 非を責める　(類)追いつめる、とがめる |
| せりあう | 競り合う | 動 | 優勝をかけて競り合う　(類)争う、張り合う |
| せりうり | 競り売り | 名 | 競り売りに掛ける　(類)競売、競り、オークション |
| せわしい | せわしい | 形 | せわしい毎日　×忙しい　(類)慌ただしい |
| せわずき | 世話好き | 名・形動 | 世話好きな人 |
| せん | 腺 | 名 | (改)　前立腺、甲状腺 |
| ぜん | 膳 | 名 | (改)　食膳をにぎわす、配膳 |
| ぜんい | 善意 | 名 | 善意に解釈する　(類)好意、真心 |
| せんえい | 先鋭 | 名・形動 | 先鋭な理論、先鋭な活動家　×尖鋭　(類)急進 |
| ぜんかい | 全壊 | 名 | 家屋が全壊した　×全潰　(類)倒壊 |
| せんきょ | 占拠 | 名 | 建物を占拠する　(類)占有、占領 |
| せんこう | 選考 | 名 | 委員の選考、選考に漏れる　(類)選ぶ、選出 |
| | 専攻 | 名 | 考古学を専攻する　(類)専門、分野 |
| | 専行 | 名 | 独断専行　(類)勝手気まま |
| せんさく | 詮索 | 名 | (改)　事実を詮索する　×穿鑿　(類)調査、探究、臆測 |
| ぜんじ | 漸次 | 副 | 漸次進行しつつある　(類)次第に、徐々に |
| せんじょ | せん除・剪除 | 名 | ▲剪除　(類)切除 |
| せんじょう | 洗浄 | 名 | 傷口を洗浄する　×洗滌　(類)洗う |
| ぜんしょうせん | 前しょう戦・前哨戦 | 名 | 総選挙の前しょう戦　▲前哨戦　(類)つばぜり合い |
| ぜんしん | 前進 | 名 | 一歩ずつ前進する　(類)進む |
| | 漸進 | 名・形動 | 漸進的な改革　(類)順々に進む |
| ぜんぜん | 全然 | 副 | 全然…ない　(類)全く、さっぱり、少しも |
| せんたく | 選択 | 名 | 取捨選択する、選択科目、選択肢　(類)選定、セレクト |
| せんたん | 先端 | 名 | 先端産業　×尖端　(類)先頭 |
| せんちゃ | 煎茶 | 名 | (改) |
| せんどう | 先導 | 名 | 参観者を先導する　(類)誘導 |
| | 扇動 | 名 | 群衆を扇動する　×煽動　(類)挑発、あおる |
| せんにん | 選任 | 名 | 議長を選任する　(類)選出、選抜、就任 |
| | 専任 | 名 | 専任講師　(類)専従、専業 |
| せんぬき | 栓抜 | 名 | (複) |
| せんばつ | 選抜 | 名 | 代表を選抜する　(類)選出 |
| せんびき | 線引き | 名 | 市街化区域の線引きをする　(類)区分け |

152

| せんべい | 煎餅 | 名 | (改) |
|---|---|---|---|
| せんべん | 先べん・先鞭 | 名 | 先べんをつける　▲先鞭　(類)先手、先行 |
| せんぼう | 羨望 | 名 | (改)　羨望の的　(類)羨む |
| ぜんぼう | 全貌 | 名 | (改)　事件の全貌を伝える　(類)全容、全体 |
| せんめつ | せん滅・殲滅 | 名 | 敵の部隊をせん滅する　▲殲滅　(類)全滅、壊滅 |
| せんゆう | 占有 | 名 | 占有権、市場占有率　(類)占める、占領、占拠 |
|  | 専有 | 名 | 専有面積、マンションの専有部分　(類)独占 |
| せんよう | 占用 | 名 | 道路の占用許可　(類)独占使用 |
|  | 専用 | 名 | 男性専用、専用電話 |
| せんりつ | 戦慄 | 名 | (改)　戦慄を覚える　(類)身震い |
| そう | 沿う | 動 | (長く続いているものや決まりなどから離れないようにする) |
|  |  |  | 線路に沿って歩く、方針に沿(添)う、希望に沿(添)う |
|  | 添う | 動 | (そばに付いている、近くから離れない)　付き添う、寄り添う |
|  | そう | 副 | そう思う、そう怒るな　×然う　(類)そのように、そんなに |
| ぞうあく | 増悪 | 名 | 病勢が増悪する　(類)悪化 |
| そうあん | 草案 | 名 | 企画書の草案を練る、憲法草案　(類)下書き、草稿 |
|  | 創案 | 名 | 新たに創案した技術　(類)考案、発案 |
| ぞうお | 憎悪 | 名 | 憎悪の念、深く憎悪する　(類)嫌悪、憎しみ |
| そうかい | 爽快 | 名 | (改)　(形動)爽快な目覚め　(類)気持ちのよい |
|  | 壮快 | 名・形動 | 壮快なテンポ、壮快な気分　(類)元気のよい |
| そうがかり | 総掛かり | 名 | 家族総掛かりで注文をこなす　(類)全員 |
| そうかつ | 総括 | 名 | 各部局の予算を総括する　×総轄　(類)統括、包括 |
| ぞうきん | 雑巾 | 名 | (改) |
| そうくつ | 巣窟 | 名 | (改)　悪の巣窟　(類)住みか |
| ぞうげ | 象牙 | 名 | (改) |
| ぞうけい | 造けい・造詣 | 名 | 骨とうに造けいが深い　▲造詣　(類)学識、うんちく |
| そうごう | 総合 | 名 | ×綜合 |
| そうさい | 相殺 | 名 | 債権と債務を相殺する |
| そうして | そうして | 接続 | (仮名)　文学・歴史そうして教育と幅広く活躍する　×然うして |
| そうじて | 総じて | 副 | 総じて優秀である　(類)概して、全体に、一般に |
| そうしん | 痩身 | 名 | (改) |
| そうそう | 早々 | 名 | 入社早々　(副)早々に退散する |
| そうぞうしい | 騒々しい | 形 | 世の中が騒々しい　(類)うるさい、やかましい |
| そうそうたる | そうそうたる | 形動 | そうそうたるメンバー　×錚々たる |
| そうそふ(ぼ) | 曾祖父(母) | 名 | (改) |
| そうそん | 曾孫 | 名 | (改) |
| そうてん | 装塡 | 名 | (改)　銃に火薬を装塡する　(類)詰め込む |
| そうとう | 相当 | 名・形動 | 50歳相当の人、相当な処置　(副)相当難しい |
| そうにゅう | 挿入 | 名 | 字句を挿入する　(類)差し挟む |
| そうへき | 双璧 | 名 | (改)　日本文学の双璧　(類)両雄 |
| そうめい | そう明・聡明 | 名・形動 | そう明な人物　▲聡明　(類)賢明、賢い |
| そうらん | 騒乱 | 名 | 各地で騒乱が起こる、騒乱罪　×擾乱 |
| ぞうり | 草履 | 名 | (付) |
| そうりょ | 僧侶 | 名 | (改) |
| ぞうわい | 贈賄 | 名 | 贈賄の容疑で送検される、贈賄罪　(類)賄賂、袖の下 |

| | | | |
|---|---|---|---|
| そえがき | 添え書き | 名 | 弟への伝言を添え書きする　（類）追って書き |
| そえる | 添える | 動 | 花を添える、右手を添える　（類）付け加える、そばに置く |
| そがい | 阻害 | 名 | 発展を阻害する　（類）妨害、邪魔だて |
| | 疎外 | 名 | 仲間から疎外される　（類）のけ者 |
| そきゅう | 遡及 | 名 | （改）　遡及効　（類）遡る |
| そくおう | 即応 | 名 | 変化に即応した態勢をとる　（類）適合、適応 |
| そくじばらい | 即時払い | 名 | |
| そくする | 即する | 動 | 事実に即した意見、実力に即した選択　（類）見合う |
| | 則する | 動 | 法律に則して裁く、規則に則した処分　（類）依拠、準拠 |
| ぞくする | 属する | 動 | 保守党に属する議員、…に属する問題　（類）所属する |
| そくだん | 速断 | 名 | 速断を求める、速断を戒める　（類）速やかに、早まった |
| | 即断 | 名 | 交渉で即断を迫られる、即断即決　（類）直ぐに、その場で |
| そくばく | 束縛 | 名 | 時間に束縛される　（類）拘束 |
| そくぶん | 側聞 | 名 | 側聞するところによれば、…　×仄聞　（類）伝聞、又聞き |
| そげき | 狙撃 | 名 | （改） |
| そこ | そこ | 代 | そこにある本　×其処　（類）そこら |
| そご | そご・齟齬 | 名 | △齟齬　（類）ずれ、食い違い |
| そこつ | 粗こつ・粗忽 | 名・形動 | 粗こつな人　▲粗忽　（類）不注意、軽はずみ |
| そこで | そこで | 接続 | （仮名）　（類）それで、だから、さて |
| そこなう | 損なう | 動 | 書き損なう、友好関係を損なう　（類）失敗、害する |
| そし | 阻止 | 名 | 侵入を阻止する　（類）阻む |
| そして | そして | 接続 | （仮名）　×然して　（類）それから、次いで |
| そしゃく | そしゃく・咀嚼 | 名 | 内容をそしゃくする　▲咀嚼　（類）かみ砕く |
| そしり | そしり | 名 | 軽率のそしりを免れない　×誹り・謗り　（類）非難 |
| そそぐ | 注ぐ | 動 | 東京湾に注ぐ川、お茶を注ぐ　（類）流れ込む、流し込む |
| そそのかす | 唆す | 動 | 子供を唆す　（類）仕向ける、おだてる |
| そだつ | 育つ | 動 | 立派な青年に育つ　（類）成長する |
| そだてる | 育てる | 動 | 子供を育てる、後継者を育てる　（類）世話、教え導く |
| そち | 措置 | 名 | 措置を講ずる、適切に措置する　（類）処置 |
| そつう | 疎通 | 名 | 意思の疎通を図る、疎通確認 |
| そっこう | 速効 | 名 | 速効性のある肥料 |
| | 即効 | 名 | 即効的な対策、即効薬 |
| そっせん | 率先 | 名 | 率先して励行する　×卒先　（類）先頭に立って |
| そっちょく | 率直 | 名・形動 | 率直に言う、率直な人柄　（類）有り体、ありのまま |
| そっとう | 卒倒 | 名 | ショックを受けて卒倒する　（類）気を失う、寝込む |
| そつなく | そつなく | 連語 | そつなく対応する　（類）手落ちなく、手抜かりなく |
| そで | 袖 | 名 | （改） |
| そてい | 措定 | 名 | （類）定立 |
| そなえおき | 備置き | 名 | （複） |
| そなえつけ | 備付け | 名 | （複） |
| そなえつけひん | 備付品 | 名 | （法） |
| そなえつける | 備え付ける | 動 | 消火器を備え付ける |
| そなえもの | 供え物 | 名 | （類）お供え、供物 |
| そなえる | 備える | 動 | 台風に備える、調度品を備える　（類）準備、用意、設置 |
| | 供える | 動 | お神酒を供える　（類）捧げる、献ずる |
| その | 園 | 名 | 学びの園、花園　（類）庭、庭園 |

| | | | |
|---|---|---|---|
| | その | 連体 | （仮名） その他、そのほか、そのとおり　×其 |
| そのかわり | その代わり | 接続 | （類）それと引き換えに |
| そのため | そのため | 接続 | ×その為　（類）だから、それゆえ |
| そのへん | その辺 | 名 | その辺まで一緒に行こう　（類）その辺り、その程度 |
| そのほか | そのほか | 名 | ×（法）その他・その外　（類）それ以外、その他 |
| そば | そば | 名 | 机のそば、稼ぐそばから使う　×側・傍 |
| そびえる | そびえる | 動 | 山がそびえる　×聳える　（類）そそり立つ、切り立つ |
| そぼく | 素朴 | 名・形動 | 素朴な人柄、素朴な疑問　（類）飾らない、純朴 |
| そまつ | 粗末 | 名・形動 | 金を粗末にする、粗末な食事　（類）粗雑 |
| そまる | 染まる | 動 | 夕日に染まる、悪に染まる　（類）色が付く |
| そむく | 背く | 動 | 法に背く、期待に背く　×叛く　（類）反する、裏切る |
| そむける | 背ける | 動 | 顔を背ける　（類）そらす |
| そめ | 染め | 名 | 染め粉、染め色 |
| | （型絵）染 | 名 | （法）　友禅染 |
| | 初め | 名 | 書き初め、出初め式 |
| そめい | 疎明 | 名 | 権利を疎明する　×疏明　（類）推測 |
| そめもの | 染物 | 名 | （複） |
| そめる | 染める | 動 | 布を染める　（類）色を付ける |
| | 初める | 動 | 見初める、明け初める　（類）初めて…する |
| そもそも | そもそも | 名 | そもそもの始まり　（副）そもそも違う　（接続）そもそも… |
| そらす | 反らす | 動 | 体を反らす　（類）反るようにする |
| | そらす | 動 | 話をそらす、顔をそらす　×逸らす　（類）外す、かわす |
| それ | それ | 代 | （仮名）　×其れ |
| それぞれ | それぞれ | 名 | （仮名）　それぞれの考え　×其れ其れ・夫れ夫れ |
| それゆえ | それゆえ | 接続 | （仮名）　×それ故・其れ故 |
| それる | それる | 動 | 話がそれる、コースがそれる　×逸れる　（類）外れる |
| そろう | 粗漏・疎漏 | 名・形動 | 調査に粗漏がある、粗漏な計画　（類）手落ち、漏れ |
| | そろう | 動 | 材料がそろう、足並みがそろう　×揃う　（類）調う |
| そろえる | そろえる | 動 | 資料をそろえる　×揃える　（類）調える |
| そんかい | 損壊 | 名 | 家屋が損壊する　（類）破損、損傷 |
| そんしょく | 遜色 | 名 | （改）　一流品と比べて遜色がない　（類）難点、見劣り |
| そんじる | 損じる | 動 | 価値を損じる、機嫌を損じる　（類）損なう、害する |
| そんする | 存する | 動 | 事実の存する限り…　（類）存在する |
| ぞんずる | 存ずる | 動 | 存じます、よく存じております　（類）承知、知る |
| ぞんぶん | 存分 | 名・形動 | 思う存分楽しむ、存分に腕を振るう |
| そんもう | 損耗 | 名 | 機械の損耗が激しい　（類）消耗、減損 |
| た | 他 | 名 | その他、他国、自他 |
| たい | 他意 | 名 | 他意はない　（類）別の考え、別意、他念 |
| | …たい | 助動 | 本が読みたい、常にこうありたい　×度い |
| だい | …代 | 接尾 | 50歳代、昭和50年代、親子三代 |
| | …台 | 接尾 | 1000円台、月産一万台、10番台 |
| | 第… | 接頭 | 第一位、第五回、第一陣 |
| たいあたり | 体当たり | 名 | 体当たりの演技　（類）全力、精一杯 |
| たいがい | 大概 | 名 | （形動）大概の人は…　（副）大概出かけている　（類）大抵 |
| たいかんしき | 戴冠式 | 名 | （改） |

| | | | |
|---|---|---|---|
| たいぎ | 大義 | 名 | 大義名分 |
| | 大儀 | 名・形動 | 大儀な仕事　（類）面倒、難儀 |
| たいけい | 体系 | 名 | （系統的な組織全体）　民法学の体系、体系的な研究 |
| | 大系 | 名 | （体系的な本の総称）　古典文学大系、現代医学大系 |
| | 体形 | 名 | 体形を気にする　（類）スタイル |
| | 体型 | 名 | 体型に合った服、標準体型　（類）体つき |
| たいこう | 大綱 | 名 | 計画の大綱を示す　（類）大要、主旨 |
| だいごみ | だいご味・醍醐味 | 名 | スキーのだいご味を味わう　▲醍醐味　（類）妙味、面白さ |
| たいした | 大した | 連体 | 大した問題ではない　（類）大変な |
| たいして | 大して | 副 | 大して困らない　（類）あまり、さほど、それほど |
| たいしょ | 対処 | 名 | 慎重に対処する　（類）処理、対応、善処 |
| たいしょう | 対象 | 名 | 調査の対象　（類）目当て、目標 |
| | 対照 | 名 | 比較対照する、原本と対照する　（類）照合、対比 |
| | 対称 | 名 | 左右対称　（類）相称、シンメトリー |
| だいじょうぶ | 大丈夫 | 形動 | もう大丈夫だ　（類）心配ない、安全 |
| たいしょく | 退色 | 名 | 日に当たって退色する　×褪色　（類）色あせる |
| たいする | 対する | 動 | 議会に対する要求　（類）対象とする、関わる |
| | 体する | 動 | 意を体する　（類）行動する |
| | 帯する | 動 | 重大な使命を帯する　（類）帯びる、身に付ける |
| だいする | 題する | 動 | …と題する講演　（類）題を付ける、表題 |
| たいせい | 体制 | 名 | 救急医療体制、政治体制　（類）組織、体系 |
| | 体勢 | 名 | 不利な体勢、体勢を立て直す　（類）姿勢 |
| | 態勢 | 名 | 万全の態勢で臨む、受け入れ態勢　（類）姿勢、態度 |
| | 大成 | 名 | 研究を大成する　（類）達成、成就 |
| | 大勢 | 名 | 大勢に従う、大勢を見通す　（類）大局、世の動き |
| たいせき | 堆積 | 名 | （改）　土砂が堆積する　（類）積み重なる、集積 |
| たいせつ | 大切 | 形動 | 大切に使う、大切な役目　（類）大事 |
| たいぜん | 泰然 | 名 | 泰然として驚かない、泰然自若　（類）平然 |
| たいそう | 大層 | 形動 | 大層な人手（副）大層驚いた　（類）大げさ、オーバー |
| たいだ | 怠惰 | 名・形動 | 怠惰な生活　（類）怠ける、だらしない、無精 |
| だいたい | 大体 | 副 | 大体良い（名）大体の者は　（類）ほぼ |
| たいてい | 大抵 | 名 | 大抵の人は（副）問題は大抵できた　（類）大概、ほとんど |
| たいとう | 台頭 | 名 | 新興勢力が台頭する　×擡頭 |
| だいぶ | 大分 | 副 | 大分良くなる　（類）随分、かなり |
| たいへん | 大変 | 名・形動 | 国家の大変、大変な事件（副）大変努力する |
| たいまん | 怠慢 | 名・形動 | 職務怠慢　怠慢のそしりを免れない　（類）懈怠、怠ける |
| たいら | 平ら | 形動 | 進む道は平らだ、平らな土地　（類）平たん |
| たいらか | 平らか | 形動 | 平らかな世、心中平らかでない　（類）平穏 |
| たいらげる | 平らげる | 動 | 敵を平らげる、大盛り御飯を平らげる　（類）制圧、食べる |
| たうえ | 田植 | 名 | （複） |
| だえき | 唾液 | 名 | （改） |
| たえしのぶ | 堪え忍ぶ | 動 | 苦しさを堪え忍ぶ　（類）我慢する、こらえる |
| たえず | 絶えず | 副 | 絶えず行き来する　（類）いつも、常に |
| たえる | 堪える | 動 | （その能力や価値がある、その感情を抑える）　任に堪える、鑑賞に堪えない |
| | 耐える | 動 | （苦しいことや外部の圧力などをこらえる）　重圧に耐える、風雪に耐える |

| | 絶える | 動 | 消息が絶える、客足が絶える　（類）途絶える、尽きる |
|---|---|---|---|
| たおす | 倒す | 動 | 木を倒す、幕府を倒す　（類）寝かす、崩壊させる |
| たおれる | 倒れる | 動 | 家が倒れる、過労で倒れる、独裁政権が倒れる |
| たか | 高 | 名 | 売上高 |
| | 多寡 | 名 | 金額の多寡を問わない　（類）多少 |
| たかい | 高い | 形 | 背が高い、声が高い、身分が高い、値段が高い |
| たがい | 互い | 名 | 互いの利益　（類）双方 |
| たがいちがい | 互い違い | 名 | （類）交互 |
| たがいに | 互いに | 副 | 互いに励まし合う　（類）相互に |
| たかぶる | 高ぶる | 動 | おごり高ぶる、神経が高ぶる　×昂る　（類）威張る、興奮 |
| たかまる | 高まる | 動 | 関心が高まる、機運が高まる　（類）強まる、増える |
| たかめる | 高める | 動 | 目標を高める、地位を高める　（類）高くする |
| たがやす | 耕す | 動 | 田を耕す　（類）耕作 |
| たからか | 高らか | 形動 | 高らかに歌を歌う　（類）心地よく |
| たき | 多岐 | 名・形動 | 複雑多岐、問題点が多岐にわたる　（類）多方面 |
| だき | 唾棄 | 名 | （改）　唾棄すべき男　（類）汚らわしい |
| だきあう | 抱き合う | 動 | 抱き合って泣く　（類）互いに抱く、抱き締める |
| だきあわせ | 抱き合わせ | 名 | 抱き合わせ増資　（類）組み合わせ |
| たきぎ | 薪 | 名 | |
| だきこむ | 抱き込む | 動 | 審判員を抱き込む　（類）味方にする、引き入れる |
| だきしめる | 抱き締める | 動 | 子供を抱き締める　（類）抱える、抱擁 |
| たきつけ | たき付け | 名 | ×焚き付け |
| たきつぼ | 滝つぼ | 名 | |
| だきょう | 妥協 | 名 | 適当なところで妥協する　（類）譲歩 |
| たく | 炊く | 動 | 御飯を炊く　（類）煮る |
| | たく | 動 | 石炭をたく、香をたく　×焚く・薫く　（類）燃やす |
| だく | 抱く | 動 | （類）抱える |
| たぐい | 類い | 名 | （改：訓の追加）　類いまれな逸品、○○の類い　（類）種類、範ちゅう |
| たくさん | たくさん | 名・形動 | （仮名）　たくさんの人、争いはもうたくさんだ　×沢山 |
| だくひ | 諾否 | 名 | 諾否を問う　（類）賛否、可否 |
| たくましい | たくましい | 形 | たくましい腕、たくましい精神力　×逞しい　（類）強じん |
| たくみ | 巧み | 形動 | 巧みな手つき　（類）上手、うまい |
| たくらむ | たくらむ | 動 | 陰謀をたくらむ　×企む　（類）企てる、もくろむ |
| たぐる | 手繰る | 動 | 釣糸を手繰る、記憶を手繰る　（類）引き寄せる、引き出す |
| たくわえる | 蓄える | 動 | 金を蓄える、知識を蓄える　（類）貯蓄、身に付ける |
| たけ | 丈 | 名 | 身の丈、思いの丈を述べる　（類）高さ、全て |
| | 岳 | 名 | 槍が岳 |
| だけ | …だけ | 副助 | 調査しただけである　（類）のみ、きり |
| だし | 山車 | 名 | （付） |
| だしいれ | 出し入れ | 名 | 図書の出し入れをする |
| たしか | 確か | 形動 | 確かな事実、身元の確かな人　（副）確か一年前のこと |
| たしかめる | 確かめる | 動 | 真偽を確かめる　（類）確認、裏付ける |
| だしぬく | 出し抜く | 動 | 同業者に出し抜かれる |
| だしもの | 出し物 | 名 | 芝居の出し物　（類）演目 |
| たしょう | 多少 | 名 | 額の多少を問わない　（副）多少多めに…　（類）多寡、少し |
| たす | 足す | 動 | 砂糖を足す、用を足す　（類）加える、済ます |

| だす | 出す | 動 | 書類を出す、新製品を出す　（類）提出、発表 |
|---|---|---|---|
| たすける | 助ける | 動 | 子供を助ける、消化を助ける　（類）救う、手伝う |
| たずさえる | 携える | 動 | 本を携える、手を携えて出発する　（類）所持、一緒に |
| たずさわる | 携わる | 動 | 教育に携わる　（類）従事する、関わる |
| たずねる | 尋ねる | 動 | （問う、捜し求める、調べる）　道を尋ねる、由来を尋ねる |
|  | 訪ねる | 動 | （おとずれる）　知人を訪ねる、史跡を訪ねる　（類）訪問する |
| だせい | 惰性 | 名 | 惰性で仕事をする、惰性で暮らしている　（類）習慣、癖 |
| ただ | ただ | 副 | （仮名）　ただ一つ　（接続）ただ、…　×唯・只　（類）専ら、ただし |
| ただいま | ただ今 | 名 | （仮名）　ただ今の時刻　（副）ただ今うかがいます　×唯今、只今 |
| たたえる | たたえる | 動 | 栄誉をたたえる　×称える・讃える　（類）褒める |
| たたかう | 戦う | 動 | （武力や知力を使って争う、勝ち負けや優劣を競う）　敵と戦う、選挙を戦う |
|  | 闘う | 動 | （困難や障害などに打ち勝とうとする、闘争する）　病気と闘う、貧困と闘う |
| たたきあげる | たたき上げる | 動 | 使用人からたたき上げる　×叩き上げる　（類）腕を磨く |
| たたく | たたく | 動 | 机をたたく　×叩く・敲く　（類）打つ |
| ただし | ただし | 接続 | （仮名）　ただし、…　×但し　（類）しかし、ところで |
| ただしい | 正しい | 形 | 心の正しい人、正しい結論　（類）規範にかなう、誤りない |
| ただしがき | ただし書 | 名 | （仮名）　×但書・ただし書き |
| ただす | 正す | 動 | 誤りを正す、姿勢を正す　（類）是正、整える |
|  | ただす | 動 | 罪をただす、真意をただす　×糺す　（類）問い調べる |
| ただちに | 直ちに | 副 | 直ちに対応する、直ちに影響する　（類）すぐ、いち早く、直接 |
|  |  |  | （注）　解説・広報等においては、「ただちに」と書くこともある。 |
| ただよう | 漂う | 動 | 波間を漂う、香りが漂う |
| ただよわす | 漂わす | 動 | 雰囲気を漂わす　（類）感じられる |
| たち | 太刀 | 名 | （付） |
|  | たち | 名 | たちの悪い冗談　×質　（類）性質、性分 |
|  | …たち | 接尾 | （仮名）　私たち、子供たち　×…達　（類）ら、ども |
| たちあい | 立会い | 名 | （複）（証拠のための確認）　第三者の立会い、現場立会い |
|  | 立ち合い | 名 | （勝負を争う）　相撲の立ち合い |
| たちあいえんぜつ | 立会演説 | 名 | （法） |
| たちあいにん | 立会人 | 名 | （法） |
| たちあう | 立ち会う | 動 | 参考人として立ち会う、手術に立ち会う　（類）居合わせる |
| たちあがる | 立ち上がる | 動 | 席を立ち上がる、廃墟の中から立ち上がる　（類）立つ |
| たちいり | 立入り | 名 | （複） |
| たちいりけんさ | 立入検査 | 名 | （法） |
| たちいる | 立ち入る | 動 | 構内に立ち入る、部外者が立ち入る問題ではない |
| たちうち | 太刀打ち | 名 | とても太刀打ちできない　（類）張り合う、競争する |
| たちおうじょう | 立ち往生 | 名 | 列車が立ち往生する　（類）身動きできない |
| たちおくれ | 立ち後れ | 名 | 福祉の立ち後れ　（類）進歩発展が遅れる |
| たちぎえ | 立ち消え | 名 | 計画が立ち消えになる　（類）消滅、取りやめ |
| たちぎき | 立ち聞き | 名 | 廊下で立ち聞きする　（類）盗み聞き |
| たちきる | 断ち切る | 動 | 電源を断ち切る、未練を断ち切る、きずなを断ち切る |
|  | 裁ち切る | 動 | 服地を裁ち切る |
| たちすくむ | 立ちすくむ | 動 | その場に立ちすくむ　×立ち竦む　（類）身動きできない |
| たちどまる | 立ち止まる | 動 | 立ち止まって考える余裕が…　（類）振り返る |
| たちなおり | 立ち直り | 名 | 非行からの立ち直り、立ち直りが早い |
| たちならぶ | 立ち並ぶ | 動 | 歓迎の人が立ち並ぶ、専門家に立ち並ぶ　（類）肩を並べる |

| たちのく | 立ち退く | 動 | （付）道路拡張で立ち退く　（類）移転する |
|---|---|---|---|
| たちば | 立場 | 名 | （法） |
| たちばなし | 立ち話 | 名 | |
| たちまち | たちまち | 副 | たちまち売り切れる　×忽ち　（類）瞬く間に、急に |
| たちまわりさき | 立ち回り先 | 名 | 犯人の立ち回り先　（類）立ち寄り先 |
| たちまわる | 立ち回る | 動 | うまく立ち回る、金策に立ち回る　（類）工作する、歩く |
| たちよる | 立ち寄る | 動 | 友人宅に立ち寄る　（類）寄る |
| たつ | 建つ | 動 | （建物や国を造る）　家が建つ、国を建てる |
| | 立つ | 動 | （直立する、ある状況や立場に身を置く、離れる、成立する）演壇に立つ、岐路に立つ、席を立つ、評判が立つ |
| | 断つ | 動 | （つながっていたものを切り離す、やめる）　道路を断つ、国交を断（絶）つ、関係を断（絶）つ |
| | 絶つ | 動 | （続くはずのものを途中で切る、途絶える）　縁を絶つ、消息を絶つ |
| | 裁つ | 動 | （布や紙を寸法に合わせて切る）　生地を裁つ |
| | たつ | 動 | 列車で午後1時にたつ　×発つ |
| | たつ | 動 | 月日がたつ、時間がたつ　×経つ |
| だっかい | 奪回 | 名 | 戦略上の要地を奪回する　（類）奪還 |
| だっきゅう | 脱臼 | 名 | （改）　肩を脱臼する |
| だっしゅ | 奪取 | 名 | クーデターで政権を奪取する　（類）奪い取る |
| たっする | 達する | 動 | 山頂に達する、目的を達する　（類）及ぶ、成し遂げる |
| だっする | 脱する | 動 | 危機を脱する　（類）逃れる |
| たつせ | 立つ瀬 | 名 | 立つ瀬がない　（類）立場、地歩 |
| たっとい（とうとい） | 尊い | 形 | （尊厳があり敬うべきである）　尊い人命、尊い犠牲を払う、尊い教え　（類）大切な |
| | 貴い | 形 | （貴重である）　貴い身分、貴い体験、貴い資料　（類）高貴、価値が高い |
| たっとぶ（とうとぶ） | 尊ぶ | 動 | 神仏を尊ぶ、自由を尊ぶ　（類）あがめる、大切にする |
| | 貴ぶ | 動 | 体験を貴ぶ　（類）重んじる |
| たづな | 手綱 | 名 | 夫の手綱を取る、手綱を緩める　（類）引き締め、見張る |
| たつまき | 竜巻 | 名 | （法） |
| たて | …たて | 接尾 | 塗りたての壁、出来たてのパン |
| だて | …建て | 接尾 | 二階建ての家 |
| | …立て | 接尾 | 義理立て　（助数）三本立ての映画 |
| たてかえ | 立替え | 名 | （複）　代金の立替え |
| | 建て替え | 名 | 住宅の建て替え |
| たてかえきん | 立替金 | 名 | （法） |
| たてかえばらい | 立替払 | 名 | （法） |
| たてかえる | 建て替える | 動 | 家を建て替える |
| | 立て替える | 動 | 代金を立て替える |
| たてがき | 縦書き | 名 | 縦書き文書 |
| たてかける | 立て掛ける | 動 | はしごを壁に立て掛ける |
| たてぐ | 建具 | 名 | （法） |
| たてこむ | 立て込む | 動 | お客が立て込む、事務が立て込む　（類）混雑する |
| たてつづけ | 立て続け | 名 | （副）立て続けに客が来る　（類）続けざま、引き続き |
| たてつぼ | 建坪 | 名 | （法） |
| たてなおし | 建て直し | 名 | 家の建て直し、経営の建て直し |
| | 立て直し | 名 | 計画の立て直し、方針の立て直し |

| たてね | 建値 | 名 | (法) |
|---|---|---|---|
| たてひざ | 立て膝 | 名 | (改) |
| たてふだ | 立札 | 名 | (複) |
| たてまえ | 建前 | 名 | (法) |
| たてまし | 建て増し | 名 | 家の建て増し　(類)増築 |
| たてまつる | 奉る | 動 | 上奏文を奉る、会長として奉っておく　(類)まつり上げる |
| たてもの | 建物 | 名 | (法) |
| たてる | 建てる | 動 | ビルを建てる、銅像を建てる |
|  | 立てる | 動 | 柱を立てる、計画を立てる、手柄を立てる、顔を立てる |
|  | たてる | 動 | 茶をたてる　×点てる |
| たとい | たとい・たとえ | 副 | たとい雨が降っても　×仮令　(類)もし、仮に |
| たとえば | 例えば | 副 | (類)例を挙げれば、たとえて言えば、もし、仮に |
| たとえばなし | 例え話 | 名 | ×譬え話 |
| たとえる | 例える | 動 | 動物に例える　×譬える・喩える　(類)なぞらえる |
| たどる | たどる | 動 | 山道をたどる、記憶をたどる　×辿る　(類)進む、なぞる |
| たなあげ | 棚上げ | 名 | 提案を棚上げにする　(類)保留、留保 |
| たなおろし | 棚卸し | 名 |  |
| たなおろししさん | 棚卸資産 | 名 | (法) |
| たなばた | 七夕 | 名 | (付) |
| たねあかし | 種明かし | 名 | からくりの種明かしをする　(類)説明する |
| たねぎれ | 種切れ | 名 | 話が種切れになる　(類)底をつく |
| たのしい | 楽しい | 形 | (類)うれしい、喜ばしい |
| たのしむ | 楽しむ | 動 | 余生を楽しむ、劇を楽しむ　(類)満ち足りる、興じる |
| たのむ | 頼む | 動 | 伝言を頼む、頼むに足らず　(類)依頼 |
| たのもしい | 頼もしい | 形 | 頼もしい青年　(類)有望、心強い |
| たばこ | たばこ | 名 | (仮名)　×煙草 |
| たばねる | 束ねる | 動 | 稲を束ねる、組織を束ねる　(類)くくる、まとめる |
| たび | 度 | 名 | 度重なる、度々、この度　※文科省用字例では「このたび」 |
|  | …たび | 接尾 | …するたびに、一たび |
|  | 足袋 | 名 | (付) |
| たびだつ | 旅立つ | 動 | アメリカに旅立つ　(類)出発、門出 |
| たぶん | 多分 | 形動 | 多分に疑わしい　(副)多分…だろう　(類)恐らく |
| たべかけ | 食べかけ | 名 | ×食べ掛け |
| たべすぎ | 食べ過ぎ | 名 | (類)過食 |
| たべもの | 食べ物 | 名 | (類)食品、食料 |
| たべる | 食べる | 動 | (類)食う、食らう |
| たま | 玉 | 名 | 玉にきず、玉を磨く、玉虫色 |
|  | 球 | 名 | 電気の球、球を投げる　(類)ボール、まり |
|  | 弾 | 名 | ピストルの弾、弾を込める　(類)弾丸 |
| たましい | 魂 | 名 | 負けじ魂　(類)気力、精神、霊魂 |
| だましうち | だまし討ち | 名 | ×騙し討ち　(類)奇襲、急襲 |
| だます | だます | 動 | 人をだます　×騙す　(類)欺く、ごまかす |
| たまたま | たまたま | 副 | たまたま来合わせた　×偶々　(類)偶然 |
| たまつき | 玉突き | 名 | 玉突き衝突 |
| たまもの | たまもの | 名 | 努力のたまもの　×賜・賜物　(類)賜った物、恩恵 |
| たまらない | たまらない | 連語 | 寒くてたまらない　(類)苦しい、切ない |

| | | | |
|---|---|---|---|
| だまりこむ | 黙り込む | 動 | 急に黙り込む　(類)黙する、一言も言わない |
| たまる | たまる | 動 | 仕事がたまる、金がたまる　×溜まる・貯まる |
| だまる | 黙る | 動 | (類)沈黙、何も言わない |
| たまわる | 賜る | 動 | 祝辞を賜る　×賜わる　(類)頂く、頂戴する |
| だみん | 惰眠 | 名 | 惰眠を貪る　(類)怠ける、寝過ごす |
| たむける | 手向ける | 動 | 墓に花を手向ける　(類)供える、ささげる |
| たむろする | たむろする | 動 | 盛り場にたむろする　×屯する　(類)集まる、群れる |
| ため | …ため | 形名 | (仮名)　受験のために勉強する　×為　(類)理由、目的、利益 |
| だめ | 駄目 | 名・形動 | 駄目を押す、壊れて駄目になる　(類)無駄、台無し、ふい |
| ためいき | ため息 | 名 | ×溜息　(類)吐息、嘆息 |
| ためいけ | ため池 | 名 | ×溜池　(類)貯水池 |
| ためし | ためし | 名 | 勝ったためしがない　(類)先例、前例 |
| ためしに | 試しに | 副 | 試しに受験してみる　(類)試みに |
| ためす | 試す | 動 | 性能を試す　(類)試みる、実験 |
| ためらう | ためらう | 動 | 入るのをためらう　×躊躇う　(類)ちゅうちょする |
| ためる | 矯める | 動 | 角を矯める　(類)整える、直す、矯正 |
| | ためる | 動 | 水をためる、金をためる　×溜める・貯める　(類)蓄える |
| たもつ | 保つ | 動 | 威厳を保つ　(類)保持、支える、持ちこたえる |
| たやす | 絶やす | 動 | 子孫を絶やす、薬を絶やす　(類)滅ぼす、無くす |
| たやすい | たやすい | 形 | たやすい仕事　×容易い　(類)容易だ、易しい |
| たよう | 多用 | 名 | 御多用中のところ　(類)多忙、多事、繁忙 |
| | 多様 | 名・形動 | 多種多様、多様な価値観　(類)各種、種々、様々 |
| たより | 便り | 名 | 風の便り、花便り　(類)音信、音沙汰 |
| たよる | 頼る | 動 | 知人を頼る、勘に頼る　(類)頼みにする、依存する |
| たらいまわし | たらい回し | 名 | 電話のたらい回し、政権のたらい回し　×盥い回し |
| だらく | 堕落 | 名 | 堕落した日々を送る　×惰落　(類)乱れる、身を持ち崩す |
| たらす | 垂らす | 動 | 釣り糸を垂らす　(類)ぶら下げる |
| たりる | 足りる | 動 | 千円で足りる、電話で足りる　(類)十分、間に合う |
| だるい | だるい | 形 | 体がだるい　×怠い　(類)けだるい、かったるい |
| たるみ | たるみ | 名 | 精神のたるみ、たるみ事故　×弛み　(類)気の緩み |
| たるむ | たるむ | 動 | 電線がたるむ、精神がたるむ　×弛む　(類)緩む |
| だれ | 誰 | 代 | (改) |
| たれる | 垂れる | 動 | 木の枝が垂れる、教訓を垂れる　(類)下がる、示す |
| | たれる | 動 | 鼻水がたれる　×滴れる　(類)したたる |
| たわむれる | 戯れる | 動 | 子供と戯れる、戯れて言う　(類)遊ぶ、ふざける |
| だんかい | 段階 | 名 | 段階を踏む　(類)順序、プロセス、次第に |
| だんがい | 断崖 | 名 | (改)　断崖絶壁　(類)切り立った崖 |
| | 弾劾 | 名 | 腐敗した政治を弾劾する、弾劾裁判所　(類)責任追及 |
| たんがん | 嘆願 | 名 | 助命を嘆願する　×歎願　(類)懇願、哀願、切に願う |
| たんきゅう | 探求 | 名 | 事故の原因を探求する　(類)探索 |
| | 探究 | 名 | 真理を探究する　(類)追究、考究 |
| だんじて | 断じて | 副 | 断じて許されない行為　(類)決して、絶対に |
| たんずる | 嘆ずる | 動 | 身の不運を嘆ずる　(類)嘆く、かこつ |
| だんずる | 断ずる | 動 | 優劣を断ずる　(類)断定する |
| | 談ずる | 動 | 世相を談ずる　(類)語る、論じ合う |
| だんぜん | 断然 | 副 | こちらの方が断然得だ　(類)きっぱり、断固 |

| | | | |
|---|---|---|---|
| だんちがい | 段違い | 名・形動 | 品質は段違いだ、段違いな強さ　(類)比べ物がない |
| たんてき | 端的 | 形動 | 端的に言って…　(類)明快、簡明、はっきり |
| たんでき | たん溺・耽溺 | 名 | 酒色にたん溺する　▲耽溺　(類)溺れる、ふける |
| だんどり | 段取り | 名 | 段取りをつける　(類)手順を整える、手はず |
| だんな | 旦那 | 名 | (改)　(類)夫、主人、亭主 |
| たんなる | 単なる | 連体 | 単なる臆測にすぎない　(類)ただの |
| たんに | 単に | 副 | 単に事実を述べただけ　(類)ただ、唯一 |
| たんぱくしつ | たんぱく質・タンパク質・蛋白質 | 名 | △蛋白質 |
| たんぺん | 短編 | 名 | ×短篇 |
| たんりょ | 短慮 | 名 | 短慮を起こす　(類)気短、短気 |
| たんれん | 鍛錬・鍛練 | 名 | 日頃の鍛錬の成果、鉄を鍛錬する　(類)修練、鍛える |
| ちいさい | 小さい | 形 | 小さい家、気が小さい |
| ちいさな | 小さな | 形動 | 手の小さな人、小さな政府 |
| ちえん | 遅延 | 名 | 列車が遅延した、遅延利息　(類)遅れる、延滞 |
| ちかい | 誓い | 名 | 誓いを述べる、誓いを立てる　(類)約束、誓約 |
| | 近い | 形 | 駅に近い場所、近いうちに伺う、近い親戚　(類)間近 |
| ちがい | 違い | 名 | 性格の違い、計算に違いがある　(類)相違、誤り |
| ちかう | 誓う | 動 | 天地神明に誓う、心に誓う　(類)約束、公約、誓約、宣誓 |
| ちがう | 違う | 動 | 色が違う、答えが違う、行き違う　(類)相違、誤る、交差 |
| ちがえる | 違える | 動 | どうも日を違えたようだ、見通しを違える　(類)誤る |
| ちかく | 近く | 名 | 駅の近く　(副)近く再開する予定　(類)近所、間もなく |
| | 地殻 | 名 | 地殻の変動 |
| ちかごろ | 近頃 | 名 | (改)　近頃の若い者　(副)近頃珍しい　(類)最近、近来 |
| ちかしい | 近しい | 形 | 近しい間柄　(類)親密 |
| ちかぢか | 近々 | 副 | 近々伺う予定でした　(類)近日、早晩、いずれ |
| ちかづく | 近づく | 動 | 列車が近づく、下心を持って近づく　(類)接近、近寄る |
| ちかづける | 近づける | 動 | 目を近づける、悪い友人を近づけるな　(類)近寄せる |
| ちかまわり | 近回り | 名 | 駅まで近回りをする　(類)近道、早道 |
| ちかよる | 近寄る | 動 | そばに近寄る　(類)近づく |
| ちからぞえ | 力添え | 名 | お力添えをお願いしたい　(類)援助、助力 |
| ちき | 知己 | 名 | 十年来の知己のごとく打ち解ける　(類)知人、知り合い |
| ちぎり | 契り | 名 | 契りを交わす　(類)約束 |
| ちくいち | 逐一 | 副 | 逐一審議する、逐一報告する　(類)一つ一つ全部、詳しく |
| ちくじ | 逐次 | 副 | 逐次発表する　(類)次々に、順次 |
| ちご | 稚児 | 名 | (付) |
| ちしつ | 知しつ・知悉 | 名 | 手の内を知しつしている　▲知悉　(類)精通、知り尽くす |
| ちじょう | 痴情 | 名 | 痴情のもつれ　(類)色情、欲情 |
| ちじょく | 恥辱 | 名 | 恥辱を受ける　(類)辱め、屈辱 |
| ちせき | 地籍 | 名 | 地籍調査、地籍台帳 |
| | 地積 | 名 | 地積の測量図　(類)土地の面積、丈量 |
| ちせつ | 稚拙 | 名・形動 | 稚拙な文章、稚拙な絵　(類)拙い、未熟 |
| ちぢこまる | 縮こまる | 動 | 寒さで体が縮こまる　(類)丸く縮まる |
| ちち | 遅々 | 名・形動 | 遅々として進まない、遅々たる歩み |
| ちぢ | 千々 | 形動 | 球が千々に砕ける　(類)いろいろ、たくさん |
| ちぢまる | 縮まる | 動 | 寿命が縮まる、差が縮まる　(類)短くなる、縮む |

| ちぢむ | 縮む | 動 | セーターが縮む、命が縮む　（類）小さくなる、萎縮する |
|---|---|---|---|
| ちぢれる | 縮れる | 動 | 髪の毛が縮れる、葉が縮れる　（類）巻き上がる、すぼまる |
| ちなみに | ちなみに | 接続 | ちなみに、…　×因みに　（類）ついでに言えば |
| ちなむ | ちなむ | 動 | 伝説にちなんだ祭　×因む　（類）関係する、関連する |
| ちのみご | 乳飲み子 | 名 | ×乳呑み子　（類）乳児 |
| ちみつ | 緻密 | 名・形動 | （改）緻密な研究、緻密な計画　（類）綿密、精密 |
| ちゃくばらい | 着払い | 名 | 代金の着払い |
| ちゆ | 治癒 | 名 | 完全に治癒する　（類）治る、全治、全快、平癒 |
| ちゅう | 注 | 名 | 語句に注を付ける　×註　（類）補足説明、割り注、脚注 |
| ちゅうい | 注意 | 名 | （類）警告、忠告、気に掛ける、意識する |
| ちゅうかい | 注解 | 名 | 注解を加える　×註解　（類）解説 |
| ちゅうがえり | 宙返り | 名 | 飛行機が宙返りする　（類）とんぼ返り、もんどり |
| ちゅうけん | 中堅 | 名 | 中堅の職員、中堅の企業　（類）中間、中核 |
| ちゅうし | 中止 | 名 | 予定を中止する　（類）取り止める、見合わせる、見送る |
| | 注視 | 名 | 動向を注視する　（類）注目する、気を付ける |
| ちゅうしゃく | 注釈 | 名 | 注釈を加える　×註釈　（類）補足説明 |
| ちゅうしゅつ | 抽出 | 名 | リストから抽出する　（類）選び出す、抜き出す |
| ちゅうしん | 衷心 | 名 | 衷心から哀悼の意を表します　（類）心底 |
| ちゅうせん | 抽選 | 名 | 抽選で決める　×抽籤　（類）くじ引き |
| ちゅうちょ | ちゅうちょ・躊躇 | 名 | 決定をちゅうちょする　▲躊躇（ちゅうちょ）　（類）ためらう、しゅん巡 |
| ちょうえつ | 超越 | 名 | 世俗を超越している　（類）飛び抜けた、非凡 |
| ちょうきゅう | 徴求 | 名 | 担保を徴求する　（類）要求、徴収 |
| ちょうけし | 帳消し | 名 | 借金を帳消しにする　（類）なくす、棒引き、相殺 |
| ちょうこう | 兆候・徴候 | 名 | インフレの兆候がみられる　（類）前触れ、兆し |
| ちょうしゅう | 徴収 | 名 | 会費を徴収する　（類）取り立てる |
| | 徴集 | 名 | 人員を徴集する　（類）呼び集める |
| ちょうしゅうずみがく | 徴収済額 | 名 | |
| ちょうしょう | 嘲笑 | 名 | （改）世間の嘲笑を浴びる　（類）嘲笑う |
| ちょうじょう | 重畳 | 名 | 重畳的な債務引受 |
| ちょうじり | 帳尻 | 名 | （改）帳尻が合う　（類）収支決算 |
| ちょうする | 徴する | 動 | 意見を徴する、租税を徴する　（類）求める、取り立てる |
| | 弔する | 動 | 衷心より弔します　（類）弔う |
| ちょうせい | 調整 | 名 | 意見を調整する、年末調整　（類）調節、折り合い、整える |
| | 調製 | 名 | 洋服を調製する、台帳を調製する　（類）作る |
| ちょうだい | 頂戴 | 名 | （改）○○を頂戴する |
| ちょうど | ちょうど | 副 | （仮名）ちょうど始まる　×丁度　（類）都合よく、ぴったり |
| ちょうはつ | 挑発 | 名・形動 | 挑発に乗る、挑発的な行動　（類）扇動、仕向け |
| ちょうふ | 貼付 | 名 | （改）印紙を貼付する　（類）貼り付ける |
| ちょっと | ちょっと | 副 | （仮名）ちょっと考える　×一寸　（類）少し、僅か |
| ちらかす | 散らかす | 動 | 部屋を散らかす、書き散らす　（類）乱雑にする |
| ちらし | 散らし | 名 | 大売出しの散らし　（類）広告、びら、パンフレット |
| ちりぢりに | 散り散りに | 形動 | 散り散りに逃げる　（類）ちりぢり、ばらばら |
| ちりとり | ちり取り | 名 | ×塵取り |
| ちりばめる | ちりばめる | 動 | 美辞麗句をちりばめる、宝石をちりばめる　×鏤める |
| ちる | 散る | 動 | 花が散る、気が散る　（類）落ちる、集中できない |
| ちんあげ | 賃上げ | 名 | 賃上げ要求　（類）ベースアップ |

| ちんがし | 賃貸し | 名 | ビデオの賃貸し （類）賃貸、レンタル、リース |
| ちんがり | 賃借り | 名 | 部屋の賃借り （類）賃借 |
| ちんき | 珍奇 | 名・形動 | 珍奇な出来事 （類）珍妙、珍しい |
| ちんしゃ | 陳謝 | 名 | 非礼を陳謝する （類）わびる、謝罪 |
| ちんせい | 沈静 | 名 | 物価が沈静する、沈静化 （類）静まる、落ち着く |
| | 鎮静 | 名 | 騒動が鎮静する、鎮静剤 （類）静まる、抑制 |
| ちんつう | 沈痛 | 名・形動 | 沈痛な面持ち （類）悲痛、悲そう |
| | 鎮痛 | 名 | 鎮痛薬、鎮痛作用 （類）痛みを鎮める |
| ちんでん | 沈殿 | 名 | 不純物が沈殿する ×沈澱 （類）沈む、たまる |
| ちんにゅう | ちん入・闖入 | 名 | 不審者がちん入する ▲闖入 （類）突然入る、乱入 |
| ちんぷ | 陳腐 | 名・形動 | 知識が陳腐化する、陳腐な表現 （類）古い、古臭い |
| ついえる | 費える | 動 | 空しく時が費える （類）浪費、過ぎる |
| | ついえる | 動 | 夢がついえる、計画がついえる ×潰える （類）壊れる |
| ついかんばん | 椎間板 | 名 | （改） 椎間板ヘルニア |
| ついきゅう | 追求 | 名 | 利潤を追求する、理想を追求する （類）追い求める |
| | 追及 | 名 | 責任を追及する （類）責める、とがめる |
| | 追究 | 名 | 真理を追究する、学問を追究する （類）探究、考究 |
| ついこう | 追行 | 名 | 訴訟の追行 |
| ついたち | 一日 | 名 | （付） |
| ついちょう | 追徴 | 名 | 不足金を追徴する、追徴金 （類）取り立てる |
| ついて | …（に）ついて | 連語 | 情報化について考える （類）に関して |
| ついで | 次いで | 接続 | …を終え、次いで打合せを行う （類）その次に、引き続き |
| | ついで | 名 | ついでがあれば伝える ×序で （類）よい機会 |
| ついでに | ついでに | 副 | ついでに立ち寄る ×序でに （類）利用して、関連して |
| about | ついては | 接続 | ついては、… ×就いては （類）それゆえ |
| ついに | ついに | 副 | ついに完成する ×遂に・終に （類）とうとう、ずっと |
| ついやす | 費やす | 動 | 大金を費やす、時間を費やす （類）浪費する |
| つうこうどめ | 通行止め | 名 | |
| つうじる | 通じる | 動 | 駅に通じる道、電話が通じる、英語が通じない |
| つうやくにん | 通訳人 | 名 | |
| つかい | 使い | 名 | （人や物を利用する） お使い、使い方、使い道 |
| | 遣い | 名 | （注意を働かす、金・時間を費やす） 言葉遣い、仮名遣い |
| つかいこなす | 使いこなす | 動 | パソコンを使いこなす （類）十分活用する |
| つかいこむ | 使い込む | 動 | 公金を使い込む （類）私用に使う |
| つかいはたす | 使い果たす | 動 | 有り金を使い果たす （類）全部使う |
| つかいふるす | 使い古す | 動 | 使い古した辞書 （類）古びた |
| つかいわける | 使い分ける | 動 | 言葉を使い分ける （類）選ぶ、使いこなす |
| つかう | 使う | 動 | （人や物などを用いる） 従業員を使う、機械を使う （類）利用する |
| | 遣う | 動 | （十分に働かせる） 気を遣(使)う、心遣い、安否を気遣う （類）働かせる |
| つかえる | 仕える | 動 | 神に仕える （類）奉仕する、従事する |
| | 使える | 動 | その案は使える （類）役に立つ |
| | つかえる | 動 | 仕事がつかえる、のどにつかえる ×支える （類）詰まる |
| つかさどる | つかさどる | 動 | 事務をつかさどる ×司る・掌る （類）携わる、担当 |
| つかす | 尽かす | 動 | 愛想を尽かす |
| つかのま | つかの間 | 名 | つかの間の栄華 ×束の間 （類）ちょっとの間 |

164

| つかまえる | 捕まえる | 動 | 泥棒を捕まえる　（類）取り押さえる、呼び止める |
|---|---|---|---|
| つかまる | 捕まる | 動 | 犯人が捕まる　（類）捕らえられる、引き止められる |
| | つかまる | 動 | つり革につかまる　×摑まる　（類）握る |
| つかみあう | つかみ合う | 動 | つかみ合っての大げんか　×摑み合う　（類）取っ組み合い |
| つかる | 漬かる | 動 | 漬物が漬かる |
| | つかる | 動 | 水につかる　×浸かる　（類）浸る、入る |
| つかれる | 疲れる | 動 | 神経が疲れる、仕事で疲れる　（類）衰える、くたびれる |
| つかわす | 遣わす | 動 | 差し遣わす、褒めて遣わす　（類）差し向ける、やる |
| つき | 月 | 名 | 月見、三日月 |
| | …付き | 名 | 保証付き、尾頭付き |
| | （条件）付（採用） | 名 | （法） |
| | …つき | 名 | 顔つき、目つき、言葉つき、手つき、体つき |
| | …（に）つき | 連語 | 100円につき、一個につき　×に就き |
| | 突き | 名 | 頭突き、鋭い突き |
| | 尽き | 名 | 運の尽き |
| つぎ | 次 | 名 | 次のとおり、次々に、次から次へと… |
| | 継ぎ | 名 | 膝に継ぎを当てる、中継ぎ |
| つきあい | 付き合い | 名 | 付き合いが広い　（類）交際、交わり |
| つきあう | 付き合う | 動 | 食事に付き合う　（類）一緒に行く |
| つきあたり | 突き当たり | 名 | 廊下の突き当たり　（類）行き止まり |
| つきあわせる | 突き合わせる | 動 | 正本と副本を付き合わせる　（類）対照する |
| つぎあわせる | 継ぎ合わせる | 動 | 布切れを継ぎ合わせる |
| つきおくれ | 月後（遅）れ | 名 | 月後れのお盆、月後れの雑誌 |
| つきおとす | 突き落とす | 動 | 階段から突き落とす　（類）下に落とす |
| つきがけ | 月掛 | 名 | （複） |
| つきがけちょきん | 月掛貯金 | 名 | （法） |
| つきぎめ | 月ぎめ・月決め | 名 | 月ぎめで駐車場を借りる　×月極め |
| つぎこむ | つぎ込む | 動 | 全財産を事業につぎ込む　（類）注ぎ込む、投入する |
| つきさす | 突き刺す | 動 | 針を突き刺す、突き刺すような視線　（類）刺す、刺し通す |
| つきそい | 付添い | 名 | （複） |
| つきそいにん | 付添人 | 名 | （法） |
| つきそう | 付き添う | 動 | 病院まで付き添う　（類）添う、寄り添う |
| つきだす | 突き出す | 動 | 表に突き出す、交番に突き出す　（類）外に出す、引き渡す |
| つぎつぎ | 次々 | 副 | 次々と登場する　（類）順々に |
| つきつける | 突き付ける | 動 | 証拠を突き付ける、要求を突き付ける　（類）差し出す |
| つきつめる | 突き詰める | 動 | 真相を突き詰める　（類）調べる、極める、思い詰める |
| つきとおす | 突き通す | 動 | 千枚通しを突き通す　（類）突き抜く |
| | つき通す | 動 | うそをつき通す　×吐き通す　（類）言い張る |
| つきとばす | 突き飛ばす | 動 | 体を突き飛ばす　（類）跳ね飛ばす |
| つきとめる | 突き止める | 動 | 事故原因を突き止める　（類）見付ける、探し当てる |
| つきなみ | 月並み | 名・形動 | 月並みな意見　（類）凡庸、ありふれた |
| つぎに | 次に | 接続 | 会議の次に懇親会を開く　（類）続いて、それから |
| つきぬける | 突き抜ける | 動 | 壁を突き抜ける　（類）突き通る |
| つきはじめ | 月初め | 名 | 月初めに病院に行く　（類）初旬、上旬 |
| つきはてる | 尽き果てる | 動 | 精も根も尽き果てる　（類）底をつく |
| つきはなす | 突き放す | 動 | 子供を突き放す　（類）離れさせる、引き離す、振り払う |

| | | | |
|---|---|---|---|
| つきばらい | 月払 | 名 | （複） |
| つきまとう | 付きまとう | 動 | 疑惑が付きまとう　×付き纏う　（類）まつわり付く |
| つぎめ | 継ぎ目 | 名 | レールの継ぎ目　（類）つなぎ目 |
| つきやま | 築山 | 名 | （付） |
| つきる | 尽きる | 動 | 食糧が尽きる　（類）全てなくなる、底をつく |
| つきわり | 月割り | 名 | 10か月の月割りで家具を買う　（類）月賦 |
| つく | 付く | 動 | （付着する、加わる、意識などを働かせる）　墨が顔に付く、利息が付く、味方に付く、目に付く |
| | 着く | 動 | （達する、ある場所を占める、着る）　手紙が着く、席に着く |
| | 就く | 動 | （仕事や役職、ある状況などに身を置く）　職に就く、役に就く、眠りに就く |
| | 突く | 動 | つえを突く、急所を突く　（類）刺す |
| | つく | 動 | ため息をつく、不意をつく　×吐く・衝く |
| つぐ | 次ぐ | 動 | 事件が相次ぐ、取り次ぐ |
| | 継ぐ | 動 | 跡を継ぐ、引き継ぐ、言葉を継ぐ |
| | 接ぐ | 動 | 木を接ぐ、骨を接ぐ |
| | つぐ | 動 | 酒をつぐ　×注ぐ |
| つくす | 尽くす | 動 | 力を尽くす、手段を尽くす　（類）全て使い切る |
| つぐない | 償い | 名 | 罪の償いをする　（類）補償、弁償、埋め合わせ |
| つぐなう | 償う | 動 | 罪を償う　（類）補償、埋め合わせる |
| つくり | 作り | 名 | 米作り、作り話、作り直し |
| | 造り | 名 | 造り酒屋、庭造り |
| つくる | 作る | 動 | 米を作る、規則を作る、詩を作る |
| | 造る | 動 | 船を造る、貨幣を造る、酒を造る |
| | 創る | 動 | （改：訓の追加）　新しい文化を創(作)る、画期的な商品を創(作)る |
| つくろう | 繕う | 動 | 身なりを繕う、世間体を繕う　（類）整える |
| づけ | …付け | 接尾 | ○月○日付け |
| | …づけ | 接尾 | 位置づけ、理由づけ、基礎づけ　（義務付け） |
| つげぐち | 告げ口 | 名 | 上司に告げ口する　（類）密告 |
| つけくわえる | 付け加える | 動 | 追伸を付け加える　（類）添える |
| つけたし | 付け足し | 名 | 説明の付け足し　（類）付加する |
| つけとどけ | 付け届け | 名 | 盆暮れの付け届け　（類）贈答 |
| つけもの | 漬物 | 名 | （法） |
| つける | 付ける | 動 | 気を付ける、条件を付ける　×附ける |
| | 着ける | 動 | 船を岸に着ける、仕事に手を着ける |
| | 就ける | 動 | 役に就ける、息子を定職に就ける |
| | 漬ける | 動 | 大根を漬ける |
| つげる | 告げる | 動 | 判決を告げる、時を告げる　（類）伝える、知らせる |
| づける | …づける | 接尾 | 位置づける、基礎づける　（義務付け） |
| つごう | 都合 | 名 | 都合が悪い　（副）都合100人になる　（類）具合、総計 |
| つじつま | つじつま | 名 | つじつまが合う　×辻褄　（類）筋道 |
| つたえる | 伝える | 動 | 電話で伝える、熱を伝える　（類）知らせる、伝導 |
| つたない | 拙い | 形 | （改：訓の追加）　拙い文章　（類）まずい、稚拙 |
| つたわる | 伝わる | 動 | 熱意が伝わる、振動が伝わる　（類）知らされる、届く |
| つちかう | 培う | 動 | 道徳心を培う　（類）育てる、養う |
| つっかえす | 突っ返す | 動 | 粗悪品を突っ返す　（類）突き返す |
| つつがない | つつがない | 形 | つつがなく暮らす　×恙ない　（類）無事 |

| つづき | 続き | 名 | 続きを読む、続き柄、続き物 |
| つっきる | 突っ切る | 動 | 大通りを突っ切る　（類）横切る、通り過ぎる |
| つづく | 続く | 動 | 天気が続く、不祥事が続く　（類）保つ、繰り返し起こる |
| つづける | 続ける | 動 | 研究を続ける　（類）継続する |
| つっこむ | 突っ込む | 動 | 論理の矛盾を突っ込む、手を突っ込む　（類）追及、入れる |
| つつしみ | 慎み | 名 | 慎みのある態度　（類）謙虚、控えめ |
| つつしむ | 慎む | 動 | （控え目にする）　身を慎む、酒を慎む、言葉を慎む |
| つつしんで | 謹んで | 動 | （かしこまる）　謹んで承る、謹んで祝意を表する |
| つつぬけ | 筒抜け | 名 | 秘密が筒抜けだ　（類）大っぴら、漏れ伝わる |
| つっぱる | 突っ張る | 動 | 両手で突っ張る、欲の皮が突っ張る　（類）支える、張る |
| つつみ | 包み | 名 | 包み紙 |
| つづみ | 鼓 | 名 | 小鼓 |
| つつみかくす | 包み隠す | 動 | 犯行を包み隠す　（類）秘密 |
| つづり | つづり・綴り | 名 | 文書つづり、つづり方　△綴り　（類）とじる、表記 |
| つづる | つづる・綴る | 動 | 書類をつづる、詩をつづる　△綴る　（類）とじる、作る |
| つど | 都度 | 名 | その都度注意する　（類）その度ごと |
| つどい | 集い | 名 | 音楽の集い　（類）会合、集会、集まり |
| つどう | 集う | 動 | 代表が一堂に集う　（類）集合、集まる、群がる |
| つとまる | 勤まる | 動 | この会社は私には勤まらない　（類）勤務 |
| | 務まる | 動 | （改：訓の追加）　会長が務まるかどうか不安だ　（類）任務 |
| つとめ | 勤め | 名 | 勤めに出る、長年勤め上げた人　（類）仕事、勤務 |
| | 務め | 名 | 主婦の務めを果たす　（類）任務、義務 |
| つとめさき | 勤め先 | 名 | （類）勤め口、勤務先 |
| つとめて | 努めて | 副 | 努めて早起きする、努めて平静を装う　（類）できるだけ |
| つとめる | 努める | 動 | （力を尽くす、努力する）　完成に努める、解決に努める |
| | 勤める | 動 | （給料をもらって仕事をする、仏事を行う）　会社に勤める、法事を勤める |
| | 務める | 動 | （役目や任務を果たす）　議長を務める、主役を務める |
| つながる | つながる | 動 | 議論につながる、敗北につながる　×繋がる |
| つなぐ | つなぐ | 動 | 手と手をつなぐ、電話をつなぐ　×繋ぐ　（類）結び付ける |
| つねづね | 常々 | 名 | 常々の教え　（副）常々言い聞かせている　（類）常日頃 |
| つねに | 常に | 副 | 常に危機意識を持って　（類）いつも、絶えず |
| つのる | 募る | 動 | 希望者を募る、不信が募る　（類）集める、ひどくなる |
| つば | 唾 | 名 | （改）　唾を付ける、唾を飛ばす、眉唾 |
| つぶさに | つぶさに | 副 | つぶさに報告する　×具に　（類）詳細に、漏れなく |
| つぶす | 潰す | 動 | （改）　暇を潰す、面目を潰す　（類）無駄に過ごす、損なう |
| つぶやく | つぶやく | 動 | 小声でつぶやく　×呟く　（類）ささやく |
| つぶる | つぶる | 動 | 目をつぶる　×瞑る　（類）閉じる |
| つぶれる | 潰れる | 動 | （改）　家が潰れる、企画が潰れる　（類）壊れる |
| つまさき | 爪先 | 名 | （改） |
| つまずく | つまずく | 動 | 計画がつまずく　×躓く　（類）しくじる、失敗する |
| つまはじき | 爪弾き | 名 | （改）　世間の爪弾きにあう、仲間に爪弾きにされる |
| つまびらか | つまびらか | 形動 | つまびらかに説明する　×詳らか・審らか　（類）詳しく、明らか |
| つまりは | つまりは | 副 | （類）結局、要するに |
| つまる | 詰まる | 動 | 行き詰まる、息が詰まる、返事に詰まる　（類）つかえる |
| つみおろし | 積卸し | 名 | （複） |
| つみおろししせつ | 積卸施設 | 名 | （法） |

| つみかえ | 積替え | 名 | (複) |
|---|---|---|---|
| つみかえる | 積み替える | 動 | 荷を積み替える　(類)積み直す |
| つみこみ | 積込み | 名 | (複) |
| つみこむ | 積み込む | 動 | 荷を積み込む　(類)積み入れる |
| つみだし | 積出し | 名 | (複) |
| つみだしち | 積出地 | 名 | (法) |
| つみだす | 積み出す | 動 | 早場米を積み出す　(類)送り出す、出荷する |
| つみたて | 積立て | 名 | (複) |
|  | 積立(金) | 名 | (法) |
| つみたてる | 積み立てる | 動 | 費用を積み立てる　(類)貯蓄、備蓄 |
| つみつくり | 罪作り | 名・形動 | 罪作りな話だ　(類)罪悪 |
| つみつけ | 積付け | 名 | (複) |
| つみに | 積荷 | 名 | (法) |
| つみのこし | 積み残し | 名 | 積み残しの案件　(類)一部を残す |
| つむ | 積む | 動 | 荷物を積む、経験を積む　(類)重ねる |
|  | 摘む | 動 | 芽を摘む、枝を摘む　(類)つまみ取る、刈る |
| つめ | 爪 | 名 | (改) |
| つめあわせ | 詰め合わせ | 名 | くだものの詰め合わせ　(類)盛り合わせ |
| つめかえる | 詰め替える | 動 | 中身を詰め替える　(類)詰め直す |
| つめかける | 詰め掛ける | 動 | 大勢で詰め掛ける　(類)押し掛ける |
| つめこむ | 詰め込む | 動 | カバンに詰め込む　(類)詰める、押し込む |
| つめしょ | 詰所 | 名 | (法)　警備員の詰所 |
| つめたい | 冷たい | 形 | 冷たい仕打ちを受ける　(類)冷ややか、冷淡 |
| つめよる | 詰め寄る | 動 | 記者が総理に詰め寄る　(類)迫る |
| つめる | 詰める | 動 | 箱に詰める、行間を詰める、交番に詰める、思い詰める |
| つもり | 積もり | 名 | 心積もり　(類)思い、意図、気持ち |
|  | つもり | 名 | そのつもりだ　×心算 |
| つもる | 積もる | 動 | 雪が積もる、積もる話　(類)たまる、重なる |
| つや | 艶 | 名 | (改)　艶消し、色艶、艶を出す |
| つゆ | 露 | 名 | 夜露に濡れる |
|  | 梅雨 | 名 | (付)　梅雨明け |
| つよい | 強い | 形 | 腕力が強い、地震に強い家、強い精神力　(類)優れている |
| つよまる | 強まる | 動 | 風が強まる、非難の声が強まる　(類)徐々に強くなる |
| つらい | つらい | 形 | つらい別れ、仕事がつらい　×辛い　(類)苦しい |
| つらなる | 連なる | 動 | 山が連なる、役員に連なる　(類)続く、加わる |
| つらぬく | 貫く | 動 | 初心を貫く、高原を貫く道路　(類)貫徹、突き通す |
| つらねる | 連ねる | 動 | 軒を連ねる、名前を連ねる　(類)続く、加わる |
| つりあい | 釣合い | 名 | (複)　釣合いを保つ、釣合いが取れない |
| つりあげる | 釣り上げる | 動 | 鯛を釣り上げる　(類)釣る、捕らえる |
|  | つり上げる | 動 | 値段をつり上げる、荷物をつり上げる　×吊り上げる |
| つりがね | 釣鐘 | 名 | (複) |
| つりせん | 釣銭 | 名 | (複) |
| つりだす | つり出す | 動 | 甘言でつり出す、土俵外につり出す　×吊り出す |
| つりばり | 釣針 | 名 | (複) |
| つりぼり | 釣堀 | 名 | (法) |
| つる | 鶴 | 名 | (改) |

| | 釣る | 動 | 魚を釣る　(類)釣り上げる、捕らえる |
|---|---|---|---|
| つるしあげ | つるし上げ | 名 | つるし上げを食う　×吊し上げ　(類)責める、追及 |
| つれ | 連れ | 名 | 船中で連れになる、連れ子　(類)同伴 |
| つれあい | 連れ合い | 名 | 連れ合いと死に別れる　(類)配偶者 |
| つれこむ | 連れ込む | 動 | 飲み屋に連れ込む　(類)連れて入る |
| つれそう | 連れ添う | 動 | 長年連れ添った妻　(類)一緒に暮らしている |
| つれだつ | 連れ立つ | 動 | 友人と連れ立って山に行く　(類)引き連れる、伴う |
| つれる | 連れる | 動 | 犬を連れて散歩に出る　(類)伴う、従える |
| てあい | 手合い | 名 | 同じ手合いの品　(類)同類、仲間、連中 |
| であい | 出会い | 名 | 偶然の出会い、出会い頭の事故　(類)巡り会い、鉢合わせ |
| てあたりしだい | 手当たり次第 | 名 | 手当たり次第に投げつける　(類)手当たり放題 |
| てあつい | 手厚い | 形 | 手厚い看護、手厚いもてなし　(類)心が籠もった |
| てあて | 手当 | 名 | (法)　扶養手当、残業手当 |
| | 手当て | 名 | 傷の手当て、資材の手当て　(類)処置、準備 |
| てあら | 手荒 | 形動 | 本を手荒に扱う |
| てあらい | 手荒い | 形 | 手荒い祝福を受ける　(類)荒々しい |
| | 手洗い | 名 | 手洗いをする |
| であるく | 出歩く | 動 | あちらこちら出歩く　(類)出掛ける |
| てあわせ | 手合わせ | 名 | 一度手合わせしたい　(類)勝負 |
| ていかん | 定款 | 名 | 会社の定款　(類)約款 |
| | 諦観 | 名 | (改)　時代を諦観する　(類)見極める、悟り |
| ていけい | 定型 | 名 | 定型的な事務、定型句 |
| | 定形 | 名 | 定形外郵便物 |
| ていげん | 低減 | 名 | 経費を低減する　(類)削減、節減 |
| | 逓減 | 名 | 電力需要が逓減する　(類)徐々に減る |
| ていさつ | 偵察 | 名 | 敵情を偵察する　(類)斥候、探り |
| ていじ | 提示 | 名 | 証拠を提示する　×呈示　(類)差し出して示す、見せる |
| ていしゅつ | 提出 | 名 | 答案を提出する　×呈出　(類)差し出す |
| ていしょく | 抵触 | 名 | 法に抵触する行為　×牴触　(類)触れる、違反 |
| ていする | 呈する | 動 | 疑問を呈する、活況を呈する　(類)差し出す、示す |
| | ていする | 動 | 身をていして進む　×挺する　(類)他にぬきんでて |
| ていだん | てい談・鼎談 | 名 | 経済動向をてい談する　▲鼎談　(類)討論、対談 |
| ていちょう | 丁重 | 名・形動 | 丁重な挨拶、丁重に葬る　×鄭重　(類)手厚い |
| ていねい | 丁寧 | 名・形動 | 丁寧に答える、丁寧な挨拶　(類)念入り、礼儀正しく |
| ていねん | 定年 | 名 | 定年退職　×停年 |
| ていはく | 停泊 | 名 | 沖合に停泊する　×碇泊　(類)船掛かり |
| でいり | 出入り | 名 | 車の出入りが多い |
| でいりぐち | 出入口 | 名 | (法) |
| ていれ | 手入れ | 名 | 庭の手入れ、賭場の手入れをする　(類)直し、踏み込む |
| ておい | 手負い | 名 | 手負いの熊　(類)負傷 |
| ておくれ | 手後(遅)れ | 名 | 手後れになる　(類)時機を失する |
| ておち | 手落ち | 名 | 当方の手落ちであった　(類)手抜かり |
| てがかり | 手掛(懸)かり | 名 | 手掛かりをつかむ　(類)糸口、足掛かり |
| てがき | 手書き | 名 | 手書きの手紙　(類)自筆 |
| でかける | 出掛ける | 動 | 買い物に出掛ける　(類)外出、他出 |

| でかせぎ | 出稼ぎ | 名 | 出稼ぎに行く　（類）季節労働者 |
| てがたい | 手堅い | 形 | 手堅い商売　（類）堅実、着実 |
| てがら | 手柄 | 名 | 手柄を立てる　（類）功績、功労 |
| てがる | 手軽 | 名・形動 | 手軽に持ち運べる　（類）簡単、手っ取り早く |
| でき | 出来 | 名 | 出来高払、出来心、出来事、上出来 |
| できあい | 溺愛 | 名 | （改）子供を溺愛する　（類）盲愛、子煩悩 |
| | 出来合い | 名 | 出来合いの服　（類）既製 |
| できあがり | 出来上がり | 名 | 出来上がりは明後日になります　（類）仕上がり |
| てきがいしん | 敵がい心・敵愾心 | 名 | 敵がい心を燃やす　▲敵愾心　（類）敵意、敵対心 |
| てきかく | 的確 | 形動 | 的確な判断、的確に表現する　（類）正確、確実 |
| | 適確 | 形動 | （法令用語）適確な措置を講ずる　（類）正確、確実 |
| | 適格 | 名 | 適格性、適格者、適格要件　（類）資格を満たす |
| てきぎ | 適宜 | 名・形動 | 適宜な処置をとる　（副）適宜解散する　（類）適当、適切 |
| てきごう | 適合 | 名 | 条件に適合する　（類）合致、符合、照応 |
| できごころ | 出来心 | 名 | ほんの出来心で…する　（類）悪心 |
| できごと | 出来事 | 名 | 今日の出来事　（類）事件、事柄 |
| できし | 溺死 | 名 | （改）（類）おぼれ死に |
| てきする | 適する | 動 | 飲用に適する水　（類）ふさわしい、当てはまる |
| | 敵する | 動 | 彼に敵する相手はいない　（類）敵対する、並ぶ |
| てきせい | 適正 | 名・形動 | 評価が適正を欠く、適正な判断　（類）適当、正しい |
| | 適性 | 名 | 適性に欠ける、適性検査　（類）性格、素質 |
| てきせつ | 適切 | 名・形動 | 適切な表現　（類）ふさわしい、適当、適宜 |
| できそこない | 出来損ない | 名 | 出来損ないの料理　（類）欠陥、劣った |
| できだかばらい | 出来高払 | 名 | （法） |
| できばえ | 出来栄え | 名 | 出来栄えがいい　（類）出来、仕上がり |
| てきびしい | 手厳しい | 形 | 手厳しい批判　（類）痛烈、辛らつ |
| てきめん | てきめん | 名・形動 | 効果てきめん　×覿面　（類）即時、見る間に、短時間に |
| できる | できる | 動 | （仮名）利用ができる　×出来る　（類）可能である、能力のある |
| てぎれきん | 手切れ金 | 名 | （類）慰謝料 |
| てぎわ | 手際 | 名・形動 | 手際が悪い、手際よくまとめる　（類）腕前、技量 |
| てくばり | 手配り | 名 | 必要な人員を手配りする　（類）手回し、手配 |
| でくわす | 出くわす | 動 | ばったりと旧友に出くわす　（類）出会う、行き会う |
| てこずる | てこずる | 動 | 説得にてこずる　（類）困る、持て余す、苦しむ |
| てごたえ | 手応え | 名 | （改）手応えのある仕事、手応えを感じる　（類）歯応え、感触 |
| でこぼこ | 凸凹 | 名 | （付）凸凹した道、凸凹した坂 |
| てごろ | 手頃 | 名・形動 | （改）手頃な値段、手頃な大きさ　（類）ちょうどよい |
| てさぐり | 手探り | 名 | 手探りの状態が続く　（類）模索、見通し不明のまま |
| てさげ | 手提げ | 名 | 手提げ金庫 |
| でそろう | 出そろう | 動 | 代表選手が出そろう　×出揃う　（類）残らず出る |
| てだし | 手出し | 名 | 余計な手出しをするな　（類）口出し、干渉 |
| てだすけ | 手助け | 名 | 友人の仕事を手助けする　（類）力添え、加勢 |
| てだて | 手立て | 名 | 救う手立てがない　（類）手段、方法 |
| てぢか | 手近 | 名・形動 | 手近に置く、手近な話題　（類）身近、卑近 |
| てちがい | 手違い | 名 | 当方の手違いです　（類）不手際、落ち度、過ち |
| てづかみ | 手づかみ | 名 | 魚を手づかみにする　×手掴み　（類）わしづかみ |
| てづくり | 手作り | 名 | 手作りの料理　（類）手製 |

| てつけ | 手付け | 名 | 手付けを払う　（類）頭金、内金 |
| てつけきん | 手付金 | 名 | （法） |
| てっさく | 鉄柵 | 名 | （改） |
| てっする | 徹する | 動 | 脇役に徹する、夜を徹して　（類）貫く、終始一貫 |
| | 撤する | 動 | 選挙事務所を撤する　（類）取り払う、撤収 |
| てつだう | 手伝う | 動 | （付）　家業を手伝う　（類）助ける |
| でっちあげる | でっち上げる | 動 | 証拠をでっち上げる　×捏ち上げる　（類）ねつ造 |
| てつづき | 手続 | 名 | （複） |
| てってい | 徹底 | 名・形動 | 趣旨を徹底する、徹底的な調査　（類）浸透、十分な |
| てどり | 手取り | 名 | 手取り金　（類）実収 |
| てなおし | 手直し | 名 | 法案を手直しする　（類）直す、修正、修繕 |
| でなおし | 出直し | 名 | 出直し選挙　（類）やり直し |
| てなみ | 手並み | 名 | お手並み拝見　（類）腕前、手腕 |
| てならい | 手習い | 名 | 四十の手習い　（類）勉強、稽古 |
| てぬかり | 手抜かり | 名 | 対応に手抜かりがあった　（類）手落ち、過失 |
| てはい | 手配 | 名 | 会場を手配する　（類）手回し、手配り |
| てはじめ | 手始め | 名 | 手始めに…をする　（類）最初、事始め |
| てはず | 手はず | 名 | 手はずを整える　×手筈　（類）手順、段取り |
| てばなす | 手放す | 動 | 田畑を手放す　（類）売る、引き渡す |
| てびかえ | 手控え | 名 | ○○の手控えを作成する　（類）書き付け、メモ、備忘録 |
| てびかえる | 手控える | 動 | 要点を手控える、出荷を手控える　（類）書き付け、控える |
| てびき | 手引 | 名 | （法）　指導の手引 |
| てびきしょ | 手引書 | 名 | （法） |
| てびろい | 手広い | 形 | 手広く商売を営む　（類）多方面に |
| てぶり | 手振り | 名 | 手振りを交えて話す　（類）手つき、身振り |
| てほどき | 手ほどき | 名 | 柔道の手ほどきをする　×手解き　（類）指導、指南 |
| てまどる | 手間取る | 動 | 手続に手間取る　（類）手数が掛かる、長引く |
| てまねき | 手招き | 名 | 手招きして呼び寄せる　（類）合図 |
| てまわし | 手回し | 名 | 手回しがいい　（類）準備、手配り |
| てまわりひん | 手回品 | 名 | （法） |
| でまわる | 出回る | 動 | 偽札が出回る　（類）行き渡る、行き届く |
| てみじか | 手短 | 形動 | 手短に事情を説明する　（類）簡単、簡潔 |
| てむかい | 手向かい | 名 | 無駄な手向かいをするな　（類）逆らう、反抗、歯向かう |
| でむかえ | 出迎え | 名 | 出迎えの車　（類）迎え |
| でむく | 出向く | 動 | 当方から出向きます　（類）赴く |
| てもち | 手持ち | 名 | 手持ちの現金　（類）手元 |
| てもちひん | 手持品 | 名 | （法） |
| てもと | 手元 | 名 | 手元に資料がない、手元が狂う　×手許　（類）傍ら、手さばき |
| てもり | 手盛り | 名 | お手盛りの予算 |
| てらう | てらう | 動 | 奇をてらう　×衒う　（類）ひけらかす、見せ掛ける |
| てらしあわせる | 照らし合わせる | 動 | 証拠と照らし合わせる　（類）見比べる、照合する |
| てらす | 照らす | 動 | 足下を照らす、法に照らす　（類）明るくする、引き比べる |
| てる | 照る | 動 | 太陽が照る　（類）光る、輝く |
| でる | 出る | 動 | 部屋を出る、涙が出る、強気に出る、芽が出る |
| てれる | 照れる | 動 | （類）恥じらう、はにかむ |
| てわけ | 手分け | 名 | 手分けをして探す　（類）分業、分担 |

| てわたし | 手渡し | 名 | 書類を手渡しする |
|---|---|---|---|
| てんか | 転嫁 | 名 | (他人に押しつける)　責任を転嫁する |
|  | 転化 | 名 | (他の状態に変わる)　農地を宅地に転化する |
| てんかい | 転回 | 名 | 方針を180度転回する　(類)方向を変える |
|  | 展開 | 名 | 論理を展開する　(類)繰り広げる、発展、進展 |
| てんきょ | 典拠 | 名 | …を典拠とする　(類)根拠、拠り所 |
| てんけい | 典型 | 名 | (形動)典型的な日本人　(類)模範、手本 |
| でんごん | 伝言 | 名 | 友人に伝言する　(類)言づて、メッセージ |
| てんしん | 転身 | 名 | 実業家に転身する　(類)方針を変える |
|  | 転進 | 名 | 南方に転進する　(類)方向を変える |
| てんずる | 点ずる | 動 | 明かりを点ずる　(類)ともす、付ける |
|  | 転ずる | 動 | 話題を転ずる　(類)変える |
| でんどう | 伝道 | 名 | 宗教の伝道　(類)布教、宣教 |
|  | 伝導 | 名 | 熱の伝導　(類)伝わる |
|  | 伝動 | 名 | 伝動装置　(類)動力を伝える |
| てんびき | 天引き | 名 | 給料天引き　(類)差し引く |
| てんぷ | 添付 | 名 | 図面を添付する　(類)添える、付加 |
|  | 転付 | 名 | 転付命令　(類)他方へ移す |
| てんぷく | 転覆 | 名 | 船が転覆する　×顛覆　(類)転倒、ひっくり返す |
| でんぷん | でん粉・デンプン・澱粉 | 名 | △澱粉 |
| てんぽ | 塡補 | 名 | (改)　(類)補塡、補給、穴埋め |
| てんません | 伝馬船 | 名 | (付) |
| てんまつ | てん末・顛末 | 名 | 事のてん末を語る　▲顛末　(類)経緯、いきさつ |
| どあい | 度合い | 名 | 親密さの度合い　(類)程度 |
| とあみ | 投網 | 名 | (付) |
| とい | 問 | 名 | (法)　(表・記号的用い方) |
|  | 問い | 名 | 問いに答える　(類)質問 |
| といあわせ | 問合せ | 名 | (複) |
| といあわせる | 問い合わせる | 動 | 関係機関に問い合わせる　(類)照会、打診 |
| といただす | 問いただす | 動 | 犯人に問いただす　×問い質す　(類)問う、追及する |
| といつめる | 問い詰める | 動 | 手口を問い詰める　(類)詰問、糾問、尋問 |
| とう | 問う | 動 | 予定を問う、民意を問う、真価を問う、責任を問う |
|  | …等 | 接尾 | 英・米・仏等を歴訪する |
| どう | どう | 副 | どうしたら…、どういうわけで　×如何 |
| とうかい | 倒壊 | 名 | 家屋が倒壊する　×倒潰　(類)潰れる |
| とうがい | 当該 | 名 | (連体)当該事項、当該官庁　(類)関係する |
| とうかつ | 統括 | 名 | 諸事務を統括する　(類)取りまとめる、治める、統一 |
|  | 統轄 | 名 | 諸国を統轄する、地方機関を統轄する　(類)管轄 |
| とうかん | 投かん・投函 | 名 | ポストに投かんする　▲投函　(類)投入 |
| どうくつ | 洞窟 | 名 | (改) |
| どうけい | 憧憬 | 名 | 憧憬の的　(「しょうけい」とも読む)　(類)憧れ |
| どうこう | 瞳孔 | 名 | (改) |
| とうさい | 搭載 | 名 | 無線機を飛行機に搭載する　(類)積む、装備 |
|  | 登載 | 名 | 論文を登載する　(類)掲載、記載 |
| どうさつ | 洞察 | 名 | 結果を洞察する、洞察力　(類)見通す、見抜く |

172

| とうさん | 父さん | 名 | （付） |
|---|---|---|---|
| どうし | 同士 | 名 | （同じグループに属する者）　仲間同士、好きな者同士 |
| | 同志 | 名 | （同じ志を持つ者）　革命の同志、同志を募る |
| とうしゅう | 踏襲 | 名 | 前例踏襲　（類）受け継ぐ |
| とうしょ | 当初 | 名 | 当初の計画　（類）最初、初期 |
| | 島しょ・島嶼 | 名 | ▲島嶼 |
| とうずる | 投ずる | 動 | 一石を投ずる　（類）投げ掛ける |
| どうずる | 動ずる | 動 | 少しも動ずる様子がない　（類）動揺、慌てる |
| どうぞ | どうぞ | 副 | どうぞお入りください　（類）どうか、是非、願わくば |
| とうそつ | 統率 | 名 | チームを統率する、統率力　（類）率いる、統御 |
| とうた | とう汰 | 名 | 自然とう汰される　×淘汰　（類）選択、選り分ける |
| とうだいもり | 灯台守 | 名 | （法） |
| とうてい | 到底 | 副 | 到底できない、到底無理だ　（類）とても |
| とうとい（たっとい） | 尊い | 形 | （尊厳があり敬うべきである）　尊い人命、尊い犠牲を払う、尊い教え　（類）大切な |
| | 貴い | 形 | （貴重である）　貴い身分、貴い体験、貴い資料　（類）高貴、価値が高い |
| とうとう | とうとう | 副 | とうとう決定した　×到頭　（類）ついに |
| どうどう | 堂々 | 名・形動 | 正々堂々、堂々と、堂々たる行進　（類）立派な |
| とうとつ | 唐突 | 形動 | 唐突な質問　（類）思い掛けない、突然、不意 |
| とうとぶ（たっとぶ） | 尊ぶ | 動 | 神仏を尊ぶ、自由を尊ぶ　（類）あがめる、大切にする |
| | 貴ぶ | 動 | 体験を貴ぶ　（類）重んじる |
| とうどり | 頭取 | 名 | （法） |
| とうの | 当の | 連体 | 当の本人 |
| とうや | 陶冶 | 名 | （改）　人格を陶冶する、陶冶性　（類）育てる、鍛える |
| とえはたえ | 十重二十重 | 名 | （付）　城を十重二十重に取り囲む |
| とおく | 遠く | 名 | 遠くの山々　（副）彼には遠く及ばない |
| とおか | 十日 | 名 | 十日の菊 |
| とおざかる | 遠ざかる | 動 | 危機が遠ざかる　（類）遠のく、離れる |
| とおす | 通す | 動 | 車を通す、法案を通す、話を通す、受付を通す |
| | …通す | 動 | 見通す、押し通す |
| とおり | 通り | 名 | 銀座通り　（接尾）二通り |
| | …とおり | 名 | （仮名）　次のとおり、従来どおり、通知のとおり |
| とおりかかる | 通り掛かる | 動 | 事故現場に通り掛かる　（類）通り合わせる、差し掛かる |
| とおりすぎる | 通り過ぎる | 動 | 目の前を通り過ぎる　（類）通過、通り越す |
| とおりぬけ | 通り抜け | 名 | 通り抜けができる道路　（類）突き抜け |
| とおりぬける | 通り抜ける | 動 | 裏道を通り抜ける　（類）突き抜ける |
| とおりみち | 通り道 | 名 | 台風の通り道　（類）道筋、通い路、経路 |
| とおる | 通る | 動 | 道路の右側を通る　（類）通う |
| とかく | とかく | 副 | とかく失敗しがちだ　×兎角　（類）ややもすると |
| とかす | 解かす | 動 | 役職を解かす　（類）解任する |
| | 溶かす | 動 | 絵の具を溶かす　（類）液状にする、かき混ぜる |
| とがめる | とがめる | 動 | 良心がとがめる　×咎める　（類）責める、非難する |
| とがる | とがる | 動 | 鋭くとがる　×尖る |
| とき | 時 | 名 | 時の流れ、子供の時 |
| | …（の）とき | 形名 | （仮名）　事故のときは連絡する |
| ときおこす | 説き起こす | 動 | 原因から説き起こす　（類）順序立てて説明する |

| ときおり | 時折 | 副 | 時折見掛ける、時折日が差す　(類)時々、時たま |
|---|---|---|---|
| ときかた | 解き方 | 名 | 数式の解き方　(類)答えの出し方、解法 |
| ときどき | 時々 | 名 | 時々の贈り物　(副)時々顔を見せる　(類)時折、時たま |
| ときふせる | 説き伏せる | 動 | 上司を説き伏せる　(類)説得、説きつける、口説く |
| ときめく | 時めく | 動 | 今を時めく政治家　(類)もてはやされる |
| | ときめく | 動 | 胸がときめく　(類)高鳴る |
| どきょう | 読経 | 名 | (付) |
| とく | 解く | 動 | 結び目を解く、包囲を解く、問題を解く、役職を解く |
| | 溶く | 動 | 絵の具を溶く、卵を溶く |
| | 説く | 動 | 教えを説く、道理を説く |
| とぐ | 研ぐ | 動 | 包丁を研ぐ |
| とくしょく | とく職・瀆職 | 名 | とく職罪　▲瀆職　(類)汚職 |
| とくちょう | 特徴 | 名 | 犯人の特徴、最近の特徴的な傾向　(類)特色 |
| | 特長 | 名 | 各人の特長を生かす、本書の特長　(類)長所、見どころ |
| とくに | 特に | 副 | 特に意見があれば…　(類)殊に、とりわけ |
| とくめい | 匿名 | 名 | 匿名希望の投書、匿名組合 |
| とけあう | 解(溶)け合う | 動 | 気持ちが解け合う　(類)打ち解ける |
| とけい | 時計 | 名 | (付) |
| とける | 解ける | 動 | ひもが解ける、疑いが解ける　(類)ほどける、解消 |
| | 溶ける | 動 | 雪が溶ける　(類)液状になる、溶解 |
| とげる | 遂げる | 動 | 目的を遂げる　(類)やり終える、成就 |
| どこ | どこ | 代 | (仮名)　どこの国の人か、どこへも行かない　×何処　(類)いずこ |
| ところ | 所 | 名 | 時と所を考える　×処　(類)場所、箇所、地点 |
| | …ところ | 形名 | (仮名)　現在のところ差し支えない　×所・処　(類)時、場合、際 |
| ところが | ところが | 接続 | (仮名)　×所が　(類)だが、しかし |
| ところで | ところで | 接続 | (仮名)　×所で　(類)にしても、にせよ |
| とざす | 閉ざす | 動 | 門を閉ざす、道を閉ざす、心を閉ざす　(類)塞ぐ |
| としこし | 年越し | 名 | 年越しそば |
| とじこむ | とじ込む | 動 | 書類をとじ込む　×綴じ込む　(類)とじ合わせる |
| とじこめる | 閉じ込める | 動 | 土蔵に閉じ込める |
| とじこもる | 閉じ籠もる | 動 | (改)　部屋に閉じ籠もる　(類)引き籠もる |
| とじまり | 戸締まり | 名 | 戸締まりを厳重にする |
| どしゃ | 土砂 | 名 | 土砂崩れ　(類)土石 |
| どしゃぶり | 土砂降り | 名 | 土砂降りの雨　(類)大降り、本降り |
| としより | 年寄り | 名 | 年寄りをいたわる　(類)老人、老体 |
| とじる | 閉じる | 動 | 門を閉じる　(類)閉める、閉ざす、塞ぐ |
| | とじる・綴じる | 動 | 書類をとじる　△綴じる　(類)つづる |
| とぜつ | 途絶 | 名 | 交通が途絶する　×杜絶　(類)途絶える、途切れる |
| とだえる | 途絶える | 動 | 連絡が途絶える　×跡絶える　(類)途切れる |
| とたん | 途端 | 名 | (副)途端に立ち上がる　(類)や否や、と同時に |
| とち | 栃 | 名 | (改)　栃の木 |
| とつぐ | 嫁ぐ | 動 | 娘が嫁ぐ　(類)嫁する、嫁入り |
| とっさに | とっさに | 副 | とっさに身をかわした　×咄嗟に　(類)瞬間、一瞬 |
| とつぜん | 突然 | 副 | 突然笑い出す　(形動)突然な出来事　(類)突如、にわかに |
| とても | とても | 副 | (仮名)　とてもできない、とても困っている　(類)たいへん |
| どとう | 怒とう・怒濤 | 名 | 怒とうを乗り切る　▲怒濤　(類)大波、荒波 |

| とどく | 届く | 動 | 荷が届く、親の目が届く　（類）着く |
| とどけ | 届け | 名 | 届けを怠る　（類）届出、申告、申出 |
| | （欠席）届 | 名 | （法） |
| とどけずみ | 届け済み | 名 | |
| とどけで | 届出 | 名 | （複） |
| とどけでる | 届け出る | 動 | 市役所に転入を届け出る　（類）申し出る、願い出る |
| とどける | 届ける | 動 | 郵便を届ける　（類）送る、送り届ける |
| とどこおり | 滞り | 名 | 滞りなく終了した　（類）つかえること |
| とどこおる | 滞る | 動 | 仕事が滞る　（類）停滞する、ぐずつく |
| ととのう | 整う | 動 | （乱れがない状態になる）　体制が整う、整った文章 |
| | 調う | 動 | （必要なものがそろう、望ましい状態にする）　道具が調う、示談が調う |
| ととのえる | 整える | 動 | 身辺を整える、調子を整える、隊列を整える　（類）整理 |
| | 調える | 動 | 晴れ着を調える、費用を調える　（類）そろえる |
| とどまる | とどまる | 動 | 現職にとどまる　×止まる・留まる　（類）残る、居残る |
| とどめ | とどめ | 名 | とどめを刺す　×止め |
| とどめる | とどめる | 動 | 記録にとどめる　×止める・留める　（類）残す |
| となえる | 唱える | 動 | 念仏を唱える、異を唱える　（類）口に出す、提唱する |
| となりあう | 隣り合う | 動 | 隣り合った二軒の家　（類）隣接する |
| どの | …殿 | 接尾 | ○○殿 |
| | どの | 連体 | （仮名）　どの品がほしいか　×何の |
| とばく | 賭博 | 名 | （改） |
| とばす | 飛ばす | 動 | ボールを飛ばす、車を飛ばす、デマを飛ばす |
| とびあがる | 飛び上がる | 動 | ヘリコプターが飛び上がる　（類）飛ぶ、舞い上がる |
| | 跳び上がる | 動 | 跳び上がって喜ぶ　（類）飛び跳ねる |
| とびかう | 飛び交う | 動 | チョウが飛び交う、うわさが飛び交う　（類）乱れ飛ぶ |
| とびこみ | 飛び込み | 名 | 飛び込みでセールスをする　（類）予約なし |
| とびだす | 飛び出す | 動 | 家を飛び出す　（類）飛び出る |
| とびたつ | 飛び立つ | 動 | 飛行機が飛び立つ　（類）発つ、発する |
| とびち | 飛び地 | 名 | |
| とびのく | 飛びのく | 動 | 後ろに飛びのく　×飛び退く　（類）身をかわす |
| とびのる | 飛び乗る | 動 | 電車に飛び乗る　（類）乗る |
| とびはねる | 飛び跳ねる | 動 | 馬が飛び跳ねる　（類）跳び上がる、跳ね上がる |
| とびまわる | 飛び回る | 動 | 部屋中を飛び回る　（類）駆け回る、飛び歩く |
| とびら | 扉 | 名 | |
| とぶ | 飛ぶ | 動 | 空を飛ぶ、海外に飛ぶ、うわさが飛ぶ　（類）行く、広まる |
| | 跳ぶ | 動 | 溝を跳ぶ、三段跳び　（類）越える、跳躍する |
| とぼしい | 乏しい | 形 | 資金が乏しい、経験に乏しい　（類）足りない、少ない |
| とまどい | 戸惑い | 名 | 戸惑いを隠す　（類）迷う、惑う |
| とまりがけ | 泊まり掛け | 名 | 泊まり掛けで出掛ける　（類）外出の予定で |
| とまる | 止まる | 動 | 交通が止まる、時計が止まる、血が止まる |
| | 留まる | 動 | 鳥が留まる、心に留まる、目に留まる |
| | 泊まる | 動 | 旅館に泊まる、船が港に泊まる |
| とむ | 富む | 動 | 富める国、才能に富む、弾性力に富む　（類）豊か |
| とむらい | 弔い | 名 | 弔いの言葉を述べる　（類）お悔やみ |
| とむらう | 弔う | 動 | 遺族を弔う　（類）弔問する |
| とめ | 止め | 名 | 足止め、通行止め |

| | | | |
|---|---|---|---|
| | 留め | 名 | 局留め |
| とめおき | 留め置き | 名 | 留め置き郵便 |
| とめおきでんぽう | 留置電報 | 名 | (法) |
| とめる | 止める | 動 | 息を止める |
| | 留める | 動 | ボタンを留める、気に留める |
| | 泊める | 動 | 家に泊める　(類)宿泊 |
| とも | 共 | 名 | 共稼ぎ、共働き、共倒れ |
| | 供 | 名 | 子供、供回り、大勢の供を従える |
| | …とも | 接助 | (仮名)　今後ともよろしく、多少とも疑義が残る |
| ども | …ども | 接尾 | (仮名)　私ども、手前どもの店 |
| ともかく | ともかく | 副 | ともかく行ってみよう　×兎も角　(類)とにかく |
| ともだち | 友達 | 名 | (付) |
| ともども | 共々 | 副 | 親子共々音楽家である |
| ともなう | 伴う | 動 | 危険を伴う仕事、…に伴って |
| ともに | 共に | 副 | 夫婦共に元気です |
| | …(と)ともに | 連語 | 説明するとともに意見を求める |
| とら | 虎 | 名 | (改)　虎の巻、虎の尾を踏む |
| とらえる | 捕らえる | 動 | 犯人を捕らえる、獲物の捕らえ方　(類)取り押さえる |
| | 捉える | 動 | (改)　機会を捉える、要点を捉える、問題の捉え方 |
| とらわれる | 捕らわれる | 動 | 先入観に捕らわれる　(類)こだわる、捕まる |
| とりあう | 取り合う | 動 | 仕事を取り合う　(類)奪い合う |
| とりあえず | 取りあえず | 副 | 取りあえずお知らせする　(類)差し当たって |
| とりあげ | 取上げ | 名 | (複) |
| とりあげる | 取り上げる | 動 | 意見を取り上げる　(類)聞き入れる、採用、持ち上げる |
| とりあつかい | 取扱い | 名 | (複)　丁寧な取扱い |
| | 取扱(所) | 名 | (法) |
| | 取扱(注意) | 名 | (法) |
| とりあつかう | 取り扱う | 動 | 事件として取り扱う、平等に取り扱う　(類)処理、遇する |
| とりあわせ | 取り合わせ | 名 | 色の取り合わせ　(類)調和、組み合わせ |
| とりいる | 取り入る | 動 | 上役に取り入る　(類)こびる、へつらう |
| とりいれ | 取り入れ | 名 | 取り入れの時期　(類)刈り入れ、収穫 |
| とりいれぐち | 取入口 | 名 | (法) |
| とりいれる | 取り入れる | 動 | 稲を取り入れる、新技術を取り入れる　(類)収穫、採用 |
| とりえ | 取り柄 | 名 | 取り柄がない　(類)特長、長所、美点 |
| とりおこなう | 執り行う | 動 | 勲章伝達式を執り行う　(類)執行する |
| とりおさえる | 取り押さえる | 動 | 犯人を取り押さえる　(類)捕らえる、捕まえる |
| とりおろし | 取卸し | 名 | (複) |
| とりかえ | 取替え | 名 | (複) |
| とりかえす | 取り返す | 動 | 本を取り返す、健康を取り返す　(類)取り戻す |
| とりかえひん | 取替品 | 名 | (法) |
| とりかえる | 取り替える | 動 | タイヤを取り替える　(類)交換する、入れ替える |
| とりかかる | 取り掛かる | 動 | 仕事に取り掛かる　(類)着手する |
| とりかこむ | 取り囲む | 動 | 城を取り囲む　(類)周りを囲む |
| とりかわす | 取り交わす | 動 | 文書を取り交わす　(類)やり取りする、交換する |
| とりきめ | 取決め | 名 | (複) |
| とりきめる | 取り決める | 動 | 日取りを取り決める、和解条項を取り決める　(類)定める |

| とりくずし | 取崩し | 名 | （複） |
|---|---|---|---|
| とりくずす | 取り崩す | 動 | 廃屋を取り崩す、預金を取り崩す　（類）取り去る |
| とりくみ | 取組 | 名 | （法）　（類）試み、努力、方法、手法 |
| とりくむ | 取り組む | 動 | 難題に取り組む |
| とりけし | 取消し | 名 | （複）　判決取消し |
| とりけししょぶん | 取消処分 | 名 | （法） |
| とりけす | 取り消す | 動 | 前言を取り消す、予約を取り消す　（類）撤回、解約 |
| とりこむ | 取り込む | 動 | 洗濯物を取り込む、少数意見を取り込む　（類）取り入れる |
| とりこわし | 取壊し | 名 | （複） |
| とりこわす | 取り壊す | 動 | 家屋を取り壊す　×取り毀す　（類）取り崩す、打ち壊す |
| とりさげ | 取下げ | 名 | （複） |
| とりさげしょ | 取下書 | 名 | |
| とりさげる | 取り下げる | 動 | 訴訟を取り下げる　（類）取り消す、撤回する |
| とりざた | 取り沙汰 | 名 | （改）　あれこれ取り沙汰する　（類）うわさ、世間の評判 |
| とりしきる | 取り仕切る | 動 | 委員会を取り仕切る |
| とりしまり | 取締り | 名 | （複） |
| とりしまりほう | （麻薬）取締法 | 名 | （法） |
| とりしまりやく | 取締役 | 名 | （法） |
| とりしまる | 取り締まる | 動 | 交通違反を取り締まる　（類）監視する |
| とりしらべ | 取調べ | 名 | （複） |
| とりしらべる | 取り調べる | 動 | 警官が容疑者を取り調べる |
| とりそろえる | 取りそろえる | 動 | 必要なものを取りそろえる　×取り揃える |
| とりたて | 取立て | 名 | （複） |
| とりたてきん | 取立金 | 名 | （法） |
| とりたてそしょう | 取立訴訟 | 名 | （法） |
| とりたてる | 取り立てる | 動 | 税金を取り立てる　（類）徴収、徴発、取り上げる |
| とりちがえる | 取り違える | 動 | 話の内容を取り違える　（類）誤解する、思い違い |
| とりつぎ | 取次ぎ | 名 | （複） |
| | 取次（店） | 名 | （法） |
| とりつぐ | 取り次ぐ | 動 | 電話を取り次ぐ　（類）仲立ち、中継ぎ |
| とりつくす | 取り尽くす | 動 | 山菜を取り尽くす　（類）全部取る |
| とりつくろう | 取り繕う | 動 | その場を取り繕う　（類）ごまかす |
| とりつけ | 取付け | 名 | （複） |
| とりつけこうじ | 取付工事 | 名 | （法） |
| とりつける | 取り付ける | 動 | 電話を取り付ける、契約を取り付ける　（類）装置、獲得 |
| とりなおす | 取り直す | 動 | 気を取り直す、データを取り直す　（類）持ち直す、集める |
| | 撮り直す | 動 | 写真を撮り直す　（類）撮影をやり直す |
| とりのいち | とりの市・酉の市 | 名 | △酉の市 |
| とりのこす | 取り残す | 動 | 時代に取り残される　（類）残される |
| とりのぞく | 取り除く | 動 | 不信感を取り除く　（類）取り去る、取り払う |
| とりはからい | 取り計らい | 名 | 好意ある取り計らいを受ける　（類）配慮、心遣い、心配り |
| とりはからう | 取り計らう | 動 | よろしく取り計らう　（類）取り扱う、処理する、手回しする |
| とりはこぶ | 取り運ぶ | 動 | 万事うまく取り運ぶ　（類）進行させる |
| とりはずす | 取り外す | 動 | 足場を取り外す　（類）外す、取り除く |
| とりはらう | 取り払う | 動 | 垣根を取り払う　（類）取り除く |
| とりひき | 取引 | 名 | （法） |

| | | | |
|---|---|---|---|
| | 取引（所） | 名 | （法） |
| とりぶん | 取り分 | 名 | 取り分が少ないと文句を言う　（類）分け前、割り前 |
| とりまく | 取り巻く | 動 | 首相を報道陣が取り巻く　（類）取り囲む |
| とりまとめ | 取りまとめ | 名 | 取りまとめを頼む　×取り纏め |
| とりまとめる | 取りまとめる | 動 | 政府の見解を取りまとめる　×取り纏める |
| とりみだす | 取り乱す | 動 | 夫の急死で取り乱す　（類）平静を失う |
| とりもつ | 取り持つ | 動 | 仲を取り持つ　（類）仲立ちする |
| とりもどし | 取戻し | 名 | （複） |
| とりもどしせいきゅうけん | 取戻請求権 | 名 | （法） |
| とりもどす | 取り戻す | 動 | 落ち着きを取り戻す　（類）取り返す |
| とりやめる | 取りやめる | 動 | 集会を取りやめる　×取り止める　（類）中止 |
| とりよせる | 取り寄せる | 動 | 見本を取り寄せる　（類）注文する |
| とりわけ | 取り分け | 副 | 取り分け今日は涼しい　（類）殊に、特に |
| とりわける | 取り分ける | 動 | 不良品を取り分ける　（類）選り分ける |
| とる | 取る | 動 | （手で持つ、手に入れる、書き記す、つながる、除く）　手に取る、資格を取る、メモを取る、連絡を取る、疲れを取る |
| | 採る | 動 | （採取する、採用する、採決する）　血を採る、指紋を採る、新入社員を採る |
| | 執る | 動 | （手に持って使う、役目として事に当たる）　筆を執る、指揮を執る |
| | 捕る | 動 | （つかまえる）　ねずみを捕る、外野フライを捕る |
| | 撮る | 動 | （撮影する）　写真を撮る、映画を撮る、カメラで撮る |
| どれ | どれ | 代 | （仮名）　どれが穂高岳だ　×何れ |
| とれだか | 取れ高 | 名 | 米の取れ高　（類）収穫高 |
| どれほど | どれ程 | 名 | 値段はどれ程ですか　（副）どれ程頑張っても…　×何れ程 |
| とれる | 取れる | 動 | 痛みが取れる、疲れが取れる　（類）消える、なくなる |
| とろ | 吐露 | 名 | 真情を吐露する　（類）打ち明ける |
| どろじあい | 泥仕合 | 名 | 泥仕合を演じる　（類）醜い争い |
| どわすれ | 度忘れ | 名 | 名前を度忘れする　（類）失念、物忘れ |
| とんざ | 頓挫 | 名 | （改）　事業が頓挫する　（類）行き詰まる |
| とんちゃく | 頓着 | 名 | （改）　小さな事に頓着しない　（類）執着、固執 |
| どん・どんぶり | 丼 | 名 | （改） |
| とんや・といや | 問屋 | 名 | （法） |
| どんよく | 貪欲 | 名 | （改）　貪欲に知識を吸収する　（類）欲張り、強欲 |
| なあてにん | 名宛人 | 名 | （改） |
| ない | 亡い | 形 | あの人も今は亡い、亡き父をしのぶ |
| | 無い | 形 | （⇔有る・在る）　お金が無い、無い袖は振れない |
| | | | （注）「有無」の対照、「所在・存在」の意を強調するときは漢字で書く。 |
| | ない | 補形 | （仮名）　学生らしくない、夕食を食べてない |
| | …ない | 助動 | （仮名）　後悔はしない、酒を飲まない、やむを得ない |
| | …ない | 接尾 | 切ない、せわしない |
| ないし | ないし | 接続 | 本人ないし代理人　×乃至　（類）又は、あるいは |
| ないてい | 内偵 | 名 | 汚職容疑で内偵する　（類）調査、探る |
| なえる | 萎える | 動 | （改）　気持ちが萎える　（類）しおれる、しぼむ |
| なお | なお | 副 | なお一層、今なお…いる　×尚・猶　（類）まだ、いまだに |
| | なお | 接続 | なお、…　（類）ただし |
| なおがき | なお書き | 名 | ×尚書 |

| なおさら | なおさら | 副 | なおさら…すべきだ　×尚更　（類）まして、いわんや |
|---|---|---|---|
| なおす | 直す | 動 | 誤りを直す、服装を直す、故障を直す　（類）正す、修理 |
| | 治す | 動 | 風邪を治(直)す、傷を治(直)す　（類）癒す |
| なおる | 直る | 動 | ゆがみが直る　（類）戻る、返る |
| | 治る | 動 | けがが治(直)る　（類）癒える |
| なおれ | 名折れ | 名 | 一族の名折れだ　（類）面汚し |
| なか | 中 | 名 | （⇔外）　部屋の中、箱の中、両者の中に入る　（類）内部、間 |
| | 仲 | 名 | 仲がいい、仲を取り持つ、犬猿の仲　（類）関係、間柄 |
| ながい | 長い | 形 | （⇔短い）　長い道、長い一日、長年の勤務経験 |
| | 永い | 形 | 永い歳月　（慣用語）永年勤続 |
| ながいき | 長生き | 名 | 摂生して長生きする |
| ながうた | 長唄 | 名 | （改） |
| なかがい | 仲買 | 名 | （法）仲買人 |
| ながしこむ | 流し込む | 動 | 鋳型に流し込む |
| なかす | 泣かす | 動 | 子供を泣かす　（類）泣かせる |
| | 鳴かす | 動 | うぐいすを鳴かす　×啼かす　（類）鳴かせる |
| ながす | 流す | 動 | 涙を流す、聞き流す　（類）流れる |
| なかたがい | 仲たがい | 名 | 友人と仲たがいする　×仲違い　（類）不仲 |
| なかだちぎょう | 仲立業 | 名 | （法）（類）仲介業 |
| なかだるみ | 中だるみ | 名 | 中だるみした試合　×中弛み　（類）途中でだれる、停滞 |
| ながつづき | 長続き | 名 | 何をやらせても長続きしない　（類）存続、持続 |
| なかなおり | 仲直り | 名 | 話し合って仲直りする　（類）和解 |
| なかなか | なかなか | 副 | なかなか解けない　（類）割に、比較的、結構 |
| なかば | 半ば | 名 | 道の半ばで倒れる　（副）半ば諦める　（類）半分、中間 |
| ながびく | 長引く | 動 | 交渉が長引く　（類）手間取る |
| ながめ | 眺め | 名 | 窓からの眺め　（類）景色、眺望 |
| ながめる | 眺める | 動 | 沖を眺める、様子を眺める　（類）見渡す、見入る |
| ながら | …ながら | 接助 | 歩きながら話す　×乍ら　（類）しつつ |
| ながらえる | 長らえる | 動 | 生き長らえる　（類）生き延びる、生き残る |
| ながれ | 流れ | 名 | 川の流れ、会議の流れ、流れ解散　（類）移り変わり、順次 |
| ながれこむ | 流れ込む | 動 | 汚水が流れ込む　（類）入り込む |
| ながれる | 流れる | 動 | 水が流れる、不穏な空気が流れる、うわさが流れる |
| なかんずく | なかんずく | 副 | ×就中　（類）中でも、殊に、特に、取り分け |
| なきごえ | 鳴き声 | 名 | 虫の鳴き声 |
| | 泣き声 | 名 | 赤ん坊の泣き声 |
| なきさけぶ | 泣き叫ぶ | 動 | 助けを求めて泣き叫ぶ　（類）大声で泣く |
| なきねいり | 泣き寝入り | 名 | 仕返しを恐れて泣き寝入りする　（類）諦める |
| なきふす | 泣き伏す | 動 | （類）うつ伏せて泣く |
| なく | 鳴く | 動 | 鳥が鳴く |
| | 泣く | 動 | 子供が泣く |
| なぐさむ | 慰む | 動 | 心が慰む |
| なぐさめる | 慰める | 動 | 病床の友を慰める、心を慰める音楽 |
| なくす | 亡くす | 動 | 父親を亡くす　（類）失う、死亡 |
| | 無くす | 動 | 財布を無くす、自信を無くす　（類）失う、喪失 |
| なくする | 無くする | 動 | 戦争を無くする、貧困を無くする　（類）無くす |
| なぐりあい | 殴り合い | 名 | 口論から殴り合いになる　（類）けんか |

| なぐる | 殴る | 動 | げんこつで頭を殴る　(類)ぶつ、たたく |
|---|---|---|---|
| なげいれる | 投げ入れる | 動 | ごみを投げ入れる　(類)中に入れる、投げ込む |
| なげうり | 投売り | 名 | (複)　店仕舞いのための投売り |
| なげうりひん | 投売品 | 名 | (法) |
| なげかける | 投げ掛ける | 動 | 視線を投げ掛ける、疑問を投げ掛ける　(類)届ける |
| なげかわしい | 嘆かわしい | 形 | 嘆かわしい風潮　(類)情けない |
| なげく | 嘆く | 動 | 不運を嘆く、モラルの低下を嘆く　×歎く　(類)かこつ、嘆ずる |
| なげこむ | 投げ込む | 動 | ポストに手紙を投げ込む　(類)投げ入れる |
| なげすてる | 投げ捨てる | 動 | 吸いがらを投げ捨てる　(類)捨てる |
| なげだす | 投げ出す | 動 | 財産を投げ出す、仕事を投げ出す　(類)差し出す、やめる |
| なげとばす | 投げ飛ばす | 動 | 大の男を投げ飛ばす　(類)荒っぽく投げる |
| なげやり | 投げやり | 名・形動 | 投げやりな学習態度　×投げ遣り　(類)いい加減、適当 |
| なげる | 投げる | 動 | ボールを投げる、身を投げる、話題を投げる　(類)放る |
| なこうど | 仲人 | 名 | (付) |
| なごむ | 和む | 動 | 心が和む　(類)穏やか、和らぐ |
| なごやか | 和やか | 形動 | 和やかな雰囲気　(類)穏やか |
| なごり | 名残 | 名 | (付)　名残を惜しむ　(類)余情、残り |
| なさけ | 情け | 名 | 人の情けが身にしみる　(類)人情、心遣い |
| なざし | 名指し | 名 | 名指しで非難する　(類)指名、特定 |
| なし | 梨 | 名 | (改) |
| なしくずし | なし崩し | 名 | 借金をなし崩しにする　×済し崩し |
| なしとげる | 成し遂げる | 動 | 偉業を成し遂げる　(類)達成、遂げる |
| なじむ | なじむ | 動 | 地域になじむ　×馴染む　(類)打ち解ける、解け合う |
| なじる | なじる | 動 | 失敗をなじる　×詰る　(類)責める、とがめる、追及 |
| なす | 成す | 動 | 群れを成す、財を成す　(類)作る、築き上げる |
| | なす | 動 | なすすべもない、悪をなす　×為す　(類)行為をする |
| なぜ | なぜ | 副 | なぜ来ないのか　×何故　(類)どういうわけで、何故 |
| なぞ | 謎 | 名 | (改)　謎解き |
| なだかい | 名高い | 形 | 美人画で名高い画家　(類)高名、有名 |
| なだれ | 雪崩 | 名 | (付) |
| なつ | 夏 | 名 | 夏服、真夏 |
| なついん | なつ印・捺印 | 名 | ▲捺印　(類)押印、判を押す |
| なつかしい | 懐かしい | 形 | ふるさとが懐かしい　(類)心ひかれる、慕わしい |
| なつかしむ | 懐かしむ | 動 | 昔を懐かしむ　(類)慕わしく思う、懐古 |
| なつく | 懐く | 動 | 犬が懐く　(類)近づきなじむ |
| なづけ | 名付け | 名 | 名付け親　(類)命名 |
| なつやすみ | 夏休み | 名 | (類)夏季休暇 |
| など | …など | 副助 | (仮名)　本や資料などを用意する　×等 |
| ななめ | 斜め | 名 | 斜めに横切る、斜めに構える　(類)筋向かい、はす |
| なに | 何 | 代 | 何が欲しいのか、人間とは何か |
| なにとぞ | 何とぞ | 副 | 何とぞよろしく　×何卒　(類)どうか、何とか |
| なにぶん | 何分 | 副 | 何分よろしく　(類)どうか、何とぞ |
| | | | (注)　解説・広報等においては、「なにぶん」と書くこともある。 |
| なにもの | 何者 | 名 | 何者をも恐れない　(類)どのような人、誰 |
| なにゆえ | 何故 | 副 | 何故報告しなかったのか　(類)なぜ、どうして |
| なのる | 名のる | 動 | 受付で名のる、旧姓を名のる　(類)称する、名前を告げる |

| なびく | なびく | 動 | 旗が風になびく、主流派になびく　×靡く　（類）翻る |
| なべ | 鍋 | 名 | （改）　鍋物、寄せ鍋 |
| なまあたたかい | 生暖かい | 形 | 生暖かい風　（類）暖かい、温暖 |
| なまえ | 名前 | 名 | （類）氏名、名字、名称 |
| なまけもの | 怠け者 | 名 | （類）怠惰な人、無精者、ずぼらな人 |
| なまける | 怠ける | 動 | 仕事を怠ける　（類）怠る、怠慢、怠惰、さぼる |
| なまなましい | 生々しい | 形 | 生々しい被害の跡　（類）現実感のある、鮮烈な |
| なまにえ | 生煮え | 名 | （形動）生煮えな論旨、生煮えな態度　（類）生半可な、不十分な |
| なまぬるい | 生ぬるい | 形 | 生ぬるい水、対策が生ぬるい　（類）ぬるい、中途半端 |
| なまやさしい | 生易しい | 形 | …生易しいことではない　（類）たやすい、安易 |
| なまり | 鉛 | 名 | 鉛色、鉛中毒 |
| なまる | なまる | 動 | 腕がなまる、体がなまる　×鈍る　（類）鈍る |
| なみ | 並 | 名 | 並外れ、並の人間　（類）平凡、ありきたり |
| | …並み | 接尾 | 人並み、世間並み、軒並み |
| なみいる | 並み居る | 動 | 並み居るお歴々の方々　（類）居並ぶ |
| なみき | 並木 | 名 | （法） |
| なみだぐましい | 涙ぐましい | 形 | 涙ぐましい努力　（類）けなげ、辛い、苦しい |
| なみだぐむ | 涙ぐむ | 動 | 悲話に涙ぐむ　（類）泣く、涙する |
| なみだつ | 波立つ | 動 | 沖合が波立つ、胸が波立つ　（類）波打つ、起伏 |
| なみなみ | 並々 | 名・形動 | 並々ならぬ努力　（類）通り一遍ではない、大変な |
| | なみなみ | 副 | 酒をなみなみとつぐ　（類）たんと、どっさり |
| なみのしな | 並の品 | 名 | （類）普通の品、中等品 |
| なめらか | 滑らか | 形動 | 滑らかな斜面　（類）平滑、すべっこい |
| なやましい | 悩ましい | 形 | 悩ましい日々、悩ましい視線　（類）思い煩う、思い詰める |
| なやます | 悩ます | 動 | 頭を悩ます問題　（類）苦しめる |
| なやみ | 悩み | 名 | 悩み多き年頃　（類）思い煩う |
| なやむ | 悩む | 動 | 伸び悩む、行き悩む　（類）思い煩う、苦しむ、病む |
| ならう | 習う | 動 | 英語を習う、見習う、習うより慣れよ　（類）学ぶ、修める |
| | 倣う | 動 | 前例に倣う、過去の判例に倣う　（類）まねる、見習う |
| ならく | 奈落 | 名 | （改）　（類）地獄 |
| ならす | 鳴らす | 動 | ベルを鳴らす |
| | 慣らす | 動 | 体を慣らす　（類）順応させる、慣れさせる |
| | ならす | 動 | 地面をならす、ならすと70点だ　×均す・平す　（類）平らにする |
| ならび | 並び | 名 | |
| ならびに | 並びに | 接 | A及びB並びにC |
| | | | （注）　解説・広報等においては、「ならびに」と書くこともある。 |
| ならぶ | 並ぶ | 動 | 一列に並ぶ　（類）列を作る、並行、匹敵 |
| ならべる | 並べる | 動 | 食器を並べる、肩を並べる　（類）広げて置く、匹敵 |
| ならわし | 習わし | 名 | 地域の習わし　（類）風習、習俗、慣習 |
| なりあがる | 成り上がる | 動 | 社長に成り上がる　（類）立身出世 |
| なりたち | 成り立ち | 名 | 法律の成り立ち　（類）過程、仕組み、構成要素 |
| なりたつ | 成り立つ | 動 | 契約が成り立つ、商売が成り立つ　（類）成立、立ちゆく |
| なりひびく | 鳴り響く | 動 | 名声が天下に鳴り響く　（類）世間に広まる |
| なりものいり | 鳴り物入り | 名 | 鳴り物入りの宣伝　（類）大げさな宣伝 |
| なりゆき | 成り行き | 名 | 成り行きを注目する、成り行きに任せる　（類）推移、経過 |
| なる | 鳴る | 動 | 鐘が鳴る　（類）鳴り響く |

| | 成る | 動 | 歩が金に成る、本表と付表から成る　（類）作られる、実現 |
|---|---|---|---|
| | …なる | 動 | （仮名）一万円になる、小さくなる、病気になる　×成る・為る |
| なるべく | なるべく | 副 | なるべく早めに　×成る可く　（類）できるだけ、なるたけ |
| なるほど | なるほど | 副 | なるほど見事だ　×成程　（類）確かに、本当に |
| なれ | 慣れ | 名 | 慣れが怖い　×馴れ　（類）惰性 |
| なれあい | なれ合い | 名 | なれ合いの質疑　×馴れ合い　（類）申合せ、結託、ぐる |
| なれる | 慣れる | 動 | 仕事に慣れる、旅慣れた人　（類）なじむ、慣れっこ |
| なわとび | 縄跳び | 名 | |
| なわばり | 縄張 | 名 | （法）動物の縄張、縄張根性 |
| なん | 何 | 代 | 何のことか、何にも、何ら　（接頭）何本、何十、何点 |
| なんい | 難易 | 名 | 難易の差がある |
| なんぎ | 難儀 | 名 | 借金で難儀する　（類）苦労 |
| なんきつ | 難詰 | 名 | 失態を難詰する　（類）非難 |
| なんでも | 何でも | 副 | 何でもすぐに手を出したがる |
| なんとか | 何とか | 副 | 何とか完成させたい　（類）どうにか、是非とも |
| なんとも | 何とも | 副 | まだ何とも言えない　（類）どうとも |
| なんなく | 難無く | 副 | 難無く合格した　（類）簡単に |
| なんにも | 何にも | 副 | …しても何にもならない、何にも増して…　（類）何事にも |
| なんら | 何ら | 副 | 何ら心配ない　×何等　（類）少しも、何も |
| なんらか | 何らか | 連語 | 何らかの措置、何らかの関係　（類）何か、いくらか |
| に | 荷 | 名 | 荷物、初荷 |
| にあい | 似合い | 名 | 似合いの夫婦　（類）釣り合う、ぴったり |
| にあう | 似合う | 動 | 帽子がよく似合う、君に似合わない発言　（類）調和、相応 |
| にあげ | 荷揚げ | 名 | 荷揚げ作業 |
| にあつかいば | 荷扱場 | 名 | （法） |
| にいさん | 兄さん | 名 | （付） |
| にうけ | 荷受け | 名 | |
| にうけにん | 荷受人 | 名 | （法） |
| にえかえる | 煮え返る | 動 | 湯が煮え返る、腹の中が煮え返る　（類）煮える、腹が立つ |
| にえたつ | 煮え立つ | 動 | 腹の中が煮え立つ　（類）腹が立つ |
| にえゆ | 煮え湯 | 名 | 煮え湯を飲まされる　（類）熱湯、ひどい目に会う |
| にえる | 煮える | 動 | 芋が煮える　（類）煮る、炊く |
| におい | 匂い | 名 | （改）梅の花の匂い　（類）香り |
| | 臭い | 名 | （改：訓の追加）魚の腐った臭い　（類）臭気 |
| におう | 匂う | 動 | （改）香水がほのかに匂う　（類）香る |
| | 臭う | 動 | （改：訓の追加）生ごみが臭う　（類）臭いが漂う |
| にがい | 苦い | 形 | 苦いお茶、苦い顔をする　（類）渋い |
| にかいだて | 二階建て | 名 | |
| にかいづくり | 二階造り | 名 | |
| にがお | 似顔 | 名 | 似顔絵 |
| にがす | 逃がす | 動 | 魚を逃がす、機会を逃がす　（類）逃す、逸する |
| にがにがしい | 苦々しい | 形 | 苦々しい顔つき　（類）腹立たしい、いまいましい |
| にがむし | 苦虫 | 名 | 苦虫をかみ潰す　（類）苦り切る、不愉快そうな顔 |
| にかよう | 似通う | 動 | 両者には似通った点がある　（類）似る、類似 |
| にがりきる | 苦り切る | 動 | 不祥事に苦り切る　（類）不愉快そうな顔 |

182

| にがわらい | 苦笑い | 名 | 子供に意見されて苦笑いする　（類）苦笑 |
| にぎやか | にぎやか | 形動 | にぎやかな町　×賑やか　（類）繁華、騒々しい |
| にぎりこぶし | 握り拳 | 名 | （改） |
| にぎりしめる | 握り締める | 動 | 拳を握り締める　（類）強く握る、しっかりと握る |
| にぎりつぶす | 握り潰す | 動 | （改）　意見を握り潰す　（類）うやむやにする |
| にぎる | 握る | 動 | 弱みを握る、実権を握る、証拠を握る　（類）つかむ、知る |
| にぎわう | にぎわう | 動 | 店がにぎわう　×賑う　（類）栄える、繁栄、繁盛 |
| にくい | …にくい | 接尾 | 実行しにくい、言いにくい　×難い・悪い　（類）難い、辛い |
| にくづけ | 肉付け | 名 | 構想に肉付けする　（類）厚みを付ける、充実する |
| にくむ | 憎む | 動 | 親を憎む、戦争を憎む　（類）嫌う、嫌がる |
| にくらしい | 憎らしい | 形 | 憎らしい子供　（類）憎い、腹が立つ |
| にげだす | 逃げ出す | 動 | 隙を見て逃げ出す |
| にげまわる | 逃げ回る | 動 | 諸国を逃げ回る |
| にげみち | 逃げ道 | 名 | 逃げ道をふさぐ　（類）退路、抜け道 |
| にげる | 逃げる | 動 | 犯人が逃げる　（類）逃れる、免れる |
| にごす | 濁す | 動 | 言葉を濁す、水を濁す　（類）ぼかす、濁らす、汚す |
| にごらす | 濁らす | 動 | 川を濁らす　（類）濁す、汚す |
| にごりみず | 濁り水 | 名 | |
| にごる | 濁る | 動 | 部屋の空気が濁る、心が濁る　（類）汚れる、乱れる |
| にさばき | 荷さばき | 名 | ×荷捌き |
| にじ | 虹 | 名 | （改） |
| にしきえ | 錦絵 | 名 | （改） |
| にじみでる | にじみ出る | 動 | 人柄がにじみ出る　×滲み出る　（類）あふれ出る |
| にじむ | にじむ | 動 | 色がにじむ、苦悩の色がにじむ　×滲む　（類）染みる |
| にしむき | 西向き | 名 | 西向きの窓 |
| にせ | 偽 | 名 | 偽物、偽札　×贋　（類）えせ、まがい物 |
| にせる | 似せる | 動 | 本物に似せる |
| について | …について | 連語 | 経済について研究する、文学について語る　×に就いて |
| につかわしい | 似つかわしい | 形 | 儀式には似つかわしくない服装　（類）ふさわしい |
| にづくり | 荷造り | 名 | 引っ越しの荷造り |
| にづくりき | 荷造機 | 名 | （法） |
| にづくりひ | 荷造費 | 名 | （法） |
| にっしょく | 日食 | 名 | ×日蝕 |
| につまる | 煮詰まる | 動 | 計画が煮詰まる　（類）最終段階 |
| につめる | 煮詰める | 動 | 交渉を煮詰める　（類）詰める、結論を出す |
| になう | 担う | 動 | 次代を担う、期待を担う　×荷う　（類）背負う、負担する |
| にのつぎ | 二の次 | 名 | 勉強は二の次にして遊ぶ　（類）後回し |
| にのまい | 二の舞 | 名 | ○○の二の舞を演ずる　（類）同じ失敗 |
| にぶい | 鈍い | 形 | 動作が鈍い、勘が鈍い　（類）鈍感、無神経 |
| にぶらす | 鈍らす | 動 | 決心を鈍らす　（類）弱まる |
| にぶる | 鈍る | 動 | 矛先が鈍る、腕が鈍る　（類）弱まる、落ちる、衰える |
| にほんだて | 二本立て | 名 | 二本立ての映画 |
| にやす | 煮やす | 動 | 業を煮やす |
| にょじつ | 如実 | 名 | （副）如実に表れる、如実に示す　（類）本当に、実際に |
| にらむ | にらむ | 動 | 政局をにらむ　×睨む |
| にる | 似る | 動 | 子は親に似る　（類）似通う、類する |

| | | | |
|---|---|---|---|
| | 煮る | 動 | 豆を煮る　(類)炊く |
| にわかあめ | にわか雨 | 名 | ×俄雨 |
| にわかに | にわかに | 形動 | にわかに事が運ぶ、にわかに信じ難い　×俄に　(類)急に |
| にわとり | 鶏 | 名 | 鶏の卵 |
| にんい | 任意 | 名・形動 | 参加は任意です　(類)思いどおりに、随意 |
| にんきとり | 人気取り | 名 | 人気取りのマニフェスト　(類)世間受け |
| にんずる | 任ずる | 動 | 課長に任ずる、責めに任ずる　(類)任命、負わせる |
| にんぴ | 認否 | 名 | 罪状認否 |
| にんよう | 認容 | 名 | 認容判決　(類)容認 |
| ぬい | 縫い | 名 | 縫い糸、縫い目、縫い物 |
| ぬいあげる | 縫い上げる | 動 | 着物を縫い上げる　(類)出来上がる |
| ぬう | 縫う | 動 | 浴衣を縫う、仕事の合間を縫って… |
| ぬかす | 抜かす | 動 | 一人抜かして数える、腰を抜かす　(類)漏らす、腰抜け |
| ぬかよろこび | ぬか喜び | 名 | ぬか喜びに終わる　×糠喜び　(類)当て外れ |
| ぬかり | 抜かり | 名 | 準備に抜かりはない　(類)手落ち、手抜かり |
| ぬかる | 抜かる | 動 | さあ抜かるなよ　(類)しくじる、やり損なう |
| | ぬかる | 動 | 雪解け道がぬかる　×泥濘る　(類)ぬかるむ |
| ぬきうち | 抜き打(撃)ち | 名 | 抜き打ち検査　(類)予告なし、前触れなく |
| ぬきがき | 抜き書き | 名 | 要点を抜き書きする　(類)抜粋、抄録 |
| ぬきさし | 抜き差し | 名 | 抜き差しならない状態　(類)処理、どうにもならない |
| ぬぎすてる | 脱ぎ捨てる | 動 | 上着を脱ぎ捨てる　(類)脱ぐ、捨て去る |
| ぬきだす | 抜き出す | 動 | 条件に合う者だけ抜き出す　(類)取り出す、選び出す |
| ぬきとり | 抜取り | 名 | (複)　抜取り検査 |
| ぬきとる | 抜き取る | 動 | 書棚から本を抜き取る　(類)抜く、取り出す、抜き出す |
| ぬきんでる | ぬきんでる | 動 | 才能がぬきんでる　(類)ずば抜ける、飛び抜ける |
| ぬく | 抜く | 動 | 食事を抜く、とげを抜く、肩の力を抜く　(類)除き去る |
| ぬぐ | 脱ぐ | 動 | 靴を脱ぐ、帽子を脱ぐ　(類)取る |
| ぬぐいとる | 拭い取る | 動 | (改)　汗を拭い取る　(類)拭き取る |
| ぬぐう | 拭う | 動 | (改)　汗を拭う　(類)拭く、拭き取る |
| ぬくもり | ぬくもり | 名 | 肌のぬくもり　×温もり　(類)温かみ |
| ぬけあな | 抜け穴 | 名 | 法の抜け穴　(類)逃げ道、抜け道 |
| ぬけがけ | 抜け駆け | 名 | 一人だけ抜け駆けする　(類)出し抜く |
| ぬけだす | 抜け出す | 動 | 苦境を抜け出す　(類)逃れ出る、抜け出る |
| ぬけみち | 抜け道 | 名 | 抜け道を通る、法の抜け道　(類)抜け穴、逃げ道 |
| ぬける | 抜ける | 動 | 毛が抜ける、腰が抜ける、職場を抜ける　×脱ける　(類)脱落、離脱 |
| ぬげる | 脱げる | 動 | 靴が脱げる　(類)取れる |
| ぬすみぎき | 盗み聞き | 名 | 電話を盗み聞きする　(類)立ち聞き、盗聴 |
| ぬすむ | 盗む | 動 | 現金を盗む、師匠の芸を盗む　(類)取る、まねる |
| ぬらす | ぬらす | 動 | 水でぬらす　×濡らす　(類)湿らす、ぬれる |
| ぬり | 塗り | 名 | 塗り具合、塗り薬　(類)塗装、塗布 |
| | (春慶)塗 | 名 | (法) |
| ぬりあげる | 塗り上げる | 動 | ペンキを塗り上げる　(類)塗り終える |
| ぬりつぶす | 塗り潰す | 動 | (改)　墨で文字を塗り潰す　(類)塗りたくる、塗り付ける |
| ぬる | 塗る | 動 | 顔に泥を塗る、色を塗る　(類)なすり付ける |
| ぬるい | ぬるい | 形 | 風呂がぬるい　×温い　(類)生ぬるい |

| ぬるむ | ぬるむ | 動 | 水ぬるむ春　×温む　（類）ぬるくなる |
|---|---|---|---|
| ぬれる | ぬれる | 動 | 雨にぬれる　×濡れる　（類）湿る、潤う |

| ね | 音 | 名 | 虫の音、音色 |
|---|---|---|---|
| ねあがり | 値上がり | 名 | ガソリンが値上がりする　（類）騰貴、高騰 |
| ねあげ | 値上げ | 名 | 運賃を値上げする |
| ねいりばな | 寝入りばな | 名 | 寝入りばなをたたき起こされる　×寝入り端　（類）寝ぎわ |
| ねいる | 寝入る | 動 | ぐっすり寝入る　（類）深く眠る |
| ねうち | 値打ち | 名 | 骨とう品の値打ち　（類）価値 |
| ねえさん | 姉さん | 名 | （付） |
| ねがい | 願い | 名 | 願い出、願いを聞き入れる　（類）届け、願い事、願望 |
| | （休暇）願 | 名 | （法） |
| ねがいさげ | 願い下げ | 名 | その件は願い下げだ　（類）辞退、固辞、断り |
| ねがいでる | 願い出る | 動 | 退職を願い出る　（類）申し出る、届け出る、申し込む |
| ねがう | 願う | 動 | 幸福を願う、寄付を願う、許可を願う　（類）望む、求める |
| ねがえり | 寝返り | 名 | 寝返りを打つ |
| ねがえる | 寝返る | 動 | 敵側に寝返る　（類）味方を裏切る |
| ねかす | 寝かす | 動 | 子供を寝かす　（類）寝かし付ける |
| ねがわくは | 願わくは | 副 | 願わくは君に幸あらんことを　（類）どうぞ、どうか、是非 |
| ねがわしい | 願わしい | 形 | 出席することが願わしい　（類）望ましい |
| ねぎらい | ねぎらい | 名 | ねぎらいの言葉　×労い　（類）いたわり、謝意 |
| ねぎらう | ねぎらう | 動 | 労をねぎらう　×労う　（類）いたわる、感謝する |
| ねぎる | 値切る | 動 | 売価を値切る　（類）値引きさせる、まけさせる |
| ねくずれ | 値崩れ | 名 | 価格が値崩れする　（類）下落、低落 |
| ねこむ | 寝込む | 動 | 風邪で寝込む　（類）寝付く、寝入る |
| ねころぶ | 寝転ぶ | 動 | 畳の上に寝転ぶ　（類）横たわる、寝転がる、寝そべる |
| ねさがり | 値下がり | 名 | ガソリンが値下がりする　（類）下落、切り下げる |
| ねさげ | 値下げ | 名 | 運賃を値下げする　（類）切り下げる |
| ねざす | 根ざす | 動 | 風土に根ざした慣習、…の対立に根ざしている |
| ねじきる | ねじ切る | 動 | 針金をねじ切る　（類）切る |
| ねじこむ | ねじ込む | 動 | 要求をねじ込む　×捩じ込む　（類）押し込む |
| ねじふせる | ねじ伏せる | 動 | 反対意見をねじ伏せる　（類）押さえ付ける、組み伏せる |
| ねじまげる | ねじ曲げる | 動 | 事実をねじ曲げる　×捩じ曲げる　（類）ひん曲げる |
| ねじまわし | ねじ回し | 名 | ×螺子回し　（類）ドライバー |
| ねすごす | 寝過ごす | 動 | 疲れて寝過ごす　（類）寝過ぎる |
| ねずみ | ねずみ・ネズミ | 名 | ×鼠　（注）学術的な名称で書くときは片仮名を用いる。 |
| ねずみとり | ねずみ取り | 名 | ×鼠取り |
| ねたむ | 妬む | 動 | （改）出世を妬む　（類）そねむ、やっかむ |
| ねだやし | 根絶やし | 名 | 雑草を根絶やしにする　（類）全滅、壊滅、撲滅 |
| ねつき | 寝付き | 名 | 寝付きが悪い　（類）就寝、就眠 |
| ねっきょう | 熱狂 | 名 | 観衆が熱狂する、熱狂的な歓迎　（類）熱中、エキサイト |
| ねつぞう | ねつ造・捏造 | 名 | 証拠をねつ造する　△捏造　（類）でっち上げ |
| ねづよい | 根強い | 形 | 根強い不信感　（類）揺るがない |
| ねとまり | 寝泊まり | 名 | 寝泊まりして看病する　（類）宿泊 |
| ねばりづよい | 粘り強い | 形 | 粘り強く説得する　（類）我慢強い、辛抱強い、忍耐強い |
| ねばる | 粘る | 動 | 最後まで粘って許してもらう　（類）踏ん張る、踏み止まる |

| ねびき | 値引き | 名 | 値引きしてもらう　(類)割引、まける |
|---|---|---|---|
| ねぼける | 寝ぼける | 動 | 寝ぼけたことを言う　×寝惚ける　(類)寝とぼける |
| ねほりはほり | 根掘り葉掘り | 副 | 根掘り葉掘り尋ねる　(類)こまごまと詮索する |
| ねまわし | 根回し | 名 | 関係者に根回しをする　(類)事前説明 |
| ねむる | 眠る | 動 | ぐっすり眠る　(類)寝る |
| ねらいうち | 狙い撃(打)ち | 名 | (改)　狙い撃ちにして非難する　(類)集中的に |
| ねらう | 狙う | 動 | (改)　優勝を狙う　(類)うかがう |
| ねりなおす | 練り直す | 動 | 計画を練り直す　(類)再検討する |
| ねる | 練る | 動 | 構想を練る　(類)検討する、考える |
| | 寝る | 動 | よく寝る子は育つ　(類)就寝する |
| ねんいり | 念入り | 名 | (形動)念入りに点検する　(類)念を入れる、入念 |
| ねんごろ | 懇ろ | 形動 | 懇ろにもてなす、懇ろな間柄　(類)手厚く、親密 |
| ねんざ | 捻挫 | 名 | (改)　足を捻挫する　(類)脱臼、くじく |
| ねんし | ねん糸・撚糸 | 名 | ねん糸工場　△撚糸 |
| ねんしゅつ | 捻出 | 名 | (改)　費用を捻出する、妙案を捻出する　(類)ひねり出す |
| ねんずる | 念ずる | 動 | 成功を念ずる　(類)思い願う、祈る |
| ねんのため | 念のため | 連語 | 念のため申し添える　×念の為　(類)念には念を入れて |
| ねんれい | 年齢 | 名 | ×年令 |
| のうがき | 能書き | 名 | 効能書き、能書きをたれる |
| のうこうそく | 脳梗塞 | 名 | (改) |
| のうふずみ | 納付済み | 名 | 税金は納付済みである　(類)納税済み |
| のうふずみきかん | 納付済期間 | 名 | |
| のうり | 脳裏 | 名 | 脳裏に焼き付く　×脳裡　(類)頭の中、心の中 |
| のがす | 逃す | 動 | チャンスを逃す、見逃す　(類)逃がす、逸する |
| のがれる | 逃れる | 動 | 都会を逃れる、責任を逃れる、暑さを逃れる　(類)免れる |
| のきなみ | 軒並み | 名 | 軒並みに国旗を掲げる　(副)軒並み値上がりする |
| のけぞる | のけ反る | 動 | …に思わずのけ反る　×仰け反る　(類)反り返る |
| のける | のける | 動 | 押しのける、石をのける　×除ける　(類)除く、どける |
| のこす | 残す | 動 | 食べ物を残す　×遺す　(類)余す |
| のこらず | 残らず | 副 | 残らず売れる　(類)洗いざらい、くまなく、根こそぎ |
| のこりおしい | 残り惜しい | 形 | (類)心残り、残念 |
| のこりもの | 残り物 | 名 | (類)余り物 |
| のこる | 残る | 動 | 職場に残る、しこりが残る　(類)とどまる、生ずる |
| のさばる | のさばる | 動 | 暴力団がのさばる　(類)はびこる |
| のしあがる | のし上がる | 動 | 重役にのし上がる　×伸し上がる　(類)急に上がる |
| のしかかる | のし掛かる | 動 | 重い負担がのし掛かる　×伸し掛かる　(類)覆いかぶさる |
| のせる | 乗せる | 動 | (乗り物に乗る、運ばれる、応じる、だます、勢い付く)車に乗せる、電波に乗せる、計略に乗せる |
| | 載せる | 動 | (積む、上に置く、掲載する)荷物を載せる、広告を載せる |
| のぞきこむ | のぞき込む | 動 | 井戸をのぞき込む　×覗き込む　(類)のぞく |
| のぞきみる | のぞき見る | 動 | カバンの中をのぞき見る　×覗き見る　(類)盗み見る |
| のぞく | 除く | 動 | 不安を除く、雑草を取り除く　(類)取り去る、除去 |
| | のぞく | 動 | 鍵穴から中をのぞく　×覗く　(類)盗み見る、垣間見る |
| のぞましい | 望ましい | 形 | 望ましい教育とは　(類)好ましい |
| のぞみうす | 望み薄 | 名 | 今年中の完成は望み薄である |

| | | | |
|---|---|---|---|
| のぞむ | 望む | 動 | 発展を望む、アルプスを望む丘　（類）願う、眺める |
| | 臨む | 動 | 役員会に臨む、駿河湾に臨む漁村　（類）参加する、面する |
| のたまう | のたまう | 動 | 「言う」の尊敬語　×宣う　（類）おっしゃる、仰せられる |
| のち | 後 | 名 | 食事の後、後に説明する、後の世　（類）あと、将来、死後 |
| のちほど | 後ほど | 副 | 後ほど説明する　（類）後刻 |
| のっとる | 乗っ取る | 動 | 飛行機を乗っ取る　（類）攻略する、奪い取る |
| | のっとる | 動 | 法律にのっとる　×則る　（類）依拠、準拠、立脚 |
| のど | 喉 | 名 | （改）　喉元、喉が痛い、喉越しがいい |
| のどか | のどか | 形動 | のどかな風景　×長閑　（類）うららか |
| ののしる | 罵る | 動 | （改）　人前で罵る　（類）罵倒する、痛罵する |
| のばす | 伸ばす | 動 | （まっすぐする、増す、そのものが長くなる、差し出す）　背筋を伸ばす、勢力を伸ばす、個性を伸ばす |
| | 延ばす | 動 | （遅らす、つながって長くなる、広げる）　出発を延ばす、地下鉄を郊外まで延ばす |
| のばなし | 野放し | 名 | 犯罪者を野放しにする　（類）放置、放任 |
| のびあがる | 伸び上がる | 動 | 伸び上がって棚の上の物を取る　（類）背を伸ばす、背伸び |
| のびちぢみ | 伸び縮み | 名 | ゴムが伸び縮みする　（類）伸縮 |
| のびなやみ | 伸び悩み | 名 | 成績の伸び悩みが見られる　（類）停滞、鈍化 |
| のびりつ | 伸び率 | 名 | 収益の伸び率　（類）伸びの割合 |
| のびる | 伸びる | 動 | 身長が伸びる、学力が伸びる、収益が伸びる |
| | 延びる | 動 | 寿命が延びる、航空路が延びる |
| のべ | 延べ… | 接頭 | 延べ人員、延べ日数、延べ坪、延べ払い　（類）計、総計 |
| のべる | 伸べる | 動 | （改：訓の追加）　救いの手を伸べる |
| | 延べる | 動 | 出発の期日を延べる、布団を延べる |
| | 述べる | 動 | 意見を述べる　×陳べる・宣べる　（類）言う、書き記す |
| のぼせる | のぼせる | 動 | 湯にのぼせる　×逆上せる　（類）上気する |
| のぼり | 上り | 名 | 上り列車、上り坂、上り下り　（類）上京、上がる |
| | 登り | 名 | 山登り、登り口 |
| のぼる | 上る | 動 | （⇔下る）屋上に上る、損害が多額に上る　（類）上がる、及ぶ |
| | 登る | 動 | 山に登る、木に登る、演壇に登る |
| | 昇る | 動 | 日が昇(上)る、天に昇(上)る |
| | | | （注）　「上る」「登る」「昇る」は、「上の方向に移動する」という意味では共通している。この意で使う「上る」は広く一般に用いるが、「登る」は急坂や山道などを一歩一歩確実に上がっていく様子を、「昇る」は一気に上がっていく様子を表すのに用いることが多い。 |
| のみぐすり | 飲み薬 | 名 | |
| のみこみ | 飲み込み | 名 | 飲み込みが悪い　（類）理解、把握 |
| のみこむ | 飲み込む | 動 | 水を飲み込む、言葉を飲み込む　（類）飲み下す |
| のみほす | 飲み干す | 動 | 一息で飲み干す　（類）あおる |
| のみみず | 飲み水 | 名 | |
| のみもの | 飲物 | 名 | （複） |
| のむ | 飲む | 動 | 酒を飲む、薬を飲む　（類）喫する、服する |
| | のむ | 動 | 要求をのむ、条件をのむ、涙をのむ　×呑む　（類）受諾 |
| のら | 野良 | 名 | （付） |
| のり | のり | 名 | のりで紙をはる、のり巻き　×糊・海苔 |

| のりあいせん | 乗合船 | 名 | (法) |
|---|---|---|---|
| のりあいりょきゃく | 乗合旅客 | 名 | (法) |
| のりあわせる | 乗り合わせる | 動 | 友人と電車で乗り合わせる |
| のりいれる | 乗り入れる | 動 | 電車が相互に乗り入れる |
| のりうつる | 乗り移る | 動 | 救命ボートに乗り移る |
| のりおり | 乗り降り | 名 | 乗り降りする客　(類)乗降 |
| のりかえ | 乗換え | 名 | (複) |
| | 乗換(駅) | 名 | (法) |
| のりかえる | 乗り換える | 動 | 列車を乗り換える、新車に乗り換える |
| のりかかる | 乗り掛かる | 動 | 乗り掛かった仕事　(類)乗り始める、し始めた |
| のりきる | 乗り切る | 動 | 荒波を乗り切る、難局を乗り切る　(類)切り抜ける |
| のりくみ | 乗組み | 名 | (複) |
| | 乗組(員) | 名 | (法) |
| のりくむ | 乗り組む | 動 | 船に乗り組む　(類)乗船する |
| のりこし | 乗り越し | 名 | 乗り越し料金　(類)乗り過ごし |
| のりこす | 乗り越す | 動 | 大阪まで乗り越す、塀を乗り越す　(類)乗り過ごす |
| のりづけ | のり付け | 名 | 壁にポスターをのり付けする　×糊付け |
| のりと | 祝詞 | 名 | (付) |
| のりまわす | 乗り回す | 動 | 自転車を乗り回す |
| のりもの | 乗り物 | 名 | |
| のる | 乗る | 動 | 馬に乗る、相談に乗る、時流に乗る |
| | 載る | 動 | 新聞に載る、地図に載る |
| のれん | のれん | 名 | のれん分け　×暖簾 |
| のろい | のろい | 形 | 足がのろい、仕事がのろい　×鈍い　(類)遅い |
| のろう | 呪う | 動 | (改)　世の中を呪う　(類)恨む |
| のろわしい | 呪わしい | 形 | (改)　呪わしい運命　(類)呪いたい |
| のんき | のんき | 形動 | のんきな父さん　×呑気・暢気　(類)気楽、安楽 |
| のんびり | のんびり | 副 | のんびりと暮らす　(類)ゆったり、のびのび |
| ばあい | 場合 | 名 | (法) |
| はあく | 把握 | 名 | 情勢を把握する　(類)理解、つかむ |
| ばあたり | 場当たり | 名 | (形動)場当たり的な計画　(類)思いつき |
| はいい | 配意 | 名 | 心情に配意する　(類)気を配る、心配り、気遣い |
| ばいう | 梅雨 | 名 | (付)　(「つゆ」とも読む) |
| はいえつ | 拝謁 | 名 | 天皇陛下に拝謁する　(類)お目見え、目通り |
| ばいえん | ばい煙・煤煙 | 名 | ▲煤煙 |
| はいかい | 俳諧 | 名 | (改) |
| ばいかい | 媒介 | 名 | 蚊が媒介する伝染病　(類)仲介、仲立ち |
| はいき | 排気 | 名 | ガスを排気する　(類)排出 |
| | 廃棄 | 名 | 書類を廃棄する、廃棄処分　(類)破棄、捨てる |
| はいきょ | 廃きょ・廃墟 | 名 | 廃きょと化した都　▲廃墟　(類)荒れ果てた跡 |
| はいしゅつ | 排出 | 名 | 汚水を排出する　(類)放出 |
| | 輩出 | 名 | 人材を輩出する　(類)世に出る、現出 |
| はいじょ | 排除 | 名 | 障害を排除する　(類)除去、撤去 |
| | 廃除 | 名 | 推定相続人の廃除　(類)廃止、除外 |
| はいすい | 配水 | 名 | 飲料水を配水する、配水管　(類)給水 |

| | 排水 | 名 | 排水溝、排水が悪い、排水ポンプ （類）排出 |
|---|---|---|---|
| | 廃水 | 名 | 工場廃水、生活廃水 （類）汚水 |
| はいする | 配する | 動 | 人材を配する （類）配置する、組み合わせる |
| | 拝する | 動 | 尊顔を拝する （類）拝む、見る |
| | 排する | 動 | 万難を排する （類）除く、のける |
| | 廃する | 動 | 虚礼を廃する （類）やめる |
| はいせき | 排斥 | 名 | 仲間から排斥する （類）排他、除名 |
| はいせつ | 排せつ・排泄 | 名 | 排せつ物 ▲排泄 （類）用便、用足し |
| はいぜん | 配膳 | 名 | （改） 配膳室、配膳係 |
| はいだす | はい出す | 動 | 赤ん坊がはい出す、穴からはい出す ×這い出す （類）はい出る |
| はいふ | 配布 | 名 | チラシを配布する （類）配る |
| | 配付 | 名 | （法） 「配付」は特別な場合のみ用いる） |
| はいる | 入る | 動 | 部屋に入る、お茶が入る、交渉に入る、亀裂が入る |
| はえ | 映え | 名 | 夕映え |
| | 栄え | 名 | 栄えある勝利、出来栄え、見栄え （類）名誉 |
| はえぬき | 生え抜き | 名 | 生え抜きの社員 |
| はえる | 映える | 動 | 夕日に紅葉が映える、朝日に映える山 （類）際立つ |
| | 栄える | 動 | 優勝に栄える （類）輝く |
| | 生える | 動 | 雑草が生える （類）出る、生ずる |
| はおり | 羽織 | 名 | （法） |
| はおる | 羽織る | 動 | 着物を羽織る （類）着る、まとう |
| はかい | 破壊 | 名 | 自然を破壊する （類）壊す、毀損 |
| はがいじめ | 羽交い締め | 名 | 相手を羽交い締めにする |
| はがき | はがき | 名 | ×葉書、端書 |
| はがす | 剝がす | 動 | （改） 切手を剝がす （類）剝ぐ、剝ぎ取る |
| ばかす | 化かす | 動 | キツネに化かされる （類）だます、欺く |
| はかせ | 博士 | 名 | （付） |
| はかどる | はかどる | 動 | 仕事がはかどる ×捗る （類）進む、運ぶ |
| はかない | はかない | 形 | はかない命 ×儚い （類）もろい、むなしい |
| はかまいり | 墓参り | 名 | |
| はからい | 計らい | 名 | お取り計らい願います （類）処置、措置 |
| はからう | 計らう | 動 | 便宜を計らう、取り計らう （類）措置を講ずる、切り回す |
| はからずも | 図らずも | 副 | 図らずも受賞の栄に浴す ×不図 （類）思い掛けず |
| ばかり | …ばかり | 副助 | こればかりでなく、…するばかり （類）くらい、だけ |
| はかりしれない | 計り知れない | 連語 | 計り知れない苦難 （類）推し量ることができない |
| はかる | 図る | 動 | （あることが実現するように企てる） 合理化を図る、打開を図る |
| | 計る | 動 | （時間や数などを数える、考える） 時間を計る、タイミングを計る |
| | 測る | 動 | （長さ・高さ・深さ・広さ・程度を調べる、推測する） 距離を測る、面積を測る |
| | 量る | 動 | （重さ・容積を調べる） 体重を量る、容量を量る |
| | 謀る | 動 | （良くない事をたくらむ） 暗殺を謀る、失脚を謀る |
| | 諮る | 動 | （ある問題について意見を聞く） 審議会に諮る、役員会に諮る |
| はがれる | 剝がれる | 動 | （改） 爪が剝がれる （類）めくれる |
| はき | 破棄 | 名 | 不用文書を破棄する ×破毀 （類）廃棄、捨てる |
| はききよめる | 掃き清める | 動 | 境内を掃き清める （類）清掃する |
| はきけ | 吐き気 | 名 | 吐き気を催す （類）嫌悪感、不快感 |
| はきだす | 吐き出す | 動 | ガムを吐き出す、不満を吐き出す （類）外へ出す |

| | | | | |
|---|---|---|---|---|
| | 掃き出す | 動 | ごみを掃き出す　（類）外へ出す |
| はきだめ | 掃きだめ | 名 | 掃きだめに鶴　×掃き溜め　（類）ごみ捨て場 |
| はきもの | 履物 | 名 | （法） |
| はぎれ | 歯切れ | 名 | 歯切れが悪い　（類）明瞭 |
| | 端切れ | 名 | 布の端切れ　（類）小さな布切れ |
| はく | 掃く | 動 | 庭を掃く |
| | 履く | 動 | げたを履く |
| | 吐く | 動 | つばを吐く、本音を吐く |
| | はく | 動 | ズボンをはく、靴下をはく　×穿く・着く |
| はぐ | 剝ぐ | 動 | （改）　皮を剝ぐ、布団を剝ぐ |
| はくがい | 迫害 | 名 | 迫害を受ける　（類）虐待 |
| はぐくむ | 育む | 動 | （改：訓の追加）　自由な心を育む　（類）育てる、養う、培う |
| はくする | 博する | 動 | 好評を博する　（類）獲得する |
| はくせい | 剝製 | 名 | （改） |
| ばくぜん | 漠然 | 名 | 漠然と考える、漠然とした　（類）不確か、曖昧、うやむや |
| ばくだい | ばくだい・莫大 | 形動 | ばくだいな財産　▲莫大 |
| はくだつ | 剝奪 | 名 | （改）　地位を剝奪する　（類）奪う、取り上げる |
| はくちゅう | 伯仲 | 名 | 実力伯仲　（類）互角、五分五分 |
| はくり | 剝離 | 名 | （改）　網膜が剝離する　（類）剝げる、剝がれる |
| はぐれる | はぐれる | 動 | 仲間とはぐれる　×逸れる　（類）離ればなれになる |
| ばくろ | 暴露 | 名 | 秘密を暴露する　（類）暴く、ばらす、公表 |
| | ばく露・曝露 | 名 | 寒冷曝露　△曝露　（類）さらされる |
| はけぐち | はけ口 | 名 | 不満のはけ口　×捌け口　（類）発散 |
| はげしい | 激しい | 形 | 激しい口調、出入りが激しい　（類）ひどい、きつい |
| はげまし | 励まし | 名 | 励ましの言葉、温かい励まし　（類）力付け、激励 |
| はげます | 励ます | 動 | 友を励ます　（類）力付ける、引き立てる、激励 |
| はげみ | 励み | 名 | 仕事の励みになる　（類）精を出す |
| はげむ | 励む | 動 | 勉学に励む　（類）精を出す、努める |
| はける | はける | 動 | 水がはける、品物がはける　×捌ける　（類）さばける |
| はげる | 剝げる | 動 | ポスターが剝げる、めっきが剝げる　（類）剝がれる |
| | はげる | 動 | 頭がはげる　×禿げる　（類）脱毛 |
| はけん | 派遣 | 名 | 特使を派遣する、派遣職員　（類）差し向ける、差し遣わす |
| | 覇権 | 名 | 覇権を争う、覇権主義　（類）主権、権力 |
| はこづめ | 箱詰め | 名 | お菓子を箱詰めにする |
| はこぶ | 運ぶ | 動 | 荷物を運ぶ、計画どおりにことを運ぶ　（類）運送、はかどる |
| はさまる | 挟まる | 動 | ドアに挟まる、嫁と姑の間に挟まる　（類）間に入る |
| はさみうち | 挟み打(撃)ち | 名 | 左右から挟み打ちに合う |
| はさむ | 挟む | 動 | 小脇に挟む、口を挟む　（類）抱える、出す |
| はし | 箸 | 名 | （改）　火箸、箸にも棒にもかからない |
| はじいる | 恥じ入る | 動 | 大人げない振る舞いに恥じ入る　（類）恥じる |
| はじきだす | はじき出す | 動 | 仲間からはじき出す　（類）追い出す、追い払う |
| はしげた | 橋桁 | 名 | （改） |
| はじさらし | 恥さらし | 名 | 世間の恥さらしになる　×恥曝し　（類）恥知らず、破廉恥 |
| はしなくも | はしなくも | 副 | はしなくも受賞の栄に浴した　（類）図らずも、思い掛けず |
| はじまり | 始まり | 名 | 事の始まり　（類）始め、起源、根源 |
| はじまる | 始まる | 動 | 会議が始まる　（類）開始 |

| はじめ | 初め | 名 | （ある期間の早い段階、最初、先の方のもの）　年の初め、初めての経験 |
| | 始め | 名 | （開始する、始めたばかりの段階、物事の起こり、主たるもの）　仕事を始める、手始め、人類の始め、…を始めとして |
| | | | （注）「校長をはじめ、教職員一同…」などという場合の「はじめ」については、多くの人や物の中で「主たるもの」の意で「始」を当てるが、現在の表記実態としては、仮名で書かれることも多い。 |
| はじめて | 初めて | 副 | 初めて経験する、初めて見る人　（類）最初に |
| はじめる | 始める | 動 | 仕事を始める、練習を始める　（類）開始 |
| はしゃ | 覇者 | 名 | リーグ戦の覇者 |
| はしょる | はしょる | 動 | 話をはしょる　×端折る　（類）省略、省く、間引く |
| はじらう | 恥じらう | 動 | 花も恥じらう美しさ　（類）はにかむ、恥ずかしがる |
| はしりがき | 走り書き | 名 | 走り書きのメモ　（類）乱筆、なぐり書き |
| はしりまわる | 走り回る | 動 | 庁舎内を走り回る、金策に走り回る　（類）駆け回る |
| はしる | 走る | 動 | 電車が走る、使いに走る、悪事に走る、痛みが走る |
| はじる | 恥じる | 動 | 良心に恥じる　（類）恥じ入る、恥ずかしいと思う |
| はず | …はず | 名 | （形名）もう終わるはずだ　×筈 |
| はすう | 端数 | 名 | 端数を切り捨てる　（類）余り |
| はずかしい | 恥ずかしい | 形 | 恥ずかしい話　（類）照れくさい、面はゆい |
| はずかしめ | 辱め | 名 | 辱めを受ける　（類）恥辱、屈辱、侮辱 |
| はずかしめる | 辱める | 動 | 第一人者の名を辱める　（類）踏みにじる |
| はずす | 外す | 動 | 踏み外す、席を外す、機会を外す　（類）離れる、逸する |
| はずむ | 弾む | 動 | 話が弾む、心が弾む　（類）進む、跳ねる、ほとばしる |
| はずれる | 外れる | 動 | 的が外れる、予想が外れる　（類）そらす、かわす |
| ばせい | 罵声 | 名 | （改）　罵声を浴びる　（類）悪口雑言 |
| はせさんじる | はせ参じる | 動 | 鎌倉にはせ参じる　×馳せ参じる　（類）参る、参じる |
| はたけちがい | 畑違い | 名 | 畑違いの職に就く　（類）専門外 |
| はだざわり | 肌触り | 名 | 肌触りがよい　（類）感触、手触り、肌合い |
| はたして | 果たして | 副 | 果たして成功するか　（類）予想どおり |
| はたす | 果たす | 動 | 約束を果たす　（類）遂げる、全うする |
| はたち | 二十・二十歳 | 名 | （付） |
| はため | はた目 | 名 | はた目を気にする　×傍目　（類）よそ目、他人の目 |
| はたらかす | 働かす | 動 | 子供を働かす、頭を働かす　（類）働かせる、活用する |
| はたらきざかり | 働き盛り | 名 | 四十、五十は働き盛り　（類）壮年期 |
| はたらきて | 働き手 | 名 | 一家の働き手を失う　（類）家計を支える人、人手、労働力 |
| はたらきばち | 働き蜂 | 名 | （改） |
| はたらく | 働く | 動 | 中心になって働く、勘が働く　（類）仕事、発揮、役立つ |
| はたん | 破綻 | 名 | （改）　経営が破綻する　（類）立ちゆかなくなる、崩壊 |
| ばちあたり | 罰当たり | 名・形動 | 罰当たりな行為　（類）罪作り |
| はちあわせ | 鉢合わせ | 名 | 暗闇で鉢合わせする　（類）正面衝突、突然出会う |
| はちうえ | 鉢植え | 名 | 鉢植えの苗木 |
| はちきれる | はち切れる | 動 | 紙袋がはち切れる　（類）破ける、破裂 |
| はちみつ | 蜂蜜 | 名 | （改） |
| はつか | 二十日 | 名 | （付） |
| はっくつ | 発掘 | 名 | 埋蔵物を発掘する　（類）掘り出す |
| ばつぐん | 抜群 | 名・形動 | 抜群に優れている、抜群の成績　（類）傑出、屈指 |

| | | | |
|---|---|---|---|
| はっこう | 発行 | 名 | 新刊を発行する、証明書の発行、発行済み |
| | 発効 | 名 | 新法が発効する、条約の発効 |
| ばっすい | 抜粋 | 名 | …の一節を抜粋する　(類)抜き書き、抄録 |
| はっする | 発する | 動 | 声明を発する、使者を発する　(類)出す |
| ばっする | 罰する | 動 | 違反者を罰する　(類)罰を与える、懲らしめる |
| ばってき | 抜てき・抜擢 | 名 | 新人を抜てきする　▲抜擢　(類)起用、登用 |
| はつもうで | 初詣 | 名 | (改) |
| はつらつ | はつらつ | 名 | 元気はつらつ　×溌剌　(類)きびきび、生き生き |
| はて | 果て | 名 | 世界の果て、なれの果て　(類)端、末路 |
| はで | 派手 | 名・形動 | 派手な服装、派手に泣く　(類)華やか、大げさ |
| はてしない | 果てしない | 形 | 果てしない海原、果てしない議論　(類)広大、際限がない |
| はてる | 果てる | 動 | 変わり果てる、疲れ果てる　(類)終わる、限界まで…する |
| ばとう | 罵倒 | 名 | (改)　相手を罵倒する　(類)罵る、痛罵 |
| はとば | 波止場 | 名 | (付) |
| はどめ | 歯止め | 名 | 物価上昇に歯止めをかける　(類)ブレーキ、抑制する |
| はな | 花 | 名 | 花も実もない、花の都、花形 |
| | 華 | 名 | 華やか、華々しい、江戸の華 |
| | 鼻 | 名 | 鼻血、鼻が高い、鼻であしらう |
| | はな | 名 | はなから分かっていた　×端　(類)最初、しょっぱな |
| はなし | 話 | 名 | 話が上手だ、話をまとめる、耳寄りな話　(類)会話、交渉 |
| はなしあい | 話合い | 名 | (複)　住民で話合いをする　(類)相談、会話、語らい |
| はなしあいて | 話し相手 | 名 | (類)相談相手 |
| はなしあう | 話し合う | 動 | 住民と話し合う　(類)語らう、対話 |
| はなしがい | 放し飼い | 名 | 牛を放し飼いにする　(類)放牧、野放し、放任 |
| はなす | 離す | 動 | 手を離す、目を離す |
| | 放す | 動 | 鳥を放す、見放す、窓を開け放す |
| | 話す | 動 | 英語で話す　(類)言う、述べる、語らう、発する |
| はなぢ | 鼻血 | 名 | 鼻血が出る |
| はなつ | 放つ | 動 | 矢を放つ、光彩を放つ　(類)放す、解き放す |
| はなはだ | 甚だ | 副 | 甚だけしからん話だ、甚だ情けない　(類)とても、非常に |
| はなはだしい | 甚だしい | 形 | 甚だしく不穏当な発言、誤解も甚だしい　(類)著しい |
| はなばなしい | 華々しい | 形 | 華々しい活躍　(類)華やか、派手やか |
| はなやか | 華やか | 形動 | 華やかな装い　(類)きらびやか、華麗 |
| はなやぐ | 華やぐ | 動 | 華やいだ雰囲気　(類)明るい、華やか |
| はなれじま | 離れ島 | 名 | (類)離島、孤島 |
| はなれる | 離れる | 動 | 職を離れる、町を離れる　(類)辞める、去る、隔たる |
| | 放れる | 動 | 矢が弦を放れる、子供が手を放れる　(類)放つ、解き放す |
| はねあがる | 跳ね上がる | 動 | 魚が跳ね上がる、相場が跳ね上がる　(類)飛び上がる |
| はねかえす | 跳ね返す | 動 | ボールを跳ね返す　(類)はじき返す、払い除ける |
| はねつける | はね付ける | 動 | 要求をはね付ける　×撥ね付ける　(類)突っぱねる、拒む |
| はねとばす | 跳ね飛ばす | 動 | 人を跳ね飛ばす、気力で跳ね飛ばす　(類)はじき飛ばす |
| はねる | 跳ねる | 動 | うさぎが跳ねる　(類)跳ぶ、ジャンプ |
| | はねる | 動 | 泥水をはねる、上前をはねる、面接ではねる　×撥ねる |
| はば | 幅 | 名 | 幅広い、幅寄せ　(類)間隔、距離、隔たり |
| はばかる | はばかる | 動 | 人目をはばかる　×憚る　(類)控える、慎む |
| はばたく | 羽ばたく | 動 | 大空に羽ばたく、未来に羽ばたく　(類)飛び立つ |

| はばむ | 阻む | 動 | 行く手を阻む　(類)妨げる、阻止 |
|---|---|---|---|
| はびこる | はびこる | 動 | 雑草がはびこる、暴力がはびこる　(類)生い茂る、まん延 |
| はぶく | 省く | 動 | 説明を省く　(類)略す、省略、間引く |
| はまき | 葉巻 | 名 | (法) |
| はみだす | はみ出す | 動 | 会場からはみ出す　×食み出す　(類)飛び出す、はみ出る |
| はみでる | はみ出る | 動 | 布団から綿がはみ出る　(類)飛び出る、はみ出す |
| はめこむ | はめ込む | 動 | 型にはめ込む、タイヤをはめ込む　(類)はめる、装着 |
| はやい | 早い | 形 | 時期が早い、気が早い |
|  | 速い | 形 | 流れが速い、投手の球が速い、仕事の進行が速い |
| はやおき | 早起き | 名 | 早起きは三文の徳 |
| はやしたてる | はやし立てる | 動 | 手を打ってはやし立てる　×囃し立てる　(類)盛んにはやす |
| はやす | 生やす | 動 | 雑草を生やす、ひげを生やす　(類)生える、延ばす |
|  | はやす | 動 | 野党議員がはやす、お神楽をはやす　×囃す　(類)やじる |
| はやまる | 早まる | 動 | 予定が早まる、早まった行動　(類)繰り上がる、余計な |
|  | 速まる | 動 | (改：訓の追加)　スピードが速まる、脈拍が速まる |
| はやめる | 早める | 動 | 開会を早める　(類)繰り上げる |
|  | 速める | 動 | 足を速める　(類)速度を上げる |
| はやり | はやり | 名 | はやりの風邪、はやり廃り　×流行　(類)流行（りゅうこう） |
| はやる | はやる | 動 | 血気にはやる、はやる心を抑える　×逸る　(類)勇み立つ、焦る |
| はらい | 払い | 名 | 払いがたまる、厄介払い　(類)支払い、払って除く |
| はらいこみ | 払込み | 名 | (複) |
|  | 払込（金） | 名 | (法) |
| はらいこむ | 払い込む | 動 | 水道料金を払い込む　(類)支払う、振り込む |
| はらいさげ | 払下げ | 名 | (複) |
| はらいさげひん | 払下品 | 名 | (法) |
| はらいさげる | 払い下げる | 動 | 放出品を払い下げる、国有林を払い下げる　(類)売却する |
| はらいだし | 払出し | 名 | (複) |
| はらいだしきん | 払出金 | 名 | (法) |
| はらいだす | 払い出す | 動 | 預金を払い出す　(類)支出する、払い戻す |
| はらいのける | 払いのける | 動 | 毛虫を手で払いのける　×払い除ける　(類)振り払う |
| はらいもどし | 払戻し | 名 | (複) |
| はらいもどしきん | 払戻金 | 名 | (法) |
| はらいもどししょうしょ | 払戻証書 | 名 | (法) |
| はらいもどす | 払い戻す | 動 | 定期預金を払い戻す　(類)払い出し |
| はらいわたし | 払渡し | 名 | (複) |
| はらいわたしきん | 払渡金 | 名 | (法) |
| はらいわたしずみ | 払渡済み | 名 | (複) |
| はらいわたしゆうびんきょく | 払渡郵便局 | 名 | (法) |
| はらいわたす | 払い渡す | 動 | 代金を払い渡す　(類)払う、支払う |
| はらう | 払う | 動 | (改)　注意を払う、敬意を払う、関心を払う　(類)向ける |
|  | はらう | 動 | 厄をはらう、汚れをはらう　×祓う　(類)除く、のける |
| はらす | 晴らす | 動 | 疑いを晴らす、恨みを晴らす　(類)消す、満足する |
|  | 腫らす | 動 | (改)　まぶたを腫らす　(類)腫れる、むくむ |
| はらだち | 腹立ち | 名 | 腹立ち紛れ　(類)怒り、憤り、立腹 |
| はらちがい | 腹違い | 名 | 腹違いの弟　(類)異母 |
| はらづもり | 腹積もり | 名 | …という腹積もりであったが…　(類)心積もり |

| はらむ | はらむ | 動 | 子をはらむ、危険をはらむ、風をはらむ ×孕む |
| はりあい | 張り合い | 名 | 張り合いのない仕事 (類)競い合う、やり甲斐 |
| はりかえる | 張り替える | 動 | 障子を張り替える (類)張り直す |
| はりきる | 張り切る | 動 | 仕事に張り切る、張り切った気分 (類)頑張る、緊張する |
| はりこみ | 張り込み | 名 | 張り込みを続ける (類)見張り |
| はりさける | 張り裂ける | 動 | 胸が張り裂ける思い (類)破裂 |
| はりだす | 張り出す | 動 | 合格者名簿を張り出す (類)掲示、掲出 |
| はりつけ | 貼付け | 名 | (改) (複) |
| はりつける | 貼り付ける | 動 | (改) 切手を貼り付ける |
| はりつめる | 張り詰める | 動 | 神経を張り詰める (類)緊張する |
| はる | 張る | 動 | 氷が張る、テントを張る、値が張る、引っ張る |
| | 貼る | 動 | (改) ポスターを貼る、切手を貼り付ける、タイル貼り |
| ばる | …ばる | 接尾 | 格式ばる、欲ばる、気ばる |
| はるか | はるか | 形動 | はるかな旅 (副)はるか昔の話 ×遥か |
| はるめく | 春めく | 動 | 日増しに春めく (類)春の気配 |
| はれ | 晴 | 名 | (法)（表・記号的用い方） |
| | 晴れ | 名 | 晴れ着 |
| | 腫れ | 名 | (改) 腫れが引く (類)むくみ |
| はれやか | 晴れやか | 形動 | 晴れやかに笑う、晴れやかな表情 (類)晴れ晴れ |
| はれる | 晴れる | 動 | 雲が晴れる、疑いが晴れる、気が晴れる (類)消える |
| | 腫れる | 動 | (改) 喉が腫れる (類)むくむ |
| はれんち | 破廉恥 | 名・形動 | 破廉恥な人間 (類)恥知らず、恥さらし |
| はん | 判 | 名 | Ａ４判、大判、書類に判を押す (類)判型、印鑑 |
| | 版 | 名 | 改訂版、現代版、書籍の版を重ねる (類)製版、風、様式 |
| | 班 | 名 | 班長、三つの班に分ける (類)組、グループ |
| はんえい | 反映 | 名 | 世相を反映した事件 (類)影響を受ける |
| | 繁栄 | 名 | 一家が繁栄する (類)栄える、繁盛、富む |
| ばんかい | ばん回・挽回 | 名 | 劣勢をばん回する、名誉ばん回 ▲挽回 (類)取り返す |
| ばんぐみ | 番組 | 名 | (法) ニュース番組 |
| ばんくるわせ | 番狂わせ | 名 | 番狂わせの試合 (類)予期しない結果 |
| はんけついいわたし | 判決言渡し | 名 | |
| はんこう | 反抗 | 名 | 親に反抗する、反抗期 (類)逆らう、楯突く、手向かう |
| | 反攻 | 名 | 反攻に転じる、反攻作戦 (類)反撃、逆襲 |
| はんさ | 煩さ・煩瑣 | 名 | (形動)煩さな手続 ▲煩瑣 (類)煩わしい、やっかい、煩雑 |
| はんざつ | 煩雑 | 名・形動 | 煩雑な手続、煩雑な人間関係 (類)煩わしい、やっかい |
| | 繁雑 | 名・形動 | 繁雑な事務処理、繁雑な作業に追われる (類)ごたごた |
| ばんさんかい | 晩さん会・晩餐会 | 名 | ▲晩餐会 |
| ばんしょう | 万障 | 名 | 万障お繰り合わせの上、… (類)万難を排して… |
| はんすう | 反すう・反芻 | 名 | 忠告を反すうする ▲反芻 (類)そしゃく、かみ砕く |
| はんする | 反する | 動 | 予想に反する、利害が相反する (類)裏切る、対立、反対 |
| はんぜん | 判然 | 名・形動 | 意図が判然としない (類)はっきり、歴然、自明 |
| はんそで | 半袖 | 名 | (改) |
| はんた | 煩多 | 名・形動 | 煩多な事務引継、煩多な説明 (類)面倒、やっかい |
| | 繁多 | 名・形動 | 業務繁多、繁多な時期 (類)多忙、繁忙、忙しい |
| はんだん | 判断 | 名 | (類)決定、決断、決心、判ず |
| はんちゅう | 範ちゅう・範疇 | 名 | 同じ範ちゅうに属する ▲範疇 (類)カテゴリー、種類 |

| ばんづけ | 番付 | 名 | （法） |
|---|---|---|---|
| はんてん | 斑点 | 名 | （改）　赤い斑点ができる　（類）まだら、ぶち |
| はんぱ | 半端 | 名・形動 | 半端物、中途半端、半端な気持ち　（類）不完全 |
| はんばく | 反ばく・反駁 | 名 | 非難に反ばくする　▲反駁　（類）反論、抗論 |
| はんぷ | 頒布 | 名 | 実費で頒布する、小冊子を頒布する　（類）配る、配布 |
| はんめん | 反面 | 名 | 水に強い反面、熱に弱い、反面教師　（類）一面、他面 |
|  | 半面 | 名 | 意外な半面を見る、コートの半面を使う　（類）片側、片面 |
| はんよう | 汎用 | 名 | （改）　汎用コンピュータ |
| はんらん | 反乱 | 名 | 反乱を起こす　×叛乱　（類）謀反、反逆 |
|  | 氾濫 | 名 | （改）　河川が氾濫する　（類）洪水、出水、いっ水 |
| はんりょ | 伴侶 | 名 | （改）　終生の伴侶　（類）配偶者、連れ合い |
| はんれい | 凡例 | 名 | 本の凡例を見る　（類）例言 |
|  | 判例 | 名 | 判例を調べる　（類）裁判例 |
| ひ | 日 | 名 | 日頃、日付、日が昇る　（類）いつも、日数、日時、太陽 |
|  | 火 | 名 | 火が燃える、火を見るより明らか、火花、炭火 |
|  | 灯 | 名 | 灯がともる、町の灯が見える　（類）明かり、ともしび |
|  | 非 | 名 | 非を認める　（接頭）非常識、非公式 |
| ひあい | 悲哀 | 名・形動 | 人生の悲哀を感ずる　（類）哀愁、哀感 |
| ひあがる | 干上がる | 動 | 水が干上がる　（類）かれる、枯渇、干からびる |
| ひあたり | 日当たり | 名 | ×陽当たり　（類）日なた、日だまり |
| ひいては | ひいては | 副 | ひいては国民のために　×延いては　（類）さらには、結局 |
| ひいでる | 秀でる | 動 | 語学に秀でる　（類）ぬきんでる、優れる |
| ひうん | 非運 | 名 | （運に恵まれない）　我が身の非運を嘆く　（類）不運 |
|  | 悲運 | 名 | （不幸な運命）　一家離散の悲運、悲運の最期 |
| ひえこむ | 冷え込む | 動 | 朝夕冷え込む、両国の関係が冷え込む　（類）寒くなる |
| ひえる | 冷える | 動 | 体が冷える、夫婦仲が冷える |
| ひが | 彼我 | 名 | 彼我の勢力が伯仲している |
| ひかえ | 控え | 名 | 書類の控え、控えの間　（類）予備、待機 |
| ひかえしつ | 控室 | 名 | （法） |
| ひかえめ | 控え目 | 名・形動 | 控え目に言う、控え目な態度　（類）遠慮がち |
| ひがえり | 日帰り | 名 | 日帰り出張 |
| ひかえる | 控える | 動 | 手帳に控える、発表を控える　（類）記録、慎む、見合わせる |
| ひかげ | 日陰 | 名 | （日の当たらない場所）　日陰に干す、日陰者の暮らし |
|  | 日影 | 名 | （太陽の日差し）　初夏の日影、窓から日影が差し込む |
| ひがけ | 日掛け | 名 | 日掛け貯金 |
| ひがむ | ひがむ | 動 | 同僚の出世をひがむ　×僻む　（類）ひねくれる、いじける |
| ひからす | 光らす | 動 | 床を光らす、親が目を光らす　（類）輝かす、監視する |
| ひきあい | 引き合い | 名 | 前例を引き合いに出す、新製品の引き合いが殺到する |
| ひきあげ | 引上げ | 名 | （複）　金利の引上げ |
|  | 引揚げ | 名 | （複）　海外からの引揚げ |
| ひきあげる | 引き上げる | 動 | 価格を引き上げる、部下を引き上げる　（類）登用する |
|  | 引き揚げる | 動 | 沈没船を引き揚げる |
| ひきあてきん | 引当金 | 名 | （法） |
| ひきあわせる | 引き合わせる | 動 | 二人を引き合わせる、帳簿を引き合わせる |
| ひきいる | 率いる | 動 | 生徒を率いる　（類）引き連れる、従える |

| ひきいれる | 引き入れる | 動 | 部屋に引き入れる、仲間に引き入れる　（類）引き込む |
|---|---|---|---|
| ひきうけ | 引受け | 名 | （複） |
| | 引受（時刻） | 名 | （法） |
| | 引受（人） | 名 | （法） |
| ひきうける | 引き受ける | 動 | 身元を引き受ける　（類）受け持つ、請け負う |
| ひきおこし | 引起し | 名 | （複） |
| ひきおこす | 引き起こす | 動 | 事件を引き起こす　×惹き起こす　（類）起こす、発生する |
| ひきおとす | 引き落とす | 動 | 預金を引き落とす　（類）差し引く |
| ひきかえ | 引換え | 名 | （複） |
| | 引換（券） | 名 | （法） |
| | （代金）引換 | 名 | （法） |
| ひきかえす | 引き返す | 動 | 家に引き返す　（類）帰る、戻る |
| ひきかえる | 引き換（替）える | 動 | 景品と引き換える　（類）交換 |
| ひきがたり | 弾き語り | 名 | バイオリンの弾き語り |
| ひきこみ | 引込み | 名 | （複） |
| ひきこみせん | 引込線 | 名 | （法） |
| ひきこむ | 引き込む | 動 | 陣営に引き込む　（類）引き入れる、抱き込む |
| ひきこもる | 引き籠もる | 動 | （改）　自宅に引き籠もる　（類）閉じ籠もる |
| ひきころす | ひき殺す | 動 | ×轢き殺す　（類）れき死 |
| ひきさげ | 引下げ | 名 | （複） |
| ひきさげる | 引き下げる | 動 | 価格を引き下げる、提案を引き下げる　（類）取り下げる |
| ひきざん | 引き算 | 名 | |
| ひきしめ | 引締め | 名 | （複） |
| ひきしめる | 引き締める | 動 | 気持ちを引き締める、財政を引き締める　（類）切り詰める |
| ひきずる | 引きずる | 動 | 荷物を引きずる、審議を引きずる　（類）長引かせる |
| ひきだす | 引き出す | 動 | 預金を引き出す、回答を引き出す、交渉の場に引き出す |
| ひきたてる | 引き立てる | 動 | 部下を引き立てる、気持ちを引き立てる　（類）登用、激励 |
| ひきつぎ | 引継ぎ | 名 | （複）　事務引継ぎ　（事務引継書） |
| ひきつぎじぎょう | 引継事業 | 名 | （法） |
| ひきつぎちょうしょ | 引継調書 | 名 | （法） |
| ひきつぐ | 引き継ぐ | 動 | 家業を引き継ぐ、仕事を引き継ぐ　（類）受け継ぐ |
| ひきつける | 引き付ける | 動 | 手元に引き付ける、目を引き付ける　（類）引き寄せる |
| ひきつづき | 引き続き | 名 | （副）引き続きの議題　（類）続けざま、立て続け |
| ひきつづく | 引き続く | 動 | 審議が深夜まで引き続く　（類）うち続く |
| ひきつれる | 引き連れる | 動 | 仲間を引き連れる　（類）率いる、従える |
| ひきて | 引き手 | 名 | 障子の引き手 |
| | 弾き手 | 名 | ピアノの弾き手 |
| ひきとめる | 引き止める | 動 | 客を引き止める、辞職を引き止める　（類）留める |
| ひきとり | 引取り | 名 | （複） |
| ひきとりけいひ | 引取経費 | 名 | （法） |
| ひきとりぜい | 引取税 | 名 | （法） |
| ひきとりにん | 引取人 | 名 | |
| ひきとる | 引き取る | 動 | 遺児を引き取る、話を引き取る　（類）受け取る、受け継ぐ |
| ひきぬき | 引き抜き | 名 | 主力選手の引き抜き　（類）抜き取る、引き込む |
| ひきぬく | 引き抜く | 動 | くぎを引き抜く　（類）抜く、抜き取る |
| ひきのばす | 引き伸ばす | 動 | ゴムを引き伸ばす、写真を引き伸ばす |

| | 引き延ばす | 動 | 開催日を引き延ばす、会議を引き延ばす |
|---|---|---|---|
| ひきはらう | 引き払う | 動 | 借家を引き払う　(類)立ち退く、退去する |
| ひきよせる | 引き寄せる | 動 | 明かりを引き寄せる　(類)たぐり寄せる、引き付ける |
| ひきわける | 引き分ける | 動 | 試合を引き分ける |
| ひきわたし | 引渡し | 名 | (複) |
| | 引渡(人) | 名 | (法) |
| ひきわたす | 引き渡す | 動 | 商品を引き渡す、警察官に引き渡す　(類)渡す、移す |
| ひきん | 卑近 | 名・形動 | 卑近な例　(類)身近、手近 |
| ひく | 引く | 動 | 綱を引く、線を引く、例を引く、車を引く |
| | 弾く | 動 | ピアノを弾く、ショパンの曲を弾く |
| | ひく | 動 | 車が人をひく、のこぎりをひく　×轢く・挽く |
| ひくい | 低い | 形 | 腰が低い、格調が低い、料金が低い |
| ひくつ | 卑屈 | 名・形動 | 卑屈な態度　(類)こびる、へつらう |
| ひぐれ | 日暮れ | 名 | (類)夕暮れ |
| ひげ | ひげ | 名 | ×鬚・髯 |
| ひけめ | 引け目 | 名 | 引け目を感じる　(類)気後れ、劣等感 |
| ひける | 引ける | 動 | 気が引ける、店が引ける　(類)気後れ、終わる |
| ひけん | 比肩 | 名 | 比肩する者なし　(類)匹敵 |
| ひご | ひ護・庇護 | 名 | ▲庇護　(類)かばう、守る |
| ひごと | 日ごと | 名 | 日ごとに春めく　×日毎　(類)日増しに |
| ひごろ | 日頃 | 名 | (改)　日頃の努力　(副)日頃考えている　(類)ふだん |
| ひざ | 膝 | 名 | (改)　膝を交える、膝頭 |
| ひざかり | 日盛り | 名 | 真夏の日盛り |
| ひざし | 日ざし | 名 | 初夏の日ざし　×日差し　(類)日光、陽光 |
| ひさしい | 久しい | 形 | 久しく会わない友　(類)しばらく |
| ひさしぶり | 久しぶり | 名・形動 | 久しぶりの休暇　(類)久方ぶり、しばらくぶり |
| ひさびさ | 久々 | 形動 | 久々の対面　(類)久方ぶり、しばらくぶり |
| ひざまずく | ひざまずく | 動 | 神前にひざまずく　×跪く　(類)膝をつく |
| ひじ | 肘 | 名 | (改)　右の肘、肘掛け |
| ひしめく | ひしめく | 動 | 参拝者がひしめく　×犇めく　(類)込み合う、立て込む |
| ひじゅん | 批准 | 名 | 条約を批准する　(類)承認、承諾 |
| びしょう | 微小 | 名・形動 | 微小な生物、微小な動き　(類)極小 |
| | 微少 | 名・形動 | 損害は微少だった、微少な分量　(類)極少 |
| ひずみ | ひずみ | 名 | 政策のひずみを是正する　×歪み　(類)ゆがみ |
| ひそ | ひ素・ヒ素・砒素 | 名 | △砒素 |
| ひそか | ひそか | 形動 | ひそかに忍び寄る、ひそかな楽しみ　×密か |
| ひそむ | 潜む | 動 | 物陰に潜む　(類)隠れる |
| ひそめる | 潜める | 動 | 身を潜める、息を潜める　(類)隠す、控え目にする |
| | ひそめる | 動 | 眉をひそめる　×顰める　(類)しかめる |
| ひそやか | ひそやか | 形動 | ひそやかに暮らす　×密やか　(類)こっそり |
| ひたい | 額 | 名 | 額に汗する　(類)おでこ |
| ひたす | 浸す | 動 | 水に浸す　(類)ぬらす |
| ひたすら | ひたすら | 副 | ひたすら尽くす　×只管　(形動)ひたすらに励む　(類)いちず |
| ひだまり | 日だまり | 名 | 公園の日だまり　×日溜まり　(類)日なた、日当たり |
| ひたむき | ひたむき | 形動 | ひたむきな態度　×直向き　(類)ひたすら、いちず |
| ひだりきき | 左利き | 名 | |

| ひたる | 浸る | 動 | 思い出に浸る、気分に浸る　(類)ふける、入り込む |
|---|---|---|---|
| ひっかかる | 引っ掛かる | 動 | 電線に引っ掛かる、詐欺に引っ掛かる、引っ掛かる言い方 |
| ひっきょう | ひっきょう・畢竟 | 副 | ▲畢竟　(類)つまり、つまるところ、結局のところ |
| ひづけ | 日付 | 名 | (法) |
| ひっこし | 引っ越し | 名 | 引っ越し先　(類)転出、転居 |
| ひっこす | 引っ越す | 動 | 新居に引っ越す　(類)移転する |
| ひっこみじあん | 引っ込み思案 | 名 | 引っ込み思案の性格　(類)弱気、内気 |
| ひっこむ | 引っ込む | 動 | こぶが引っ込む、家に引っ込む　(類)へこむ、奥に入る |
| ひっし | 必死 | 形動 | 必死で勉強する、必死の形相　(類)命懸け、死に物狂い |
|  | 必至 | 名・形動 | 苦戦は必至だ、必至の情勢　(類)必然 |
| ひつじょう | 必定 | 名・形動 | 勝利は必定　(類)必ず…なる、確かに |
| ひっす | 必須 | 名 | (改)　必須の条件　(類)必要 |
| ひつぜつ | 筆舌 | 名 | 筆舌に尽くし難い　(類)文章や言葉 |
| ひっそく | ひっそく・逼塞 | 名 | 片田舎にひっそくする　▲逼塞　(類)引き籠もる |
| ひっぱく | ひっ迫・逼迫 | 名 | 生活がひっ迫する、事態がひっ迫する　▲逼迫　(類)切迫、行き詰まる |
| ひっぱる | 引っ張る | 動 | 綱を引っ張る、返答を引っ張る　(類)引き寄せる、延ばす |
| ひでり | 日照り | 名 | ×旱　(類)干ばつ |
| ひどい | ひどい | 形 | ひどい成績、ひどい暑さだ　×酷い　(類)お粗末、激しい |
| ひといき | 一息 | 名 | 一息入れる、一息に仕上げる　(類)一呼吸、一気に |
| ひとえに | ひとえに | 副 | ひとえに努力のたまもの　×偏に　(類)主として、専ら |
| ひとおもいに | 一思いに | 副 | 一思いに死んでしまおう　(類)思い切って |
| ひとかたならず | 一方ならず | 連語 | 一方ならずお世話になる　(類)一通りでない、たいへん |
| ひとかど | ひとかど | 名 | ひとかどの働きをする　×一廉　(類)人並み、一人前 |
| ひとぎき | 人聞き | 名 | 人聞きが悪い　(類)外聞、他聞 |
| ひときれ | 一切れ | 名 | パン一切れ　(類)一片 |
| ひときわ | ひときわ | 副 | ひときわ目立つ　(類)一段と、一層 |
| ひとけた | 一桁 | 名 | (改)　一桁の成長率、昭和一桁の生まれ |
| ひとごみ | 人混(込)み | 名 | 人混みに紛れる　(類)混雑、雑踏 |
| ひとさわがせ | 人騒がせ | 名・形動 | 人騒がせな事件　(類)世間を騒がす |
| ひとしい | 等しい | 形 | 等しい長さ、詐欺に等しい行為　×均しい・斉しい |
| ひとしお | ひとしお | 副 | 寒さがひとしお身にしみる　×一入　(類)一段と、一層 |
| ひとしく | ひとしく | 副 | 全員ひとしく賛成した　×斉しく　(類)同様に、共に |
| ひとしれず | 人知れず | 連語 | 人知れず心を痛める　(類)そっと、秘密に |
| ひとすじ | 一筋 | 名 | 仕事一筋　(類)いちず、ひたすら |
| ひとそろい | 一そろい | 名 | 道具一そろい　×一揃　(類)一組、一セット |
| ひとだすけ | 人助け | 名 | 人助けだと思って協力してくれ　(類)手助け、援助 |
| ひとたび | 一たび | 名 | 一たびは中止も考えた　(副)一たび雨が降れば　×一度 |
| ひとちがい | 人違い | 名 | (類)人違え、ひとたがい |
| ひとつ | 一つ | 名 | 一つ一つ　(副)ここは一つ慎重に行こう |
| ひとづかい | 人使い | 名 | 人使いが荒い　(類)人の使い方、使役 |
| ひとつづき | 一続き | 名 | 一続きの部屋　(類)一連 |
| ひととおり | 一通り | 名 | 一通り目を通す、…は一通りでなかった　(類)一応、尋常 |
| ひとどおり | 人通り | 名 | 人通りが少ない　(類)人の行き来、人出 |
| ひととび | 一飛び | 名 | アメリカまで一飛び　(類)一っ飛び |
| ひとなみ | 人並み | 名・形動 | 人並みな生活　(類)世間並み |
| ひとにぎり | 一握り | 名 | 一握りの不満分子　(類)僅か |

| ひとばらい | 人払い | 名 | 人払いをして密談する　（類）退去 |
| ひとべらし | 人減らし | 名 | 人減らし合理化　（類）人員削減 |
| ひとまかせ | 人任せ | 名 | 人任せにできない仕事　（類）他人任せ |
| ひとまず | ひとまず | 副 | ひとまず引き上げる　×一先ず　（類）さしずめ、取りあえず |
| ひとまわり | 一回り | 名 | 池を一回り、人間が一回り大きい　（類）一周、一段階 |
| ひとみ | 瞳 | 名 | （改）　瞳を凝らす　（類）目、黒目 |
| ひとみしり | 人見知り | 名 | 子供が人見知りする |
| ひとめぐり | 一巡り | 名 | 島々を一巡りする　（類）一周、一回り |
| ひとり | 一人 | 名 | （付）（人の数）　一人一人、一人っ子、一人息子 |
|  | 独り | 名 | （仲間がいない）　独り言、独り暮らし、独り立ち、独り者 |
| ひどり | 日取り | 名 | 式典の日取り　（類）日程 |
| ひとわたり | ひとわたり | 名 | （副）ひとわたり目を通す　×一渡り　（類）一通り、一応 |
| ひのべ | 日延べ | 名 | 式典を日延べする　（類）延期、延長 |
| ひびかせる | 響かせる | 動 | 靴音を響かせる、名声を響かせる　（類）響かす、評判 |
| ひびく | 響く | 動 | 鐘の音が響く、心に響く　（類）反響する、心にしみる |
| ひびwarれ | ひび割れ | 名 | ガラスのひび割れ |
| ひへい | 疲弊 | 名 | 財政が疲弊する　（類）窮乏する |
| ひぼう | ひぼう・誹謗 | 名 | ひぼう中傷する、人をひぼうする　▲誹謗　（類）悪口 |
| びぼう | 美貌 | 名 | （改） |
| ひま | 暇 | 名 | 暇つぶし　（形動）暇な時間 |
| ひまし | 日増し | 名 | 日増しに暖かくなる　（類）日に日に |
| ひまつ | 飛まつ | 名 | 飛まつ感染　×飛沫　（類）しぶき |
| ひめる | 秘める | 動 | 胸に秘める　（類）伏せる、内緒にする |
| ひめん | 罷免 | 名 | 大臣を罷免する　（類）解任、解職、免職 |
| ひもとく | ひもとく | 動 | 歴史書をひもとく　×繙く　（類）読む |
| ひやあせ | 冷や汗 | 名 | 冷や汗をかく |
| ひやかす | 冷やかす | 動 | 相手を冷やかす　（類）からかう、ちゃかす |
| ひやく | 飛躍 | 名 | 飛躍の年　（類）跳躍、発展する |
| ひやす | 冷やす | 動 | ビールを冷やす、頭を冷やす　（類）冷たくする、冷静 |
| ひやとい | 日雇 | 名 | （複） |
| ひややか | 冷ややか | 形動 | 冷ややかな視線　（類）冷淡 |
| ひゆ | 比喩 | 名 | （改）　（類）たとえ、形容 |
| ひょうき | 標記 | 名 | 標記の件について　（類）標題 |
|  | 表記 | 名 | 表記の住所、国語の表記　（類）おもて書き、つづり |
| ひょうけつ | 表決 | 名 | 書面による表決、表決権　（類）決議、採決 |
|  | 票決 | 名 | 国民の票決による、票決の結果　（類）投票による決定 |
|  | 評決 | 名 | 裁判官の評決、無罪の評決が下る　（類）評議採決する |
| ひょうご | 標語 | 名 | 標語を募集する、交通安全の標語　（類）スローガン |
|  | 評語 | 名 | ５段階の評語で表す、評定評語　（類）成績評価 |
| ひょうじ | 標示 | 名 | 道路標示、標示板　（類）目印 |
|  | 表示 | 名 | 意思表示、住居表示、品質表示　（類）外部に表す |
| ひょうする | 表する | 動 | 敬意を表する　（類）表す |
|  | 評する | 動 | 人物を評する　（類）批評する |
| ひょうはく | 漂泊 | 名 | 漂泊の旅　（類）放浪、流浪 |
|  | 表白 | 名 | 自身の決意を表白する　（類）表現、表明 |
| ひょうぼう | 標ぼう・標榜 | 名 | 平和主義を標ぼうする　▲標榜　（類）公然と表す、表明、掲げる |

199

| ひよく | 肥沃 | 名・形動 | （改）肥沃な大地　（類）豊沃、豊じょう |
|---|---|---|---|
| ひよけ | 日よけ | 名 | ×日除け　（類）日覆い、すだれ、ブラインド |
| ひより | 日和 | 名 | （付）（類）天候、陽気 |
| ひよわ | ひ弱 | 形動 | ひ弱な性格　（類）弱々しい、虚弱 |
| ひらあやまり | 平謝り | 名 | 平謝りに謝る　（類）平身低頭 |
| ひらきなおる | 開き直る | 動 | 開き直って反問する　（類）居直る |
| ひらく | ひらく・拓く | 動 | 未来をひらく　△拓く |
| | 開く | 動 | 扉を開く、会議を開く、口を開く　（類）開ける |
| ひらける | 開ける | 動 | 視界が開ける、運が開ける　（類）広がる、運が向く |
| ひらたい | 平たい | 形 | 平たい土地、平たい言葉　（類）平ら、平たん、平易、易しい |
| ひらに | 平に | 副 | 平にお許し下さい　（類）どうか、何とか |
| ひらめく | ひらめく | 動 | 名案がひらめく　×閃く　（類）思い付く |
| ひらやだて | 平屋（平家）建て | 名 | （類）一階建て |
| ひるがえす | 翻す | 動 | 前言を翻す、手のひらを翻す　（類）覆す、裏返す |
| ひるすぎ | 昼過ぎ | 名 | （類）午後、昼下がり |
| ひるむ | ひるむ | 動 | ピストルを見てひるむ　×怯む　（類）尻込み、たじろぐ |
| ひるやすみ | 昼休み | 名 | |
| ひれき | 披れき・披瀝 | 名 | 真情を披れきする　▲披瀝　（類）表明、吐露 |
| ひれつ | 卑劣 | 名・形動 | 卑劣な行為　（類）卑きょう |
| ひろう | 拾う | 動 | ごみを拾う、車を拾う、人材を拾う　（類）取り上げる |
| | 疲労 | 名 | 疲労が蓄積する、疲労困ばい　（類）疲れ、過労 |
| | 披露 | 名 | 経験を披露する、披露宴　（類）公表する、知らせる |
| ひろがる | 広がる | 動 | 道路が広がる、被害が広がる　×拡がる　（類）広まる |
| ひろびろと | 広々と | 副 | 広々とした原野　（類）広やか、広大 |
| ひろまる | 広まる | 動 | うわさが広まる　（類）広がる、行き渡る |
| ひろめる | 広める | 動 | 見聞を広める　（類）知られるようにする、豊かにする |
| ひわい | 卑わい・卑猥 | 名・形動 | 卑わいな話　△卑猥　（類）下品、淫ら、わいせつ |
| ひわり | 日割り | 名 | 日割りで支払う　（類）一日当たり、日ごと |
| ひわりけいさん | 日割計算 | 名 | |
| びん | 瓶 | 名 | 花瓶、ガラス瓶 |
| ひんし | ひん死・瀕死 | 名 | ひん死の状況　▲瀕死　（類）危篤、重体 |
| ひんしゅく | ひんしゅく | 名 | ひんしゅくを買う　×顰蹙　（類）眉をひそめる |
| ひんしゅつ | 頻出 | 名 | 入試に頻出する問題、難題が頻出する　（類）よく出る、頻発 |
| びんしょう | 敏しょう・敏捷 | 名・形動 | 敏しょうな動作　▲敏捷　（類）すばしっこい、敏速、敏活 |
| ひんする | 貧する | 動 | 生活に貧する、貧すれば鈍する　（類）貧しい、貧乏 |
| | ひんする・瀕する | 動 | 絶滅の危機にひんする　▲瀕する　（類）差し迫る |
| びんせん | 便箋 | 名 | （改） |
| びんづめ | 瓶詰 | 名 | （法） |
| ひんぱつ | 頻発 | 名 | 事故が頻発する　（類）多発、群発 |
| ひんぱん | 頻繁 | 名・形動 | 頻繁に出入りする　（類）ひっきりなし、しきりに |
| びんらん | びん乱・紊乱 | 名 | 風紀のびん乱　△紊乱　（類）壊乱、乱れ |
| びんわん | 敏腕 | 名・形動 | 敏腕を振るう、敏腕刑事　（類）有能、辣腕 |
| ぶあい | 歩合 | 名 | （法） |
| ぶあいそう | 無愛想 | 名・形動 | 無愛想な店員、無愛想に返事する　（類）素っ気ない |
| ふいうち | 不意打（討）ち | 名 | 不意打ちを食らう　（類）奇襲、急襲 |

| ふう | 風 | 名 | 風雲、洋風、学者風の人 |
|---|---|---|---|
| | …ふう | 名 | こういうふうに造る、何気ないふうを装う |
| ふうかん | 封かん・封緘 | 名 | ▲封緘 |
| ふうきり | 封切り | 名 | 映画の封切り |
| ふうきりかん | 封切館 | 名 | （法） |
| ふうじこめる | 封じ込める | 動 | 放射能を封じ込める （類）閉じ込める |
| ふえる | 増える | 動 | （⇔減る・減らす）（数や量が多くなる） 人数が増える、出費が増える、事故が増える |
| | 殖える | 動 | （財産や動植物が多くなる） 資産が殖える、ねずみが殖える |
| | | （注） | 現在の表記実態としては、「利殖・繁殖」の意で用いる場合も「資産が増える」「家畜を増やす」など、「増」を用いることが多い。 |
| ふえん | 敷えん・敷衍 | 名 | 敷えんして述べる ▲敷衍 （類）展開、詳細に説明 |
| ふか | 付加 | 名 | 特典を付加する、付加価値 （類）追加、補足 |
| | 負荷 | 名 | モーターに負荷がかかる （類）任務、抵抗 |
| | 賦課 | 名 | 税を賦課する、賦課金 （類）課税 |
| ふかけつ | 不可欠 | 名・形動 | 不可欠な条件 （類）必須、必要、根幹 |
| ふかす | 吹かす | 動 | たばこを吹かす、…風を吹かす （類）吐き出す、振る舞う |
| | 更かす | 動 | 読書に夜を更かす （類）時を過ごす |
| | ふかす | 動 | 芋をふかす ×蒸かす （類）蒸す |
| ふかひ | 不可避 | 名・形動 | 衝突は不可避のことと思われる （類）回避不能 |
| ふかぶか | 深々 | 副 | 深々と頭を下げる （類）非常に深く |
| ふかめる | 深める | 動 | 理解を深める、親交を深める （類）深くする、深化 |
| ふかん | 付款 | 名 | （類）付加する条件 |
| ふき | 付記 | 名 | （類）追記、追録 |
| ふきあげる | 吹き上げる | 動 | 風が吹き上げる、木の葉を吹き上げる （類）舞い上げる |
| | 噴き上げる | 動 | 蒸気が噴き上げる （類）噴き出る |
| ふきあれる | 吹き荒れる | 動 | 木枯らしが吹き荒れる （類）吹きすさぶ |
| ふきかえ | 吹き替え | 名 | 外国映画の吹き替えをする （類）代役、録音し直す |
| | ふき替え | 名 | 屋根のふき替え ×葺き替え （類）屋根替え |
| ふきこむ | 吹き込む | 動 | 息を吹き込む、悪知恵を吹き込む （類）入ってくる、教唆 |
| ふきさらし | 吹きさらし | 名 | 吹きさらしのプラットホーム ×吹き曝し |
| ふきだす | 吹き出す | 動 | たばこの煙を吹き出す、風が吹き出す （類）吐き出す |
| | 噴き出す | 動 | 汗が噴き出す、不満が噴き出す （類）勢いよく出る |
| ふきだまり | 吹きだまり | 名 | 雪の吹きだまり、社会の吹きだまり |
| ふきとばす | 吹き飛ばす | 動 | 屋根を吹き飛ばす、暑さを吹き飛ばす （類）吹き払う |
| ふきゅう | 普及 | 名 | ビデオが普及する （類）行き渡る |
| | 不朽 | 名 | 不朽の名作 （類）不滅 |
| | 腐朽 | 名 | 腐朽した木材 （類）朽ち果てる |
| ふきょう | 不況 | 名 | 不況の嵐、世界不況 （類）不景気 |
| | 不興 | 名 | 一同の不興を買う （類）不機嫌 |
| ふく | 吹く | 動 | 風が吹く、笛を吹く、ほらを吹く |
| | 噴く | 動 | 火山が煙を噴く |
| | 拭く | 動 | （改） 汗を拭く |
| | ふく | 動 | 屋根をふく ×葺く |
| ふくしゅう | 復しゅう・復讐 | 名 | 敵に復しゅうする ▲復讐 （類）報復、仕返し |

| ふくする | 服する | 動 | 刑に服する、喪に服する、威に服する　（類）従う、服従 |
|---|---|---|---|
| | 復する | 動 | 正常に復する　（類）直る、戻る、屈する |
| | 伏する | 動 | 神前に伏する　（類）平伏する、うつむく |
| ふくびき（けん） | 福引（券） | 名 | （法） |
| ふくみ | 含み | 名 | 含みのある言葉　（類）含意、含蓄 |
| ふくむ | 含む | 動 | サービス料を含む料金、昼食代を含む費用　（類）包含、含有 |
| ふくめる | 含める | 動 | 手数料を含める、言い含める　（類）包含、納得させる |
| ふくらむ | 膨らむ | 動 | 予算が膨らむ、夢が膨らむ　（類）大きくなる |
| ふける | 更ける | 動 | 夜が更ける、秋が更ける　（類）暮れる |
| | 老ける | 動 | 年齢が老ける、老けた顔　（類）老いる、年を取る |
| | ふける | 動 | 本を読みふける、思索にふける　×耽る　（類）溺れる |
| ふこう | 不孝 | 名・形動 | 先立つ不孝、親不孝 |
| | 不幸 | 名・形動 | 不幸中の幸い |
| ふごう | 符合 | 名 | 事実と符合する、偶然の符合　（類）合致、一致 |
| | 符号 | 名 | 符号を付ける、符号化　（類）記号、マーク |
| ふさがる | 塞がる | 動 | （改）　トンネルが塞がる　（類）埋まる、詰まる、閉じる |
| ふさぐ | 塞ぐ | 動 | （改）　穴を塞ぐ　（類）埋める、閉じる、閉ざす |
| ふさわしい | ふさわしい | 形 | ふさわしい服装　×相応しい　（類）似つかわしい |
| ふじ | 藤 | 名 | （改）　藤の花、藤づる |
| ふじゅうぶん | 不十分 | 名・形動 | 不十分な措置　×不充分　（類）十分でない、不徹底 |
| ふじゅん | 不順 | 名・形動 | 天候不順、体調不順　（類）変調、不調 |
| | 不純 | 名・形動 | 動機が不純、不純物　（類）純真でない |
| ふしょう | 不詳 | 名 | 作者不詳、年齢不詳　（類）不明 |
| | 不祥 | 名・形動 | 不祥な出来事、不祥事　（類）不吉 |
| | 不肖 | 名・形動 | 不肖の子　（類）愚かな、非才 |
| ふしょく | 腐食 | 名 | 金属が腐食する　×腐蝕　（類）腐る、腐朽 |
| ぶじょく | 侮辱 | 名 | 相手を侮辱する　（類）辱める、汚辱 |
| ふしん | 不信 | 名 | 政治不信、不信感が高まる　（類）信頼できない |
| | 不振 | 名 | 経営不振に陥る、食欲不振　（類）減退、後退 |
| | 不審 | 名・形動 | 挙動不審な男、不審を抱く、不審尋問　（類）疑念、疑心 |
| | 腐心 | 名 | 事業の発展に日夜腐心する　（類）苦心、苦慮、熱心、熱意 |
| ふじん | 夫人 | 名 | （他人の妻の敬称）　社長夫人、夫人同伴の晩餐会 |
| | 婦人 | 名 | （成人の女性）　婦人会、婦人服 |
| ふす | 付す | 動 | 意見を付す、条件を付す　（類）付加、追加 |
| | 伏す | 動 | 地に伏す、ひれ伏す　（類）平伏する、うつむく |
| ふずい | 付随 | 名 | 付随条項、付随する問題を解決する　（類）附帯、附属 |
| ふせい | 不正 | 名・形動 | 不正な行為、不正を働く　（類）不当、よこしま |
| | 不整 | 名・形動 | 不整脈　（類）不順、不調 |
| ふせぐ | 防ぐ | 動 | 侵入を防ぐ、事故を未然に防ぐ　（類）食い止める、防止 |
| ふせつ | 敷設 | 名 | 鉄道を敷設する　（類）埋設 |
| ふせる | 伏せる | 動 | 目を伏せる、実名を伏せる　（類）うつむく、下向く、隠す |
| ふせん | 付箋・附箋 | 名 | （改） |
| ふそく | 附則 | 名 | |
| | 不測 | 名 | 不測の事態　（類）思い掛けない、不慮 |
| ふぞく | 附属 | 名 | …に附属する協定、附属機関　（類）付随、附帯 |
| ふそん | 不遜 | 名・形動 | （改）　不遜な態度 |

| ふた | 蓋 | 名 | (改) かさ蓋、蓋付き |
| ふたい | 附帯 | 名 | …に附帯する案件、附帯決議 (類)付随、附属 |
| ふたく | 付託 | 名 | 議案を委員会に付託する (類)委嘱、委任 |
| | 負託 | 名 | 国民の負託に応える (類)信託、信任 |
| ふたしか | 不確か | 形動 | 不確かな情報 (類)あやふや、曖昧 |
| ふたたび | 再び | 副 | 再び訪れる、信頼を再び取り戻す (類)また、重ねて |
| ふたり | 二人 | 名 | (付) |
| ふだん | 不断 | 名・形動 | 不断の努力、優柔不断な性格 (類)絶えず、決断できない |
| | ふだん | 名 | (仮名) ふだん着 ×「普段」は当て字 (類)平素、日常、日頃 |
| ふち | 縁 | 名 | 縁取り、額縁、縁なし眼鏡 (類)端、へり、際 |
| | ふち | 名 | 川のふち、絶望のふちに立つ ×淵 (類)深えん、深み |
| | 附置 | 名 | 研究施設を附置する (類)附属 |
| ふつか | 二日 | 名 | (付) 二日酔い |
| ぶつかる | ぶつかる | 動 | 岩にぶつかる 難問にぶつかる ×打つかる (類)突き当たる |
| ぶっけん | 物件 | 名 | 不動産物件、差押え物件 |
| | 物権 | 名 | 担保物権 |
| ふっしょく | 払拭 | 名 | (改) 不信感を払拭する (類)一掃、除去 |
| ふっそ | ふっ素・フッ素・弗素 | 名 | △弗素 |
| ふてき | 不適 | 名・形動 | 適不適を論ずる、不適な人物 (類)不適当、不適格 |
| | 不敵 | 名・形動 | 不敵者、不敵な面構え (類)豪胆、豪放 |
| ふてくされる | ふて腐れる | 動 | 注意されてふて腐れる (類)やけ、自暴自棄、破れかぶれ |
| ふと | ふと | 副 | ふと思い出す ×不図 (類)不意に |
| ふとい | 太い | 形 | 太い柱、太い声 |
| ふとう | 不当 | 名・形動 | 不当な評価、不当な扱い (類)不適当、正当でない |
| | ふ頭・埠頭 | 名 | △埠頭 (類)波止場、船着き場 |
| ふところ | 懐 | 名 | 懐手、懐具合 |
| ふとどき | 不届き | 名・形動 | 不届き者、不届きな奴だ (類)ふらち、大それた |
| ぶどまり | 歩留り | 名 | (複) |
| ふとる | 太る | 動 | ×肥る |
| ふなあそび | 船遊び | 名 | |
| ふなつきば | 船着場 | 名 | (複) |
| ふなづみ | 船積み | 名 | |
| ふなづみかもつ | 船積貨物 | 名 | (法) |
| ふなれ | 不慣れ | 名・形動 | 不慣れな仕事 (類)慣れない、経験の少ない |
| ふにあい | 不似合い | 名・形動 | 不似合いな格好 (類)似合わない、釣り合わない |
| ふね | 舟 | 名 | (手こぎの小型のふね) ささ舟、小舟 |
| | 船 | 名 | (動力付きの大型のふね) 船の甲板、船で帰国する |
| ふはい | 腐敗 | 名 | 政治の腐敗を嘆く (類)堕落 |
| ふばらい | 不払 | 名 | (複) 賃金の不払 |
| ぶばらい | 賦払 | 名 | (複) 自動車代金の賦払 (類)割賦 |
| ふひょう | 不評 | 名 | 不評を買う (類)不人気、悪評 |
| | 付表 | 名 | 巻末の付表を参照する |
| | 付票 | 名 | 荷物に付票を付ける |
| ふぶき | 吹雪 | 名 | (付) 花吹雪、紙吹雪 |
| ふふくもうしたて | 不服申立て | 名 | |
| ふへん | 普遍 | 名・形動 | 普遍的な真理 (類)共通、広く行き渡る |

| | | | |
|---|---|---|---|
| | 不偏 | 名・形動 | 不偏不党の精神　（類）公正 |
| | 不変 | 名・形動 | 永久不変、不変の真理 |
| ふほう | 訃報 | 名 | （改）　突然の訃報　（類）悲報 |
| ふまえる | 踏まえる | 動 | 事情を踏まえる　（類）踏み付ける、考慮に入れる |
| ふみきり | 踏切 | 名 | （法） |
| ふみきる | 踏み切る | 動 | 結婚に踏み切る　（類）思い切る |
| ふみこむ | 踏み込む | 動 | 踏み込んで発言する　（類）乗り込む、立ち入る、押し入る |
| ふみたおす | 踏み倒す | 動 | 借金を踏み倒す　（類）払わない、返さない |
| ふみだす | 踏み出す | 動 | 一歩前に踏み出す、政界に踏み出す　（類）出る、活動する |
| ふみとどまる | 踏みとどまる | 動 | 現状に踏みとどまる　×踏み止まる　（類）思いとどまる |
| ふみはずす | 踏み外す | 動 | 階段を踏み外す、人の道を踏み外す　（類）外れる |
| ふむ | 踏む | 動 | アクセルを踏む、正規の手続を踏む　（類）のっとる |
| ふむき | 不向き | 名・形動 | 向き不向き、不向きな性格　（類）不相応、不適応 |
| ふもと | 麓 | 名 | （改）　山麓　（類）山裾 |
| ふやす | 増やす | 動 | 人数を増やす　（類）多くする、増加する |
| | 殖やす | 動 | 財産を殖やす　（類）ためる |
| ふゆきとどき | 不行き届き | 名・形動 | 監督不行き届きによる不祥事　（類）不徹底、不十分 |
| ふよ | 付与 | 名 | 権限を付与する　（類）授ける |
| | 賦与 | 名 | 天から賦与された才能　（類）分け与える |
| ふよう | 不用 | 名・形動 | 不用な物品、不用品の回収　（類）使用しない |
| | 不要 | 名・形動 | 不要な買い物、不要な経費　（類）不必要、いらない |
| ぶり | …ぶり | 接尾 | （仮名）　説明ぶり |
| ふりあい | 振り合い | 名 | 次の振り合いで記載する　（類）釣り合い、都合、要領 |
| ふりかえ | 振替 | 名 | （法） |
| ふりかえる | 振り返る | 動 | 学生時代を振り返る　（類）振り向く、顧みる |
| | 振り替える | 動 | 予算を振り替える、休日を振り替える　（類）移し替え |
| ふりがな | 振り仮名 | 名 | |
| ふりきる | 振り切る | 動 | 追っ手を振り切る、バットを振り切る　（類）逃げ切る |
| ふりこみきん | 振込金 | 名 | （法） |
| ふりこむ | 振り込む | 動 | 口座に振り込む　（類）払い込む |
| | 降り込む | 動 | 雨が降り込む　（類）入り込む |
| ふりだし | 振出し | 名 | （複）　小切手の振出し |
| | 振出（人） | 名 | （法） |
| ふりだす | 振り出す | 動 | 小切手を振り出す　（類）発行する |
| ふりょ | 不慮 | 名 | 不慮の事故　（類）不意、意外、不測 |
| ふりわける | 振り分ける | 動 | 荷物を振り分ける、予算を振り分ける　（類）割り当てる |
| ふる | 振る | 動 | 旗を振る、昇進を振る　（類）動かす、失う |
| | 降る | 動 | 雨が降る、災難が降ってくる　（類）落ちてくる、身に及ぶ |
| ぶる | …ぶる | 接尾 | （仮名）　利口ぶる、偉ぶる　×振る　（類）振る舞う |
| ふるいたつ | 奮い立つ | 動 | 決戦を前に奮い立つ　（類）気力がみなぎる、勇み立つ |
| ふるう | 振るう | 動 | （盛んになる、勢いよく動かす）　士気が振るう、権力を振るう　（類）発揮 |
| | 震う | 動 | （小刻みに揺れ動く）　声が震う、体が震う |
| | 奮う | 動 | （気力があふれる）　勇気を奮う　（類）気負う、奮い立つ |
| | ふるう | 動 | 砂をふるう　×篩う・揮う　（類）選り分ける、選別 |
| ふるえる | 震える | 動 | 寒さで震える　（類）小刻みに動く |
| ふるって | 奮って | 副 | 奮って御参加ください　（類）進んで、積極的に |

| ふるびる | 古びる | 動 | 古びたカバン　（類）古くなる、時代遅れ |
| ふるまう | 振る舞う | 動 | 勝手に振る舞う、酒を振る舞う　（類）行動する、おごる |
| ふるめかしい | 古めかしい | 形 | 古めかしい家　（類）古臭い、古風、陳腐 |
| ふれあう | 触れ合う | 動 | 心が触れ合う、名画と触れ合う　（類）接触する、通じる |
| ふれこみ | 触れ込み | 名 | 大物俳優という触れ込み　（類）前宣伝 |
| ふれまわる | 触れ回る | 動 | 悪口を触れ回る　（類）言いふらす、告げて歩く |
| ふれる | 触れる | 動 | 手を触れる、目に触れる、法に触れる　（類）接する、抵触 |
| | 振れる | 動 | （改：訓の追加）　針が振れる　（類）揺れ動く |
| ふろ | 風呂 | 名 | （改）　風呂敷包み |
| ふろく | 付録 | 名 | 付録が付いた雑誌、巻末付録　×附録　（類）別冊 |
| ふわたり | 不渡り | 名 | 不渡りを出す　（類）債務不履行 |
| ふわたりてがた | 不渡手形 | 名 | （法） |
| ふんいき | 雰囲気 | 名 | 和やかな雰囲気　（類）ムード、空気 |
| ふんがい | 憤慨 | 名 | ひどい仕打ちに憤慨する　（類）怒る、慨嘆 |
| ぶんかつ | 分割 | 名 | 相続財産を分割する　（類）分ける、区分 |
| ぶんかつばらい | 分割払 | 名 | （法） |
| ふんき | 奮起 | 名 | 若者の奮起を促す　（類）発奮、奮発 |
| ぶんき | 分岐 | 名 | 支線を分岐させる、人生の分岐点　（類）分かれ目 |
| ふんきゅう | 紛糾 | 名 | 審議が紛糾する　（類）混乱する、ごたごたする |
| ふんさい | 粉砕 | 名 | 岩石を粉砕する　（類）打ち砕く、破砕 |
| ふんしょく | 粉飾 | 名 | 内容を粉飾して報告する、粉飾決算　（類）修飾、虚飾 |
| ふんする | ふんする | 動 | 役者にふんする　×扮する　（類）ふん装する |
| ぶんそうおう | 分相応 | 名・形動 | 分相応の収入を得る、分相応な扱い　（類）応分 |
| ふんぜん | 憤然 | 名 | 憤然として席を立つ　（類）怒る、いきり立つ、息巻く |
| ぶんたん | 分担 | 名 | 作業を分担する、役割分担　（類）分業、分掌、手分け |
| ふんとう | 奮闘 | 名 | …の奮闘で交渉がまとまる、孤軍奮闘　（類）活躍、奔走 |
| ふんばる | 踏ん張る | 動 | 踏ん張って仕事を片付ける　（類）諦めず、踏みとどまる |
| ぶんぴつ | 分泌 | 名 | ホルモンの分泌、分泌液　（類）排出 |
| ふんべつ | 分別 | 名 | 事態を分別する、分別盛り　（類）わきまえる、思慮 |
| ぶんべつ | 分別 | 名 | ごみの分別　（類）区分け、区別 |
| ふんまん | 憤まん・憤懣 | 名 | 憤まんやる方がない　▲憤懣　（類）憤り、立腹 |
| ぶんれつ | 分裂 | 名 | 党が二つに分裂する　（類）分かれる、分離、解体 |
| へいおん | 平穏 | 名・形動 | 平穏な毎日　（類）穏やか、平安 |
| へいがい | 弊害 | 名 | 弊害を除く、弊害を生ずる　（類）害悪 |
| へいき | 併記 | 名 | 両論を併記する　（類）列記 |
| へいこう | 平行 | 名・形動 | 議論が平行線をたどる　（類）交わることのない |
| | 並行 | 名 | 並行して審議する、並行輸入　（類）同時に、並んで進める |
| | 平衡 | 名 | 平衡を保つ、平衡感覚　（類）均衡、釣り合い、バランス |
| ぺいじ | ページ | 名 | ×頁 |
| へいそく | 閉塞 | 名 | （改）　出入口を閉塞する、閉塞感　（類）閉鎖、行き詰まり |
| へいたん | 平たん | 名・形動 | 平たんな土地　×平坦　（類）平ら |
| べき | …べき | 助動 | そうすべきだ　×「するべき」→「すべき」 |
| へきち | へき地・僻地 | 名 | ▲僻地　（類）辺地、辺境、片田舎 |
| へしおる | へし折る | 動 | 枝をへし折る　×圧し折る　（類）折る、手折る |
| へた | 下手 | 名 | （付）　（類）まずい、拙い、稚拙 |

205

| へだたり | 隔たり | 名 | 主張の隔たりを埋める （類）開き、間隔、距離 |
|---|---|---|---|
| へだたる | 隔たる | 動 | 年月が隔たる、主張が隔たっている （類）かけ離れる |
| へだて | 隔て | 名 | 分け隔てなく （類）仕切り、差別 |
| べっし | 蔑視 | 名 | （改）蔑視する （類）軽蔑、侮蔑、軽侮 |
| べつじょう | 別状 | 名 | 命に別状はない （類）異状 |
| | 別条 | 名 | 別条なく暮らしている （類）ふだんと異なること |
| べっと | 別途 | 名 | 別途の方策を選ぶ （副）別途支給する （類）別の、別に |
| べつに | 別に | 副 | 別に用はありません （類）とりたてて、特別に |
| へつらう | へつらう | 動 | 上役にへつらう ×諂う （類）こびる、おもねる |
| へばる | へばる | 動 | 力仕事でへばった （類）ばてる、くたばる、へたばる |
| へや | 部屋 | 名 | （付） |
| へやわり | 部屋割り | 名 | |
| へらす | 減らす | 動 | 人員を減らす （類）減ずる、減少、削減、節減、低減 |
| へらずぐち | 減らず口 | 名 | 減らず口をたたく （類）負け惜しみ、憎まれ口 |
| へりくだる | へりくだる | 動 | へりくだった言葉 ×謙る・遜る （類）謙遜、卑下 |
| へりくつ | へ理屈 | 名 | へ理屈をこねる ×屁理屈 （類）小理屈、き弁 |
| へる | 減る | 動 | 腹が減る、人口が減る （類）空く、減ずる、減少 |
| | 経る | 動 | 京都を経て大阪へ、年月を経る （類）経由、過ぎる、移る |
| へんい | 変異 | 名 | 天地の変異、突然変異 （類）異変、変形、変容 |
| | 変移 | 名 | 世相が変移する （類）推移、変転、移り変わり |
| べんえき | 便益 | 名 | 便益を図る （類）便宜、利益、都合 |
| べんかい | 弁解 | 名 | 弁解の余地はない （類）言い訳、弁明、釈明、申し開き |
| へんかく | 変革 | 名 | 制度を変革する （類）改革、改変 |
| へんかん | 返還 | 名 | 優勝旗を返還する （類）返却、還付 |
| べんぎ | 便宜 | 名・形動 | 便宜を図る、便宜的な措置 （類）特別扱い、一時的 |
| へんきょう | 偏狭 | 名・形動 | 偏狭な見方、偏狭な土地 （類）狭量、狭あい |
| | 辺境 | 名 | 辺境の生まれ （類）へき地、辺地、片田舎 |
| へんけん | 偏見 | 名 | 偏見を抱く、人種的偏見 （類）先入観、偏向、差別 |
| へんこう | 偏向 | 名 | 政治的に偏向した意見、思想の偏向 （類）片寄り、不公平 |
| へんざい | 偏在 | 名 | 富の偏在を防ぐ （類）片寄り |
| | 遍在 | 名 | 世界的に遍在する資源 （類）あまねく、隅々まで、広く |
| へんさん | 編さん・編纂 | 名 | 辞書を編さんする △編纂 （類）編修 |
| へんしゅう | 編集 | 名 | 録音テープを編集する ×編輯 （類）整理検討、再構成 |
| へんする | 偏する | 動 | 思想が偏する、一方に偏した見方 （類）偏向 |
| へんずる | 変ずる | 動 | 心を変ずる （類）変じる、変更する |
| べんする | 便する | 動 | 理解に便する、利用に便する （類）利便、役立つ |
| べんずる | 弁ずる | 動 | 白黒を弁ずる、善し悪しを弁ずる （類）区別、弁別 |
| へんせい | 編成 | 名 | （個々のものを一つにすること） 予算の編成、番組の編成 |
| | 編製 | 名 | （名簿等を作成すること） 戸籍の編製、選挙人名簿の編製 |
| | 編制 | 名 | （組織を組み立てること） 学級編制、救援部隊の編制 |
| へんせつ | 変節 | 名 | 生活のために変節する （類）転向、節操がない |
| へんぜつ | 弁舌 | 名 | 弁舌を振るう （類）物言い、言い回し |
| へんせん | 変遷 | 名 | 時代の変遷 （類）移り変わり |
| べんたつ | べんたつ | 名 | ごべんたつ ×鞭撻 （類）励まし |
| へんてつ | 編てつ・編綴 | 名 | 書類を編てつする △編綴 （類）とじる、とじ合わせる |
| へんぴ | へんぴ | 名・形動 | へんぴな場所 ×辺鄙 （類）へき地、辺地、片田舎 |

| べんべつ | 弁別 | 名 | 是非の弁別をする　(類)識別、判別 |
|---|---|---|---|
| へんぼう | 変貌 | 名 | (改)　変貌を遂げる　(類)変容、様変わり |
| べんぽう | 便法 | 名 | 便法を講ずる、…の便法として…　(類)便宜的な方法 |
| べんめい | 弁明 | 名 | 弁明の機会を与える　(類)弁解、釈明 |
| へんりん | 片りん・片鱗 | 名 | 大器の片りんを示す　▲片鱗　(類)一端 |
| へんれい | 返戻 | 名 | 書類を返戻する、返戻金　(類)差し戻す、返却、返還 |
| へんれき | 遍歴 | 名 | 諸国を遍歴する　(類)巡り歩く、行脚 |
| ほいく | 保育 | 名 | 幼児を保育する、保育施設　×哺育　(類)育児、養育 |
| ほう | 方 | 名 | 南の方、相手の方から　(形動)親切な方だ　(類)方角、側 |
| ぼう | 某 | 名 | 何某、某氏、某課長　(類)誰それ、なにがし |
| ほうかい | 崩壊 | 名 | 堤防が崩壊する、原子核崩壊　×崩潰　(類)決壊、瓦解 |
| ほうがい | 法外 | 名・形動 | 法外な値段、法外な要求　(類)途方もない、非常識な |
| ぼうがい | 妨害 | 名 | 通行を妨害する　×妨碍　(類)邪魔だて、阻害 |
| | 望外 | 名・形動 | 望外の喜び　(類)思い掛けない、予想外 |
| ほうかつ | 包括 | 名 | 包括遺贈　(形動)包括的な交渉　(類)一まとめ、一括 |
| ほうがん | 包含 | 名 | 悲しみを包含する　(類)含みを持つ |
| ほうき | 放棄 | 名 | 権利を放棄する　×抛棄　(類)捨てる、喪失 |
| ぼうぎょ | 防御 | 名 | 攻撃防御　×防禦　(類)防衛、防護 |
| ほうけんてき | 封建的 | 形動 | 封建的な風習、封建的な考え |
| ほうさく | 方策 | 名 | 最善の方策を考える　(類)対策、施策、対応策、善後策 |
| ぼうし | 防止 | 名 | 事故の防止、非行の防止　(類)防ぐ、食い止める、予防 |
| ぼうしつ | 亡失 | 名 | 書類を亡失する　(類)紛失、遺失 |
| | 忘失 | 名 | 記憶を忘失する　(類)忘れる、失念、物忘れ |
| ほうじょ | ほう助・幇助 | 名 | 文書偽造をほう助する、自殺ほう助　△幇助　(類)手助け |
| ほうしょう | 褒章 | 名 | (国から授与される記章)　紫綬褒章 |
| | 褒賞 | 名 | (褒め称えること)　功績により褒賞される　(類)賞賛 |
| | 報奨 | 名 | (努力に報い奨励すること)　功労を報奨する、報奨金 |
| | 報賞 | 名 | (功績に対する賞賛)　報賞を行う、報賞品 |
| | 報償 | 名 | (償いに対する埋め合わせ)　被害者への報償費　(類)補償 |
| ぼうせん | 傍線 | 名 | (類)アンダーライン |
| ぼうぜん | ぼう然 | 名 | 大事件にぼう然自失する　×茫然・呆然　(類)あ然 |
| ぼうだい | 膨大 | 形動 | 膨大な人員をかかえる　×厖大　(類)甚大、ばく大 |
| ぼうちょう | 傍聴 | 名 | 演説を傍聴する、公判を傍聴する、傍聴席 |
| | 膨張 | 名 | 予算が膨張する、都市の膨張　×膨脹　(類)拡大、拡張 |
| ぼうとく | 冒とく・冒瀆 | 名 | 神を冒とくする　△冒瀆　(類)汚す |
| ほうむる | 葬る | 動 | 亡きがらを葬る、過去を葬る　(類)埋める、捨て去る |
| ほうよう | 包容 | 名 | 包容力のある人　(類)寛大さ |
| | 抱擁 | 名 | 我が子を抱擁する　(類)抱き締める |
| ぼうよみ | 棒読み | 名 | 原稿を棒読みする　(類)一本調子で読む |
| ほうりあげる | 放り上げる | 動 | (改)　石を放り上げる |
| ほうりだす | 放り出す | 動 | (改)　窓から放り出す、仕事を放り出す |
| ほうる | 放る | 動 | (改：訓の追加)　球を放る、心配で放っておけない　(類)投げる |
| ぼうろん | 傍論 | 名 | 判決の傍論で述べる |
| | 暴論 | 名 | 暴論を吐く　(類)愚論、曲論 |
| ほお | 頬 | 名 | (改)　頬づえを付く |

| ほおばる | 頬張る | 動 | (改) りんごを頬張る |
|---|---|---|---|
| ほか | ほか | 名 | (仮名) そのほか、…のほか ×外・他 |
| | | | (注) 「外・他」は、常用漢字表にあっても、法令に倣い仮名で書くこととされた(文化審議会建議)。 |
| ほかならない | …(に)ほかならない | 連語 | 努力の賜物にほかならない ×外ならない・他ならない |
| ほがらか | 朗らか | 形動 | 朗らかな性格 (類)明朗、陽気 |
| ぼく | 僕 | 代 | 公僕、僕ら (類)私、俺 |
| ほぐす | ほぐす | 動 | もつれた糸をほぐす ×解す (類)解く、ほどく |
| ほくそえむ | ほくそ笑む | 動 | 密かにほくそ笑む (類)密かに笑う、にんまりする |
| ぼくめつ | 撲滅 | 名 | 犯罪撲滅運動 (類)全滅、絶滅、壊滅 |
| ほご | 保護 | 名 | 迷子を保護する (類)ひ護、擁護 |
| | ほご | 名 | 約束をほごにする ×反故 (類)取り消す、破約 |
| ほこさき | 矛先 | 名 | 追及の矛先が鈍る (類)攻撃目標 |
| ほこらしい | 誇らしい | 形 | 誇らしい顔 (類)得意げ、自慢たらしい |
| ほこり | 誇り | 名 | 誇りに思う、誇りを傷つける (類)名誉、プライド |
| | ほこり | 名 | ほこりが目に入る ×埃 (類)ごみ |
| ほこる | 誇る | 動 | 権勢を誇る、世界に誇る技術 (類)誇示する、長所 |
| ほころび | 綻び | 名 | (改) 計画に綻びがでる (類)破れ、ほつれ |
| ほころびる | 綻びる | 動 | (改) 袖が綻びる、口元が綻びる (類)破れる、和らぐ |
| ほさにん | 補佐人 | 名 | 被告人の補佐人、海事補佐人 |
| | 保佐人 | 名 | 成年後見制度の保佐人 |
| ほじ | 保持 | 名 | 地位を保持する (類)維持 |
| ほしい | 欲しい | 形 | お金が欲しい (類)手に入れる、望む |
| | …(て)ほしい | 補形 | (仮名) 返してほしい、見てほしい (類)してください、してくれると助かる |
| ほじゅう | 補充 | 名 | 人員を補充する、補充選挙 (類)補う、追加 |
| ほじょ | 補助 | 名 | 学資を補助する、補助機関 (類)扶助、補佐、手助け |
| ほしょう | 保障 | 名 | (保護して守ること) 安全保障、言論の自由を保障する |
| | 保証 | 名 | (請け合い責任を持つこと) 身元保証、品質を保証する |
| | 補償 | 名 | (損害を補い償うこと) 災害補償、損害を補償する |
| ほじょう | ほ場 | 名 | ほ場整備 ×圃場 (類)田畑、農園 |
| ほす | 干す | 動 | 日陰に干す ×乾す (類)乾かす |
| ほそく | 補足 | 名 | 説明を補足する (類)付加、追加、補充 |
| | 捕捉 | 名 | (改) 税の捕捉率、敵を捕捉する (類)捕まえる |
| | 補則 | 名 | 補則に規定する (類)附則 |
| ぼつご | 没後 | 名 | 没後100年を記念する |
| ぼっこう | 勃興 | 名 | (改) 新しい国家が勃興する (類)新興、興る |
| ほっしん | 発しん・発疹 | 名 | △発疹 |
| ほっする | 欲する | 動 | 心の欲するままに… (類)望む、願う |
| ぼっする | 没する | 動 | 海底に没する、明治〇年に没する (類)沈む、亡くなる |
| ぼっぱつ | 勃発 | 名 | (改) 戦争が勃発する (類)急に発生する、突発 |
| ほてん | 補填 | 名 | (改) 赤字を補填する (類)補充、埋める |
| ほど | 程 | 名 | 真偽の程、実力の程、程なく、程遠い (類)度合い、間 |
| | …ほど | 副助 | (仮名) 死ぬほど働く、三日ほど経過した (類)くらい、ばかり |
| ほどける | ほどける | 動 | 結び目がほどける ×解ける (類)ほつれる、綻びる |
| ほどこす | 施す | 動 | 情けを施す、医療を施す (類)与える、授ける、恵む |
| ほとんど | ほとんど | 副 | ほとんど終わる ×殆ど (類)大部分、おおかた |

| ほにゅう | 哺乳 | 名 | （改）　哺乳類 |
|---|---|---|---|
| ほねおしみ | 骨惜しみ | 名 | 骨惜しみせずに働く　（類）怠ける |
| ほねおり | 骨折り | 名 | お骨折りいただき　（類）苦労、努力、尽力 |
| ほねぬき | 骨抜き | 名 | 計画案を骨抜きにされる　（類）骨がない |
| ほのめかす | ほのめかす | 動 | 犯行をほのめかす　×仄めかす　（類）匂わす |
| ほぼ | ほぼ | 副 | ほぼ終了した　×略　（類）大体、あらかた |
| ほまれ | 誉れ | 名 | 郷土の誉れ　（類）光栄、名誉 |
| ほめことば | 褒め言葉 | 名 | |
| ほめる | 褒める | 動 | 人を褒める　×誉める　（類）たたえる |
| ほり | 彫り | 名 | 彫りの深い顔　（類）刻み |
| | （鎌倉）彫 | 名 | （法） |
| ほりあげる | 彫り上げる | 動 | 模様を彫り上げる　（類）浮き彫りにする |
| ほりおこす | 掘り起こす | 動 | 木の根を掘り起こす、人材を掘り起こす　（類）掘り出す |
| ほりかえす | 掘り返す | 動 | 過去の事件を掘り返す　（類）再び取り上げる |
| ほりだしもの | 掘り出し物 | 名 | 掘り出し物の器　（類）偶然手に入れた物 |
| ほりぬきいど | 掘抜井戸 | 名 | （法） |
| ほる | 掘る | 動 | 井戸を掘る　（類）うがつ |
| | 彫る | 動 | 仏像を彫る　（類）削る、刻む |
| ぼろ | ぼろ | 名 | ぼろを出す、ぼろを着る　×襤褸　（類）欠点、粗衣 |
| ぼろい | ぼろい | 形 | ぼろいもうけ、ぼろい建物　（類）割のいい、みすぼらしい |
| ほろびる | 滅びる | 動 | 一族が滅びる　（類）滅亡、破滅、絶える |
| ほろぼす | 滅ぼす | 動 | 国を滅ぼす　（類）滅亡させる、絶やす |
| ほんい | 本位 | 名 | 人物本位で選ぶ、住民本位の地方自治　（類）基準、中心 |
| | 本意 | 名 | 私の本意ではない、不本意ながら　（類）真意、本心、本音 |
| | 翻意 | 名 | 翻意を促す　（類）決心を変える |
| ほんそう | 奔走 | 名 | 資料集めに奔走する　（類）駆け回る、奮闘、活躍 |
| ほんとう | 本当 | 名・形動 | 本当の話、本当に困る　（類）真実、実際、実に |
| ぼんのう | 煩悩 | 名 | 煩悩が多い、煩悩を断つ　（類）苦悩、欲望、執着 |
| ほんぽう | 奔放 | 名・形動 | 自由奔放に振る舞う　（類）勝手気まま、我がまま |
| ほんまつてんとう | 本末転倒 | 名 | 本末転倒した議論　×本末顛倒　（類）取り違える |
| ほんやく | 翻訳 | 名 | 英文を翻訳する　（類）訳する、邦訳 |
| ほんらい | 本来 | 名 | 本来の姿に戻る　（副）本来ならば…　（類）元々、通常 |
| ほんりゅう | 本流 | 名 | 保守本流　（類）主流 |
| | 奔流 | 名 | 奔流となって流れる　（類）急流、激流 |
| ほんろう | 翻弄 | 名 | （改）　運命に翻弄される　（類）左右される、影響される、操られる |
| ま | 間 | 名 | 客間、間合い |
| まあたらしい | 真新しい | 形 | 真新しい教科書　（類）新しい |
| まい | 舞 | 名 | 舞を習う、二の舞 |
| まいあがる | 舞い上がる | 動 | 砂ほこりが舞い上がる、我を忘れて舞い上がる |
| まいご | 迷子 | 名 | （付） |
| まいこむ | 舞い込む | 動 | 幸運が舞い込む　（類）舞い降りる、入る |
| まいしん | まい進・邁進 | 名 | 達成にまい進する　△邁進　（類）突き進む |
| まいぼつ | 埋没 | 名 | 日々の生活に埋没する　（類）浸りきる |
| まいもどる | 舞い戻る | 動 | 故郷に舞い戻る　（類）帰る |
| まいる | 参る | 動 | 神社に参る、私が参ります |

| | | | |
|---|---|---|---|
| | …（て）まいる | 補動 | 持ってまいります、…してまいりたい |
| まえいわい | 前祝い | 名 | 合格の前祝い |
| まえうけきん | 前受金 | 名 | （法） |
| まえうり | 前売り | 名 | 入場券の前売り |
| まえおき | 前置き | 名 | 前置きが長い　（類）前口上、序文 |
| まえがき | 前書き | 名 | 本の前書き　（類）端書き |
| まえがし | 前貸し | 名 | 給金の前貸し |
| まえがしきん | 前貸金 | 名 | （法） |
| まえがり | 前借り | 名 | 給料の前借り |
| まえばらい | 前払 | 名 | （複）　代金の前払　（類）先払い |
| まえぶれ | 前触れ | 名 | 大地震の前触れ　（類）予告、予兆 |
| まえむき | 前向き | 名・形動 | 前向きに検討する　（類）積極的に、建設的に、気合の入った、率先して、自発的に |
| まえもって | 前もって | 副 | 前もって連絡する　×前以って　（類）あらかじめ |
| まえわたし | 前渡し | 名 | 代金の前渡し、前渡し金　（類）手付け |
| まがし | 間貸し | 名 | 空き部屋の間貸し |
| まかす | 負かす | 動 | 相手を負かす　（類）勝つ |
| | 任す | 動 | 身を任す　×委す　（類）任せる |
| まかせる | 任せる | 動 | 仕事を任せる　（類）委ねる |
| まかなう | 賄う | 動 | 需要を賄う、費用を賄う　（類）やりくり、工面、捻出 |
| まがぬける | 間が抜ける | 連語 | 間が抜けた返事　（類）拍子抜け、当て外れ |
| まがり | 曲がり | 名 | 曲がり角 |
| | 間借り | 名 | 間借り生活 |
| まかりとおる | まかり通る | 動 | 不正のまかり通る世の中　×罷り通る　（類）通用する |
| まがりなりにも | 曲がりなりにも | 副 | 曲がりなりにも教師として…　（類）完全ではないが… |
| まがる | 曲がる | 動 | 右に曲がる、根性が曲がる　（類）くねる、折れる、ゆがむ |
| まきあげき | 巻上機 | 名 | （法） |
| まきあげる | 巻き上げる | 動 | 釣り糸を巻き上げる　（類）引き上げる、舞い上げる |
| まきおこす | 巻き起こす | 動 | 事件を巻き起こす　（類）引き起こす |
| まきかえす | 巻き返す | 動 | 劣勢を巻き返す　（類）盛り返す |
| まきがみ | 巻紙 | 名 | （法） |
| まきじゃく | 巻尺 | 名 | （法） |
| まきぞえ | 巻き添え | 名 | 事故の巻き添え　（類）巻き込まれる |
| まきつけ | 巻付け | 名 | （複） |
| まきつける | 巻き付ける | 動 | 首に巻き付ける　（類）巻く |
| まきとり | 巻取り | 名 | （複） |
| まきもどす | 巻き戻す | 動 | テープを巻き戻す　（類）巻き返す |
| まきもの | 巻物 | 名 | （法） |
| まぎらす | 紛らす | 動 | 憂さを紛らす　（類）紛れさせる |
| まぎらわしい | 紛らわしい | 形 | 紛らわしい言葉　（類）間違いやすい |
| まぎらわす | 紛らわす | 動 | 寂しさを紛らわす　（類）紛れさせる |
| まぎれ | 紛れ | 名 | （副）腹立ち紛れに…　（類）あげく、あまり |
| まぎれこむ | 紛れ込む | 動 | 書類に紛れ込む　（類）入り込む、入り混じる |
| まぎれる | 紛れる | 動 | 人混みに紛れる、苦痛が紛れる　（類）入り混じる、忘れる |
| まぎわ | 間際 | 名 | 出発の間際　（類）直前、寸前 |
| まく | 巻く | 動 | 時計のねじを巻く、舌を巻く　（類）締める、感嘆する |

| | まく | 動 | 水をまく、自分でまいた種　×蒔く・播く・撒く |
|---|---|---|---|
| まくあき | 幕開き | 名 | 新時代の幕開き　（類）開幕、幕開け |
| まくぎれ | 幕切れ | 名 | あっけない幕切れ　（類）終幕、終わり |
| まくら | 枕 | 名 | （改）　枕をぬらす、枕が上がらない |
| まぐれあたり | まぐれ当たり | 名 | まぐれ当たりで合格する　×紛れ当たり　（類）思い掛けず |
| まけ | 負け | 名 | 負け戦、負け惜しみ、負けず嫌い　（類）敗北 |
| まける | 負ける | 動 | 試合に負ける　（類）屈する、敗れる |
| まげる | 曲げる | 動 | 事実を曲げる、主張を曲げる　（類）ゆがめる、変える |
| まことに | 誠に | 副 | 誠に重要な問題である　×真に　（類）本当に、実に |
| まさか | まさか | 名 | まさかの時の備え　（副）まさか…ないだろう　（類）よもや |
| まさしく | 正しく | 副 | 正しく天才である　（類）本当に、誠に、実に |
| まさに | 正に | 副 | 正に適任だ、正に運命の分かれ目　（類）きっと、ちょうど |
| | | | （注）　解説・広報等においては、「まさに」と書くこともある。 |
| まさる | 勝る | 動 | 経済性で勝る　×優る　（類）しのぐ、長けている |
| まざる | 交ざる | 動 | 漢字と仮名が交ざる　（類）混交 |
| | 混ざる | 動 | 酒に水が混ざる、米に麦が混ざる　（類）混合 |
| まし | 増し | 名 | 割増し、水増し　（類）付加、上乗せ |
| まじえる | 交える | 動 | 私情を交える、論戦を交える　（類）混ぜる、やり取り |
| まして | まして | 副 | まして私には不可能である　×況して　（類）なおさら |
| まじめ | 真面目 | 名・形動 | （付）　真面目に働く、真面目な人　（類）本気、真剣 |
| まじる | 交じる | 動 | （別の物が組み合わさる）　漢字仮名交じり文 |
| | 混じる | 動 | （他の物が一つになる）　雑音が混じる、砂が混じる |
| まじわり | 交わり | 名 | 交わりを断つ、男女の交わり　（類）付き合い、交際 |
| まじわる | 交わる | 動 | 道路と鉄道が交わる、政に交わる　（類）交差、関わる |
| ます | 増す | 動 | 人口が増す、痛みが増す　（類）増える、強まる |
| まず | まず | 副 | まず私から報告します　×先ず　（類）最初に、第一に |
| まずしい | 貧しい | 形 | 貧しい家庭、貧しい想像力　（類）貧乏、貧弱、乏しい |
| ますます | ますます | 副 | ますます元気になる　×益々　（類）更に、なお一層 |
| まぜる | 交ぜる | 動 | （元の素材が判別できる形で一緒になる）　カードを交ぜる |
| | 混ぜる | 動 | （元の素材が判別できない形で一緒になる）　絵の具を混ぜる |
| また | 又… | 接頭 | 又聞き、又貸し　（類）間接的に |
| | また | 接続 | （仮名）山がある。また、川もある。　×又　（類）その上に、かつ |
| | 又 | 副 | 今日も又雨だ、いつか又来ます　（類）再び、同様に |
| まだ | まだ | 副 | まだ若い、まだ時間がある　×未だ　（類）いまだ |
| またがる | またがる | 動 | 各県にまたがる犯罪　×跨る　（類）またぐ |
| またたく | 瞬く | 動 | 星が瞬く、瞬く間に…　（類）ちらちら、あっという間に |
| または | 又は | 接続 | A又はB、a若しくはb又はc　（類）あるいは、若しくは |
| | | | （注）　解説・広報等においては、「または」と書くこともある。 |
| まち | 町 | 名 | （人家が集合している区域）　町並み、町ぐるみの歓迎 |
| | 街 | 名 | （人通りの多い繁華な区域）　街角、学生の街、街の明かり |
| まちあい（しつ） | 待合（室） | 名 | （法） |
| まちあわせ | 待ち合わせ | 名 | 待ち合わせ時間 |
| まちあわせる | 待ち合わせる | 動 | 駅頭で待ち合わせる　（類）落ち合う |
| まちうける | 待ち受ける | 動 | 苦難が待ち受けている　（類）待ち構える、待ち伏せる |
| まぢか | 間近 | 名・形動 | 締切日が間近に迫る　（類）直前、目前、間際、程近い |
| まちがう | 間違う | 動 | 答えを間違う、間違っても…しない　（類）誤る、絶対に |

| まちがえる | 間違える | 動 | 計算を間違える、靴を間違える　（類）誤る、取り違える |
|---|---|---|---|
| まちどおしい | 待ち遠しい | 形 | 帰国が待ち遠しい　（類）待ち望む、待ち焦がれる |
| まちのぞむ | 待ち望む | 動 | 世界平和を待ち望む　（類）待ちわびる、待ち焦がれる |
| まちぶせる | 待ち伏せる | 動 | 獲物を待ち伏せる、待ち伏せて取材する　（類）待ち構える |
| まちはずれ | 町外れ | 名 | 町外れまで見送る |
| まちまち | まちまち | 名・形動 | まちまちの服装、まちまちな意見　×区々 |
| まつ | 待つ | 動 | 便りを待つ、国民の良識に待つ　（類）期待する、託する |
| まつえい | 末えい・末裔 | 名 | 源氏の末えい　▲末裔　（類）血統、子孫 |
| まっか | 真っ赤 | 名・形動 | （付）　真っ赤なうそ、目を真っ赤に泣き腫らす |
| まっさお | 真っ青 | 名・形動 | （付）　真っ青な空、顔が真っ青になる |
| まっさかり | 真っ盛り | 名・形動 | 今が人生の真っ盛りだ　（類）最盛期 |
| まっさき | 真っ先 | 名 | 真っ先に仕上げる　（類）最初、いの一番 |
| まっしょう | 抹消 | 名 | 登記の抹消、名簿から抹消する　（類）消す、消去、消除 |
| まっすぐ | まっすぐ | 名・形動 | まっすぐな性格　（副）まっすぐ進む　×真っ直ぐ |
| まったく | 全く | 副 | 全く…ない、全く彼には困った　（類）全然、本当に |
| まっとうする | 全うする | 動 | 任務を全うする　×完うする　（類）果たす、遂げる |
| まつりあげる | 祭り上げる | 動 | 会長に祭り上げる　（類）地位に就ける、おだてる |
| まつりごと | 政 | 名 | 国の政を行う　（類）政治、政道 |
| まつる | 祭る | 動 | 先祖を祭る　×祀る |
| まつわる | まつわる | 動 | 事業にまつわる疑惑　×纏わる　（類）付きまとう |
| まで | …まで | 副助 | ○日までに提出、東京からパリまで　×迄 |
| まどい | 惑い | 名 | 心の惑い、戸惑い　（類）迷い |
| まとう | まとう | 動 | 着物を身にまとう　×纏う　（類）付ける、着る |
| まどう | 惑う | 動 | 恋に惑う、逃げ惑う　（類）うろたえる、迷う |
| まとはずれ | 的外れ | 名・形動 | 的外れな意見　（類）見当外れ |
| まとめる | まとめる | 動 | 荷物をまとめる、意見をまとめる　（類）片付く、締めくくる |
| まどり | 間取り | 名 | 部屋の間取り　（類）配置、レイアウト |
| まどわす | 惑わす | 動 | 人心を惑わす　（類）迷わす、だます、欺く |
| まなこ | 眼 | 名 | どんぐり眼、血眼　（類）目、目玉、ひとみ |
| まなざし | まなざし | 名 | 鋭いまなざしを向ける　×眼差し・目差し　（類）目つき |
| まにあう | 間に合う | 動 | 千円で間に合う、出発に間に合う　（類）足りる、遅れずに |
| まぬがれる | 免れる | 動 | 債務を免れる　（類）逃れる |
| まね | まね | 名 | 大人のまね　×真似　（類）模倣、模擬 |
| まねく | 招く | 動 | 友人を招く、破綻を招く　（類）招待、呼ぶ、引き起こす |
| まのあたり | 目の当たり | 名 | 事件を目の当たりにする　（類）目の前、眼前 |
| まのび | 間延び | 名 | 間延びした顔　（類）締まりがない |
| まばたく | まばたく | 動 | 星がまばたく　×瞬く |
| まびき | 間引き | 名 | バスの間引き運転　（類）間隔を置く |
| まびく | 間引く | 動 | 大根を間引く　（類）抜き取る |
| まぶか | 目深 | 形動 | 帽子を目深にかぶる　（類）めぶか |
| まぶしい | まぶしい | 形 | まぶしい太陽、まぶしいほどの美しさ　×眩しい |
| まぼろし | 幻 | 名 | 幻の名画 |
| まま | …まま | 形名 | そのまま、足の向くまま　×儘 |
| まむかい | 真向かい | 名 | 駅の真向かい　（類）真正面 |
| まもなく | 間もなく | 副 | 間もなく春が来る　（類）直ぐに、程なく |
| まもる | 守る | 動 | 身を守る、約束を守る、沈黙を守る　（類）かばう、厳守 |

| まゆ | 繭 | 名 | 蚕の繭、繭玉 |
| | 眉 | 名 | （改）　眉毛、眉唾 |
| まよう | 迷う | 動 | 道に迷う、去就に迷う　（類）惑う、うろたえる |
| まよわす | 迷わす | 動 | 人心を迷わす　（類）惑わす、だます、欺く |
| まる | 丸 | 名 | 丸太、丸洗い |
| まるい | 丸い | 形 | （球形である、角がない）　地球は丸い、丸く収める |
| | 円い | 形 | （円の形である、円満である）　円（丸）い窓、円（丸）く輪になる |
| | | | （注）　現在の漢字使用においては、球形のものだけではな<br>く、円形のものに対しても、「丸」を当てることが多い。 |
| まるで | まるで | 副 | まるで話が分からない、まるで子供だ　（類）全然、全く |
| まるめこむ | 丸め込む | 動 | 言葉巧みに丸め込む　（類）抱き込む |
| まるめる | 丸める | 動 | 紙くずを丸める　（類）丸い形にする |
| まれ | まれ | 形動 | まれに見る逸材　×稀・希　（類）たま、珍しい |
| まわす | 回す | 動 | つまみを回す、仕事を回す　（類）回転、行き渡らせる |
| まわり | 回り | 名 | 身の回り、胴回り、回り道、年始回り　×廻り |
| | 周り | 名 | 池の周り、周りの人、周りの期待　（類）周囲 |
| まわりもち | 回り持ち | 名 | 当番を回り持ちにする　（類）輪番、回り番 |
| まんえん | まん延 | 名 | 伝染病がまん延する　×蔓延　（類）はびこる、のさばる |
| まんきつ | 満喫 | 名 | 旅を満喫する　（類）堪能、満足 |
| まんざら | まんざら | 副 | まんざら嫌でもなさそうだ　（類）必ずしも、あながち |
| まんしん | 満身 | 名 | 満身の力を込める　（類）体中、全身 |
| | 慢心 | 名 | 慢心しないように自戒する　（類）おごり |
| まんぜん | 漫然 | 名 | 漫然と話を聞く　（類）いい加減 |
| まんなか | 真ん中 | 名 | 東京の真ん中　（類）中央、中心 |
| まんびき | 万引き | 名 | 食料品を万引きされる　（類）盗み、取られる |
| まんべんない | 満遍ない | 形 | 満遍なく分け与える　（類）あまねく |
| み | み… | 接頭 | み心、み霊　×御… |
| | …み | 接尾 | （仮名）　弱み、有り難み　×…味 |
| みあい | 見合い | 名 | 見合い結婚 |
| みあう | 見合う | 動 | 投資に見合う利益　（類）釣り合う、似合う |
| みあきる | 見飽きる | 動 | 景色に見飽きる |
| みあげる | 見上げる | 動 | 空を見上げる、見上げた心掛け　（類）仰ぐ |
| みあやまる | 見誤る | 動 | 本質を見誤る　（類）見違える、見まがう、見損なう |
| みあわせ | 見合せ | 名 | （複）　実施の見合せを検討する　（類）様子見 |
| みあわせる | 見合わせる | 動 | 二案を見合わせる、旅行を見合わせる　（類）見交わす |
| みいだす | 見いだす | 動 | 打開策を見いだす　×見出す　（類）見付ける、発見 |
| みいり | 実入り | 名 | 実入りの多い仕事　（類）実収、手取り |
| みうける | 見受ける | 動 | 心得があると見受ける　（類）判断する、見て取る |
| みうごき | 身動き | 名 | 借金で身動きできない　（類）身じろぎ、動作 |
| みうしなう | 見失う | 動 | 人生の目標を見失う　（類）見えなくなる |
| みうり | 身売り | 名 | 経営難で会社を身売りする　（類）譲渡する |
| みえ | 見え | 名 | 見えを張る、見えを切る　×見栄　（類）虚栄心、体裁 |
| みおくる | 見送る | 動 | 客を見送る、着工を見送る　（類）送る、控える |
| みおさめ | 見納め | 名 | 今生の見納め |
| みおとす | 見落とす | 動 | 異常を見落とす、標識を見落とす　（類）見過ごす、看過する |

| みおとり | 見劣り | 名 | 本物よりも見劣りする、見劣りのする作品　（類）劣って見える |
| みおぼえ | 見覚え | 名 | 見覚えがある人　（類）記憶、覚え |
| みかえり | 見返り | 名 | 見返りを期待する　（類）代償 |
| みかえりぶっし | 見返物資 | 名 | （法） |
| みかぎる | 見限る | 動 | 部下を見限る　（類）見捨てる、見放す |
| みがく | 磨く | 動 | 靴を磨く、腕を磨く　×研く　（類）きれいにする、鍛える |
| みかけ | 見掛け | 名 | 見掛け倒し、見掛けが悪い　（類）上辺、外見、見た目 |
| みかける | 見掛ける | 動 | よく見掛ける人　（類）見受ける |
| みがまえる | 身構える | 動 | 危難に身構える　（類）用心する、警戒する |
| みがわり | 身代わり | 名 | 上司の身代わりになる　（類）代わり、犠牲、替え玉 |
| みかん | 未完 | 名 | 未完の大器、未完の小説　（類）未完成、未完了 |
| みきき | 見聞き | 名 | よく見聞きする　（類）見聞 |
| みきり | 見切り | 名 | 見切り品、見切り発車　（類）見捨てる、見限る、見込み |
| みぎり | みぎり | 名 | 厳寒のみぎり、幼少のみぎり　×砌　（類）時候、時 |
| みきわめる | 見極める | 動 | 成り行きを見極める　（類）見定める、見据える |
| みくびる | 見くびる | 動 | 相手を見くびる　×見縊る　（類）見下す、侮る |
| みくらべる | 見比べる | 動 | 絵画を見比べる　（類）比べる、比較 |
| みぐるしい | 見苦しい | 形 | 見苦しい負け方　（類）みっともない、はしたない |
| みけん | 眉間 | 名 | （改）　眉間にしわを寄せる |
| みごと | 見事 | 形動 | 見事な出来栄え　（副）見事成功する　（類）立派 |
| みこみ | 見込み | 名 | 見込みがはずれる、見込み違い　（類）見当、読み、見通し |
| みこみがく | 見込額 | 名 | （法） |
| みこみすうりょう | 見込数量 | 名 | （法） |
| みこみのうふ | 見込納付 | 名 | （法） |
| みこむ | 見込む | 動 | 利益を見込む、将来性を見込む　（類）見積もる、当て込む |
| みごもる | 身籠もる | 動 | （改）　子を身籠もる　×孕る・妊る　（類）はらむ |
| みごろ | 見頃 | 名 | （改）　桜の見頃　（類）見どき |
| みごろし | 見殺し | 名 | 友を見殺しにする、投手の好投を見殺しにする　（類）放置 |
| みさだめる | 見定める | 動 | 値打ちを見定める　（類）見極める、見据える |
| みじめ | 惨め | 名・形動 | 惨めな生活、惨めな姿　（類）悲惨、哀れ |
| みしる | 見知る | 動 | 見知らぬ客　（類）面識 |
| みずあび | 水浴び | 名 | |
| みすえる | 見据える | 動 | 現実を見据える　（類）見つめる、見定める、視野に含める |
| みずかけろん | 水掛け論 | 名 | 水掛け論に終始する　（類）押し問答 |
| みすかす | 見透かす | 動 | 魂胆を見透かす　（類）見通す、見抜く |
| みずから | 自ら | 名 | 自らを省みる　（副）自ら指揮をとる　（類）自分自身 |
| みずぎわ | 水際 | 名 | 水際作戦　（類）瀬戸際 |
| みすごす | 見過ごす | 動 | 標識を見過ごす　（類）見落とす、看過する |
| みずしらず | 見ず知らず | 名 | 見ず知らずの人　（類）見知らぬ |
| みずはりけんさ | 水張検査 | 名 | （法） |
| みずひき | 水引 | 名 | （法） |
| みずびたし | 水浸し | 名 | 部屋が水浸しになる　（類）冠水、浸水 |
| みずまき | 水まき | 名 | 庭に水まきをする　×水撒き　（類）散水、打ち水 |
| みずまし | 水増し | 名 | 水増し請求をする　（類）架空、上積み |
| みする | 魅する | 動 | 人を魅する　（類）魅了する、魅惑する |
| みせかけ | 見せ掛け | 名 | 見せ掛けばかりの品　（類）外見、上辺、見てくれ |

| みせしめ | 見せしめ | 名 | 職員の前で見せしめにする　（類）お仕置き |
|---|---|---|---|
| みせる | 見せる | 動 | 庭を見せる、落ち着きを見せる　（類）示す、呈する |
| | …（て）みせる | 補動 | 絵に描いてみせる、驚いてみせる |
| みぜん | 未然 | 名 | 災害を未然に防ぐ　（類）事前 |
| みぞ | 溝 | 名 | 溝を掘る、両国間の溝が深まる　（類）どぶ、隙間 |
| みぞう | 未曾有 | 名 | （改）　未曾有の大事故　（類）空前の、かつてない |
| みそこなう | 見損なう | 動 | 数字を見損なう、君を見損なう　（類）見過ごす、評価誤り |
| みだし | 見出し | 名 | 本の見出しを付ける　（類）標題、索引、インデックス |
| みたす | 満たす | 動 | 要求を満たす　×充たす　（類）満ちる、みなぎる |
| みだす | 乱す | 動 | 列を乱す、秩序を乱す　（類）混乱させる |
| みだら | 淫ら | 名・形動 | （改）　淫らな行為　（類）ふしだら |
| みだりに | みだりに | 副 | みだりに立ち入るべからず　×濫りに　（類）勝手に、むやみに、何も考えずに、行き当たりばったり |
| みだれ | 乱れ | 名 | 心の乱れ、風紀の乱れ　（類）動揺する、混乱する |
| みだれる | 乱れる | 動 | 髪が乱れる、天下が乱れる　（類）ばらばらになる、混乱 |
| みち | 道 | 名 | 道を急ぐ、勝利への道、医学の道　（類）通路、経路、分野 |
| みちがえる | 見違える | 動 | 姉と妹を見違える　（類）見間違える、見誤る |
| みぢか | 身近 | 名・形動 | 身近な話題、身近に感じる　（類）身辺、手近 |
| みちたりる | 満ち足りる | 動 | 現在の生活に満ち足りる　（類）満足する、足りる |
| みちしお | 満ち潮 | 名 | （類）上げ潮、満潮 |
| みちしるべ | 道しるべ | 名 | 会社経営の道しるべ　（類）道標、手引 |
| みちづれ | 道連れ | 名 | 旅は道連れ　（類）同行者、伴侶 |
| みちびく | 導く | 動 | 成功に導く、結論に導く　（類）案内、仕向ける、引き出す |
| みちる | 満ちる | 動 | 潮が満ちる、自信に満ちる　（類）満潮、みなぎる |
| みつぎもの | 貢ぎ物 | 名 | 貢ぎ物を奉る　（類）献上品 |
| みつげつ | 蜜月 | 名 | （改） |
| みつばち | 蜜蜂 | 名 | （改） |
| みつける | 見付ける | 動 | 解決策を見付ける、埋蔵金を見付ける |
| みつもり | 見積り | 名 | （複）　見積り合わせ |
| | 見積(書) | 名 | （法） |
| みつもる | 見積もる | 動 | 工事費を見積もる　（類）見込む、概算する |
| みとおし | 見通し | 名 | 先の見通しが利く　（類）見渡す、見透かす、見抜く |
| みとがめる | 見とがめる | 動 | 警備員が見とがめる　×見咎める　（類）問いただす |
| みとどける | 見届ける | 動 | 子の行く末を見届ける　（類）確かめる、見極める |
| みとめる | 認める | 動 | 異状を認める、休暇を認める　（類）確認、承認 |
| みとりず | 見取図 | 名 | （法） |
| みな | 皆 | 名 | 皆が賛成する　（代）皆どう思う　（類）全て、全員 |
| みなおす | 見直す | 動 | 書類を見直す、計画を見直す　（類）見返す、再検討 |
| みなす | みなす | 動 | …とみなす　×看做す　（類）判定する、判断する |
| みなみむき | 南向き | 名 | 南向きの部屋 |
| みならい | 見習 | 名 | （複） |
| みならいこう | 見習工 | 名 | （法） |
| みならう | 見習う | 動 | 先輩の仕事を見習う　（類）まねる、倣う |
| みなれる | 見慣れる | 動 | 見慣れた風景　（類）見知っている |
| みにくい | 見にくい | 形 | 舞台が見にくい　×見難い　（類）見づらい |
| | 醜い | 形 | 醜い顔、醜い行為　（類）不細工、見苦しい |

| みぬく | 見抜く | 動 | うそを見抜く　(類)見破る、看破 |
|---|---|---|---|
| みね | 峰 | 名 | (改)　剣が峰 |
| みのがす | 見逃す | 動 | 誤植を見逃す　(類)見過ごす、見落とす |
| みのまわり | 身の回り | 名 | 両親の身の回りの世話をする　(類)身辺 |
| みのり | 実り | 名 | 実りの秋　(類)成果、収穫、業績 |
| みのる | 実る | 動 | 稲が実る、努力が実る　×稔る　(類)実を結ぶ、成果 |
| みばえ | 見栄え | 名 | 見栄えのいい贈り物　(類)外見、見掛け、見た目 |
| みはからう | 見計らう | 動 | 頃合いを見計らう　(類)見繕う |
| みはなす | 見放す | 動 | 医者が見放す　(類)見捨てる、見限る、見切る |
| みはらい | 未払 | 名 | (複) |
| みはらいかんじょう | 未払勘定 | 名 | (法) |
| みはらいねんきん | 未払年金 | 名 | (法) |
| みはらし | 見晴らし | 名 | 見晴らし台　(類)見渡す、眺望、展望 |
| みはり | 見張り | 名 | 見張り番　(類)監視、警戒 |
| みはる | 見張る | 動 | 倉庫を見張る　(類)警戒、見守る |
| | みはる | 動 | 目をみはる　×瞠る　(類)見開く |
| みぶり | 身振り | 名 | (類)振り、所作、しぐさ |
| みぶるい | 身震い | 名 | 寒さに身震いする、思わず身震いする　(類)震え、戦慄 |
| みまい | 見舞い | 名 | (類)慰める、慰問 |
| みまいひん | 見舞品 | 名 | (法) |
| みまう | 見舞う | 動 | 病気の友人を見舞う　(類)慰める、慰問 |
| みまちがえる | 見間違える | 動 | 数字を見間違える　(類)見誤る |
| みまもる | 見守る | 動 | 成長を見守る、成り行きを見守る　(類)見張る、注視、静観 |
| みまわり | 見回り | 名 | 構内の見回り　(類)巡視、巡回 |
| みみざわり | 耳触り | 名 | 耳触りが良い言葉 |
| | 耳障り | 形動 | 耳障りな意見　(類)不愉快 |
| みみより | 耳寄り | 名・形動 | 耳寄りな話　(類)聞くに値する |
| みもち | 身持ち | 名 | 身持ちの悪い人　(類)品行、素行 |
| みやげ | 土産 | 名 | (付) |
| みやすい | 見やすい | 形 | 見やすい場所、見やすい紙面　×見易い |
| みやぶる | 見破る | 動 | うそを見破る、トリックを見破る　(類)見抜く、看破する |
| みょうり | 冥利 | 名 | (改)　役者冥利に尽きる　(類)恩恵、幸せ |
| みより | 身寄り | 名 | 身寄りがない老人　(類)縁者、縁故、一族 |
| みる | 見る | 動 | 景色を見る、機械の調子を見る、面倒を見る |
| | 診る | 動 | 患者を診る、脈を診る |
| | …(て)みる | 補動 | (仮名)　実行してみる、書いてみる、見てみる |
| みわく | 魅惑 | 名 | 魅惑の人　(類)魅了、魅力的 |
| みわける | 見分ける | 動 | 不良品を見分ける、真偽を見分ける　(類)識別、判別 |
| みわすれる | 見忘れる | 動 | テレビ番組を見忘れる　(類)思い出せない、見落とす |
| みわたす | 見渡す | 動 | 仕事の流れを見渡す　(類)見晴らす、見通す |
| みんせい | 民生 | 名 | 民生の安定を図る、民生委員 |
| | 民政 | 名 | 軍政から民政に移管する |
| むかい | 向かい | 名 | 向かいの家、向かい風　(類)正面、真ん前 |
| むかいあう | 向かい合う | 動 | 対戦相手と向かい合う　(類)対向、対面 |
| むかう | 向かう | 動 | 机に向かう、寒さに向かう　(類)正面を向ける、…に移る |

| むかえ | 迎え | 名 | 迎えを待つ、駅まで迎えに行く　（類）出迎え |
| むかえうつ | 迎え撃つ | 動 | 敵を迎え撃つ　（類）迎撃 |
| むかえる | 迎える | 動 | 客を迎える、顧問に迎える　（類）出迎える、招く |
| むかしなじみ | 昔なじみ | 名 | 昔なじみの友人　×昔馴染み　（類）旧友、旧知、幼なじみ |
| むき | 向き | 名 | 南向き、反対の向きもある、仕事に向き不向きがある |
| むきあう | 向き合う | 動 | 現実と向き合う　（類）正対する、相対する |
| むきだし | むき出し | 名 | むき出しの感情　×剝き出し　（類）あらわ、露骨 |
| むく | 向く | 動 | 窓の方を向く、自分に向く仕事　（類）向かう、適する |
| むくい | 報い | 名 | 悪行の報い、何の報いも受けない　（類）応報、報酬 |
| むくいる | 報いる | 動 | 恩に報いる　×酬いる　（類）恩返し、返礼 |
| むくれる | むくれる | 動 | むくれた顔をする　×剝れる　（類）腹を立てる、怒る |
| むくわれる | 報われる | 動 | 苦労が報われる |
| むけ | 向け | 名 | 顔向け、南米向け　（類）方面 |
| むける | 向ける | 動 | 背を向ける、住民に向けて訴える |
| むこうみず | 向こう見ず | 名・形動 | 向こう見ずに突き進む　（類）無謀、命知らず |
| むさぼる | 貪る | 動 | （改）暴利を貪る、惰眠を貪る　（類）貪欲、飽きない |
| むざん | 無残・無惨 | 名・形動 | 無残な最期　（類）むごい、むごたらしい |
| むしあつい | 蒸し暑い | 形 | 蒸し暑い夏　（類）暑苦しい |
| むしかえし | 蒸し返し | 名 | 議論の蒸し返し　（類）また問題にする、やり直し |
| むしばむ | むしばむ | 動 | 心をむしばむ　×蝕む　（類）冒す、害する |
| むじょう | 無常 | 名・形動 | 人生の無常、諸行無常 |
|  | 無情 | 名・形動 | 無情な仕打ち　（類）薄情 |
| むしる | むしる | 動 | 草をむしる　×毟る　（類）引き抜く |
| むしろ | むしろ | 副 | むしろこの方が便利だ　×寧ろ　（類）かえって、いっそ |
|  | むしろ | 名 | むしろ旗　×筵・蓆　（類）ござ |
| むずかしい | 難しい | 形 | 難しい問題、内容が難しい　（類）困難、難解 |
| むすこ | 息子 | 名 | （付） |
| むすび | 結び | 名 | 結び目、縁結び、結びの言葉　（類）結び付け、締めくくり |
| むすびつく | 結び付く | 動 | 努力が結果に結び付く　（類）つながる |
| むすぶ | 結ぶ | 動 | ひもを結ぶ、縁を結ぶ、条約を結ぶ　（類）つなぐ、締結 |
| むぞうさ | 無造作 | 名・形動 | 無造作に引き受ける　（類）容易に、気軽に |
| むだ | 無駄 | 名・形動 | 無駄を省く、努力が無駄になる　（類）役立たず |
| むだづかい | 無駄遣い | 名 | 予算を無駄遣いする　（類）浪費、濫費 |
| むち | 無知 | 名・形動 | 無知を嘆く、無知な顔つき　（類）無学、浅慮、浅薄 |
|  | 無恥 | 名・形動 | 厚顔無恥、無恥な振る舞い　（類）恥知らず、破廉恥 |
| むちうつ | むち打つ | 動 | 老骨にむち打つ　×鞭打つ　（類）励ます |
| むとどけ | 無届け | 名 | 無届けで営業する、無届けで休む　（類）無許可、無断 |
| むなぐるしい | 胸苦しい | 形 | 胸苦しくて寝られない　（類）息苦しい |
| むなしい | むなしい | 形 | むなしい努力　×空しい・虚しい　（類）無益、うつろ |
| むね | 旨 | 名 | その旨　（類）意義、意味 |
|  | 胸 | 名 | 胸を張る、胸騒ぎ |
| むねわりながや | 棟割り長屋 | 名 |  |
| むほん | 謀反 | 名 | 謀反を起こす、謀反を企てる　（類）反乱、反逆 |
| むやみ | むやみ | 名・形動 | むやみなことを言う　（副）むやみに怒る　×無闇　（類）やたら |
| むよく | 無欲 | 名・形動 | 無欲の勝利　×無慾 |
| むらがる | 群がる | 動 | 売場に群がる人、蟻が群がる　（類）集まる、たかる |

| むりじい | 無理強い | 名 | 無理強いをする　(類)強制 |
|---|---|---|---|
| むりやり | 無理やり | 副 | 無理やり連れて行く　×無理遣り　(類)強いて、強引 |
| むれる | 群れる | 動 | 鳥が群れる　(類)集まる、群がる |
| | 蒸れる | 動 | 御飯が蒸れる、足が蒸れる　(類)蒸す、湿気が籠もる |
| むろん | 無論 | 副 | 無論賛成する　(類)もちろん、もっとも |
| め | …目 | 接尾 | 一つ目、2番目、三日目　(数を表す語に付く) |
| | …め | 接尾 | 多め、厚め、細め、長め　(形の語幹に付く) |
| めあたらしい | 目新しい | 形 | 目新しい試み　(類)珍しい、斬新 |
| めあて | 目当て | 名 | 看板を目当てに行く、賞金が目当てだ　(類)目的、狙い |
| めいかい | 明快 | 名・形動 | 単純明快、明快な答弁　(類)はっきり、平明、明瞭 |
| | 明解 | 名・形動 | 明解国語辞典、明解な解説　(類)分かりやすく、詳解 |
| めいき | 明記 | 名 | 理由を明記する　(類)はっきり書く |
| | 銘記 | 名 | 忠告を心に銘記する　(類)銘ずる、刻み付ける |
| めいぎかきかえ | 名義書換 | 名 | (法) |
| めいげん | 名言 | 名 | 歴史に残る名言、名言集　(類)至言、名句 |
| | 明言 | 名 | 明言を避ける、公約を明言する　(類)断言、言い切る |
| めいずる | 命ずる | 動 | 出張を命ずる　(類)言い付ける、命令 |
| | 銘ずる | 動 | 肝に銘ずる　(類)銘記、刻み付ける |
| めいてい | めいてい・酩酊 | 名 | 酒を飲んでめいていする　▲酩酊　(類)酔う　(類)酔う、泥酔 |
| めいふく | 冥福 | 名 | (改)　冥福を祈る |
| めいめい | めいめい・銘々 | 名 | 切符はめいめいが持つ　(類)一人一人、各自 |
| めいもく | 名目 | 名 | 研究費の名目で支出する、名目上の代表　(類)形式だけ |
| めいりょう | 明瞭 | 名・形動 | (改)　明瞭な発言、簡単明瞭　(類)明解、平明、明白 |
| めうつり | 目移り | 名 | 新しい物に目移りする　(類)ひかれる |
| めがける | 目掛ける | 動 | ミットを目掛けて投げる　(類)目標、目指す |
| めがね | 眼鏡 | 名 | (付) |
| めくばり | 目配り | 名 | 細かく目配りする、目配りができる人　(類)注視、配慮 |
| めぐみ | 恵み | 名 | 天の恵み、恵みの雨　(類)恩恵 |
| めぐむ | 恵む | 動 | お金を恵む　(類)施す |
| | 芽ぐむ | 動 | 柳が芽ぐむ　×萌む　(類)芽吹く、芽生える |
| めぐらす | 巡らす | 動 | 塀を巡らす、思いを巡らす　(類)囲む、思案する |
| めくる | めくる | 動 | ページをめくる　×捲る　(類)まくる |
| めぐる | 巡る | 動 | 池の周りを巡る、季節が巡る　(類)回る |
| | めぐる | 動 | …をめぐる諸問題　…をめぐって議論する　(類)関する |
| めざす | 目指す | 動 | 勝利を目指す　×目差す　(類)目掛ける |
| めざまし | 目覚まし | 名 | 目覚まし時計　(類)目を覚ます、眠気覚まし |
| めざましい | 目覚ましい | 形 | 目覚ましい活躍　(類)すばらしい、目を見張る |
| めしあがる | 召し上がる | 動 | 料理を召し上がる　(類)食べる、頂く |
| めじるし | 目印 | 名 | 目印を付ける　(類)マーク、標識 |
| めじろおし | めじろ押し | 名 | 予定がめじろ押しだ　(類)過密、すし詰め |
| めずらしい | 珍しい | 形 | 珍しい動物、こんな快晴は珍しい　(類)見慣れない、まれ |
| めだつ | 目立つ | 動 | しわが目立つ　(類)際立つ、引き立つ |
| めつき | 目つき | 名 | 目つきが悪い　(類)眼差し |
| めった | めった | 形動 | (仮名)めったなことは言えない　×「滅多」は当て字　(類)やたら、むやみ |
| めったやたら | めったやたら | 副 | めったやたらに…　×滅多矢鱈　(類)むやみやたら |

| | | | |
|---|---|---|---|
| めでたい | めでたい | 形 | めでたい日、おめでたい人　×目出度い |
| めど | めど | 名 | 仕事のめどが付く　×目処・目途　（類）目当て、見当 |
| めぬきどおり | 目抜き通り | 名 | （類）主要な通り、繁華街 |
| めばえる | 芽生える | 動 | 愛情が芽生える　（類）芽吹く、兆す |
| めべり | 目減り | 名 | 預金が目減りする　（類）価値が下がる |
| めぼしい | めぼしい | 形 | めぼしい獲物いない　（類）目立つ、注目 |
| めまい | めまい | 名 | めまいがする　×目眩・眩暈　（類）目がくらむ |
| めまぐるしい | 目まぐるしい | 形 | 目まぐるしく変化する　（類）慌ただしい、気ぜわしい |
| めめしい | 女々しい | 形 | 女々しい振る舞い、女々しいことを言う　（類）軟弱 |
| めもり | 目盛り | 名 | はかりの目盛り　（類）印 |
| めやす | 目安 | 名 | おおよその目安をたてる　（類）見当、目当て |
| めんかい | 面会 | 名 | （類）面接、対面、顔合わせ、会談 |
| めんくらう | 面食らう | 動 | 不意の試験に面食らう　×面喰らう　（類）慌てる |
| めんする | 面する | 動 | 道路に面する家　（類）向く、対面する |
| めんずる | 免ずる | 動 | 職を免ずる、授業料を免ずる　（類）辞めさせる、免除 |
| めんどう | 面倒 | 名・形動 | 子供の面倒を頼む、面倒な仕事　（類）世話、煩雑 |
| めんるい | 麺類 | 名 | （改） |
| もうける | 設ける | 動 | 口実を設ける、席を設ける　（類）準備、用意 |
| | もうける | 動 | 株でもうける、子をもうける　×儲ける　（類）稼ぐ、得る |
| もうしあげる | 申し上げる | 動 | お礼を申し上げる　（類）言上する、…いたす |
| もうしあわせ | 申合せ | 名 | （複）　申合せを行う　（類）取り決め |
| もうしあわせじこう | 申合せ事項 | 名 | （複） |
| もうしあわせる | 申し合わせる | 動 | 学級で申し合わせる　（類）取り決める |
| もうしいれ | 申入れ | 名 | （複）　文書で申入れをする　（類）申告、申し出 |
| もうしいれる | 申し入れる | 動 | 面会を申し入れる　（類）伝える |
| もうしうける | 申し受ける | 動 | 実費を申し受ける　（類）引き受ける、受け取る |
| もうしおくり | 申し送り | 名 | 前任者からの申し送り　（類）伝達、申し伝え |
| もうしおくる | 申し送る | 動 | 手紙で申し送る　（類）言い送る、申し伝える |
| もうしこみ | 申込み | 名 | （複） |
| | 申込（書） | 名 | （法） |
| もうしこむ | 申し込む | 動 | 手紙で申し込む　（類）申し出る、願い出る |
| もうしたて | 申立て | 名 | （複） |
| もうしたてにん | 申立人 | 名 | （法） |
| もうしたてる | 申し立てる | 動 | 苦情を申し立てる　（類）申し述べる、訴える |
| もうしつたえる | 申し伝える | 動 | 担当者に申し伝える　（類）言い伝える |
| もうしで | 申出 | 名 | （複） |
| もうしでる | 申し出る | 動 | 異議を申し出る　（類）願い出る、申し立てる |
| もうしのべる | 申し述べる | 動 | 経緯を申し述べる　（類）述べる |
| もうしひらき | 申し開き | 名 | 身の潔白を申し開きする　（類）申し訳、言い訳、弁解 |
| もうしぶん | 申し分 | 名 | 申し分のない出来栄え　（類）不満、非難すべき点 |
| もうしわけ | 申し訳 | 名 | 申し訳が立つ、申し訳がない　（類）言い訳、申し開き |
| もうしわたし | 申し渡し | 名 | 判決の申し渡し　（類）言い渡し |
| もうしわたす | 申し渡す | 動 | 謹慎を申し渡す　（類）言い渡す |
| もうしん | 盲信 | 名 | 人の言を盲信する　（類）みだりに信ずる |
| もうそう | 妄想 | 名 | 誇大妄想　（類）幻想 |

| もうでる | 詣でる | 動 | (改) 神社に詣でる (類)参る |
|---|---|---|---|
| もうら | 網羅 | 名 | 必要事項を網羅する (類)残らず、全て |
| もうれつ | 猛烈 | 名・形動 | 猛烈社員、猛烈な勢いで… (類)強烈、激烈 |
| もえあがる | 燃え上がる | 動 | たき火が燃え上がる (類)燃え盛る、燃え立つ |
| もえつきる | 燃え尽きる | 動 | ろうそくが燃え尽きる (類)燃焼し尽くす |
| もえる | 燃える | 動 | 紙が燃える、仕事に燃える、希望に燃える (類)高ぶる |
| | もえる | 動 | 若葉がもえる ×萌える (類)芽ぐむ、芽吹く |
| もぎ | 模擬 | 名 | 模擬裁判 (類)模倣、まね |
| もぐ | もぐ | 動 | 果実をもぐ ×捥ぐ (類)もぎ取る |
| もくする | 目する | 動 | 次期社長と目されている (類)注目 |
| | 黙する | 動 | 黙して語らず (類)黙る、沈黙、押し黙る |
| もくと | 目途 | 名 | 年末完成を目途とする (類)目当て、目標、めど |
| もくとう | 黙とう・黙祷 | 名 | 黙とうを捧げる ▲黙祷 (類)祈り |
| もぐりこむ | 潜り込む | 動 | 寝床に潜り込む、会場に潜り込む (類)入り込む、潜入 |
| もぐる | 潜る | 動 | 水に潜る、地下に潜る (類)くぐる、潜水、隠れる |
| もくろみ | もくろみ | 名 | 何かもくろみがあるのか ×目論見 (類)企て、目算 |
| もくろむ | もくろむ | 動 | 海外進出をもくろむ ×目論む (類)企てる、企図する |
| もさ | 猛者 | 名 | (付) |
| もし | もし | 副 | もし雨が降ったら… ×若し (類)仮に、たとえ |
| もしも | もしも | 副 | もしも雨が降ったら… ×若しも (類)万が一 |
| もしくは | 若しくは | 接続 | A若しくはB又はC |
| | | | (注) 解説・広報等においては、「もしくは」と書くこともある。 |
| もす | 燃す | 動 | 薪を燃す (類)燃やす |
| もだえる | もだえる | 動 | 激痛にもだえる ×悶える (類)もがく、のた打ち回る |
| もたらす | もたらす | 動 | 幸福をもたらす、芸術をもたらす (類)持ってくる |
| もち | 餅 | 名 | (改) 焼き餅 |
| もちあげる | 持ち上げる | 動 | 荷物を持ち上げる (類)上げる、褒める |
| もちあわせ | 持ち合わせ | 名 | あいにく持ち合わせがない (類)所持、所持金 |
| もちいえ | 持家 | 名 | (複) |
| もちいる | 用いる | 動 | 車を用いる、重く用いる (類)使う |
| もちこす | 持ち越す | 動 | 次回に持ち越す (類)繰り延べる、延期 |
| もちこみ | 持込み | 名 | (法) |
| もちこみきんし | 持込禁止 | 名 | (法) |
| もちだし | 持ち出し | 名 | 費用が持ち出しになる、持ち出し禁止 (類)自弁、出す |
| もちだす | 持ち出す | 動 | 家具を持ち出す、古い話を持ち出す (類)出す、提示 |
| もちなおす | 持ち直す | 動 | 荷物を持ち直す、会社が持ち直す (類)握り直す、回復 |
| もちにげ | 持ち逃げ | 名 | 代金を持ち逃げする (類)横領 |
| もちぬし | 持ち主 | 名 | 自転車の持ち主 (類)所有者 |
| もちば | 持ち場 | 名 | 持ち場を離れる (類)受け持ちの場所、担当部署 |
| もちぶん | 持分 | 名 | (複) |
| もちまえ | 持ち前 | 名 | 持ち前の明るさ (類)生まれつき |
| もちまわり | 持ち回り | 名 | 持ち回り決裁、会長は持ち回りとする (類)順次、順送り |
| もちもの | 持ち物 | 名 | 持ち物検査 (類)所持品、所有物 |
| もちよる | 持ち寄る | 動 | 材料を持ち寄る (類)持って集まる |
| もちろん | もちろん | 副 | もちろんのこと ×勿論 (類)もとより、当然 |
| もって | …(を)もって | 連語 | 書面をもって通知する ×以て・もつて (類)…によって |

| | | | |
|---|---|---|---|
| もってのほか | もってのほか | 名・形動 | 悪口を言うとはもってのほかだ　×以ての外 |
| もっと | もっと | 副 | もっと右だ、もっとがんばれ　（類）更に、一層 |
| もっとも | 最も | 副 | 最も大切だ、最も高い山　（類）一番、最高に |
| | もっとも | 形動 | もっともな意見、怒るのももっともだ　×尤も　（類）当然 |
| | もっとも | 接続 | もっとも、企業にとって…　×尤も　（類）ただし |
| もっぱら | 専ら | 副 | 専ら仕事に励む　（類）主に、主として |
| もてあそぶ | 弄ぶ | 動 | （改）他人の運命を弄ぶ　（類）いじる、翻弄 |
| もてあます | 持て余す | 動 | 泣く子を持て余す、暇を持て余す　（類）手に余る、退屈 |
| もと | 下 | 名 | （影響力や支配力の及ぶ範囲、…という状態・状況で、物の下の辺り）　法の下の平等、ある条件の下で成立する、花の下で遊ぶ |
| | 元 | 名 | （物事が生じる始まり、以前、近くの場所、もとで）　口は災いの元、元の住所 |
| | 本 | 名 | （⇔末）（物事の根幹となる部分）　国政の本を正す、本を断つ必要がある |
| | 基 | 名 | （基礎・土台・根拠）　資料を基にする、データを基に判断する |
| | もと | 名 | ケーキのもと　×素 |
| もとうけ | 元請 | 名 | （複） |
| もとうけだか | 元受高 | 名 | |
| もとうりぎょうしゃ | 元売業者 | 名 | （法） |
| もどかしい | もどかしい | 形 | うまく行かなくてもどかしい　（類）じれったい、歯がゆい |
| もどしいれ | 戻入れ | 名 | （複） |
| もどす | 戻す | 動 | 本を棚に戻す、計画を白紙に戻す　（類）返す |
| もとづく | 基づく | 動 | 経験に基づく判断　（類）よる |
| もとどおり | 元どおり | 名 | 元どおりに直す　×元通り　（類）元の状態 |
| もとめ | 求め | 名 | 求めに応じる　（類）要求、請求、リクエスト |
| もとめる | 求める | 動 | 平和を求める、署名を求める　（類）望む、要求する、願う |
| もともと | 元々 | 名・形動 | 失敗しても元々だ　（類）元来 |
| | もともと | 副 | もともと根は優しい男　（類）はじめから |
| もとより | もとより | 副 | もとより覚悟していた　×固より・素より　（類）当然 |
| もとる | もとる | 動 | 人の道にもとる行為　×悖る |
| もどる | 戻る | 動 | 家に戻る、よりが戻る、意識が戻る　（類）引き返す、返る |
| もの | 物 | 名 | 物を大切にする、物の道理 |
| | 者 | 名 | 18歳未満の者 |
| | …もの | 形名 | （仮名）　正しいものと認める、目安を示すものである |
| | もの… | 接頭 | （仮名）　もの悲しい、もの静かな人 |
| ものいり | 物入り | 名・形動 | 物入りな事が続く、年の瀬は何かと物入りだ　（類）出費 |
| ものうい | 物憂い | 形 | 物憂い季節　（類）けだるい |
| ものおき | 物置 | 名 | （法） |
| ものおぼえ | 物覚え | 名 | 物覚えが悪い　（類）覚え、記憶 |
| ものおもい | 物思い | 名 | 物思いに沈む　（類）考え事、思案 |
| ものがたり | 物語 | 名 | （法） |
| ものがたる | 物語る | 動 | 昔話を物語る、表情が怒りを物語る　（類）語る、表す |
| ものしずか | 物静か | 形動 | 物静かな屋敷、物静かな人　（類）静か、閑静、穏やか |
| ものしり | 物知り | 名 | 村一番の物知り　（類）博学、博識、生き字引 |
| ものずき | 物好き | 名・形動 | 物好きな人物　（類）酔狂 |
| ものほしば | 物干場 | 名 | （法） |
| ものやわらか | 物柔らか | 形動 | 物柔らかな話しぶり　（類）穏やか |
| ものわかり | 物分かり | 名 | 物分かりの悪い奴だ　（類）分別、聞き分け |

| | | | |
|---|---|---|---|
| ものわかれ | 物別れ | 名 | 交渉は物別れに終わる （類）決裂 |
| ものわすれ | 物忘れ | 名 | 年齢のせいか物忘れが激しい （類）忘れる、失念 |
| ものわらい | 物笑い | 名 | 世間の物笑いになる （類）冷笑、嘲笑 |
| もはや | もはや | 副 | もはや手遅れだ ×最早 （類）もう、既に、とっくに |
| もみけす | もみ消す | 動 | 不祥事をもみ消す ×揉み消す （類）消す、かき消す |
| もみじ | 紅葉 | 名 | （付） 紅葉狩り、紅葉のような手 |
| もむ | もむ | 動 | 気をもむ、肩をもむ、委員会で法案をもむ ×揉む |
| もめごと | もめ事 | 名 | もめ事が絶えない ×揉め事 （類）いざこざ、トラブル |
| もめん | 木綿 | 名 | （付） |
| もやす | 燃やす | 動 | 紙を燃やす、闘志を燃やす （類）焼く、高ぶらせる |
| もよおしもの | 催物 | 名 | （複） |
| もよおす | 催す | 動 | 会議を催す、眠気を催す （類）開催する、起こる、兆す |
| もより | 最寄り | 名 | （付） 最寄りの駅 （類）近所、近間、近隣 |
| もらいなき | もらい泣き | 名 | もらい泣きをする |
| もらう | もらう | 動 | 手紙をもらう、許可をもらう ×貰う （類）受け取る |
| | …（て）もらう | 補動 | …をしてもらう、遊んでもらう |
| もらす | 漏らす | 動 | 機密を漏らす ×洩らす・泄らす （類）漏えい |
| もりあがり | 盛り上がり | 名 | 世論の盛り上がり （類）高まり |
| もりあがる | 盛り上がる | 動 | 雰囲気が盛り上がる （類）高める |
| もりかえす | 盛り返す | 動 | 勢力を盛り返す、後半で盛り返す （類）回復する |
| もりつち | 盛土 | 名 | （複） |
| もる | 盛る | 動 | 土を盛る、毒を盛る （類）積み上げる、飲ませる |
| | 漏る | 動 | 雨が漏る ×洩る・泄る （類）漏れる |
| もれる | 漏れる | 動 | 水が漏れる、秘密が漏れる （類）外に出る |
| もろい | もろい | 形 | もろい岩、情にもろい ×脆い （類）弱い、ぜい弱 |
| もろもろ | もろもろ | 名 | もろもろの事情、その他もろもろ ×諸々 （類）様々 |
| もんがまえ | 門構え | 名 | 立派な門構えの家 |
| もんきりがた | 紋切り型 | 名 | 紋切り型の挨拶 （類）決まり切った、ステレオタイプ |
| もんぜんばらい | 門前払い | 名 | 来訪者を門前払いにする |
| もんちゃく | もん着・悶着 | 名 | もん着を起こす ▲悶着 （類）もめ事、トラブル |
| もんぴ | 門扉 | 名 | 門扉を閉ざす （類）扉、入り口 |
| や | 屋 | 名 | 屋根、酒屋、屋敷 |
| | 家 | 名 | 一軒家、家主、家賃 |
| やおちょう | 八百長 | 名 | （付） |
| やおや | 八百屋 | 名 | （付） |
| やかた | 館 | 名 | （改：訓の追加） 呪いの館 |
| やがて | やがて | 副 | （仮名） やがて実を結ぶ ×軈て （類）そのうち、いずれ |
| やかましい | やかましい | 形 | やかましい父親、やかましい世の中 （類）うるさい |
| やき | 焼き | 名 | 焼きが回る、炭焼き、焼き芋、焼き印 |
| | （備前）焼 | 名 | （法） |
| やきすてる | 焼き捨てる | 動 | 不要書類を焼き捨てる （類）焼却する |
| やきつくす | 焼き尽くす | 動 | 町を焼き尽くす猛火 （類）焼き払う |
| やきつけ | 焼付け | 名 | （複） |
| やきつける | 焼き付ける | 動 | 風景を目に焼き付ける （類）印象を残す、プリントする |
| やきなおし | 焼き直し | 名 | 作品の焼き直し （類）書き直し、仕立て直し |

| | | | |
|---|---|---|---|
| やきはらう | 焼き払う | 動 | 野原を焼き払う　(類)焼き尽くす |
| やきまし | 焼き増し | 名 | 写真の焼き増し　(類)追加の焼き付け・プリント |
| やきもの | 焼き物 | 名 | (類)瀬戸物、陶磁器、魚の焼き物 |
| やきん | 冶金 | 名 | (改) |
| やく | 焼く | 動 | ごみを焼く、写真を焼く　(類)燃やす、プリント |
| | やく | 動 | 同僚の出世をやく　×妬く　(類)妬む、そねむ |
| やくしん | 躍進 | 名 | 首位に躍進する　(類)進歩、発展、飛躍 |
| やくする | 訳する | 動 | 英文を和文に訳する　(類)翻訳する |
| | 約する | 動 | 再会を約する　(類)取り決める、約束する |
| やくだつ | 役立つ | 動 | 災害時に役立つ、メモが役立つ　(類)使える、間に合う |
| やくづき | 役付き | 名 | (類)役職者 |
| やくどし | 厄年 | 名 | |
| やくばらい | 厄払い | 名 | (類)厄落とし、厄除け |
| やくまわり | 役回り | 名 | 損な役回り　(類)役目、役割、役どころ |
| やくわり | 役割 | 名 | (法)　役割を果たす、社会的役割を担う |
| やけ | やけ | 名 | やけを起こす　(形動)やけになる　×自棄　(類)自暴自棄 |
| やけいし | 焼け石 | 名 | 焼け石に水 |
| やけど | やけど | 名 | 全身にやけどを負う　×火傷　(類)火傷 |
| やける | 焼ける | 動 | 家が焼ける、肌が焼ける、胸が焼ける、世話が焼ける |
| やさしい | 優しい | 形 | (思いやりがある、穏やかである、上品で美しい)　優しい人、物腰が優しい |
| | 易しい | 形 | (⇔難しい)(たやすい、分かりやすい)　易しい問題、易しく説明する |
| やしき | 屋敷 | 名 | (法) |
| やしなう | 養う | 動 | 老親を養う　(類)育てる、養育、扶養 |
| やすい | 安い | 形 | 市価より安い　(類)安価、安値、廉価 |
| | …やすい | 形 | 読みやすい、歩きやすい　×易い　(類)簡単、容易 |
| やすうけあい | 安請け合い | 名 | 安請け合いをする　(類)軽々しく請け負う |
| やすうり | 安売り | 名 | 大安売り、親切の安売り　(類)特売、廉売 |
| やすっぽい | 安っぽい | 形 | 安っぽい品物　(類)安物に見える、上等でない |
| やすまる | 休まる | 動 | 気が休まる、体が休まる　(類)楽になる、治まる |
| やすみ | 休み | 名 | 夏休み、休み茶屋　(類)休日、休暇、休憩、休養 |
| やすみやすみ | 休み休み | 副 | 休み休み山を登る　(類)何度も休みながら、考え考え |
| やすむ | 休む | 動 | 10分間休む、仕事を休む　(類)休憩、休暇 |
| やすめる | 休める | 動 | 体を休める、田を休める　(類)休養する |
| やすらか | 安らか | 形動 | 心安らかに眠る　(類)のどか、安穏、平穏無事 |
| やすんずる | 安んずる | 動 | 現状に安んずる　(類)安心する、満足する、甘んじる |
| やせい | 野生 | 名 | 野生のいちご、野生動物　(類)自生、自然に育つ |
| | 野性 | 名 | 野性の叫び、野性に返る　(類)本能、粗野 |
| やせおとろえる | 痩せ衰える | 動 | (改)　病気で痩せ衰える　(類)衰弱する |
| やせがまん | 痩せ我慢 | 名 | (改)　無理に痩せ我慢する　(類)強がりを言う |
| やせち | 痩せ地 | 名 | (改)　(類)荒れ地 |
| やせほそる | 痩せ細る | 動 | (改)　体が痩せ細る　(類)痩せこける |
| やせる | 痩せる | 動 | (改)　病気で痩せる　(類)こける |
| やつあたり | 八つ当たり | 名 | 家族に八つ当たりする　(類)当たり散らす |
| やっかい | 厄介 | 名・形動 | 厄介をかける、厄介な仕事をする　(類)面倒、煩雑 |
| やっかむ | やっかむ | 動 | 同僚の昇進をやっかむ　(類)羨む、妬む |
| やっき | 躍起 | 名・形動 | 躍起になって弁明する　(類)むきになる、必死 |

| やつぎばや | 矢継ぎ早 | 名・形動 | 矢継ぎ早に質問を出す　（類）続けざま |
|---|---|---|---|
| やつざき | 八つ裂き | 名 | 八つ裂きにしても飽き足らない　（類）ずたずたに引き裂く |
| やってのける | やってのける | 動 | 苦もなくやってのける　（類）やり遂げる |
| やっと | やっと | 副 | やっと安心して眠れる　（類）ようやく、何とか、どうにか |
| やとい | 雇い | 名 | 日雇い　（類）雇員、非常勤職員 |
| やといいれ | 雇入れ | 名 | （複） |
| やといいれけいやく | 雇入契約 | 名 | （法） |
| やといいれる | 雇い入れる | 動 | 新卒者を雇い入れる　（類）雇う、雇用する |
| やといどめてあて | 雇止手当 | 名 | （法） |
| やといにん | 雇い人 | 名 | （類）使用人 |
| やといぬし | 雇主 | 名 | （複） |
| やとう | 雇う | 動 | 人を雇う　（類）雇用する、雇い入れる |
| やどり | 宿り | 名 | 雨宿り、宿り木　（類）泊まる、とどまる、寄生 |
| やどる | 宿る | 動 | 旅館に宿る、新しい生命が宿る　（類）泊まる、籠もる |
| やなみ | 家並み | 名 | 旧道沿いに家並みが続く　（類）軒並み |
| やにわに | やにわに | 副 | やにわに腕をつかむ　×矢庭に　（類）不意に、いきなり |
| やはり | やはり | 副 | やはり彼が反対だった　×矢張り　（類）相変わらず、結局 |
| やばん | 野蛮 | 名・形動 | 野蛮人、野蛮な性格　（類）未開、粗野 |
| やぶ | やぶ | 名 | 竹やぶ、やぶ入り　×藪　（類）茂み、草むら |
| やぶさか | やぶさか | 形動 | …するにやぶさかでない　×吝か　（類）努力を惜しまない |
| やぶる | 破る | 動 | 紙を破る、警戒網を破る、静寂を破る、誓いを破る |
| やぶれる | 破れる | 動 | 障子が破れる、平和が破れる、恋に破れる |
| | 敗れる | 動 | 競技に敗れる、勝負に敗れる、人生に敗れる |
| やまい | 病 | 名 | （類）病気、疾病、疾患 |
| やまくずれ | 山崩れ | 名 | （類）土砂崩れ、土石流 |
| やまごえ | 山越え | 名 | （類）山越し |
| やまぞい | 山沿い | 名 | 山沿いの村　（類）山間地 |
| やまづみ | 山積み | 名 | 山積みの商品、難問が山積みである　（類）山積 |
| やまと | 大和 | 名 | （付）　大和絵、大和魂 |
| やまのぼり | 山登り | 名 | （類）登山 |
| やまば | 山場 | 名 | 交渉が山場に近づく　（類）頂点、最高潮 |
| やまびらき | 山開き | 名 | |
| やまもり | 山盛り | 名 | 山盛りのそば　（類）うず高く |
| やまわけ | 山分け | 名 | もうけを山分けする　（類）折半、均等配分 |
| やみあがり | 病み上がり | 名 | 病み上がりの体　（類）病後 |
| やみうち | 闇討ち | 名 | （改）　（類）夜襲、夜討ち、不意打ち |
| やみきんゆう | 闇金融 | 名 | （改）　（類）闇金、悪徳金融業者 |
| やみつき | 病み付き | 名 | 間食が病み付きになる　（類）癖、習性、常習 |
| やみよ | 闇夜 | 名 | （改）　（類）真っ暗闇、暗夜 |
| やむ | 病む | 動 | 心が病む、気が病む　（類）患う、心配する |
| | やむ | 動 | 雨がやむ、騒ぎがやむ　×止む・已む　（類）絶える |
| やむをえず | やむを得ず | 連語 | やむを得ず引き受けた　×已むを得ず　（類）仕方なく |
| やむをえない | やむを得ない | 連語 | 中止もやむを得ない　（類）仕方がない |
| やめる | 病める | 動 | 病める心、頭が病める |
| | 辞める | 動 | 会社を辞める、役員を辞める |

| | | | |
|---|---|---|---|
| | やめる | 動 | たばこをやめる、作業をやめる　×止める　(類)打ち切る、御遠慮、御容赦、お控え、慎む、お断り |
| やや | やや | 副 | やや大きめ、やや右寄り　×稍　(類)ちょっと、少々 |
| ややこしい | ややこしい | 形 | ややこしい問題、説明がややこしい　(類)煩わしい、面倒 |
| ややもすれば | ややもすれば | 副 | ややもすれば安易に流れがちだ　(類)ともすれば |
| やよい | 弥生 | 名 | (付) |
| やりかた | やり方 | 名 | やり方を間違える　×遣り方　(類)方法、手段、仕方 |
| やりこめる | やり込める | 動 | 先輩をやり込める　×遣り込める　(類)論破、言い負かす |
| やりそこなう | やり損なう | 動 | 仕事をやり損なう　×遣り損なう　(類)しくじる、失敗 |
| やりとげる | やり遂げる | 動 | 仕事をやり遂げる　×遣り遂げる　(類)やってのける |
| やりとり | やり取り | 名 | 手紙をやり取りする　×遣り取り　(類)交換、受け答え |
| やりなおし | やり直し | 名 | 仕事のやり直し　×遣り直し　(類)し直す |
| やる | やる | 動 | 使いをやる、目をやる、水をやる　×遣る |
| | …(て)やる | 補動 | 手紙を書いてやる、本を読んでやる |
| やわらか | 柔らか | 形動 | (ふんわりしている、しなやかである、穏やかである)　柔らかな考え方 |
| | 軟らか | 形動 | (⇔硬い)(手応えや歯応えがない、緊張や硬さがない)　軟(柔)らかな地盤、軟(柔)らかい表現 |
| やわらかい | 柔らかい | 形 | 柔らかい毛布、柔らかい物腰　(類)ふんわり、しなやか |
| | 軟らかい | 形 | 軟らかい表情、軟らかい話　(類)穏やか、くだけた |
| やわらぐ | 和らぐ | 動 | 寒さが和らぐ、表情が和らぐ　(類)穏やか、柔和 |
| やわらげる | 和らげる | 動 | 緊張を和らげる、表現を和らげる　(類)沈静、平易 |
| ゆあがり | 湯上がり | 名 | |
| ゆいいつ | 唯一 | 名 | 唯一の証拠、唯一の希望　(類)ただ一つ |
| ゆいごん | 遺言 | 名 | 親の遺言　(類)書き置き、遺書 |
| ゆいしょ | 由緒 | 名 | 由緒を尋ねる、由緒正しい　(類)いわれ、由来、来歴 |
| ゆう | 結う | 動 | 髪を結う　(類)結ぶ |
| ゆういん | 誘引 | 名 | 買い物客を誘引する　(類)誘い込む |
| | 誘因 | 名 | 事故の誘因を調べる　(類)起因、引き金、動機 |
| ゆううつ | 憂鬱 | 名・形動 | (改)　憂鬱そうな顔、憂鬱な天気　(類)沈鬱、物憂げ |
| ゆうえき | 有益 | 名・形動 | 時間を有益に使う、有益な情報　(類)有効、有用 |
| ゆうえつ | 優越 | 名 | ○○に優越する、優越感　(類)他より優れている |
| ゆうが | 優雅 | 名・形動 | 優雅な生活　(類)優美、みやびやか |
| ゆうかい | 誘拐 | 名 | 子供が誘拐される　(類)かどわかし、人さらい |
| ゆうかん | 勇敢 | 名・形動 | 勇敢な行為　(類)勇ましい、果敢、勇壮 |
| ゆうぎ | 遊戯 | 名 | 遊戯施設　(類)ゲーム |
| ゆうぐれ | 夕暮れ | 名 | 夕暮れ時　(類)夕方、日暮れ、晩方 |
| ゆうげん | 幽玄 | 名・形動 | 幽玄な調べ　(類)余情、風情、趣 |
| ゆうこく | 幽谷 | 名 | 深山幽谷　(類)峡谷、渓谷 |
| ゆうし | 勇姿 | 名 | (勇ましい姿)　オリンピック選手の勇姿 |
| | 雄姿 | 名 | (立派な姿)　富士の雄姿を仰ぐ |
| ゆうしゅう | 憂愁 | 名 | 憂愁の色が濃い　(類)憂い、沈鬱 |
| ゆうしゅつ | 湧出 | 名 | (改)　温泉の湧出口　(類)湧き出す |
| ゆうじょ | ゆうじょ・宥恕 | 名 | 宥恕を請う　△宥恕　(類)勘弁、容赦、許す |
| ゆうすい | 湧水 | 名 | (改) |
| ゆうする | 有する | 動 | 権利を有する　(類)所有、所持、保有 |

| ゆうぜい | 遊説 | 名 | 全国を遊説する　(類)演説して回る |
|---|---|---|---|
| ゆうぜん | 悠然 | 名・形動 | 悠然と構える、悠然たる態度　(類)どっしりと、悠々、悠長 |
| ゆうだち | 夕立 | 名 | (法) |
| ゆうに | 優に | 副 | 優に100キロを超す堂々たる体格　(類)十分に |
| ゆうべ | 夕べ | 名 | クラシック音楽の夕べ　(類)夕方、催物 |
| ゆうやけ | 夕焼け | 名 | 夕焼け雲　(類)夕映え |
| ゆうゆう | 悠々 | 名 | 悠々と歩く、悠々自適　(類)悠然、悠長 |
| ゆうよ | 猶予 | 名 | 一刻も猶予できない、執行猶予　(類)ちゅうちょ、延期 |
| ゆえ | 故 | 名 | 故あって、故なく　(類)理由、訳、いわれ |
|  | …ゆえ | 形名 | (仮名)　貧しきがゆえの犯罪　(類)…のため、…だから |
| ゆえに | ゆえに | 接続 | 我思う、ゆえに我あり　×故に　(類)したがって、よって |
| ゆえん | ゆえん | 名 | これがその名のゆえんだ　×所以　(類)訳、理由 |
| ゆかた | 浴衣 | 名 | (付) |
| ゆがむ | ゆがむ | 動 | 窓枠がゆがむ　×歪む　(類)ひずむ |
| ゆがめる | ゆがめる | 動 | 事実をゆがめる　×歪める　(類)折り曲げる、ねじ曲げる |
| ゆきあたり | 行き当たり | 名 | 行き当たりばったり　(類)行き詰まる、いい加減 |
| ゆきあたる | 行き当たる | 動 | 難局に行き当たる　(類)当たる、ぶつかる、突き当たる |
| ゆきかえり | 行き帰り | 名 | 学校の行き帰り　(類)往復 |
| ゆきがかり | 行き掛かり | 名 | 行き掛かり上やむを得ない |
| ゆきがけ | 行き掛け | 名 | 行き掛けに投かんする　(類)途中、途上、道中 |
| ゆきさき | 行き先 | 名 | 行き先が不安だ　(類)行方、前途、将来 |
| ゆきすぎ | 行き過ぎ | 名・形動 | 警備の行き過ぎ、行き過ぎな発言　(類)度を超す |
| ゆきちがい | 行き違い | 名 | 友人と行き違いになる　(類)すれ違い、入れ違い |
| ゆきづまり | 行き詰まり | 名 | 仕事に行き詰まりを感ずる　(類)行き止まり |
| ゆきづまる | 行き詰まる | 動 | 交渉が行き詰まる　(類)行き止まり |
| ゆきどけ | 雪解け | 名 | 米ソ冷戦の雪解け　(類)緩和 |
| ゆきとどく | 行き届く | 動 | 配慮が行き届く　(類)行き渡る |
| ゆきどまり | 行き止まり | 名 | この先行き止まり　(類)行き詰まり、通行止め |
| ゆきなやむ | 行き悩む | 動 | 難路に行き悩む、交渉が行き悩む　(類)苦労する |
| ゆきば | 行き場 | 名 | 行き場のない怒り　(類)やり場、行き先 |
| ゆきわたる | 行き渡る | 動 | 全員に行き渡る　(類)行き届く、及ぶ |
| ゆく・いく | 行く | 動 | 買物に行く、うまく行く |
|  | 逝く | 動 | ○○氏逝く、天寿を全うして逝く　(類)死去、逝去 |
| ゆくえ | 行方 | 名 | (付)　行方知れず　(類)行き先、前途、将来 |
| ゆくさき | 行く先 | 名 | 行く先を告げる　(類)行き先、行く手 |
| ゆくすえ | 行く末 | 名 | 行く末が案じられる　(類)今後、未来、将来 |
| ゆくて | 行く手 | 名 | 行く手を塞ぐ　(類)行き先、前途、将来 |
| ゆくゆく | 行く行く | 副 | 行く行くはここに住みたい　(類)将来、行く末、先々 |
| ゆさぶる | 揺さぶる | 動 | 体を揺さぶる　(類)揺らす、揺する |
| ゆざまし | 湯冷まし | 名 | 湯冷ましを飲む　(類)さ湯、温湯 |
| ゆずりあう | 譲り合う | 動 | 座席を譲り合う |
| ゆずりうけ | 譲受け | 名 | (複) |
| ゆずりうけにん | 譲受人 | 名 | (法) |
| ゆずりうける | 譲り受ける | 動 | 財産を譲り受ける　(類)受け取る |
| ゆずりわたし | 譲渡し | 名 | (複) |
| ゆずりわたす | 譲り渡す | 動 | 家を譲り渡す　(類)譲る、譲渡 |

| ゆする | 揺する | 動 | 木を揺する、巨体を揺する　（類）揺らす、揺さぶる |
| ゆずる | 譲る | 動 | 後進に道を譲る　（類）譲歩する、譲与する、与える |
| ゆたか | 豊か | 形動 | 豊かな生活、豊かな経験　（類）富裕、豊富、ゆとり |
| ゆだねる | 委ねる | 動 | （改：訓の追加）権限を委ねる、教育に身を委ねる　（類）任せる |
| ゆちゃく | 癒着 | 名 | 傷口が癒着する、出入り業者と癒着する　（類）接着、密着 |
| ゆでる | ゆでる | 動 | 芋をゆでる　×茹でる　（類）うでる、湯がく |
| ゆびさす | 指さす | 動 | 犯人を指さす　（類）指す、指し示す |
| ゆらぐ | 揺らぐ | 動 | 地面が揺らぐ、地位が揺らぐ　（類）動く、ぐらつく |
| ゆりうごかす | 揺り動かす | 動 | 世界を揺り動かす大事件　（類）揺らす、揺さぶる、動揺 |
| ゆりかえす | 揺り返し | 名 | 揺り返しが来る　（類）反動、余震 |
| ゆりかご | 揺り籠 | 名 | （改）揺り籠から墓場まで　（類）揺らん |
| ゆるい | 緩い | 形 | ねじが緩い、取り締まりが緩い　（類）きつくない |
| ゆるがせ | ゆるがせ | 形動 | ゆるがせにできない問題　（類）おろそか、なおざり |
| ゆるぎない | 揺るぎない | 形 | 揺るぎない地位を築く　（類）確固とした、不動 |
| ゆるぐ | 揺るぐ | 動 | 信念が揺るぐ　（類）揺らぐ、揺れ動く |
| ゆるしがたい | 許し難い | 連語 | 許し難い暴挙　（類）許すことができない |
| ゆるす | 許す | 動 | 罪を許す　（類）勘弁、容赦、宥恕、見逃す |
| ゆるみ | 緩み | 名 | 風紀の緩み　（類）たるみ |
| ゆるむ | 緩む | 動 | 気持ちが緩む、綱紀が緩む　（類）たるむ、緩くなる |
| ゆるめる | 緩める | 動 | 縄を緩める、気を緩める、警戒を緩める　（類）緩和 |
| ゆるやか | 緩やか | 形動 | 緩やかな服、緩やかな斜面　（類）ゆとりある、なだらか |
| ゆれうごく | 揺れ動く | 動 | 心が揺れ動く　（類）揺るぐ、揺らぐ |
| ゆれる | 揺れる | 動 | 列車が揺れる、判断の基準が揺れる　（類）揺れ動く |
| ゆわえる | 結わえる | 動 | 縄で結わえる　（類）結ぶ、縛る |
| ゆわかしき | 湯沸器 | 名 | （法） |
| よ | 世 | 名 | （その時の世の中）明治の世、世渡り |
| | 代 | 名 | （ある人や同じ系統の人が国を治めている期間）徳川の代 |
| よあかし | 夜明かし | 名 | 夜明かしで遊ぶ　（類）徹夜、夜を徹して |
| よあけ | 夜明け | 名 | 新時代の夜明け　（類）明け方、到来 |
| よい | 良い | 形 | 良い品質、良い成績、手際が良い　（類）優れている |
| | 善い | 形 | 善い行い、善い人柄　（類）善良 |
| | …（て）よい | 形 | （仮名）連絡してよい、それでよい |
| よう | 酔う | 動 | 酒に酔う、雰囲気に酔う　（類）酔い潰れる、酔いしれる |
| よう | …よう | 形名 | （仮名）このような、そのような　×様 |
| ようえき | 用役 | 名 | 業務上の用役、臨時の用役　（類）役務、サービス |
| | 用益 | 名 | 用益物権　（類）使用収益 |
| ようえん | 妖艶 | 名・形動 | （改）妖艶な女性　×妖婉　（類）あでやか、艶麗 |
| ようかい | 妖怪 | 名 | （改）（類）化け物、怪物 |
| ようけん | 要件 | 名 | 要件を満たす、資格要件　（類）前提、条件 |
| | 用件 | 名 | 用件を済ます、大事な用件　（類）用事、用向き、所用 |
| ようご | 養護 | 名 | 養護施設、養護老人　（類）看護、介添え、看病 |
| | 擁護 | 名 | 人権の擁護、憲法を擁護する　（類）守る、保護、庇護 |
| ようこう | 要綱 | 名 | 法案の要綱、政策の要綱　（類）綱要、綱領 |
| | 要項 | 名 | 募集要項、入試要項　（類）必要事項、要目 |
| ようさい | 要塞 | 名 | （改） |

| ようしき | 様式 | 名 | 書類の様式、生活様式　(類)形、流儀、スタイル |
| | 要式 | 名 | 遺言は要式行為である　(類)方式 |
| ようしゃ | 容赦 | 名 | 誰彼の容赦をしない　(類)勘弁、許す、見逃す |
| ようする | 要する | 動 | 緊急を要する　(類)要る、必要、入り用 |
| | 擁する | 動 | 巨万の富を擁する、大軍を擁する　(類)抱く、持つ、率いる |
| ようするに | 要するに | 副 | 要するに簡単な話だ　(類)つまり、結局、所詮 |
| ようそ | よう素・ヨウ素・沃素 | 名 | △沃素 |
| ようだ | …(の)ようだ | 助動 | (仮名)病気のようだ　×様だ　(類)らしい、みたいだ |
| ようだてる | 用立てる | 動 | 生活費を用立てる　(類)貸す、役立てる |
| ようむき | 用向き | 名 | 用向きは何でしょうか　(類)用事、用件、所用 |
| ようやく | ようやく | 副 | ようやく認められた　×漸く　(類)やっと、何とか |
| | 要約 | 名 | 講演の趣旨を要約する　(類)要旨、大意、摘要、レジュメ |
| ようりょう | 容量 | 名 | タンクの容量、記憶容量の不足　(類)容積、体積 |
| | 用量 | 名 | 一回分の用量、薬の用量を誤る　(類)適例、一回量 |
| | 要領 | 名 | 要領が悪い、要領を得ない　(類)要点、方法、不明確 |
| よぎる | よぎる | 動 | 脳裏を不安がよぎる　×過ぎる　(類)横切る、浮かぶ |
| よく | よく | 副 | よく忘れる、話はよく分かった　(類)しばしば、十分に |
| よくする | 浴する | 動 | 恩恵に浴する　(類)浴びる、受ける |
| | よくする | 動 | 書をよくする、…はよくしたもので　×能くする |
| よくばり | 欲張り | 名・形動 | 欲張りな性格　(類)欲深、強欲、貪欲 |
| よけい | 余計 | 名・形動 | 余計な物　(副)余計わからなくなる　(類)余分、一層 |
| よける | よける | 動 | 自転車をよける　×避ける　(類)避ける |
| よこ | 横 | 名 | 横顔、横合い、横書き　(類)側面 |
| よこぎる | 横切る | 動 | 道路を横切る　(類)横断する、よぎる |
| よこしま | よこしま | 名・形動 | よこしまな考え　(類)不正不当、不誠実 |
| よこす | よこす | 動 | 使いをよこす　×寄越す　(類)送ってくる、もたらす |
| よごす | 汚す | 動 | 手を汚す、空気を汚す　(類)汚れる、汚す |
| よこだおし | 横倒し | 名 | 自転車が横倒しになる　(類)転倒、転覆、横転 |
| よこたわる | 横たわる | 動 | ベットに横たわる　(類)横たえる、寝転ぶ、寝そべる |
| よこどり | 横取り | 名 | 財産を横取りする　(類)猫ばば、着服、失敬 |
| よこながし | 横流し | 名 | 物資の横流し　(類)横流れ、横領 |
| よこばい | 横ばい | 名 | 物価は横ばい状態である　×横這い　(類)変動が少ない |
| よこむき | 横向き | 名 | 車が横向きになる |
| よごれ | 汚れ | 名 | 汚れを落とす、汚れ物　(類)汚れ、汚点 |
| よごれる | 汚れる | 動 | 手ぬぐいが汚れる　(類)汚くなる、汚れる |
| よし | 由 | 名 | 知る由もない、お元気の由　(類)手段、手立て、事情 |
| よせ | 寄席 | 名 | (付) |
| よせあつめ | 寄せ集め | 名 | 寄せ集め集団　(類)かき集め、不ぞろい |
| よせあつめる | 寄せ集める | 動 | 紙くずを寄せ集める　(類)集める、かき集める |
| よせがき | 寄せ書き | 名 | 色紙に寄せ書きをする |
| よせる | 寄せる | 動 | 車を寄せる、同情を寄せる　(類)近づく、抱く、よこす |
| よそおい | 装い | 名 | 装いを新たに…、春の装い　(類)身なり、外観、風情 |
| よそおう | 装う | 動 | 礼服に身を装う、犯人が客を装う　(類)飾る、見せ掛ける |
| よだん | 予断 | 名 | 予断を許さない、予断と偏見に満ちる　(類)予測、予想 |
| | 余談 | 名 | 余談はさておき…　(類)本筋からはずれた話 |
| よつかど | 四つ角 | 名 | (類)十字路、交差点、四つ辻 |

228

| | | | |
|---|---|---|---|
| よって | よって | 接続 | 起立多数、よって本案は可決　×依て・仍て　（類）それゆえ |
| | …（に）よって | 連語 | 結果によって判断する、法律によって罰する　×依って |
| よっぱらう | 酔っ払う | 動 | 酔っ払い運転　（類）酒に酔う、酔いしれる、泥酔 |
| よどおし | 夜通し | 副 | 夜通し語り明かす、夜通し仕事する　（類）一晩中、終夜 |
| よにげ | 夜逃げ | 名 | 借金がかさんで夜逃げする　（類）こっそり逃げる |
| よのなか | 世の中 | 名 | 世の中を知らない人、物騒な世の中　（類）世間、社会 |
| よびあう | 呼び合う | 動 | 名前を呼び合う　（類）互いに呼び掛ける |
| よびおこす | 呼び起こす | 動 | 記憶を呼び起こす　（類）目を覚まさせる、思い起こす |
| よびかけ | 呼び掛け | 名 | 寄附の呼び掛け　（類）声掛け、働き掛け |
| よびかける | 呼び掛ける | 動 | 自粛を呼び掛ける　（類）声を掛ける、働き掛ける |
| よびごえ | 呼び声 | 名 | 次期総裁の呼び声が高い　（類）評判、名声、うわさ |
| よびすて | 呼び捨て | 名 | 名前を呼び捨てにする　（類）敬称の省略 |
| よびだし | 呼出し | 名 | （複） |
| よびだしでんわ | 呼出電話 | 名 | |
| よびだしふごう | 呼出符号 | 名 | （法） |
| よびだす | 呼び出す | 動 | 受付に呼び出す　（類）来させる、誘い出す |
| よびつける | 呼び付ける | 動 | 部下を呼び付ける　（類）呼び寄せる、招集する |
| よびもどす | 呼び戻す | 動 | 本社に呼び戻す、記憶を呼び戻す　（類）呼び返す、回復 |
| よびよせる | 呼び寄せる | 動 | 妻子を呼び寄せる　（類）そばに来させる、呼び付ける |
| よぶ | 呼ぶ | 動 | 名前を呼ぶ　（類）呼び掛ける、叫ぶ |
| よふかし | 夜更かし | 名 | 夜更かしをする　（類）宵っ張り、徹夜、夜明かし |
| よふけ | 夜更け | 名 | 夜更けまで仕事する　（類）深夜 |
| よほど | よほど | 副 | （仮名）　よほど簡単だ　×余程　（類）大層、随分 |
| よみ | 読み | 名 | 読みが深い、読みを誤る　（類）見通し |
| よみあげる | 読み上げる | 動 | 大声で読み上げる　（類）声を上げて読む、読み終わる |
| よみあわせ | 読み合わせ | 名 | 原稿の読み合わせ　（類）照合、校合 |
| よみおわる | 読み終わる | 動 | 本を読み終わる |
| よみかえ | 読替え | 名 | （複） |
| よみかえきてい | 読替規定 | 名 | （法） |
| よみかえる | 読み替える | 動 | 条文を読み替える　（類）当てはめる |
| よみがえる | よみがえる | 動 | 記憶がよみがえる　×蘇る・甦る　（類）生き返る、回復 |
| よみかけ | 読み掛け | 名 | 読み掛けの本　（類）読みさし |
| よみかた | 読み方 | 名 | 地図の読み方　（類）読む方法 |
| よみごたえ | 読み応え | 名 | （改）　読み応えのある本　（類）読む価値、読むのに骨が折れる |
| よみこなす | 読みこなす | 動 | 英語雑誌を読みこなす　×読み熟す |
| よみとる | 読み取る | 動 | 人の心を読み取る　（類）理解する、推し量る |
| よみもの | 読み物 | 名 | |
| よむ | 読む | 動 | 本を読む、字を読む、人の心を読む　（類）理解、推し量る |
| | 詠む | 動 | 和歌を詠む、辞世の句を詠む、一首詠む　（類）作る |
| よゆう | 余裕 | 名 | 時間に余裕がある　（類）余白、ゆとり、暇なとき |
| より | …より | 格助 | （比較の場合だけに使う）　富士山よりも高い山 |
| よりあい | 寄り合い | 名 | 町内会の寄り合い、寄り合い所帯　（類）話合い、集まり |
| よりあつまり | 寄り集まり | 名 | 素人の寄り集まり　（類）集団、会合 |
| よりかかる | 寄り掛かる | 動 | 壁に寄り掛かる　（類）もたせ掛ける、依存する |
| よりごのみ | より好み | 名 | 仕事をより好みする　（類）えり好み、選び取る |
| よりすぐる | よりすぐる | 動 | 逸材をよりすぐる　（類）えりすぐる、選び出す |

| よりどころ | よりどころ | 名 | 判断のよりどころ、心のよりどころ ×拠り所 (類)根拠、支え |
|---|---|---|---|
| よりぬき | より抜き | 名 | より抜きの秀才 (類)えり抜き |
| よりみち | 寄り道 | 名 | 寄り道して遅くなる (類)回り道、遠回り |
| よりわける | より分ける | 動 | 赤と白により分ける (類)えり分ける |
| よる | 寄る | 動 | 近くに寄る、銀行に寄る、しわが寄る |
| | …(に)よる | 動 | (仮名) 不注意によるミス、武力による解決 ×因る・依る・拠る |
| よろこばしい | 喜ばしい | 形 | 喜ばしいニュース (類)喜ぶべき、めでたい |
| よろこぶ | 喜ぶ | 動 | 無事な帰還を喜ぶ、忠告を喜ばない (類)うれしがる |
| よろしい | よろしい | 形 | 帰ってもよろしい ×宜しい (類)結構、構わない |
| よろしく | よろしく | 副 | よろしくお伝えください ×宜しく (類)適当に |
| よろん | 世論 | 名 | 世論の動向を見据える、世論を喚起する、世論調査 |
| よわい | 弱い | 形 | 気が弱い、水害に弱い都市、弱い者いじめ (類)もろい |
| | よわい | 名 | よわい70歳ほどの老女 ×齢 (類)年、年齢 |
| よわたり | 世渡り | 名 | 世渡り上手 (類)暮らし、処世 |
| よわね | 弱音 | 名 | 弱音を吐く (類)弱々しい声 |
| よわまる | 弱まる | 動 | 批判が弱まる (類)弱くなる |
| よわみ | 弱み | 名 | 相手の弱みを握る (類)弱点、欠点 |
| よわよわしい | 弱々しい | 形 | 弱々しい口調 (類)か弱い、ひ弱い |
| よわりはてる | 弱り果てる | 動 | 難題を抱えて弱り果てる (類)弱り切る、ひどく衰える |
| よわる | 弱る | 動 | 体が弱る、脚力が弱る、気力が弱る (類)鈍る、衰える |
| ら | …ら | 接尾 | (仮名) 被告ら、これら、我ら ×等 (類)方、達、ども |
| らいさん | 礼賛 | 名 | 先人の偉業を礼賛する (類)称賛、賛美 |
| らいひん | 来賓 | 名 | 来賓席、来賓の祝辞 (類)お客様 |
| らくいん | らく印・烙印 | 名 | らく印を押される ▲烙印 (類)焼き印 |
| らくがき | 落書き | 名 | 壁に落書きをする (類)いたずら書き |
| らくだ | らくだ・ラクダ | 名 | ×駱駝 (注)学術的な名称で書くときは片仮名を用いる。 |
| らち | 拉致 | 名 | (改) 拉致される (類)無理やり連れて行く |
| | らち | 名 | …のらち外の問題、らちが明かない ×埒 (類)範囲 |
| らつわん | 辣腕 | 名・形動 | (改) 辣腕を振るう (類)敏腕、すご腕 |
| られつ | 羅列 | 名 | 美辞麗句を羅列する (類)連ね並べる、ずらりと並べる |
| らんがい | 欄外 | 名 | 欄外に注記する (類)枠外 |
| らんかく | 濫獲 | 名 | 野鳥を濫獲する ×乱獲 (類)手当たり次第に獲る |
| らんさく | 濫作 | 名 | 低劣な映画を濫作する ×乱作 (類)むやみに作る |
| らんざつ | 乱雑 | 名・形動 | 書類を乱雑に散らかしておく (類)雑然、入り乱れて |
| らんぞう | 濫造 | 名 | 粗製濫造 ×乱造 (類)むやみに製造する |
| らんどく | 濫読 | 名 | 本を濫読する ×乱読 (類)手当たり次第に読む |
| らんばつ | 濫伐 | 名 | 山林を濫伐する ×乱伐 (類)むやみに伐採する |
| らんぴ | 濫費 | 名 | 予算の濫費 ×乱費 (類)無駄遣い、浪費 |
| らんぼう | 乱暴 | 名・形動 | 乱暴をはたらく、乱暴な議論だ (類)暴力、荒っぽい |
| らんよう | 濫用 | 名 | 権利濫用、職権濫用 (類)みだりに用いる |
| | 乱用 | 名 | 薬物乱用 |
| らんりつ | 濫立 | 名 | 候補者が濫立する ×乱立 (類)むやみに立ち並ぶ |
| りあげ | 利上げ | 名 | 利上げをする (類)利息を上げる |
| りいん | 吏員 | 名 | (類)公務員、役人、公僕 |

| りかん | り患・罹患 | 名 | 悪疫に罹患する　△罹患　（類）発病、罹病 |
|---|---|---|---|
| りきむ | 力む | 動 | むやみに力んだ口調で話す　（類）力を込める、気負う |
| りくあげ | 陸揚げ | 名 | 船荷を陸揚げする　（類）陸に揚げる |
| りくあげち | 陸揚地 | 名 | （法） |
| りくあげりょう | 陸揚量 | 名 | （法） |
| りぐい | 利食い | 名 | 利食い買い　（類）利益を手に入れる |
| りくつ | 理屈 | 名 | 理屈にあったやり方、理屈をこねる　×理窟 |
| りさい | り災・罹災 | 名 | 地震で罹災する、罹災証明　△罹災　（類）被災 |
| りする | 利する | 動 | 敵を利する行為　（類）利益を与える |
| りちぎ | 律義・律儀 | 名・形動 | 律義な仕事ぶり　（類）謹厳、実直 |
| りつき | 利付き | 名 | 利付き債券 |
| りっきゃく | 立脚 | 名 | 現実に立脚した意見　（類）依拠、準拠 |
| りつぜん | 慄然 | 名 | （改）　事の重大さに慄然とする　（類）身が震える、ぞっと |
| りっぱ | 立派 | 形動 | 立派な態度、立派にやっている　（類）偉大、見事 |
| りづめ | 理詰め | 名 | 理詰めで説明する　（類）合理的、論理的 |
| りびょう | り病・罹病 | 名 | 伝染病に罹病する、罹病率　△罹病　（類）発病、罹患 |
| りふじん | 理不尽 | 名・形動 | 理不尽な要求、理不尽な仕打ち　（類）不合理、無理無体 |
| りまわり | 利回り | 名 | 高利回り |
| りゃくしゅ | 略取 | 名 | 幼児を略取誘拐する　（類）奪い取る |
| りゃくだつ | 略奪 | 名 | 財宝を略奪する　×掠奪　（類）強奪、奪略、奪い取る |
| りゅうい | 留意 | 名 | 健康に留意する、留意事項　（類）注意、用心 |
| りゅうちょう | 流ちょう・流暢 | 名・形動 | 日本語を流ちょうに話す　▲流暢　（類）滑らか |
| りゅうよう | 流用 | 名 | 交際費を流用して交通費に使う　（類）利用、転用 |
| りょういき | 領域 | 名 | 自国の領域、研究領域が幅広い　（類）区域、範囲 |
| りょうが | りょうが・凌駕 | 名 | 他のチームをりょうがする　▲凌駕　（類）上回る、しのぐ |
| りょうかい | 了解 | 名 | 事情を了解する　×諒解　（類）了承、承知 |
| りょうがえ | 両替 | 名 | （法） |
| りょうしゅう | 領袖 | 名 | （改）　派閥の領袖　（類）長 |
| りょうしょう | 了承 | 名 | 申出を了承する、快く了承する　×諒承　（類）了解、承知 |
| りょうじょく | りょう辱・凌辱 | 名 | りょう辱の限りを尽くす　▲凌辱　（類）侮辱、暴行、強姦 |
| りょうだて | 両建て | 名 | 両建て預金 |
| りょうどなり | 両隣り | 名 | 向こう三軒両隣り |
| りょうよう | 両用 | 名 | 水陸両用の車　（類）併用、兼用 |
| | 両様 | 名 | 両様の意味を持つ言葉　（類）二通り |
| りれき | 履歴 | 名 | 立派な履歴の持ち主、履歴書　（類）経歴、学歴、職歴 |
| りんかく | 輪郭 | 名 | 事件の輪郭　（類）外郭、概要、大筋、アウトライン |
| りんけん | 臨検 | 名 | （犯則事件の調査にのみ用いる。それ以外は「立入検査」） |
| りんさん | りん酸・リン酸・燐酸 | 名 | △燐酸 |
| るいけい | 累計 | 名 | 得票数を累計する　（類）合計、累算 |
| | 類型 | 名 | 幾つかの類型に分類する　（類）特徴的な型 |
| るいじ | 累次 | 名 | 累次の災害、累次にわたる戦争　（類）次々と続く |
| | 類似 | 名 | 類似の犯罪、類似品　（類）似通った、酷似 |
| るいすい | 類推 | 名 | 文献から類推する、類推解釈　（類）推理、推論、推し量る |
| るいする | 類する | 動 | 本件に類する事案　（類）似る、似通う |
| るいせき | 累積 | 名 | 債務が累積する　（類）積み重なる、蓄積 |

| | | | |
|---|---|---|---|
| るいべつ | 類別 | 名 | 大きさによって類別する　（類）区別、分類、仕分け |
| るいれい | 類例 | 名 | 他に類例がない事件　（類）似通った例、事例、実例 |
| るす | 留守 | 名 | 留守を頼む、勉強がお留守になる |
| るつぼ | るつぼ | 名 | 人種のるつぼ　×坩堝 |
| るふ | 流布 | 名 | うわさが流布する　（類）世間に広める、普及 |
| るりいろ | 瑠璃色 | 名 | （改）瑠璃色の羽根のクジャク　（類）鮮やかな深い青 |
| るる | るる | 名 | （副）るる事情を説明する　×縷々　（類）細々と、綿々と |
| れいげん | 冷厳 | 形動 | 冷厳な態度で宣告する、失敗は冷厳な事実　（類）厳しい |
| れいこく | 冷酷 | 名・形動 | 冷酷な仕打ち　（類）非情、無慈悲 |
| れいたん | 冷淡 | 名・形動 | 教育に冷淡だ、冷淡な反応　（類）無関心、冷ややか |
| れいにゅう | 戻入 | 名 | 国庫に戻入する　（類）戻し入れ |
| れきし | れき死・轢死 | 名 | れき死する　▲轢死　（類）車輪にひかれて死ぬ |
| れきねん | 暦年 | 名 | 文書は暦年で保存する　（類）暦上の一年 |
| | 歴年 | 名 | 歴年にわたる研究　（類）積年、連年、年々 |
| れっする | 列する | 動 | 会議の席に列する　（類）連なる、並ぶ |
| れっせい | 劣性 | 名 | 劣性遺伝 |
| | 劣勢 | 名・形動 | 劣勢からばん回する　（類）不利な状態、守勢 |
| れんか | 廉価 | 名 | 廉価版　（類）安価、安値 |
| れんが | れんが | 名 | 赤れんが造り　×煉瓦・れん瓦 |
| れんけい | 連係 | 名 | 連係プレー、緊密な連係を取る　×連繋　（類）つながり |
| | 連携 | 名 | 連携して開発する、連携して総選挙に臨む　（類）提携 |
| れんけつ | 廉潔 | 名・形動 | 廉潔な心の持ち主　（類）高潔、清廉 |
| | 連結 | 名 | 電車を連結する、連結器　（類）つなぎ合わせる |
| れんごう | 連合 | 名 | 連合して事態に対応する、国際連合　×聯合　（類）合同、連盟 |
| れんさ | 連鎖 | 名 | 核の連鎖反応、食物連鎖　（類）つながり、関わり合う |
| れんせい | 錬成 | 名 | 心身を錬成する　（類）鍛える、鍛錬 |
| れんにゅう | 練乳 | 名 | ×煉乳　（類）コンデンスミルク |
| れんぱ | 連破 | 名 | 強敵を連破する　（類）敵を連続して破る |
| | 連覇 | 名 | 三連覇を果たす　（類）連続優勝、連勝 |
| れんぽう | 連峰 | 名 | （改）立山連峰　（類）山脈、連山、山系 |
| | 連邦 | 名 | 連邦国家、連邦準備金　（類）合衆国 |
| れんらく | 連絡 | 名 | バスの連絡が悪い、情報連絡体制　×聯絡　（類）接続 |
| れんりつ | 連立 | 名 | 有力候補が連立する、連立内閣　（類）並び立つ |
| ろうえい | 漏えい・漏洩 | 名 | 情報漏えい　▲漏洩　（類）漏らす |
| ろうかい | 老かい | 名・形動 | 老かいな政治家　×老獪　（類）悪賢い、手練手管 |
| ろうごく | ろう獄・牢獄 | 名 | ▲牢獄　（類）刑務所、監獄 |
| ろうじょう | 籠城 | 名 | （改）部屋に籠城する　（類）立て籠もる、引き籠もる |
| ろうする | 労する | 動 | 心身を労する　（類）苦労する |
| | 弄する | 動 | （改）策を弄する　（類）弄ぶ、翻弄する |
| ろうばい | ろうばい | 名 | ろうばいする　×狼狽　（類）うろたえる、慌てる、動揺 |
| ろか | ろ過 | 名 | 水をろ過する　×濾過　（類）こす |
| ろじ | 路地 | 名 | 路地を抜ける、路地裏に住む　（類）通路 |
| | 露地 | 名 | 露地栽培の野菜 |
| ろてい | 露呈 | 名 | 弱点を露呈する　（類）さらけ出す |

| ろてんぼり | 露天掘り | 名 | 露天掘りの鉱山 |
|---|---|---|---|
| ろれつ | ろれつ | 名 | ろれつが回らない　×呂律　（類）口調、舌 |
| ろんきゅう | 論及 | 名 | 問題の細部にわたり論及する　（類）言及 |
|  | 論究 | 名 | 事故原因について論究する　（類）究め論じる |
| ろんきょ | 論拠 | 名 | 論拠不明　（類）根拠 |
| ろんく | 論く・論駁 | 名 | ▲論駁　（類）反論、抗論 |
| ろんしょう | 論証 | 名 | 核実験の危険性を論証する　（類）証明、立証、挙証 |
| ろんじる | 論じる | 動 | 是非を論じる　（類）筋道立てて述べる、議論する |
| ろんずる | 論ずる | 動 | 論ずるに値しない問題　（類）議論 |
| わいきょく | わい曲・歪曲 | 名 | 事実をわい曲する　▲歪曲　（類）ゆがめる |
| わいしょう | わい小・矮小 | 名・形動 | わい小化した事実　▲矮小　（類）小さくする |
| わいせつ | わいせつ・猥褻 | 名・形動 | 公然わいせつ罪　△猥褻　（類）卑わい、淫ら |
| わいろ | 賄賂 | 名 | （改）　賄賂を贈る　（類）リベート、袖の下、裏金 |
| わが | 我が | 連体 | 我が家、我が国　×吾が　（類）自分の、我々の |
| わかがえる | 若返る | 動 | 心身共に若返る、気持ちが若返る |
| わかげ | 若気 | 名 | 若気の過ち、若気の至り　（類）若々しい、血気にはやる |
| わかしゆ | 沸かし湯 | 名 | （類）沸かしたお湯 |
| わかす | 沸かす | 動 | 湯を沸かす、観衆を沸かす　（類）熱くする、熱狂させる |
| わかちあう | 分かち合う | 動 | 喜びを分かち合う　（類）分け合う |
| わかつ | 分かつ | 動 | 利益を分かつ、是非を分かつ　（類）分割、わきまえる |
| わがまま | 我がまま | 名・形動 | 我がままを言う、我がままな性格　（類）自分勝手 |
| わかやぐ | 若やぐ | 動 | 若やいだ声　（類）若々しい |
| わかる | 分かる | 動 | 意味が分かる、気持ちが分かる　×判る・解る　（類）理解 |
| わかれ | 別れ・分かれ | 名 | 別れ道(分かれ道)、別れ目(分かれ目)、別れ話 |
| わかれる | 分かれる | 動 | 道が分かれる、意見が分かれる　（類）分岐、割れる |
|  | 別れる | 動 | 幼い時に両親と別れる、友人と駅で別れる　（類）離れる |
| わかわかしい | 若々しい | 形 | 若々しい声　（類）若やぐ、若気 |
| わき | 脇 | 名 | （改）　脇見、脇腹、脇が甘い |
| わきあいあい | 和気あいあい | 名 | 和気あいあいとした雰囲気　×和気藹々　（類）打ち解けた |
| わきあがる | 沸き上がる | 動 | 歓声が沸き上がる　（類）沸き立つ、沸き返る |
| わきかえる | 沸き返る | 動 | 大接戦に沸き返る観衆　（類）沸き立つ、熱狂する |
| わきたつ | 沸き立つ | 動 | 声援で場内が沸き立つ　（類）沸騰する、熱狂する |
| わきでる | 湧き出る | 動 | 水が湧き出る、勇気が湧き出る　（類）湧出、あふれる |
| わきまえる | わきまえる | 動 | 善悪をわきまえる、礼儀をわきまえる　×弁える　（類）分別、自覚 |
| わきめ | 脇目 | 名 | （改）　脇目も振らずに仕事する　（類）よそ見、脇見 |
| わぎり | 輪切り | 名 | 大根を輪切りにする |
| わく | 沸く | 動 | （水が熱くなる、興奮・熱狂する）　風呂が沸く、見事な演技に場内が沸く |
|  | 湧く | 動 | （改）　（地中から噴き出る、感情や考えなどが生じる、次々と起こる）　温泉が湧く、疑問が湧く、勇気が湧く |
|  | 枠 | 名 | 枠外、予算の枠、枠をはめる |
| わくぐみ | 枠組み | 名 | 予算の枠組み、計画の枠組み |
| わくわく | わくわく | 副 | 気分がわくわくする　（類）浮き浮き |
| わけ | 訳 | 名 | 訳を聞く、申し訳　（類）理由、いわれ |
|  | …わけ | 名 | （仮名）　賛成するわけにはいかない、…わけではない |
| わけまえ | 分け前 | 名 | 分け前がもとで仲間割れをする　（類）取り分、割り前 |

| わける | 分ける | 動 | 利益を分ける、学年別に分ける （類）分割、区分、仕分け |
| わこうど | 若人 | 名 | （付） 若人の祭典 |
| わざ | 業 | 名 | 至難の業、離れ業、仕業、早業 （類）行為、振る舞い |
| | 技 | 名 | 柔道の技、技を磨く、技を競う （類）腕前、手並み |
| わざと | わざと | 副 | （仮名） わざと失敗する、わざとらしい ×態 と （類）故意、殊更 |
| わざわい | 災い | 名 | 災いが降りかかる ×禍い （類）災害、災難 |
| わざわざ | わざわざ | 副 | （仮名） わざわざ見舞いに来てくれた ×態々 （類）特に、あえて |
| わずか | 僅か | 名・形動 | （改） ほんの僅か、僅かな費用で済む （類）少し、僅少 |
| わずかに | 僅かに | 副 | （改） 僅かに生き残った （類）かろうじて、やっとのことで |
| わずらう | 煩う | 動 | 恋に煩う、思い煩う （類）悩む、思い詰める |
| | 患う | 動 | 胸を患う、三年ほど患う （類）病む、病気になる |
| わずらわしい | 煩わしい | 形 | 煩わしい人間関係 （類）面倒臭い、ややこしい |
| わずらわす | 煩わす | 動 | 心を煩わす、人手を煩わす （類）悩ませる、面倒を掛ける |
| わすれもの | 忘れ物 | 名 | 電車の網棚に忘れ物をする （類）置き忘れ、遺失物 |
| わすれる | 忘れる | 動 | 恩を忘れる、寝食を忘れる （類）失念、心を奪われる |
| わたくし・わたし | 私 | 代 | （改：訓「わたし」の追加） |
| わたくしする | 私する | 動 | 公金を私する （類）自分のものとする |
| わたしぶね | 渡し船 | 名 | （類）渡船 |
| わたす | 渡す | 動 | 船で人を渡す、物を渡す、家屋敷を人手に渡す |
| わたる | 渡る | 動 | 橋を渡る、アメリカに渡る、…の手に渡る、世を渡る |
| | …（に）わたる | 動 | 長期にわたる…、各分野にわたって ×亘る・渡る |
| わな | わな | 名 | わなを仕掛ける ×罠 （類）策略 |
| わびしい | わびしい | 形 | わびしい独り住まい ×侘びしい （類）寂しい |
| わびずまい | わび住まい | 名 | ×侘び （類）閑静な居住、貧乏暮らし |
| わびる | わびる | 動 | 非礼をわびる ×詫びる （類）謝る、謝罪する |
| | わびる | 動 | 待ちわびる ×侘びる （類）気力がなくなる |
| わぼく | 和睦 | 名 | （改） 和睦をする （類）仲直り、和解 |
| わめく | わめく | 動 | 大声でわめく ×喚く・叫く （類）叫ぶ、怒鳴る |
| わらう | 笑う | 動 | （類）ほほえむ |
| わり | 割 | 名 | 五割、所得割、割がいい （類）割合、比較の程度 |
| わりあい | 割合 | 名 | （法） |
| わりあいに | 割合に | 副 | 割合によくできた |
| わりあて | 割当て | 名 | （複） |
| わりあてがく | 割当額 | 名 | （法） |
| わりあてる | 割り当てる | 動 | 仕事を割り当てる （類）割り振る、あてがう |
| わりいん | 割り印 | 名 | 書類に割り印を施す （類）契印 |
| わりかん | 割り勘 | 名 | 飲み代を割り勘にする （類）頭割り、割当て |
| わりきる | 割り切る | 動 | 割り切って仕事する （類）納得する、けじめを付ける |
| わりこむ | 割り込む | 動 | 話に割り込む、列に割り込む （類）割って入る、入り込む |
| わりざん | 割り算 | 名 | （類）除算 |
| わりだか | 割高 | 名 | （法） |
| わりだす | 割り出す | 動 | 単価を割り出す、犯人を割り出す （類）算出、導き出す |
| わりつける | 割り付ける | 動 | 費用を割り付ける （類）割り当てる、割り振る |
| わりに | 割に | 副 | 割に簡単だった （類）割合に、割と、比較的 |
| わりびき | 割引 | 名 | （法） |
| わりびく | 割り引く | 動 | 定価から割り引く、利息を割り引く （類）値引、差し引く |

| わりふり | 割り振り | 名 | 部屋の割り振りをする　(類)配分、割当て |
|---|---|---|---|
| わりふる | 割り振る | 動 | 経費を割り振る　(類)配分する、割り当てる、割り付ける |
| わりまし | 割増し | 名 | (複)　(類)上積み、上乗せ |
| わりましきん | 割増金 | 名 | (法) |
| わりもどし | 割戻し | 名 | (複) |
| わりもどしきん | 割戻金 | 名 | (法) |
| わりもどす | 割り戻す | 動 | ５％を割り戻す　(類)一部を返す |
| わりやす | 割安 | 名・形動 | (法)　まとめて買うと割安になる、割安な品物　(類)格安 |
| わる | 割る | 動 | 卵を割る、代金を頭数で割る、定員を割る |
| わるがしこい | 悪賢い | 形 | 悪賢い男　(類)こうかつ、腹黒い、ずる賢い |
| わるもの | 悪者 | 名 | (類)悪人、悪漢、悪党 |
| われ | 我 | 名 | 我に返る　(代)我々、我ら　(類)自分、私 |
| | 割れ | 名 | 仲間割れ、割れ目　(類)分裂、裂け目 |
| われがちに | 我勝ちに | 副 | 我勝ちに発言する　(類)我先に、人より先に |
| われさきに | 我先に | 副 | 我先に逃げ出す　(類)我勝ちに、人より先に |
| われながら | 我ながら | 副 | 我ながらいやになる　×我乍ら　(類)自分のことながら |
| われる | 割れる | 動 | 茶わんが割れる、身元が割れる　(類)砕ける、分かる |
| われわれ | 我々 | 代 | 我々は最善を尽くした　(類)私たち、我ら |
| をおいて | をおいて | 連語 | 彼をおいて適任者はいない　×を措いて　(類)…を除いて |
| をして | をして | 連語 | 補助者をして処理させる　(類)…に命じて |
| をつうじて | を通じて | 連語 | あらゆる民族を通じて共通に見られる　(類)…にわたって |
| をとおして | を通して | 連語 | 手紙を通しての交際　(類)…によって、…をもって |
| をとわず | を問わず | 連語 | 経験の有無を問わず　(類)…に限らず、…によらず |
| をめぐって | をめぐって | 連語 | 人事をめぐっての対立　(類)…に関して、…について |
| をもって | をもって | 連語 | 書面をもって通知する　×を以て　(類)…によって |
| | をもって | 連語 | 挨拶をもって祝辞に代える　(類)…で、…でもって |

# 外来語・外国語の取扱い用例集

【凡例】

〔国立国語研究所「外来語」委員会の言い換え提案等〕

★☆☆☆：最も分かりにくい外来語であり、公的な場面でそのまま用いることは避ける方が望ましい語（言い換える。）。

★★☆☆：現状では、外来語のままで用いることは避けたい語であるが、今後、普及・定着に向かう可能性のある語も含まれている（言い換えるか、注釈等を付す。）。

★★★☆：定着に向かって進行しつつあり、外来語を用いることにさほど問題ない場合も多い語であるが、幅広い層の人に理解してもらう必要のある場合には、まだ何らかの手当てが必要な語（必要に応じて注釈等を付す。）。

★★★★：既に十分に定着しており、外来語を用いることに大きな問題がない語（そのまま使用する。）。

・「外来語」言い換え提案は、第1回（平成15年4月）、第2回（平成15年11月）、第3回（平成16年10月）、第4回（平成18年3月）の4回に分けて発表されたものである。

・「外来語」言い換え提案のホームページ（国立国語研究所）
　https://www2.ninjal.ac.jp/gairaigo/

「外来語・外国語の使用について」（平成15年6月6日各府省文書課長等会議申合せ）

×：一般への定着が十分でなく、日本語に言い換えた方が分かりやすくなる語（言い換える。）

△：一般への定着が十分でなく、分かりやすい言い換え語がない語（必要に応じて注釈等を付す。）

◇：初めて出現する時には、日本語訳等を付すもの（必要に応じて注釈を付し、又は省略しない形で表す。）

○：国民に定着しているとみなせる語（そのまま使用する。）。

| 見 出 し | 取扱い | 言い換え語・説明 |
|---|---|---|
| アーカイブ | ★☆☆☆ | 保存記録・記録保存館・記録・史料・公文書館 |
| アイデンティティー | ★☆☆☆ | 独自性・自己認識・自己同一性・帰属意識 |
| アイドリングストップ〔和製語〕 | ★★★☆ | 停車時エンジン停止 |
| アウトソーシング | ★☆☆☆ | 外部委託・外注・外部調達 |
| アカウンタビリティー | ★☆☆☆ | 説明責任 |
| アクションプログラム | ★☆☆☆ | 実行計画・行動計画・実行手順 |
| アクセシビリティー | ★☆☆☆ | 利用しやすさ・使いやすさ・接続しやすさ |
| アクセス | ★★★☆ | (1)接続・接近　(2)交通手段・連絡　(3)参入 |
| アジェンダ | ★☆☆☆ | 検討課題・議題・行動計画 |
| アセスメント | ★☆☆☆ | 影響評価・事前評価・再評価・評価・査定 |
| アナリスト | ★☆☆☆ | 分析家・専門家・分析専門家 |
| アプリケーション | △ | |
| アミューズメント | ★★☆☆ | 娯楽・娯楽施設・娯楽機器 |
| アメニティー | ★☆☆☆ | 快適環境・快適さ・快適空間・居心地の良さ |
| イニシアチブ | ★★☆☆ | (1)主導・率先・主導権　(2)発議・構想・行動計画 |
| イノベーション | ★☆☆☆ | 技術革新・経営革新・事業革新・革新 |
| インキュベーション | ★☆☆☆ | 起業支援・起業家育成・新規事業支援・創業支援 |
| インクルージョン | △(文化審議会建議) | 多様性を受容し互いに作用し合う共生社会を目指す考え方 |
| インサイダー | ★★☆☆ | 内部関係者・会社関係者・内部者・部内者 |
| インセンティブ | ★☆☆☆ | 意欲刺激・誘因・動機付け・奨励金 |
| インターンシップ | ★☆☆☆ | 就業体験・体験就業・就業実習・専門実習 |
| インタラクティブ | ★☆☆☆ | 双方向的・対話的 |
| インパクト | ★★★★ | 衝撃・印象・影響・迫力 |
| インフォームドコンセント | ★☆☆☆ | 納得診療・説明と同意 |
| インフラ | ★☆☆☆ | 社会基盤・産業基盤・交通基盤・通信基盤・基盤 |
| エンパワーメント | ★☆☆☆ | 能力開化・権限付与・権限委譲 |
| エンフォースメント | ★☆☆☆ | 法執行・執行・取り締まり・強制執行 |
| オーガナイザー | ★☆☆☆ | まとめ役・世話役 |
| オーナーシップ | ★☆☆☆ | (1)所有権・所有者意識　(2)主体性・当事者意識・自助努力 |
| オピニオンリーダー | ★☆☆☆ | 世論形成者・世論主導者・世論リーダー・論客 |
| オブザーバー | ★★☆☆ | (1)陪席者・意見参考人・傍聴人・観察者　(2)監視員・監督者・審判員 |
| オフサイトセンター | ★☆☆☆ | 原子力防災センター・緊急事態応急対策拠点施設 |
| オペレーション | ★★★☆ | (1)公開市場操作　(2)作戦行動・軍事行動 |
| オンデマンド | ★☆☆☆ | 注文対応・受注対応・注文即応・受注生産 |
| ガイドライン | ★★★☆ | 指針・運用指針・手引き |
| カウンターパート | ★☆☆☆ | 対応相手・同格対応相手・同格者・相手方 |
| カスタムメード | ★☆☆☆ | 特注生産・受注生産・特注品 |
| ガバナンス | ★☆☆☆ | 統治・企業統治・統治能力 |
| キャッチアップ | ★☆☆☆ | 追い上げ・追い付くこと |
| キャピタルゲイン | ★☆☆☆ | 資産益・資産収益・資産売却益・資産値上がり益 |
| クライアント | ★★☆☆ | 顧客・客・注文主・依頼主・相談者・患者 |
| グランドデザイン | ★☆☆☆ | 全体構想 |

| | | |
|---|---|---|
| グローバリゼーション | ★☆☆☆ | 地球規模化・地球一体化・全球化 |
| グローバル | ★★☆☆ | 地球規模・全地球的・全球的 |
| ケア | ★★★★ | 手当て・介護・看護・手入れ |
| ケーススタディー | ★☆☆☆ | 事例研究 |
| コア | ★☆☆☆ | 中核・核・中心 |
| コージェネレーション | ★☆☆☆ | 熱電併給・熱電同時供給 |
| コミット | ★☆☆☆ | (1)かかわる・関与する・参与する　(2)確約する |
| コミットメント | ★☆☆☆ | (1)関与・かかわり　(2)確約・公約 |
| コミュニケ | ★★☆☆ | 共同声明・公式声明 |
| コミュニティー | ★★★☆ | 地域社会・共同体・地域共同体・地域・社会 |
| コラボレーション | ★☆☆☆ | 共同制作・共同事業・共同研究・共同作業・協働 |
| コンセプト | ★★☆☆ | 基本概念・基本理念・基本発想・概念 |
| コンセンサス | ★☆☆☆ | 合意 |
| コンソーシアム | ★☆☆☆ | 共同事業体・共同研究体・共同企業体・企業連合 |
| コンテンツ | ★☆☆☆ | 情報内容・内容・中身・番組 |
| コンファレンス | ★☆☆☆ | 会議・検討会議・研究会議・症例検討会 |
| コンプライアンス | ★☆☆☆ | 法令遵守・服薬遵守・遵守 |
| コンポスト | ★☆☆☆ | たい肥・生ゴミたい肥化装置 |
| サーベイランス | ★☆☆☆ | 調査監視・監視 |
| サプライサイド | ★☆☆☆ | 供給側・供給重視・業界 |
| サプライヤー | ×（文化審議会建議) | 仕入先、供給業者 |
| サプリメント | ★★★☆ | 栄養補助食品・栄養補助飲料 |
| サマリー | ★☆☆☆ | 要約・要旨・総括・概要 |
| サムターン | ★☆☆☆ | 内鍵つまみ・内鍵 |
| シーズ | ★☆☆☆ | 種・種子・技術の種 |
| シェア | ★★★☆ | (1)占有率・市場占有率　(2)分かち合う・分け合う・共有する・分配する |
| シフト | ★★★☆ | 移行・切り替え・転換 |
| シミュレーション | ★★★☆ | 模擬実験・想定実験・模擬行動・模擬訓練 |
| シンクタンク | ★★☆☆ | 政策研究機関・調査研究機関 |
| スキーム | ★☆☆☆ | 計画・枠組み |
| スキル | ★★☆☆ | 技能・技術・能力・習得技能 |
| スクーリング | ★★☆☆ | 登校授業・面接授業・実地教育 |
| スクリーニング | ★☆☆☆ | ふるい分け・選別・選別検査・選抜 |
| スケールメリット〔和製語〕 | ★☆☆☆ | 規模効果・規模の利益・規模拡大効果 |
| スタンス | ★★☆☆ | 立場・姿勢 |
| ステレオタイプ | ★★☆☆ | 紋切り型・型どおり・類型・固定観念 |
| ストックヤード | ★☆☆☆ | 一時保管所・保管所 |
| ストレス | ○ | |
| スポーツ | ○ | |
| セーフガード | ★★☆☆ | 緊急輸入制限・緊急輸入制限措置 |
| セーフティーネット | ★★☆☆ | 安全網・安全保障制度・安全対策 |
| セカンドオピニオン | ★☆☆☆ | 第二診断・別の医師（弁護士・専門家）の意見 |
| セキュリティー | ★★★☆ | 安全・安全性・防犯・保安 |
| セクター | ★★☆☆ | 部門・区域 |

| セットバック | ★☆☆☆ | 壁面後退・敷地後退・後退建築・後退 |
|---|---|---|
| ゼロエミッション | ★☆☆☆ | 排出ゼロ・廃棄物ゼロ・ごみゼロ・完全再利用 |
| センサス | ★☆☆☆ | 全数調査・大規模調査・国勢調査・全国調査 |
| ソフトランディング | ★☆☆☆ | 軟着陸 |
| ソリューション | ★☆☆☆ | 問題解決・解決支援・解決策 |
| タイムラグ | ★☆☆☆ | 時間差・遅れ |
| タスク | ★☆☆☆ | 作業課題・課題・作業・処理 |
| タスクフォース | ★☆☆☆ | 特別作業班 |
| ダンピング | ★★☆☆ | 不当廉売 |
| ツール | ★★☆☆ | 道具・手段 |
| デイサービス〔和製語〕 | ★★★★ | 日帰り介護・日帰りサービス・通所介護 |
| デジタルデバイド | ★☆☆☆ | 情報格差 |
| デフォルト | ★☆☆☆ | (1)債務不履行・不履行　(2)初期設定 |
| デポジット | ★☆☆☆ | 預かり金・預かり金払い戻し・預かり金制度 |
| デリバリー | ★★☆☆ | 配達・宅配・配送 |
| デリバティブ | △ | |
| ドクトリン | ★☆☆☆ | 原則・基本原則・政策原則 |
| ドナー | ★★★☆ | (1)臓器提供者・心臓提供者・骨髄提供者　(2)資金提供国・援助国 |
| トラウマ | ★★★☆ | 心の傷・心的外傷 |
| トレーサビリティー | ★☆☆☆ | 履歴管理・履歴管理制度・追跡可能性 |
| トレンド | ★★★☆ | 傾向・動向・流行 |
| ナノテクノロジー | ★☆☆☆ | 超微細技術 |
| ネグレクト | ★☆☆☆ | (1)育児放棄・介護放棄・世話の放棄　(2)無視 |
| ノーマライゼーション | ★☆☆☆ | 等生化・等しく生きる社会の実現・共生化・福祉環境作り |
| ノンステップバス〔和製語〕 | ★★☆☆ | 無段差バス・低床バス |
| バーチャル | ★★☆☆ | 仮想・仮想世界 |
| ハードウエア | △ | |
| パートナーシップ | ★★★☆ | 協力関係・提携・共同経営体 |
| ハーモナイゼーション | ★☆☆☆ | 協調・調整・国際協調・制度調和 |
| バイオテクノロジー | ★★★☆ | 生命工学・生物工学・生命技術 |
| バイオマス | ★☆☆☆ | 生物由来資源・植物由来資源 |
| ハイブリッド | ★★☆☆ | 複合型・複合・複合物・異種混合 |
| ハザードマップ | ★☆☆☆ | 災害予測地図・防災地図 |
| バックアップ | ★★★☆ | (1)支援・援護・うしろだて　(2)控え・予備・複製 |
| バックオフィス | ★☆☆☆ | 事務管理部門・事務部門・管理部門・間接部門 |
| パブリックインボルブメント | ★☆☆☆ | 住民参画・市民参画 |
| パブリックコメント | ★☆☆☆ | 意見公募・意見提出手続・公募意見・市民の意見 |
| バリアフリー | ★★★☆ | 障壁なし・無障壁・段差なし |
| ヒートアイランド | ★★☆☆ | 都市高温化・熱の島 |
| ビオトープ | ★☆☆☆ | 生物生息空間・野生生物の生息空間・生態観察園 |
| ビジョン | ★★★☆ | 展望・画面 |
| フィルタリング | ★☆☆☆ | 選別・情報選別・より分け |

| | | |
|---|---|---|
| フェローシップ | ★☆☆☆ | 研究奨学金・研究奨学生資格 |
| フォローアップ | ★★☆☆ | 追跡調査・事後点検・後の手当て |
| プライオリティー | ★☆☆☆ | 優先順位・優先権・真っ先にすべきこと |
| フリーランス | ★☆☆☆ | 自由契約・自由契約者 |
| ブレークスルー | ★☆☆☆ | 突破・難関突破・打開・飛躍的前進 |
| フレームワーク | ★☆☆☆ | 枠組み |
| プレゼンス | ★☆☆☆ | 存在感・存在・展開・軍事展開 |
| プレゼンテーション | ★★★☆ | 発表・説明・提示・提案 |
| フレックスタイム | ★★☆☆ | 自由勤務時間制・時差出勤 |
| プロトタイプ | ★☆☆☆ | 原型・試作モデル・試作品 |
| フロンティア | ★★☆☆ | 新分野・最前線・最先端 |
| ベンチャー | ★★☆☆ | 新興企業・起業・起業家 |
| ボーダーレス | ★★☆☆ | 無境界・脱境界・境界なし・無国境・国境なし |
| ポートフォリオ | ★☆☆☆ | (1)資産構成・投資配分　(2)作品集 |
| ポジティブ | ★★☆☆ | 積極的・肯定的・前向き |
| ポテンシャル | ★☆☆☆ | 潜在能力・可能性・潜在力・潜在的 |
| ボトルネック | ★☆☆☆ | 支障・隘路・障害・妨げ |
| ボランティア | ○ | |
| マーケティング | ★★★☆ | 市場戦略・市場活動・市場調査・市場分析 |
| マクロ | ★★☆☆ | 巨視的 |
| マスタープラン | ★★☆☆ | 基本計画 |
| マネジメント | ★★★☆ | 経営管理・運営管理・管理・管理者 |
| マルチメディア | ★★★☆ | 複合媒体 |
| マンパワー | ★☆☆☆ | 人的資源・労働力・人材 |
| ミスマッチ | ★★★☆ | 不釣り合い・不適合・不調和 |
| ミッション | ★☆☆☆ | 使節団・使命・使節・派遣団・任務 |
| メディカルチェック〔和製語〕 | ★★★☆ | 医学的検査・健康診断・身体検査 |
| メンタルヘルス | ★★☆☆ | 心の健康・精神保健・精神衛生 |
| モータリゼーション | ★☆☆☆ | 車社会化・車社会 |
| モチベーション | ★★☆☆ | 動機付け・意欲・やる気・士気 |
| モニタリング | ★★☆☆ | 継続監視・監視・観測 |
| モビリティー | ★☆☆☆ | 移動性・移動利便性・移動しやすさ |
| モラトリアム | ★☆☆☆ | 猶予・債務支払い猶予・猶予期間 |
| モラルハザード | ★☆☆☆ | 倫理崩壊・倫理欠如・倫理の欠如 |
| ユニバーサルサービス | ★☆☆☆ | 全国均質サービス |
| ユニバーサルデザイン | ★★☆☆ | 万人向け設計・だれにでも使いやすい設計 |
| ライフサイクル | ★★★☆ | 生涯過程・一生涯・循環過程 |
| ライフライン | ★★★☆ | 生活線・生命線・命綱・光熱水路 |
| ライブラリー | ★★★★ | 図書館・資料館・収蔵館・閲覧所・書庫・叢書 |
| リアルタイム | ★★★☆ | 即時・同時・同時進行・実時間 |
| リードタイム | ★☆☆☆ | 事前所要時間・調達期間・製造期間 |
| リーフレット | ★☆☆☆ | ちらし・パンフレット・手引き・案内 |
| リサイクル | ○ | |

| リターナブル〜WTO | リターナブル | ★☆☆☆ | 回収再使用 |
|---|---|---|---|
| | リデュース | ★☆☆☆ | ごみ発生抑制・ごみの減量 |
| | リテラシー | ★☆☆☆ | 読み書き能力・読み解き能力・活用能力・情報活用能力 |
| | リニューアル | ★★★☆ | 刷新・改装・新装・一新 |
| | リバウンド | ★★★☆ | 揺り戻し・反動・跳ね返り・反発 |
| | リユース | ★☆☆☆ | 再使用・繰り返し使うこと |
| | リリース | ★★★☆ | 発表・公開・発売・封切り |
| | レシピエント | ★☆☆☆ | 移植患者・移植希望者・援助受け入れ国 |
| | ロードプライシング | ★☆☆☆ | 道路課金・道路課金制度 |
| | ログイン | ★☆☆☆ | 接続開始・利用開始・接続・接続登録・利用登録 |
| | ワーキンググループ | ★★☆☆ | 作業部会 |
| | ワークシェアリング | ★★☆☆ | 仕事の分かち合い・多様な働き方のできる職場環境の整備 |
| | ワークショップ | ★★☆☆ | 研究集会・参加型講習会・創作集会 |
| | ワンストップ | ★☆☆☆ | 一箇所・一箇所集中・窓口一元化・総合窓口 |
| | ASEAN | ◇ | 東南アジア諸国連合 |
| | GDP | ◇ | 国内総生産 |
| | NPO | ◇ | 民間非営利組織 |
| | PL法 | ◇ | 製造物責任法 |
| | PTA | ○ | |
| | WTO | ◇ | 世界貿易機関 |

# お役所言葉一覧

〔文書の目的に応じた言葉の使い方（「公用文作成の考え方」（文化審議会建議）解説Ⅱ-6、Ⅱ-8参照）〕

## 1 誰に向けた文書であるかに留意して用語を選択する

　文書には必ず目的があり、目的が違えば期待される書き方も異なる。法令に準ずるような文書や府省庁間でやり取りする文書と、広く一般向けに書かれる文書とでは、読み手が違うということをまず意識しておく。例えば、府省庁内でよく用いられる「喫緊の課題」「可及的速やかに」などといった用語は、広く一般の人々に向けた解説・広報等では「すぐに対応すべき重要な課題」「できる限り早く」などと言い換える。

## 2 平易で親しみやすい日本語を用いる

　日本に住む外国人は年々増加しており、日本語を母語としない人々に対する情報発信においては、やさしい日本語を用いるようにする。また、日本人に向けた文書であっても、地方公共団体や民間の組織を通じて、外国人向けに平易で親しみやすい日本語に書き直されることがあることを意識し、あらかじめ簡潔に理解しやすく作成するよう心掛ける。

## 3 その他の表現の工夫

(1) 聞き取りにくく難しい漢語を言い換える

　漢語（音読みの言葉）は、耳で聞いたときに分かりにくいものが多い。常用漢字表にない漢字を含む熟語（例：橋梁、塵埃、眼瞼など）は、和語（訓読みの言葉）に言い換える（例：橋、ほこり、まぶた）ことで、より円滑に理解することができる。

(2) 「漢字＋する」型の動詞を多用しない

　「模する」「擬する」「賭する」「減する」といった漢字1字の漢語による動詞のうちには、文語に基づくものが多く、聞き取りにくく堅苦しい語感を持つものがある。法令によく用いられる表現であっても、解説・広報等でむやみに多用することは避ける。例えば「似せる」「なぞらえる」「賭ける」「減らす」など、和語の動詞に言い換えると分かりやすくなることがある。

(3) 分かりやすさや親しみやすさを高めるには、述部に訓読みの動詞を用いる

　分かりやすく、親しみやすい文書にするには、述部に訓読みの動詞（和語の動詞）を活用するとよい。

　（例）作業が進捗する　→　作業がはかどる、作業が順調に進む、作業が予定どおりに運ぶ

(4) 紋切型（型どおり）の表現や構成は、効果が期待されるときにのみ用いる

　挨拶などの決まりきった言い回しが長くなると、文書の本質がぼやけることがある。また、公用文の構成においては、冒頭で根拠となる法令を引用する型がよく用いられる。そのような紋切り型の表現や構成は読み手にとって本当に必要なものであるかを考えて使うようにする。

| お役所言葉 | | 言い換え語 |
|---|---|---|

**〔あ行〕**

| …（と）あいまって | ⇒ | …も…するので／（互いに）影響し合って |
| …（に）当たっては | ⇒ | …されるときは |
| …（に）あっては | ⇒ | …の場合には／…では／…は |
| …（に）あらざる | ⇒ | …ではない／…以外の |
| …（に）あるまじき | ⇒ | …であってはならない／（…するなど）とんでもない |
| …（と）いえども | ⇒ | …であっても／…にもかかわらず／…に関係なく |
| いかなる | ⇒ | どのような…でも／どれほどの…でも |
| いかにすべきか | ⇒ | どのようにしたらよいか |
| 遺憾である | ⇒ | 残念である |
| いかんともし難く | ⇒ | 適切な方法がなく／どうしても…できない |
| 遺憾のないよう | ⇒ | 適切に処理するよう |
| いささかも | ⇒ | 少しも／ほんの僅かも |
| 以上をもちまして | ⇒ | 以上で |
| いた（致）したく | ⇒ | したいので |
| いた（致）すべく | ⇒ | するように |
| 一括して | ⇒ | まとめて |
| 一環として | ⇒ | …の一つとして |
| 逸失した | ⇒ | 失った |
| いまだ…ない | ⇒ | まだ…ない／今なお…ない |
| 遺漏のないよう | ⇒ | 手落ちのないよう／間違いのないよう |
| 隠ぺいする | ⇒ | 隠す |
| 鋭意努力する | ⇒ | 懸命に努力する／全力を尽くす／できる限り努力する |
| …（に）おいては | ⇒ | …では／…については／…に関しては |
| 追って…する | ⇒ | 後日…します／後ほど…します |
| お願いしたい | ⇒ | お願いします |
| 思いをいたし | ⇒ | よく考え |

**〔か行〕**

| 概観する | ⇒ | 全体を見る |
| かい離・乖離 | ⇒ | かけ離れる／大きく異なる／大差がある |
| 係る | ⇒ | …に関する／…についての |
| かかる情勢 | ⇒ | このような情勢 |
| 可及的速やかに | ⇒ | できるだけ早く |
| 各位におかれては | ⇒ | 皆様方には |
| 格段の | ⇒ | 特別の／格別の |
| 確認の上 | ⇒ | 確認して |
| かくのごとき | ⇒ | このような |
| 各般の | ⇒ | いろいろな |
| 瑕疵 | ⇒ | きず、欠陥 |
| 過日 | ⇒ | 先日／先ごろ／具体的な日付を書く |
| （取扱）方について、（周知）方 | ⇒ | …について／…を |
| 割愛 | ⇒ | 省略 |
| 可能な限り | ⇒ | できる限り／できるだけ |

| | | |
|---|---|---|
| 過般 | ⇒ | 先日／先ごろ／具体的な日付を書く |
| 勘案 | ⇒ | 考慮して／工夫して／計算に入れて |
| 鑑み | ⇒ | …に照らして／…を考慮して |
| 勧奨する | ⇒ | 勧める／励ます／奨励する |
| 還付する | ⇒ | 返す／返還する |
| 肝要である | ⇒ | 非常に重要である／最も大切である |
| かん養・涵養 | ⇒ | 養成、育成 |
| 起因する | ⇒ | 原因となる／…に基づく |
| 疑義がある | ⇒ | 疑問がある／疑問が出てきた |
| 危惧する | ⇒ | 心配する |
| 期日厳守の上 | ⇒ | 必ず期日までに |
| 忌たんのない | ⇒ | 遠慮のない／率直な |
| 喫緊の | ⇒ | 緊急の／切迫した／至急の |
| 規定の | ⇒ | 定められた |
| 貴殿 | ⇒ | あなた／○○様 |
| 祈念します | ⇒ | お祈りします |
| 狭あい・狭隘 | ⇒ | 狭い／手狭な |
| …(に)供する | ⇒ | …に提供する／…準備する／…用意する |
| 供用する | ⇒ | 提供する／使用させる／利用させる |
| 橋りょう・橋梁 | ⇒ | 橋 |
| 寄与する | ⇒ | 役立つ／貢献する |
| …(が)緊要の課題である | ⇒ | …していく必要がある／…が重要な課題です |
| 具有する | ⇒ | …がある／…を備えている |
| 経緯 | ⇒ | いきさつ／経過 |
| 経年による | ⇒ | 年を経て |
| け怠・懈怠 | ⇒ | 怠り |
| けだし | ⇒ | 考えてみると／あるいは |
| 結実 | ⇒ | 実り／結果 |
| 懸念 | ⇒ | 心配／おそれ／不安 |
| 現下 | ⇒ | 最近 |
| 堅持する | ⇒ | 堅く守る |
| 喧そう | ⇒ | 騒がしさ／やかましさ |
| 厳に | ⇒ | 特に／厳しく／絶対に |
| 講じる | ⇒ | 行う／実行する |
| 御教示ください | ⇒ | 御指導ください／お教えください |
| 御高配 | ⇒ | 御配慮 |
| 御査収 | ⇒ | お受け取り／受領／確認の上お受け取り |
| 御査収ください | ⇒ | お受け取りください |
| 御参集 | ⇒ | お集まり |
| 互譲の | ⇒ | 譲り合いの |
| …ごとく | ⇒ | …のように |
| この限りでない | ⇒ | 差し支えのない／問題のない／不都合はない |
| 誤びゅう・誤謬 | ⇒ | 誤り |
| 御了知のとおり | ⇒ | 御存じのとおり／御承知のとおり |
| 困窮する | ⇒ | 困る |
| 懇請する | ⇒ | お願いする／要請する |

| 今般 | ⇒ | この度／今回 |
|---|---|---|

〔さ行〕

| 更なる | ⇒ | より一層の／ますます |
|---|---|---|
| …されたい | ⇒ | …してください |
| …し得る | ⇒ | …することができる |
| しかるに | ⇒ | ところが、しかし |
| しかるべく | ⇒ | 適切に／適正に／よしなに／適当に／正しく／当然に |
| 支給する | ⇒ | 渡す／支払う |
| じくじたる思い・忸怩たる思い | ⇒ | 悔やまれます |
| 事情にかんがみ | ⇒ | 事情からして／事情を踏まえ／事情に思いをめぐらせ |
| 支障のない | ⇒ | 差し支えのない／問題のない／不都合はない |
| 資する | ⇒ | …に役立てる／…助成する |
| …する次第です | ⇒ | …します |
| …したく | ⇒ | …したいので／…したいと思いますので |
| してまいる | ⇒ | する |
| 若干の | ⇒ | いくつかの／多少の／わずかの |
| 惹起する | ⇒ | 引き起こす |
| 事由 | ⇒ | 理由 |
| 従前の | ⇒ | これまでの／以前からの |
| 周知徹底されたい | ⇒ | 全員にお知らせください |
| 充当する | ⇒ | 充てる／割り当てる |
| 十有余年 | ⇒ | 十年余り |
| 縦覧できる | ⇒ | 見ることができる／御覧になれる |
| 熟知の上 | ⇒ | 理解を深めて／よく考えて |
| 種々の | ⇒ | いろいろな／さまざまな |
| 主たる | ⇒ | 主な |
| 遵守 | ⇒ | 守る |
| 償還 | ⇒ | 返還／返納 |
| 証する | ⇒ | 証明する／証拠立てる |
| 所存 | ⇒ | 方針／考え |
| 所定の | ⇒ | 定められた／決められた／（具体的に書く） |
| 諸般の | ⇒ | いろいろな／さまざまな |
| 所要の | ⇒ | 必要な |
| 思料する | ⇒ | 考える／思慮する |
| 深甚の・深甚なる | ⇒ | 心からの／深く |
| 進捗状況 | ⇒ | 進み具合／進行状況 |
| 数次にわたり | ⇒ | 数回にもわたり／たびたび／何回も |
| …するはもとより | ⇒ | …することはもちろん |
| …することを妨げない | ⇒ | …することができる |
| …する次第であります | ⇒ | …します |
| …するべく | ⇒ | …するように／…するため |
| …するものとする | ⇒ | …します |
| …せられたい | ⇒ | …してくだい／…してほしい |
| 善処する | ⇒ | 適切に対応する／前向きに取り組む／努力する |
| 僭越ながら | ⇒ | 恐れながら／お言葉ですが |

| | | |
|---|---|---|
| 先般 | ⇒ | 先に／先日／先頃／（具体的な日付を書く） |
| 送致する | ⇒ | 送る／移送する／送り届ける |
| 遡及する | ⇒ | さかのぼって |
| 即応する | ⇒ | 適応する／適合する／順応する／ふさわしい |
| そご・齟齬 | ⇒ | 食い違い |
| そ上・俎上 | ⇒ | テーマに取り上げる／議題に取り上げる |
| 措置 | ⇒ | 処置／取扱い／方策／対策 |
| その旨 | ⇒ | そのこと／その内容 |

〔た行〕

| | | |
|---|---|---|
| 対処する | ⇒ | 対応する／取り扱う／取り組む |
| 多寡 | ⇒ | 多少／多い少ない |
| 多大なる | ⇒ | 多くの |
| 遅延する | ⇒ | 遅れる |
| 逐次 | ⇒ | 順次／順を追って／次第に |
| 遅滞なく | ⇒ | 遅れないように |
| 衷心より | ⇒ | 心から／心の底から |
| 昼夜を分かたず | ⇒ | 日夜 |
| 聴取する | ⇒ | 聴く／聞き取る／事情を聴く |
| 庁内 | ⇒ | 庁舎内 |
| 貼付する | ⇒ | 貼り付ける／貼る |
| 陳述する | ⇒ | 述べる |
| 提示する | ⇒ | 示す／見せる／差し出す／提案する |
| 抵触 | ⇒ | 触れる |
| 低廉な | ⇒ | 安い |
| 適宜 | ⇒ | 状況に応じて／適切に |
| てん末 | ⇒ | 事の経過 |
| 当該 | ⇒ | その…／この…／（具体的に書く） |
| 特段の | ⇒ | 特別の |
| 突合する | ⇒ | 照合する／突き合わせる／照らし合わせる |

〔な行〕

| | | |
|---|---|---|
| …なきよう | ⇒ | …ないよう |
| …（が）なされた | ⇒ | …がされた |
| 捺印する | ⇒ | 印鑑を押す |
| 何とぞ | ⇒ | どうか／どうぞ／ぜひ |
| …にて | ⇒ | …で |
| 願いたい | ⇒ | お願いします |
| …（を）念頭に置いて | ⇒ | …を考慮した上で／…を視野に入れて |
| …のごとく | ⇒ | …のように |
| …のみならず | ⇒ | …だけでなく |
| …のみによっては | ⇒ | …だけでは |

〔は行〕

| | | |
|---|---|---|
| …（を）図られたい | ⇒ | …をお願いします／…に取り組むこと |
| 甚だ | ⇒ | 大変／大層 |

| はば〜わい | 阻む | ⇒ | 妨げる |
|---|---|---|---|
| | 万全を期すよう | ⇒ | 間違いのないよう |
| | 標記について | ⇒ | このことについて |
| | 封かん・封緘 | ⇒ | 封 |
| | 返戻する | ⇒ | 戻す／返却する |
| | 方途 | ⇒ | 手段／方法／用途 |
| | 補てん・補填 | ⇒ | 補う／補充する／埋め合わせる |
| | 本件について | ⇒ | このことについて／この件について |

〔ま行〕

| | | |
|---|---|---|
| みだりに | ⇒ | むやみに |
| …(と)認められる | ⇒ | …と思われる／…と見受けられる／…と判断できる |
| 申し述べる | ⇒ | 申し上げる |
| 申すまでもない | ⇒ | いうまでもない |
| 目途とする | ⇒ | めどとする／目指す／目標とする |
| 目下 | ⇒ | 今現在 |
| …(を)もって | ⇒ | …で／…によって |

〔や行〕

| | | |
|---|---|---|
| 有する | ⇒ | 持っている／備えている／保有している |
| 要する | ⇒ | 必要とする／求める |
| 要請する | ⇒ | お願いする |
| 用に供する | ⇒ | …に使う |

〔ら行〕

| | | |
|---|---|---|
| 留意する | ⇒ | 注意する／気をつける |
| 了知されたい | ⇒ | 知っておいてください／了解／理解 |
| 励行する | ⇒ | 努力する／実行する |
| 漏えいする・漏洩する | ⇒ | 漏れる／漏らす |

〔わ行〕

| | | |
|---|---|---|
| わい曲する・歪曲する | ⇒ | ゆがめる |

# 注意すべき言葉一覧

## 【注意すべき言葉について】

　公務員は、基本的人権を尊重すべき立場にあり、差別的な用語や、読み手やその関係者を不快にさせる用語を使用しないよう、最大限に配慮する必要がある。

　仮に、差別語・不快語を使用する必要がある場合でも、その用語を使用することに合理的かつ必然的な理由（例えば、歴史的な時代背景の説明や伝統的・文化的な言辞等を用いる必要がある場合など）がなければならない。また、それを使用する理由を「断り書き」で明らかにしておかなければならない。

　ところで、次の①ないし③の三つの文章表現を見比べていただきたい。①はいわゆる差別用語を用いているが、②と③は差別用語を用いていない。しかし、これらの文脈は、いずれも「精神障害者⇒怖い存在⇒犯罪者」とのステレオタイプ的な結び付けをしており、精神障害者に対する予断と偏見に満ちた文章といえる。つまり、それが差別表現なのか否かは、文中に差別用語を用いているか否かではなく、書き手がどのような意図をもって、その文章を書き表したかが問題となる。その文脈が、ある特定の人種や地域等を忌避ないし排除等する意図を持っていたり、揶揄（やゆ）ないし蔑視する意識が隠れていたりするときは、特定の差別用語を用いていなくても差別的表現となるのである。

① 包丁を振りかざして登校中の小学生を次々に刺した犯人は、キチガイだ。　　　　　　⎫
② 包丁を振りかざして登校中の小学生を次々に刺した犯人は、精神障害者だ。　　　　　⎬ ×
③ 包丁を振りかざして登校中の小学生を次々に刺した犯人は、精神科に通院していた経歴がある。⎭

　次ページ以下の「注意すべき用語」は、これまでに差別的事案として問題となったものである。これらの用語がなぜ差別性を持つとされるのか、その歴史的・社会的な意味を正しく理解するとともに、これらの用語をついうっかり使用し、読み手やその関係者を侮辱し、傷つけることのないよう、最大限の注意を払わなければならない。

## 【凡例】

×使用不可：使用するのが不適切な言葉
△使用注意：使用するに当たって配慮が必要な言葉

## 人種・民族差別等に関わる言葉

　我が国が1995（平成7）年12月に加入した「あらゆる形態の人種差別の撤廃に関する国際条約」（日本について1996年1月14日発効）では、人種・皮膚の色・民族などの違いによるあらゆる差別をなくすための必要な措置が義務付けられている。我が国における人種・民族等に関する差別は、アイヌ民族又は琉球民族、在日韓国人・朝鮮人や中国人に対する差別表現や、外国人に対する排外主義的な蔑視表現として顕在化する。

　また、近年、特定の民族や国籍の人々を排斥する差別的言動がいわゆるヘイトスピーチとして社会的問題となっている。これらの言動は、マイノリティー集団を傷つけ、おとしめ、排除するための言論による暴力である。2016（平成28）年6月3日に施行された「本邦外出身者に対する不当な差別的言動の解消に向けた取組の推進に関する法律」では、不当な差別的言動（ヘイトスピーチ）は許されないことを宣言するとともに、国や地方公共団体に対し、相談体制の整備や教育活動、広報啓発など必要な措置を講じるよう定められている。

| 注意すべき用語 | 使用の可否望ましい表現 | 用語解説 |
|---|---|---|
| アイヌ アイヌ人 | アイヌ民族 | 　北海道に古くから住んでいるアイヌ民族は、独自の生活様式や伝統文化を育んできたが、松前藩の過酷な支配や明治政府の同化政策等により生活の基盤や独自の文化であるアイヌ語の使用禁止などいわれのない差別や偏見を受けてきた。最近でも、2021（令和3）年3月12日放送のテレビ番組で、アイヌの女性をテーマにしたドキュメンタリー作品の紹介を受け、お笑い芸人が「あ、犬」と発言するなど、今なお、アイヌ民族を傷つける差別表現が公然と語られている。<br>　2019（令和元）年5月に施行された「アイヌの人々の誇りが尊重される社会を実現するための施策の推進に関する法律」では、アイヌの人々が民族としての誇りを持って生活することができ、その誇りが尊重される社会を実現することを目的として、アイヌの人々への、アイヌであることを理由とした差別等の禁止やアイヌ政策を総合的かつ継続的に実施するための支援措置などが定められている。<br>　「アイヌ」とは、自然の神々を意味する「カムイ」に対して「人」を意味するアイヌ語であり、「アイヌ人」又は「アイヌの人」は重複表現になる。「アイヌ古式舞踊」や「アイヌ語」など文化を表現する目的での使用は問題ない。 |
| 混血児 あいの子 ハーフ | 父方が○○国籍など | 　第二次世界大戦後、朝鮮戦争やベトナム戦争の過程で、日本に駐留する米兵と地元女性との間に生まれた子供たちは「混血児」と呼ばれ、父系血統主義を採る日本では無国籍児として教育をはじめとする市民的権利が受けられなかった。反基地・反米感情から米兵に寄り添う女性に対する社会的偏見とも相まって、混血児（あいの子）差別がでてきた。 |
| インディアン | ネイティブ・アメリカン | 　「インディアン」の差別的な言葉は、入植したヨーロッパ人側の同化・絶滅政策などによるアメリカ先住民族に対する蔑称である。1980年代のアメリカで始まった「ポリティカル・コレクスト（用語における差別・偏見をとりのぞくための言語変革運動）」（以下「PC運動」という。）の中で、インディアンは「ネイティブ・アメリカン」と呼ばれるようになった。 |
| インディオ | インディヘナ | 　「インディオ」はメキシコやグアテマラでは差別語とされており、中南米の先住民族は自らを「インディヘナ」（その土地の人々という意味）と自称するようになっている。 |
| エスキモー | イヌイット | 　カナダ国の公的呼称では「イヌイット」と言われているが、北極圏に住む先住民族には、イヌイット語を話す先住民族「イヌイット」、ユピック語を話す先住民族「エスキモー」、アリューシャン列島に住む先住民族「アリュート民族」がいる。 |
| 外人 | 外国人 | 　外国人の略語という意味だけではなく、排外主義的なニュアンスをもった「よそ者」の意識で捉える人も多いことから、できるだけ使用しない方がよい。 |
| 帰化人 | 日本国籍を取得した人 | 日本国籍を取得することを「帰化」というが、帰化人と呼ばれるのを嫌う人もいる。言い換えが望ましい。 |

| 注意すべき<br>用語 | 使用の可否<br>望ましい表現 | 用語解説 |
|---|---|---|
| クロンボ<br>ニガー | 黒人<br>黒色人種 | 黒人は、奴隷制度の下で、肌の色で差別され、人間の尊厳を踏みにじられ、過酷で非人間的な扱いを受けてきた。「黒人」の用語も、白人に対して黒人と呼ぶのは問題ないが、使用には常に注意が必要である。 |
| 毛唐 | 欧米人<br>外国人 | 排外主義的な人たちが、欧米人を卑しめて呼ぶ言葉である。 |
| 支那<br>支那人 | ×使用不可 | 外国人が使った中国の呼称で「China」の仏語読み「シーナ」に由来するとされる。後に日本が中国侵略する過程で、中国・中国人を蔑称する言葉として使用された。国名や中国人を指す言葉としては使用しないのが相当である。 |
| ジプシー | ロマ民族<br>ロマニー | ヨーロッパでは、「ジプシー」は「劣等民族」「泥棒」「不道徳者」を意味し、蔑称として使用されてきた。日本では聞き慣れないので、読み方を「ロマ民族、いわゆるジプシー」とするのは可。住所不定、汚れた衣装等の形容として「ジプシー風」「ジプシーみたい」と使うのは侮辱表現となる。 |
| 酋長<br><ruby>酋<rt>しゅう</rt></ruby> | 族長<br>長老<br>首長 | 明治時代、日本は一等国で「文明国」「先進国」であるとの優越意識から、他の後進地域を「未開国・野蛮人の長」であるとみなす侮辱表現として用いられた。 |
| 三国人<br>第三国人 | ×使用不可 | 第二次世界大戦後、連合国(戦勝国)と日本国(敗戦国)のどちらにも属さない旧植民地の人(非日本人)という意味で、朝鮮人及び台湾人に対する蔑称として用いられた。 |
| チョーセンボ | ×使用不可 | 韓国・朝鮮人を蔑称する言葉である。 |
| チャンコロ | ×使用不可 | 「犬コロ」という言葉と同様、中国人を一段下に見下す侮辱的な言葉である。 |
| 土人 | 先住民族 | 明治時代「未開の土着人」という意味でアイヌ民族などの先住民族への蔑称として使用された。「北海道旧土人保護法」は、その内容と共に名称が差別的であるとして1997(平成9)年に廃止された。 |
| バカチョン | ×使用不可 | 本来は、幕末の戯作者仮名垣魯文の西洋道中膝栗毛の中で「ばかだの、ちょんだの、野呂間だの」と使われていたが、朝鮮民族を見下す意図でも用いられるようになり、現在では、韓国・朝鮮人を蔑称する言葉とされている。 |
| 半島人<br>鮮人 | ×使用不可 | 1910年「韓国併合」による「韓国」から「朝鮮」への名称変更に伴い、韓国・朝鮮の国名や民族を「半島」又は「半島人」と蔑称した差別表現である。 |
| ヤンキー<br>アメ公 | ×使用不可 | アメリカ人を嫌悪し、蔑称する言葉である。なお、1980年代頃から我が国の不良少年少女全般の俗称として「ヤンキー」が使われ始めた。 |
| 露助 | ×使用不可 | ロシア人又はロシアを嫌悪し、蔑称する言葉である。 |
| メッカ | △使用注意 | イスラム教の聖地であるサウジアラビアの「メッカ」のこと。名所・聖地の意味で「〜のメッカ」と安易に使用するのは、イスラム教を冒とくし、イスラム教徒の心情を踏みにじる表現となるので、注意を要する。 |
| トルコ風呂 | ×使用不可 | 日本で個室付特殊浴場の名称に用いられていたが、1984年トルコ人留学生の抗議運動をきっかけに「ソープランド」と改称された。 |
| 後進国<br>低開発国<br>未開国 | 発展途上国<br>開発途上国 | 「生産力が低く、産業・経済の発展が遅れている国」と見下した侮辱的なニュアンスを持っていることから、1980年頃から「発展途上国」に言い換えられるようになった。 |
| 裏日本 | 日本海側 | かつては天気予報などで日本海側を指す言葉として使われてきたが、侮蔑的な響きを持つことから、最近は使われることが少ない。 |
| 表日本 | 太平洋側 | 「裏日本」と相対の関係にある言葉であることから、最近は使われることが少ない。 |

## 部落差別に関わる言葉

　部落差別（同和問題）は、封建的身分制度の下で強制された差別的処遇や人々の意識に起因するもので、我が国固有の人権問題である。封建的身分制度の下で、えた、ひにん等と呼ばれていた人々は、斃牛馬の処理や皮革の製造、牢獄や処刑場での雑役などの役務に従事していたが、住む所や仕事、結婚、交際など生活の全ての面で厳しい制約を受けていた。それらの人々の住まわされていた場所が「同和地区（被差別部落）」で、そこに暮らす人々に対する差別が「部落差別」である。今なお、同和地区と呼ばれる地域の出身者であることなどを理由に結婚を反対されたり、就職など日常生活の中で差別を受けたりするなど、基本的人権が侵害されている。

　2016（平成28）年に施行された「部落差別の解消の推進に関する法律」では、「現在もなお部落差別が存在するとともに、情報化の進展に伴って部落差別に関する状況の変化が生じていることを踏まえ、全ての国民に基本的人権の享有を保障する日本国憲法の理念にのっとり、部落差別は許されないものであるとの認識の下にこれを解消することが重要な課題である」とされている。同法では、部落差別の解消に関し、その基本理念、国及び地方公共団体の責務を明らかにし、部落差別の解消に向け、相談体制の充実、教育及び啓発、部落差別の実態に係る調査といった具体的施策が定められている。

| 注意すべき<br>用語 | 使用の可否<br>望ましい表現 | 用語解説 |
|---|---|---|
| 特殊部落<br>未解放部落 | 被差別部落<br>同和地区 | 一般の部落と違うという意味での「特殊部落」とか、「後進部落」「細民部落」などと蔑称された。現在でも「未解放部落」又は「部落」などと呼ばれて差別などの対象となっている。「部落」の用語は一般的に集落・地区の意味で使われる言葉であるが、地域的に被差別部落を隠喩する差別用語ともなっている。使用には注意を要する。「部落民」は使用不可。 |
| 部落民 | ×使用不可 | |
| 新平民 | ×使用不可 | 1871（明治4）年の太政官布告「賤民解放令」により、新たに平民になった者という意味での差別用語である。 |
| 川向こう | ×使用不可 | 地域的に被差別部落を隠喩する差別用語とされる。 |
| 一般地区 | ×使用不可 | 「一般」の対義語は「特殊」で、特殊部落を連想させる言葉とされる。 |
| さんか（山窩） | ×使用不可 | さんか（山窩）は、かつて定住することなく狩猟採集や竹細工で箕などの作製・修理等をしていた放浪の民であり、その呼称は差別用語である。 |
| 河原こじき | （芝居の）旅役者 | 中世において、河原は葬送の場所・遺体を棄てる場所で「不浄な所」とされていた。そのような場所に小屋を掛け、寝泊りするような者たちは不浄とされた。大道芸人・旅芸人などの蔑称である。 |
| 穢多 | ×使用不可 | 近世における賤民身分の一つで、封建的身分制度の下において、斃牛馬の処理、皮革の製造、藁細工など賤視された職業に従事していたとされる。 |
| 非人 | ×使用不可 | 中世では賤視された人々の総称であったが、近世に穢多・非人・雑賤民に分かれた。封建的身分制度の下において、生産的労働に従事することが許されず、遊芸や物もらいなどで生活し、牢獄や処刑場での雑役などの役務に従事していたとされる。 |
| 皮多 | ×使用不可 | 皮革産業に従事する者のことで、封建時代には被差別部落の人たちが携わってきた。 |
| 隠亡<br>隠坊 | 火葬場従業員 | 葬送に従事する者のことで、封建時代には被差別部落の人たちが携わってきた。 |
| と殺場 | 食肉処理場<br>と畜場 | 封建時代、牛馬のと殺は、仏教の殺生禁断の思想や食肉禁制、為政者による殺生禁止令などの歴史的な経緯から「不浄な行い」として忌避・差別された。 |
| 四つ<br>四つ足 | ×使用不可 | 斃牛馬（四本脚の動物）の処理を隠喩する言葉である。被差別部落やその住民を連想させる文脈では、使用しない。 |

## 職業差別に関わる言葉

　職業差別とは、個人や集団の偏見に基づいて、特定の職業やそれに従事する者に対して差別的な扱いをしたり、それらの者を蔑んだりすることである。「職業に貴賤なし」というが、福沢諭吉は「天は人の上に人を造らず、人の下に人を造らず」（学問のすすめ）と宣言する一方で、「人を目下に見下すことは亦甚だ嫌である。例えば、私は、馬丁、人足、小商人の如き下等社会の者は別にしていやしくも話のできる人間らしい人に対して無礼な言葉を用いたことがない」（明治30年福沢諭吉自伝）と述べるなど、その潜在意識において、これらの職業及びこれに従事する人々の社会的地位が下等のものと格付けしている。また、2022年6月30日付けネットニュースでは、「新卒者向けの就活情報サイトの記事「底辺の仕事ランキング一覧」（記事公開は2021年5月18日）が公開から1年のときを経てSNSで大炎上」と配信された。社会的に重要な仕事であるにもかかわらず、人の嫌がる職業（危険、汚い、きつい、低賃金など）に対する嫌悪感や忌避意識は、これらの職業に従事する人たちの蔑視表現として現れる。

　男女別職業名についても、1999（平成11）年に施行された「男女共同参画社会基本法」では、「男女の人権が尊重され、かつ、社会経済情勢の変化に対応できる豊かで活力ある社会を実現する」とされ、1980年代のアメリカのPC運動の影響を受けて、男女の性差に基づく役割分業による表現を用いないよう、中性的職業名への用語変更が行われている。

| 注意すべき用語 | 使用の可否望ましい表現 | 用語解説 |
|---|---|---|
| あんま<br>あんまさん | マッサージ師 | 職業名の「あんま」は差別語ではないが、「あんまさん」は視覚障害者の間では嫌われている言葉である。使用しないのが相当である。 |
| 小使い<br>小使いさん | 学校用務員 | 学校教育法施行規則第65条では「学校用務員は…」と規定されている。俗に「小使い」「小使いさん」と呼ばれたが、現在では蔑視表現であるので使用しない。 |
| 床屋<br>パーマ屋<br>○○屋 | 理髪店<br>理容店<br>美容室 | 八百屋・魚屋・風呂屋・床屋など接尾語として「○○屋」が付く小売業やサービス業の多くは、日々の現金収入による小規模な職業であることから、「○○屋」は一段低く見下した蔑視表現とされる。使用には注意を要する。 |
| 犬殺し | 野犬捕獲員<br>狂犬病予防員 | あまり好意的な職業イメージで捉えられていない。人の嫌がる職業（危険、汚い、きつい、低賃金など）に対する嫌悪感や忌避意識は、これらの仕事に従事する人たちの蔑視表現となって現れる。使用には注意を要する。 |
| 沖仲仕 | 港湾作業員<br>労働者 | |
| 抗夫 | 抗内員 | |
| 掃除婦（夫） | 清掃作業員 | |
| 潜水夫 | 潜水作業員 | |
| 線路工夫 | 保線員 | |
| 漁夫 | 漁民<br>漁船員 | |
| 百姓 | 農民<br>農業従事者 | |
| 人夫 | 労働者<br>作業員 | |
| 土方 | 建設作業員<br>建設労働者 | |
| 馬丁 | 厩務員 | |

253

| 注意すべき用語 | 使用の可否 望ましい表現 | 用語解説 |
|---|---|---|
| 飯場 | 作業員宿舎 | 出稼ぎ労働者が泊まり込んで作業する工事現場で、作業員が食事し宿泊する施設をいうが、好意的イメージで捉えられていない。使用には注意を要する。 |
| 労務者 | ○○作業員 労働者 | かつて現業系労働に従事する者を蔑視した言葉である。 |
| どさ回り | 地方巡業 | 売れない芸人が地方巡業をすることで、どさ回りの「どさ」は、島流しの地であった「佐渡」をひっくりかえした隠語。江戸や大坂で売れない芸人を「島流し」と侮辱した言葉とされる。 |
| サラ金 | 消費者金融 | 「サラリーマン金融」を略した言葉で差別用語ではないが、取り立てが厳しく「サラ金地獄」という言葉が頻繁に使われるようになり、イメージが悪くなったとして、業界が「消費者金融」の使用を推し進めた。なお、法令用語としてサラ金や消費者金融などの語は存在しない。 |
| ニコヨン | 日雇い労働者 | 終戦直後の失対事業で働く日雇い労働者は、収入が不安定で貧困層が多く、日給が240円(100円が2個、10円が4個)だったことから、「ニコヨン」と呼ばれて蔑視された。 |
| くず屋 ボロ屋 バタ屋 | 廃品回収業 | 第二次世界大戦後の在日朝鮮人の代表的な仕事の一つで、俗に「バタ屋、紙くず屋、ボロ屋、くず鉄屋、てん屋」と呼ばれ、貧困層が多く、人種差別ともあいまって、蔑視された。 |
| 浮浪者 こじき | ホームレス 路上生活者 | 差別的用語であるとの指摘が多く、放送禁止用語となっている。 |
| 坊主 | 僧 僧侶 住職 | 宗教者を冒とくする敬意のない言葉であり、使用しない方がよい。 |
| 坊主刈り | 丸刈り | |
| 町医者 | 開業医 | あまり好意的なイメージで捉えられておらず、使用には注意を要する。ヤブ医者、タケノコ医者は使用不可。 |
| レントゲン技師 | 診療放射線技師 | 「レントゲン技師」は俗称で、放射能の単位であるレントゲンに対する忌避意識から侮辱的な言葉とされる。法律上の正式名称「診療放射線技師」を使用する。 |
| 保健婦 保健士 | 保健師 | 2001(平成13)年の「保健婦助産婦看護婦法」の改正により、男女差のない中性的な職業名に改称された。 |
| 産婆 助産婦 | 助産師 | |
| 看護婦 | 看護師 | |
| 准看護婦 | 准看護師 | |
| 保母 | 保育士 | 1999(平成11)年の「児童福祉法」の改正により、男女差のない中性的な職業名に改称された。 |
| 女流作家 | 作家 | 職業名を「女子○○」「○○マン」などと男女で区別・強調する必要はない。この言葉を使うこと自体が「これは女性(男性)がする仕事」という固定観念を広めてしまうとして、男女差のない中性的職業名への用語変更が行われている。また、「OL」は若い女性というイメージで使われる傾向があり、使用しない方がよい。 |
| 女子アナ | アナウンサー | |
| 女子高生 | 高校生 | |
| 女医 | 医師 | |
| 婦人警官 | 警察官 | |
| ○○婦人 | ○○さん | |

| 注意すべき<br>用語 | 使用の可否<br>望ましい表現 | 用語解説 |
|---|---|---|
| OL（office lady）<br>キャリアウーマン<br>サラリーマン | 会社員<br>職員<br>スタッフ | |
| カメラマン | フォトグラファー<br>写真家 | |
| キーマン | キーパーソン | |
| 行政マン | 公務員<br>自治体職員 | |
| オンブズマン | オンブズパーソン | |
| ○○マン | ○○員 | |
| スチュワーデス | 客室乗務員<br>キャビンアテンダント | |
| チェアマン | チェアパーソン | |
| 女給 | 仲居さん | |
| 女工 | 従業員 | |
| 女中 | お手伝いさん | |
| めかけ<br>二号さん | ×使用不可<br>×使用不可 | 「妾」や「二号さん」は本妻のほかに金で女を囲う意味で、女性の人格を否定する差別的な言葉とされる。 |

## 性差別に関わる言葉

　我が国における女性差別には、長く続いた伝統的な家制度と家父長制による古い思想の下で、「夫は外で働き、妻は家庭を守るべき」という固定的な役割分担意識が根強く存在しており、男女間の様々な社会的格差（差別）を生じさせている。

　日本国憲法や世界人権宣言は、男女の同権・平等を定め、我が国が 1985 年に締結した女子差別撤廃条約では、社会の様々な場面における女性差別の禁止を求めている。また、1999（平成 11）年に施行された「男女共同参画社会基本法」では、1980 年代のアメリカの PC 運動の影響を受けて、「男さしさ」「女らしさ」という男女の性差に基づく役割分業に対する差別表現を用いないようにする動きがある。具体的には、①女性と男性を固定観念に基づいて表現するのではなく、それぞれの多様な生き方に基づいた表現をする、②女性と男性を対等な関係として表現する、③「性」を意識するのではなく、人権、人格を尊重して表現することが望まれている。

　また、最近は、LGBT 等の性的マイノリティーに対する性差別も問題となっている。LGBT 等の性的マイノリティーは、少数派であるために興味本位で見られたり、職場や学校で嫌がらせやいじめを受けたりするなど、日常生活や社会生活の様々な面で人格を否定されるような差別を受けている。

　性的マイノリティーの中には、自己の「性的指向」や「性自認」を肯定的に受け止めることができずに悩んだり、性的少数者への偏見や差別に苦しんでいたりする人も少なくない。

　「性的指向」とは、恋愛性愛の対象がどの性に向いているのかを示す概念で、自分の意思で変えたり、選んだりできるものではないと言われている。

　「性自認」とは、自分の性をどのように認識しているのか、どのような性のアイデンティティ（性同一性）を自分の感覚として持っているかを示す概念で、「心の性」と呼ばれることもある。

性的マイノリティーを表す言葉の一つとして「LGBT」がある。一般的に次のことを指している。

L：Lesbian＝レズビアン（女性同性愛者）：性自認が女性で、性的指向も女性に向いている。

G：Gay＝ゲイ（男性同性愛者）：性自認が男性で、性的指向も男性に向いている。

B：Bisexual＝バイセクシュアル（両性愛者）：性的指向が異性にも同性にも向いている。

T：Transgender＝トランスジェンダー（心の性と身体の性が一致しない人）：例えば、「身体の性」は男性でも、性自認（心の性）は女性というように「身体の性」と「心の性」に違和感がある人や、「心の性」に沿って生きたいと望む人のことである。なお、性的指向は、異性の場合や同性の場合もあれば、異性と同性どちらにも向く場合もある。

　このほかにも、「アセクシュアル」と呼ばれる他者に対して性的欲求や恋愛感情を抱かない人、「クエスチョニング」と呼ばれる自分の性自認や性的指向が定まっていないか又は意図的に決めたくないと考える人など、様々な性の在り方がある。このような「LGBT」という概念に当てはまらない人たちをも含めた総称として「LGBTs」や「LGBTQ」という言葉が使われることもある。

　性の在り方は多様で、明確な境界で分類できるものではない。性的指向や性自認を理由とする差別や偏見をなくし、性的マイノリティーの人たちが「あるがままに自分らしく生きる」権利を尊重されるような多様性のある社会づくりが求められている。

| 注意すべき<br>用語 | 使用の可否<br>望ましい表現 | 用語解説 |
|---|---|---|
| 男のくせに<br>男らしく<br>女の腐ったような<br>女々しい<br>女だてらに<br>男勝り<br>女傑<br>女のくせに<br>女らしく | ×使用不可<br>×使用不可<br>×使用不可<br>×使用不可<br>×使用不可<br>×使用不可<br>×使用不可<br>×使用不可<br>×使用不可 | 伝統的・固定的な男女観に基づく、人格を否定するような言葉である。 |
| 売れ残り<br>オールドミス<br>出戻り<br>紅一点 | ×使用不可<br>×使用不可<br>×使用不可<br>×使用不可 | 性差別(セクシズム)が強調された言葉である。女性の場合のみの表現で、男性を表す対となる言葉がない。 |
| 美人○○ | ×使用不可 | 容姿の良し悪しの強調は、人格を尊重した表現ではない。 |
| オカマ<br>オネエ<br>ニューハーフ | トランスジェンダー<br>ゲイ | オカマ・オネエ・ニューハーフとは、身体の性が男性である性的マイノリティーを指す俗称である。侮蔑的な意味が含まれるため、使用しない。<br>　オナベとは、身体の性が女性である性的マイノリティーを指す俗称である。侮蔑的な意味が含まれるため、使用しない。<br>　ホモとは、ホモセクシュアル(Homosexual)の略語である。同性愛者という意味で、本来は差別的な言葉ではないが、男性同性愛者に対する差別的な文脈で使われてきた歴史や経緯がある。現在は、男性の同性愛者のことを指す「ゲイ」に言い換えられている。<br>　レズとは、レズビアン(lesbian)の略語である。女性の同性愛者のことを指す言葉で、差別的な文脈で使われてきた歴史的経緯がある。 |
| オナベ | トランスジェンダー<br>レズビアン | |
| ホモ | ゲイ | |
| レズ | レズビアン | |
| 婦人<br>婦女 | 女性 | 「婦」の字が女へんに「箒」と書き、古い女性観を表すとされる。最近は「婦人」よりも「女性」の使用が多くなっている。 |
| 婦人会 | 女子会 | |

| 注意すべき<br>用語 | 使用の可否<br>望ましい表現 | 用語解説 |
|---|---|---|
| 主人<br>旦那 | 夫<br>配偶者<br>パートナー | 既婚の男性・女性を表す言葉で、「男性を主たるもの、女性を従たるもの」とする、家父長制による古い思想に基づく表現である。<br>「奥さん」は、家の奥にいるという意味を持つので、使用しない方がよい。<br>「人妻」は、夫の所有物のようなイメージの表現である。 |
| 奥さん<br>家内 | 妻<br>配偶者<br>パートナー | |
| 人妻 | 既婚者 | |
| 未亡人 | 夫と死別した<br>女性 | 夫が亡くなっても、女性の存在が夫を主体にして決まることを示唆する、家父長制による古い思想に基づく言葉である。 |
| 嫁 | 息子の妻 | かつての家父長制による古い思想に基づく言葉である。 |
| 嫁ぐ | 結婚する | |
| 舅<br><small>じゅうと</small> | 配偶者の父 | |
| 姑<br><small>じゅうとめ</small> | 配偶者の母 | |
| 老女<br>老婦人<br>老婆 | 高齢の女性<br>高齢者<br>お年寄り | 性差別(セクシズム)と年齢差別(エイジズム)が強調された言葉である。女性の場合のみの表現で、男性を表す対となる言葉がない。 |
| 老人 | 高齢者<br>お年寄り | 「老人」は差別用語ではない(例：老人福祉法など)が、年齢を重ねることで衰えたり、価値が下がったりするというネガティブな意味合いで捉える人もいる。 |

## 子供差別に関わる言葉

　我が国が 1994(平成 6)年に批准した「児童の権利に関する条約」第 2 条は、児童(18 歳未満の子供)に対し、人種、皮膚の色、性、言語、宗教、政治的意見その他の意見、国民的、種族的若しくは社会的出身、財産、心身障害、出生又は他の地位にかかわらず、いかなる差別的取扱いをも禁ずるとしている。また、2013(平成 25)年に施行された「いじめ防止対策推進法」では、「いじめ」を「児童等と一定の人的関係にある他の児童等が行う心理的又は物理的な影響を与える行為(インターネットを通じて行われるものを含む。)であって、当該行為の対象となった児童等が心身の苦痛を感じているもの」と定義されている。

　子供に関する差別用語としては、両親がいない子や片親しかいない子、あるいは何らかの問題を抱える児童等を「哀れみ・同情すべき存在」あるいは「厄介者」として見下す侮辱的なニュアンスを含む表現が多く、いじめを助長する言葉ともなっている。

| 注意すべき<br>用語 | 使用の可否<br>望ましい表現 | 用語解説 |
|---|---|---|
| みなし子 | 両親のいない子 | 両親のいない子供を揶揄する侮辱的な言葉である。 |
| 里親 | △使用注意 | 「他人の子を親に代わって養育する人」という本来の意味以外で使わないようにする。例えば「子犬の里親募集」等という使用に対し、2001(平成 13)年に全国里親連合会から「里子の子供たちが自分たちは犬・猫並みかと悲しむので使わないでほしい」との要請がある。この例では「飼い主募集」「引き取り手募集」とする。 |
| 里子 | △使用注意 | 「里子」という言葉についても、里子側からペットと同一視されているとの指摘がある。本来の意味以外で使わないようにする。 |

| 注意すべき用語 | 使用の可否望ましい表現 | 用語解説 |
|---|---|---|
| 孤児院養護施設 | 児童養護施設 | 1948（昭和23）年の児童福祉法で「養護施設」と称され、1998（平成10）年の児童福祉法の改正により「児童養護施設」と改称された。 |
| 救護院 | 児童自立支援施設 | 不良行為をなし、又はなすおそれのある18歳に満たない児童を入院させて、これを教護することを目的とする児童福祉施設のこと。1997（平成9）年の児童福祉法の改正により「児童自立支援施設」に改称された。 |
| 私生児（私生子） | 嫡出でない子非嫡出子 | 法律上の婚姻関係にない男女間に生まれた子のことで、旧民法では「私生子」とされた。現行民法では「嫡出でない子」とされている。「非嫡出子」ともいう。 |
| 片親欠損家庭 | ひとり親家庭母子家庭父子家庭 | 片親・欠損家庭の言葉には、「完全ではない」といった差別的なニュアンスが含まれる。 |
| 落ちこぼれ | ×使用不可 | 人に対して向けられた場合には「脱落者」を意味し、一方的にレッテルを貼ることで、差別表現となる。使用には注意を要する。 |
| 登校拒否児 | 不登校の児童／生徒 | 法務省人権擁護局が「登校拒否児」と呼ばれてきた児童生徒を「不登校児」と呼び、その状態を「不登校」と呼び変えたとされる。 |
| 低脳児 | 学習障害児学習困難児 | 子供の人格を否定するような差別的な言葉とされる。 |
| 特殊学級障害児学級 | 特別支援学級 | かつては特殊学級や障害児学級などと呼ばれていたが、2006（平成18）年の学校教育法の改正（2007（平成19）年4月1日施行）により「特別支援学級」に改称された。 |
| 特殊教育 | 特別支援教育 | 2006（平成18）年の学校教育法の改正（2007（平成19）年4月1日施行）により、「特別支援教育」に改称された。 |
| 父兄 | 保護者 | 「父兄」は、家父長制による古い思想が反映されたままの呼び方で、児童等の保護者を男性に特定した言葉である。男女平等や離婚の急増など時代の流れの中で、現在では「親」「保護者」「父母」を用いる。「父兄会」についても、「保護者会」「父母会」などを用いる。 |
| 父兄会 | 保護者会 | |
| 少年 | 子供学生高校生など | 法律上「少年」という用語は男子、女子に関係なく用いるが、一般的には女子を含んでいない表現と捉えられている。使用には注意を要する。 |
| 帰国子女 | 帰国児童（生徒／学生） | 昔は「子＝息子、女＝娘」という意味で使用されていた。現在では女子のみを別扱いする表現と捉えられているので、男女どちらの性別でも対応できる配慮が必要である。 |

## 障害者差別に関わる言葉

　障害者差別に関わる言葉は、本来はその機能（例えば、「障害に関する用語の整理のための医師法等の一部を改正する法律」（昭和57年法律第66号）による改正前の医師法等では「盲」「つんぼ」「おし」などの用語を用いていた。）を意味していたが、長い間使用されるうちに、障害者を「五体満足（普通）でない者、労働力として役に立たない者」あるいは「哀れみ・同情すべき存在」として一段低く見下す侮蔑的な意味合いが含まれようになった。

　我が国が2014（平成26）年に締結した「障害者の権利に関する条約」は、「障害者の人権及び基本的自由の享有を確保し、障害者の固有の尊厳の尊重を促進する」ことが目的であるとされている。また、2011（平成23）年8月の「障害者基本法」の改正により、障害者とは「身体障害、知的障害、精神障害（発達障害を含む。）その他の心身の機能の障害（以下「障害」と総称する。）がある者であって、障害及び社会的障壁により継続的に日常生活又は社会生

活に相当な制限を受ける状態にあるものをいう。」と定義された。これは、障害者が日常生活又は社会生活において
受ける障壁（バリア＝社会的障壁）は、障害を持つ個人のみに起因するものではなく、健常者を中心に構成された社
会と相対することによって生ずるという考え方（いわゆる「社会モデル」）が反映されたものとなっている。これに
対し、「個人モデル」とは、障害者が困難に直面するのは「その人に障害があるから」であり、克服するのはその人
と家族の責任だとする考え方である。

| 注意すべき<br>用語 | 使用の可否<br>望ましい表現 | 用語解説 |
|---|---|---|
| めくら | 視覚障害者<br>目が見えない人<br>目が不自由な人 | 目が見えない人を揶揄する侮辱的な言葉で、障害者の人格を否定する差別的な表現である。 |
| あきめくら | ×使用不可 | |
| めくら判 | ×使用不可 | |
| めくら滅法 | ×使用不可 | |
| めかちん | ×使用不可 | 片目の不自由な人を揶揄する侮辱的な言葉である。 |
| めっかち | ×使用不可 | |
| おし | 口がきけない人<br>言葉が話せない人<br>唖者<sub>あ</sub> | 言葉を話すことができない人を揶揄する侮辱的な言葉である。 |
| どもり | 吃音<br>吃音症<br>発音が不自由な人 | 使用する場合は、差別・不快感を与えないような配慮が必要である。 |
| つんぼ | 耳が聞こえない人<br>耳が不自由な人<br>ろう者・聾者<sub>ろう</sub> | 耳が聞こえない人を揶揄する侮辱的な言葉である。 |
| つんぼ桟敷 | △使用注意 | 耳が聞こえない人を揶揄する侮辱的な言葉である。使用する場合は、差別・不快感を与えないような配慮が必要である。 |
| 片手落ち | ×使用不可<br>（片落ち） | 本来の意味は「配慮や注意が一方にだけかたより、判断などの不公平なこと」だが、言葉自体から片腕がない障害者を連想させるとの指摘がある。使用しないようにする。同じ意味で「片落ち」という言葉があるので、こちらに言い換える。 |
| 手短 | 簡潔に | 本来の意味は「簡単で短いさま」だが、言葉自体から手が短い人を連想させるとの指摘がある。使用には注意が必要である。 |
| 片肺飛行 | ×使用不可 | 本来の意味は「二つそろって完全なもののうち、一つが欠けていること」だが、言葉自体から肺が片方しかない障害者を連想させるとの指摘がある。読み手の立場を考えると使用しないのが相当である。 |
| 足切り | 予備選抜<br>二段階選抜 | 本来の意味は「本試験の前に、予備試験等で一定の基準に達しない者を切り捨てること」だが、言葉自体から足のない障害者を連想させるとの指摘がある。使用には注意を要する。 |

| 注意すべき用語 | 使用の可否<br>望ましい表現 | 用語解説 |
|---|---|---|
| いざり | 足に障害がある人<br>足が不自由な人 | 足が不自由な人を揶揄する侮辱的な言葉である。 |
| 禁治産者 | 成年被後見人 | 明治以来の民法では、精神障害のために心神喪失の状況にある者(禁治産者)について、主に財産の保護を目的として、家庭裁判所により禁治産宣告がされ、そのことが戸籍に記載されるとともに、禁治産者を無能力者として扱った。本来、精神障害者を保護するための制度であったにもかかわらず、様々な資格や職業の欠格事由に掲げられていたため、精神障害者を排除する差別的役割を果たしてきたことから、1999年の民法改正(2000年4月1日施行)で「成年後見制度」が導入され、「禁治産者」という表現は、「成年後見人」という用語に改められた。 |
| 片ちんば | ×使用不可 | 片足が不自由な人を揶揄する侮辱的な言葉である。 |
| ちんば<br>びっこ | 足に障害がある人<br>足が不自由な人 | |
| 跛行的 | △使用注意 | 「びっこを引く」と同じ意味。片足が不自由な人を揶揄(やゆ)する侮蔑的なイメージで捉える人もいる。使用には注意を要する。 |
| せむし | 脊柱後湾症 | 背骨の曲がった人を揶揄する侮辱的な言葉である。 |
| かたわ | 身体障害者<br>障害がある人 | 身体の一部に欠損がある人を揶揄する侮辱的な言葉である。 |
| 奇形児 | 肢体の不自由な子ども | 優生思想に基づく、先天的異常による肢体障害児とその親の尊厳を傷つける差別的な言葉である。 |
| 色盲 | 色覚障害 | 「盲」の言葉に差別的なニュアンスがあることと、ほとんどの色彩を判別できるにもかかわらず、色盲=全盲との誤解を招くという懸念から使用しない。 |
| やぶにらみ | 斜視 | 斜視のこと。「すがめ、ひんがら目、ガチャ目、ロンパリ、寄り目」とも揶揄され、障害者の人格を否定する差別的な表現である。 |
| 気違い | 精神障害者 | 「気違い」の意味は「精神状態が普通でなく、正常ではない行動をすること」であるが、精神病者は「何をするか分からない、怖い」等として治安維持の管理対象(保安処分として隔離)とされた歴史がある。これらの言葉は、精神疾患を持つ人の人格を否定する差別的な表現である。 |
| 気違い沙汰<br>気違いに刃物 | ×使用不可 | |
| 精神異常<br>神経症 | 精神障害 | |
| 精神分裂病 | 統合失調症 | 精神それ自体の分裂と誤解されることが多く、患者の人格の否定につながっており、患者・家族に苦痛を与える言葉とされる。 |
| 精神病院 | 精神科病院<br>神経科病院 | 2006(平成18)年「精神病院の用語の整理等のための関係法律の一部を改正する法律」により、精神科を受診しやすい環境の醸成に資することを目的として、「精神病院」から「精神科病院」に改称された。 |
| 精神薄弱<br>精薄 | 知的障害<br>精神遅滞 | あたかも精神全般が弱い又は精神全般に欠陥があるかのようなイメージを与え、障害者の人格を否定する差別的な表現とされる。 |
| 知恵遅れ | 知的障害者 | おおむね18歳までの心身の発達期に現れた知的機能の障害による生活適応困難者であるが、哀れみや侮辱的なニュアンスをもった言葉とされる。 |
| | 知的発達が遅れた人 | |

| 注意すべき用語 | 使用の可否望ましい表現 | 用語解説 |
|---|---|---|
| 痴ほう・痴呆 | 認知症 | 「痴呆」という用語は侮蔑的な表現である上に、認知障害の実態を正確に表しておらず、早期発見・早期診断等の取組みの支障になっている言葉とされる。 |
| 廃疾 | 心身に著しい障害がある者 | 心身に著しい障害がある人の人格の否定につながっており、患者・家族に苦痛を与える言葉とされる。 |
| 白痴 | 知的障害 | 重度の精神薄弱のことを意味するが、特別視した表現をすることで差別的な表現となる。 |
| | 精神の発育が遅れた人 | |
| 不具 | 障害がある人 | 重度心身障害（者）を意味するが、一般的な「障害の存在」を表現する意味で使われる場合がほとんどで、実体的な意義はなくなっている。特別視した表現をすることで差別的な表現となる。 |
| | 心身に著しい障害がある者 | |
| 盲愛 | むやみにかわいがる溺愛 | 「盲」という言葉には、否定的・差別的なニュアンスがある。 |
| 盲信 | うのみにする | |
| 盲目的 | 無批判にうのみにして | |
| 文盲 | 読み書きのできない人 | |
| | 非識字者 | |
| ヨイヨイ | 半身不随中風 | 俗に「手足が麻痺するさまや、口がもつれるさま」を意味するが、身体の不自由な高齢者や身体障害者を揶揄する侮辱的な言葉である。 |
| らい病 | ハンセン病 | ハンセン病回復者が「らい」「らい病」との言葉によって受けた偏見、差別を是正する目的で、1996（平成8）年「らい予防法」が廃止され、らい菌を発見したアルマウェル・ハンセン医師の名前をとって、「ハンセン病」と改称された。 |

## 病気差別に関わる言葉

　以下に挙げたのは、通俗的な病名等を一方的に決めつける言葉で、患者の人格の否定につながり、患者や家族に苦痛を与える表現である。

| 注意すべき用語 | 使用の可否望ましい表現 | 用語解説 |
|---|---|---|
| アル中 | アルコール依存症 | アル中とは、「アルコール中毒」の略称であるが、厳密にはアルコール依存症のことを指す。アルコール依存症は、長期間多量に飲酒した結果、アルコールに対し精神依存や身体依存をきたす精神疾患である。「アル中」という言葉は、これらの患者を蔑む侮蔑的な表現とされる。 |
| 植物人間 | 植物状態の人 | 植物人間とは、「遷延性意識障害患者」の俗称で、交通事故や脳内出血等の原因で意識障害に陥り、救命医療で一命をとりとめたものの、意識が戻らない状態になった人のことを指す。「植物人間」という言葉は人間の尊厳を傷つけるとして、現在では、「植物状態」と言い換えられている。 |

| 注意すべき<br>用語 | 使用の可否<br>望ましい表現 | 用語解説 |
|---|---|---|
| 業病 | ×使用不可 | 悪業の報いでかかる難病の意味で、病気にかかった人及びその家族に対する差別的ニュアンスを含んでいる。 |
| 難病 | 厚生労働省指定の特定疾患 | |
| 不治の病 | 厚生労働省指定の特定疾患 | |
| 養老院 | 老人ホーム<br>養護老人ホーム<br>特別養護老人ホーム | 身寄りのない高齢者や社会的、経済的、身体的理由などで一般家庭生活を過ごせない高齢者を収容し世話をする施設を指す言葉であったが、現在は「老人ホーム」と改称されている。 |
| 廃人 | △使用注意<br>（各々の症状や病気の名称を用いる。） | 重病などのために日常生活を営むことができなくなった人を意味するが、病気にかかった人やその家族には残酷な言葉であり、使用には注意を要する。 |

　本稿では、侮辱的ないし差別的な言葉や表現を掲載しているが、不快な思いをさせたり差別を助長したりすることを意図するものではない。基本的人権を守り、あらゆる差別等をなくすことを目的としている。

　本稿を書くに当たっては、共同通信社編著『記者ハンドブック：新聞用字用語集（第13版）』（共同通信社、2016）や小林健司著、辛淑玉企画『最新　差別語・不快語』（にんげん出版、2016）、法務省公式ホームページ（人権擁護）、東京都公式ホームページ（人権）等を参考にした。

〈著者略歴〉

渡辺　秀喜（わたなべ　ひでき）

| 昭和57年 | 法務省法務大臣官房秘書課 |
|---|---|
| 昭和63年 | 国土庁土地局国土調査課企画係長 |
| 平成 8 年 | 総務庁行政監察局行政相談官 |
| 平成11年 | 法務省訟務局民事訟務課補佐官 |
| 平成13年 | 法務省民事局民事第二課補佐官 |
| 平成17年 | 静岡地方法務局総務課長 |
| 平成18年 | 東京法務局首席登記官（不動産登記担当） |
| 平成20年 | 富山地方法務局長 |
| 平成21年 | 岐阜地方法務局長 |
| 平成22年 | 名古屋法務局民事行政部長 |
| 平成24年 | 公証人 |
| 令和元年 | 退任 |

第 3 版
これだけは知っておきたい
公用文の書き方・用字用語例集

2011年10月27日　初版発行
2016年 3 月16日　第 2 版発行
2022年10月20日　第 3 版発行

著　者　渡　辺　秀　喜
発行者　和　田　　　裕

発行所　日 本 加 除 出 版 株 式 会 社
本　　社　〒171-8516
　　　　　東京都豊島区南長崎 3 丁目16番 6 号

組版・印刷・製本　㈱アイワード

〒171-8516
東京都豊島区南長崎 3 丁目16番 6 号
日本加除出版株式会社　営業企画課
電話　　03-3953-5642
FAX　　03-3953-2061
e-mail　toiawase@kajo.co.jp
URL　　www.kajo.co.jp

ⓒ Hideki Watanabe 2022
Printed in Japan
ISBN978-4-8178-4832-1

# 70年ぶりのルール改定で、これからの公用文は「わかりやすさ重視」に!

## 漢字の使い方、句読点の使い方、送り仮名のつけ方……だけじゃない!
### 文章の種類・構造から考えるわかりやすい公用文の書き方

`文章が硬くなってしまう` `長い文章` `何を伝えたいのかわからない` `回りくどい説明` `難しい言葉だらけになってしまう` ▶ こんな悩みを解決します!

# 新しい公用文作成ガイドブック
## わかりやすく伝えるための考え方

2022年5月刊 A5判 148頁 定価1,650円(本体1,500円) 978-4-8178-4768-3
商品番号:40892 略号:新公用

### 聖心女子大学教授 岩田一成 著

滋賀県彦根市出身。元青年海外協力隊員(中国内蒙古自治区派遣、日本語教師)。大阪大学言語文化研究科博士後期課程修了(言語文化学)。文化審議会国語分科会委員(18～20期)ほか各種有識者会議構成員を務める。

著書『読み手に伝わる公用文:〈やさしい日本語〉の視点から』(大修館書店、2016)/共著『街の公共サインを点検する:外国人にはどう見えるか』(大修館書店、2017)、『「やさしい日本語」で伝わる!公務員のための外国人対応』学陽書房、2020)、『医療現場の外国人対応 英語だけじゃない「やさしい日本語」』(南山堂、2021)

● 全国の自治体で研修を行う著者による、「一般市民にとってわかりやすい」公用文を作成するためのガイドブック。

● 「公用文を正しく使いたい……でもそれ以上にわかりやすく伝えたい!」と悩む、国・自治体職員必読!公用文の種類や文章の構造から、わかりやすく書く方法を解説。

---

### 一般向け公用文を3分類して解説。
### 種類ごとのわかりにくくなる原因、
### わかりやすく書くためのポイントがわかる!

**広義社会保障系グループ 【読み手が自発的に情報を取りにきて動くもの】**
→出産一時金、保育園申し込み、市営住宅の募集、生活相談、DV相談、不妊治療費助成、補助金のお知らせ……など

**情報提供系グループ 【読み手に必要な情報を伝えるもの】**
→用語解説・制度説明(セクハラ、確定申告、税金の仕組み等)、ローカル情報の提示(名所旧跡案内等)、行政報告(危機管理計画策定等)、イベント告知(農業体験等)、募集(職員募集等)……など

**行為要請系グループ 【書き手が読み手に対して行動させるもの】**
→届出・手続き(市税の納付、転出届等)、注意喚起(病気、危険生物、災害等)、依頼・協力要請(子ども見守りのボランティア募集等)……など

**わかりやすく書くためのポイントをまとめたチェックリスト等を収録!**

---

**第1部 新しい時代の公用文のルール**
- 1章 新しいルールの登場
- 2章 公用文改革の歴史～単語への注目～
- 3章 公用文の定義・分類を明確化
- 4章 想定読者は中学3年生
- 5章 漢字使用は読み手に配慮して行う
- 6章 「公用文と法令における表記の一体化」の原則の緩和
- 7章 専門用語・外来語への対応

- 8章 符号の使い方
- 9章 多文化共生時代の言語政策
- 10章 公用文に関する国民の意識

**第2部 わかりやすい公用文を書くために**
- 11章 わかりやすさのメリット
- 12章 難解さの犯人探し:単語⇒文⇒文章構造
- 13章 一般向け公用文のジャンル横断
- 14章 わかりにくい文章パターン
- 15章 わかりにくさの原因

- 16章 難解な公用文に関する解決策の提案
- 17章 文章の難易度を数値化する
- 18章 国内自治体の取り組み
- 19章 海外の取り組み

**巻末資料**
- ・公用文作成の要領
- ・公用文における漢字使用等について
- ・公用文作成の考え方

---

日本加除出版

〒171-8516 東京都豊島区南長崎3丁目16番6号
TEL(03)3953-5642 FAX(03)3953-2061 (営業部)
www.kajo.co.jp